批校经籍叢编 史部〇一

上海圖書館藏

語石

上

〔清〕葉昌熾 著 顧廷龍 批校

浙江古籍出版社

圖書在版編目（CIP）數據

語石／(清)葉昌熾著； 顧廷龍批校．-- 杭州 ：
浙江古籍出版社，2024．11．--(批校經籍叢編)．
ISBN 978-7-5540-3162-9
Ⅰ．K877.404
中國國家版本館CIP數據核字第2024NR8096號

批校經籍叢編
語石
〔清〕葉昌熾 著
顧廷龍 批校

出版發行 浙江古籍出版社
（杭州市環城北路177號 郵編：310006）
網　　址 http://zjgj.zjcbcm.com
叢書題簽 沈燮元
叢書策劃 祖胤蛟 路 偉
責任編輯 祖胤蛟
封面設計 吴思璐
責任校對 張順潔
責任印務 樓浩凱
照　　排 浙江新華圖文製作有限公司
印　　刷 浙江新華印刷技術有限公司
開　　本 889 mm × 1194 mm 1/16
印　　張 50.75
字　　数 240千
版　　次 2024年11月第1版
印　　次 2024年11月第1次印刷
書　　號 ISBN 978-7-5540-3162-9
定　　價 598.00圓

批校經籍叢編序

古籍影印事業久盛不衰，造福於古代文獻研究者至廣至深，電子出版物相輔而行，益令讀者視野拓展，求書便捷。今日讀者泛覽所及，非僅傳世宋元舊槧、明清秘籍多見複製本，即公私各家所藏之稿本、抄本及批校本，亦多經發掘，足備檢閲。昔人所謂『文獻足徵』之理想，似已不難實現。回溯古籍影印之發展軌跡，始於單種善本之複製，進而彙聚衆本以成編，再則拾遺補缺，名目翻新，遂使秘書日出，孤本不孤，善本易得。古人之精神言語至今不絶，國人拜出版界之賜久且厚矣。處此基本古籍多經影印之世，浙省書業同仁穿穴書海，拓展選題，兹將推出『批校經籍叢編』。

昔人讀書治學，開卷勤於筆墨，舉凡經史諸子、訓詁小學、名家詩文，誦讀間批校題識，乃爲常課。後人一編在手，每見丹黄爛然，附麗原書，詁經訂史，本色當行，其批校未竟者，覽者每引爲憾事。古籍流轉日久，諸家批校又多經增損，文本歧出，各具異同，傳本既夥，遂形成『批校本』之版本類型，蔚爲大觀。古籍書目著録中，通常於原有之版本屬性後，加注批校題跋者名氏。今人編纂善本目録，遇包含批校題跋之文本，即視其爲原本以外另一版本。

古書流傳後世，歷經傳抄翻刻，版本既多且雜，脱訛衍誤，所在不免。清人讀書最重校勘，尤於經典文本、傳世要籍，凡經寓目，莫不搜羅衆本，字比句櫛，列其異同，疏其原委，賞奇析疑，羽翼原書。讀書不講版本，固爲昔人所笑，而研究不重校勘，賢者難免，批校本之爲用宏矣。前人已有之批校，除少量成果刊佈外，殘膏賸馥，猶多隱匿於各家所庋批校本中，發微闡幽，有待識者。

批校本爲古今學人心力所萃，夙受藏書家與文獻學者重視。余生雖晚，尚及知近世文獻大家之遺範，其表表者當推顧廷龍、王欣夫諸前輩。兩先生繼志前賢，好古力學，均以求書訪書、校書編書以終其身，其保存與傳播典籍之功，久爲世人熟稔，而溯其治學成果，莫不重視批校本之搜集與整理。顧老先後主持合衆、歷史文獻及上海圖書館，諸館所藏古籍抄稿本及批校本，林林總總，數以千計，珍同球璧，名傳遐邇，至今仍播惠來學，霑溉藝林。欣夫先生亦文獻名家，平生以網羅董理前賢未刊著述爲職志，其藏書即以稿抄本及批校本爲重點，傳抄編校，終身不懈，所著《蛾術軒篋存善本書録》含家藏善本千餘種，泰半皆稿抄、批校本，通行刊本入録者，亦無不同時並載前人批校。先生學問博洽，精於流略，於批校本鑒定尤具卓識，嘗謂前人集注、集釋類專著，多采摭諸家批校而成，如清黄汝成編《日知録集釋》，於光大顧亭林學術影響甚鉅，而未采及之《日知録》批校本，猶可爲通行本補苴。先生於批校本之整理實踐，又可以編纂《松崖讀書記》爲例。先生自少即有志輯録清代考據學大家惠棟批校成果，分書分條，隨得隨録，歷時久而用力深，所作『輯例』，雖爲《讀書記》而作，實則金針度人，已曲盡批校本之閫奥，不辭覼縷，摘録於次：

一、是書仿長洲何（焯）《義門讀書記》、桐城姚範《援鶉堂筆記》例，據先生校讀羣書或傳録本，案條輯録。先采列原文，或注或疏，或音義，次空一字録案語。如原文須引數句或一節以上者，則止標首句而繫『云云』二字於下，以省繁重，蓋讀此書者，必取原書對讀，方能明其意旨也。

二、所見先生校讀之書，往往先有先生父半農先生評注，而先生再加校閲者，大概半農先生多用朱筆，先生多用墨筆。然亦有爲例不純、朱墨錯出者。原本尚可據字跡辨認，傳録本則易致混淆，故間有先後不符、彼此歧異者，亦有前見或誤，後加訂正，於此已改而於彼未及者，可見前哲讀書之精進。今既無從分析，祇可兩存之，總之爲惠氏一家之學而已。

三、原書於句讀批抹，具有精意，足以啟發讀者神智。本欲仿歸、方評點《史記》例詳著之，因瑣碎過甚，卷帙太鉅，又傳録本或有祇録校語而未及句讀批抹者，故未能一一詳之也。

四、凡傳録本多出一時學者之手，故詳審與手蹟無異，每種小題下必注據某某録本，以明淵源所自。録者間有校語，則附録於當條下。

五、先生羣經注疏校閲本，其精華多已采入《九經古義》。今所輯者皆隨手箋記，本有未定之説，或非精詣所在，然正可見先正讀書之法。若以『君子不示人以璞』之語爲繩，則非輯是編之旨也。

六、《左傳補注》已有專書，故兹編不列，其《讀説文記》傳抄本最多，其刻入《借月山房叢書》、《小學類編》者，亦出後人綴集，兹以便學者，不煩他求，故仍列入焉。

七、先生所著《更定四聲稿》，其目志傳藝文均不載，僅一見於顧（廣圻）傳録先生所校《廣韻跋》中。前年偶於坊間得朱（邦衡）手抄殘本五册，吉光片羽，亦足珍貴，重爲案韻排比，録附於後，尚冀異日全稿發現，以彌闕憾。

八、先生《文抄》，今所傳貴池劉氏《聚學軒叢書》二卷本，係出新陽趙元益所抄集，其未刻遺文（見於印本或墨蹟者），據所見附輯附後。

九、兹編所輯，僅據所藏所見者隨得隨録，其或知而未見、見而未能借得，及未知、未見者，尚待續輯，望海內藏書家惠然假讀，補所未備，是所禱耳。

十、是編之輯已歷十稔，所據各本除自有外，多假諸同好摯友，如常熟瞿氏（啓甲、熙邦）鐵琴銅劍樓、丁氏（祖蔭）緗素樓、杭縣葉氏（景葵）卷盦、吴興劉氏（承幹）嘉業堂、至德周氏（暹）自莊嚴堪、貴池劉氏（之泗）玉海堂、吴縣潘氏（承謀）彦均室、顧氏則奂過雲樓，及江蘇國學圖書館、上海涵芬樓，皆助我實多，用志姓氏於首，藉謝盛誼。

先生矻矻窮年，成此巨編，遺稿經亂散佚，引人咨嗟。先生輯録方式以外，今日利用古籍普查成果，網羅羣書，慎擇底本，影印『惠氏批校本叢書』，足與輯本方駕齊驅，而先生所記書目，猶可予以擴充。又所記底本有録自『手蹟真本』者，有從『録本』傳抄者，可知名家批校在昔已見重學林，原本、過録本久已並存。如今天下大同，藏書歸公，目録普及，技術亦日新月異，以影印代替輯録，俾原本面貌及批校真蹟一併保存，仿真傳世，其保護典籍之功，信能後來居上。

浙江古籍出版社編輯諸君，於古籍影印既富經驗，又於存世古籍稿抄批校本情有獨鍾，不辭舟車勞頓，目驗原書，比勘覆覈，非僅關注已知之名家批校本，又於前人著録未晰之本，時有意外發現，深感其志可嘉而其事可行。而入選各書，皆爲歷代學人用力至深、批校甚夥之文本，而毛扆、黄丕烈、盧文弨、孫星衍、顧廣圻等人，均爲膾炙人口之校勘學家。出版社復精心製版，各附解題，索隱鉤玄，闡發其藴。此編行世，諒能深獲讀者之歡迎而大有助於古代文獻研究之深入。

本叢書名乃已故沈燮元先生題署，精光炯炯，彌足珍貴。憶昔編輯部祖胤蛟君謁公金陵，公壽界期頤，嗜書如命，海內所共知，承其關愛，慨然賜題，不辭年邁，作書竟數易其紙。所惜歲月如流，書未刊行而公歸道山，忽已期年。瞻對遺墨，追懷杖履，益深感慕焉。

甲辰新正雨水日，古烏傷吴格謹識於滬東小吉浦畔

顧廷龍批校並彙録四家舊藏批校本《語石》述略

姚文昌

《語石》十卷，一函四冊，清葉昌熾撰，顧廷龍批校民國間蘇州振新書社翻刻本（過録章鈺、鮑毓東、褚德彝、張祖翼四家藏本批校），現藏上海圖書館。

葉昌熾，字鞠裳，號緣督廬主人，清末著名學者。祖籍浙江紹興，道光二十九年（一八四九）生於江蘇長洲花橋里葛百户巷。光緒十五年（一八八九），進士及第，選庶吉士，入國史館，累遷至翰林院侍講。光緒二十八年（一九〇二），奉上諭，任甘肅學政。光緒三十二年（一九〇六），清廷裁學政，葉氏乞歸。民國六年（一九一七），卒於家。有《語石》《藏書紀事詩》《邠州石室録》《緣督廬日記》等著作傳世。

葉氏耽嗜碑版之學，所著《語石》一書，於石刻門中集大成，立言垂範，卓然一家。《語石》之作始於光緒二十六年（一九〇〇）三月，至次年十一月初稿完成。其後數年間，葉氏讀書訪碑不輟，《語石》稿亦隨之增損塗乙，最終於光緒三十四年（一九〇八）四月付梓，宣統元年（一九〇九）三月刊成。是爲《語石》初刻本。刻工爲吴門刻書名手徐元圃之子徐稚圃。

《語石》刊行後，學林稱譽，四方購求。及葉氏殁，蘇州觀前大街振新書社遂有翻刻之舉。翻刻本整體面目清秀，字畫硬朗，頗得初刻本之彷彿，非着意不能分辨。筆者曾有《〈語石〉版本考辨》專文考察。同案並觀，其判然有别者，如：初刻本卷二第二十二葉十九行『側有畫象』，翻刻本誤作『書象』；初刻本卷三第一葉第十四行『當是漢以後始』，『當是』翻刻本作『當自』；初刻本卷六第十五葉第四行『既題董護書』，『董護』翻刻本誤作『董護』；初刻本卷十第一葉十四行『當塗亦有一本』，『當塗』翻刻本誤作『堂塗』。究其點畫，則如牌記『宣統己酉三月刊成』，初刻本横畫起筆藏鋒，翻刻本横畫起筆露鋒；末卷末葉十六行『江以南墓志』，『以南』初刻本作『以南』，『南』字缺筆，乃係避葉氏高祖『南發』諱，翻刻本誤作『㠯南』。翻刻本刊行後，亦廣爲流傳，今日存世印本幾與初刻本相埒。顧廷龍批校並過録諸家校語即在翻刻印本之上。

顧廷龍（一九〇四—一九九八），字起潛，號匋誃，江蘇蘇州人，近代著名版本目録學家。一九二八年起，先後就讀於上海持志大學國文系、燕京大學研究院國文系。一九三九年，參與創辦上海合衆圖書館。一九五五年後，歷任上海歷史文獻圖書館館長、上海圖書館館長。主編《中國叢書綜録》《中國古籍善本書目》等，有《吴愙齋年譜》《嚴九能年譜》《古匋文舂録》《章氏四當齋藏書目》等著作傳世。

一九二七至一九二八年間，顧廷龍坐館外叔祖王同愈家，因得從王氏習版本目録、金石文字之學。其後念兹在兹，多所用力。王同愈（一八五六—一九四一），字栩緣，號勝之，江蘇元和人。光緒十五年（一八八九）進士，選庶吉士，入國史館，後任江西學政、湖北學政等職。王氏與葉昌熾有同年之誼，又爲同僚，且同有金石之好。葉氏《緣督廬日記》所載，不乏王氏襄助搜討金石拓本之事。如：

光緒甲午年（一八九四）九月十三日：栩緣贈日本《南圓堂燈臺銘》《神護寺鐘銘》拓本。

光緒丁酉年（一八九七）二月初三日：文古齋陳估送來石刻數種，栩緣爲余諧價得之。《乙速孤神慶碑》《薛收碑》皆舊拓裱本，余所藏昭陵共缺四種，得此則惟少《姜遐》《崔敦禮》二刻本，無種子矣。又唐墓志三通，《司馬夫人孫氏》，元和十五年（八二〇）；《王從政》，開成元年（八三六），鄉貢進士劉可記撰；《仇道朗》，萬歲通天元年（六九六）。

光緒庚子年（一九〇〇）三月初五日：周頌芬來，未見，帶到栩緣書一函，玉泉山石刻五通，武當山石刻十三通。

光緒癸卯年（一九〇三）十月廿六日：録湖北東湖縣三游洞題名畢，共十四通，栩緣使鄂親自披榛搜得者，内有歐陽文忠、黄魯直兩通可寶也。

中國嘉德二〇〇三年秋季拍賣會古籍善本專場曾展出《語石》朱印本一部。據《拍賣圖録》，該印本《語石敘目》卷首鈐印有四，自下而上依次爲：『可憐無益費精神』『栩緣所藏』『栩緣印信』『王印同愈』。其中後三枚乃王氏藏書印信，『可憐無益費精神』一印則見於葉昌熾《日記》：

宣統庚戌年（一九一〇）九月十三日：午後，星台來，爲新印《語石》鈐朱，其一曰『可憐無益費精神』，其一曰『有口能談手不隨』，皆道其實也。又一書價木記。

據此可推斷：該朱印本《語石》乃係葉氏贈予王同愈者。顧廷龍坐館之時，該印本即爲王氏插架之書。顧氏既習金石文字之學，《語石》多半曾經寓目。

顧廷龍批校《語石》底本爲蘇州振新書社翻刻本，翻刻時間大致在一九一七至一九一八年間。牌記左下鈐『淮執齋藏』朱文橢圓印，不知誰氏。顧氏過録章鈺、鮑毓東、褚德彝、張祖翼四家藏本批校，以過録章鈺藏本爲最早。

章鈺（一八六五—一九三七），字式之，一字銘理，號霜根老人，江蘇長洲人。清光緒二十九年（一九〇三）進士。『尤長於金石目録及乙部掌故之學』（張爾田《先師章式之先生傳》），聚書盈室，顔其居曰四當齋。鼎革後寓居天津，讀書以自遣。顧廷龍爲編有《章氏四當齋藏書目》，收書計三千餘部、七萬餘卷。

顧編《章氏藏書目》著録：『《語石》十卷，長洲葉昌熾撰。清宣統元年（一九〇九）家刊本。四册。批校甚密，間有出吴昌綬筆。』並録顧廷龍跋語云：

辛未秋後，龍負笈來舊都，謁式丈于織女橋寓齋，以金石目録之學請益。丈即出此書見示，簡端加墨滿幅，間有吴氏印臣昌綬手筆，或爲訂補，或志見聞。鄉先輩銘心之作，得此補苴，益稱精審矣。龍即借歸傳録一過。明夏省親南下，攜示妻弟潘君景鄭承弼，又據傳一本。迄今忽忽七年，丈已墓有宿草，遺書亦存燕京大學。龍與校理之役，檢閲及此，重加展讀，乃見丈於此數載中又增益甚多。最後所記爲『甘肅吴挺世功保蜀忠德銘』一條，其語曰：『近得繆荃孫舊藏拓本，當即緣督所贈。聞《甘肅通志》僅録碑目，而未録其文。曾屬同鄉顧起潛寫出，亦以拓本模糊，未克成篇。姑存篋中，備一目而已。丙子七月晦，患惡瘡，强坐記。』按：是碑立於宋寧宗嘉泰三年（一二〇三），乃挺子曦請於朝，敕高文虎譔、陳宗召書者，額篆則宸翰也。拓本罕覯，銘詞雖載省志而碑文從未經著録。丈即屬龍試爲録出，祇以椎拓不精，紙幅又鉅，不易展辨，方勉録三之一，適須從事他役，不能續爲秘笈，又不敢久閣，因先送回，辛未能成丈之志，媿疚何如！而丈筆札之勤，雖病不廢，豈後生所可企及！俯仰人天，喟焉歎息。戊寅正月，顧廷龍補記。

又據顧廷龍《章氏藏書目跋》：『辛未季秋，龍來燕京大學肄業，時先生亦方自津步就養舊都，始克以年家後進登堂展謁，獲聆緒論。以龍於金石目録之學有同耆焉，不鄙頑鈍，引而教之。』辛未年（一九三一）七月，顧廷龍考入北平燕京大學研究院國文系。是年九月，顧氏於北平得識章鈺。『丈即出此書見示』『龍即借歸傳録一過』云云，似謂顧廷龍過録章鈺藏本批校即在此年。今見顧氏過録本《語石》書衣有顧氏墨筆題識，云：

癸酉正月二十六日，從章丈式之譚刻石，獲見巴蜀藏經目、吴中天慶觀造象，罕覯之拓也。又承以批校《語石》相示，眉注甚密，丈多見葉氏之未及見者，足資訂補。亟乞假讀，歸與頡剛共賞，即取其藏本過録一通。越兩日，副墨竣事，書此以志感幸。廷龍。

題識爲録副興懷之作，所記時間似不應有誤。又檢録校本《語石》卷五第十四葉録章氏批校云：

『天慶觀』即吾郡城心玄妙觀也。此畫像刻石欄，下層游人便溺及焉，予丱角即見之。近得其搨本廿六紙，比邵伯絅藏滂喜舊拓爲多。中一幅有建武年號，以《建元考》核之，均不可信。雖多殘泐，而人物、鳥獸皆栩栩如生，疑爲宋元間制作。吴退樓曾拓贈陳簠齋，亦不能定爲何代也。壬申十一月十八日記。

既録壬申年（一九三二）冬月章氏批校，則過録時間不爲辛未年可知。顧氏過録章氏藏本批校時間當依題識，在癸酉年（一九三三）正月。章氏批校《語石》底本爲初刻本，現藏中國國家圖書館。《敘目》卷首鈐朱文方印『可憐無益費精神』，朱文書價木記『每部紙料印工連史大洋四元，賽連二元四角』，卷一首鈐朱文方印『有口能談手不隨』，三者皆見葉昌熾《日記》。收藏印記則《敘目》卷首鈐朱文方印『長州章氏四當齋珍藏書籍記』，卷三、五、八首鈐白文方印『四當齋』。閲其批校，所記時間最早者在《敘目》後，云：

鈺輓二聯：及身早定千秋，舉國皆狂，賸有井中《心史》在；歷劫尚留一面，似人而喜，曾容門外足音來。兄事有年實師事，傳人難得况完人。『兄事』謂與緣督同受知黄貴筑師，即園課士時，曾攜硯肩隨，以語涉倨未寫送。己未七月初一，晨起記。

時間最晚者則是顧廷龍《章氏藏書目》跋語所記『丙子七月』一條。己未年（一九一九）七月至丙子年（一九三六）七月，章氏批校前後近二十年。顧氏過録批校在癸酉年（一九三三）正月，戊寅年（一九三八）正月校理章氏遺書時見批校本『重加讀展，乃見丈於此數載中又增益甚多』，而『增益』之文皆不見於顧氏過録本。

據顧編《章氏藏書目》，章鈺藏本《語石》批校之中部分乃是吴昌綬手筆。《章氏藏書目》著録《前漢書》下有顧廷龍按語：

吴昌綬，字印臣，一字伯宛，號松鄰，别號甘遯，所居曰雙照樓。浙江仁和人。清光緒丁酉舉人，民國司法部秘書。好藏書，又好刻書。若《景刊宋金元明詞》《松鄰叢書》，其他零種尚多，皆稱精槧。爲人倜儻不羈，與先生性質雖不同，而交誼之篤數十年如一日。所刊多倩先生精校，嘗同輯《蕘圃藏書題識》。一瓻通借，往還甚密，故先生書中有吴氏手批者甚多。

《章氏藏書目》又著録：『《藏書紀事詩》七卷，清長洲葉昌熾撰。清宣統二年（一九一〇）葉氏刊本。六册。有先生與吴昌綬批注。』章氏、吴氏以書訂交，往還批校，可稱佳話。然就《語石》觀之，行文多有自稱『鈺』者，知爲章氏批校。其他條目並無明顯標識，或僅可以筆跡相區别。顧氏過録統一墨筆，則二者猶傍地之兔，無從辨其雌雄。

章鈺藏本批校之後，顧廷龍過録乃鮑毓東藏本批校。過録本扉頁有顧氏朱筆題識記其事，云：

存古齋書友嚴瑞峰自江都收書回，攜來求售。聞經批校，不署名，鈐有『季方難爲弟』朱文方印，甚粗拙，不詳何人所爲也。比又見《語石》一種，亦鈐此印，而書衣題云：『葉緣裻太史著。太史爲吴下名宿，與繆藝風齋名。是書凡四本，即藝風見贈者。又有《藏書紀事詩》，則隨弇使君貽我，藏數年矣。辛亥重九端虚記。』印曰『鮑髯』。又卷首所批署曰『毓東識』，印曰『鮑印毓東』，其人姓氏始獲識之。所批多寢饋有得之言。觀與繆、徐皆有往還，亦吾江蘇一學人也。摘度其校語，容攷其履貫。三十年五月八日，廷龍記。

是年三月十九日顧氏日記又載：『聞新從揚州來，尚有鮑毓東批校《語石》《說文繫傳》等數種。鮑，不知何人也。』今考之，鮑毓東，字紫來，浙江仁和人。鮑逸（問梅）子。光緒間曾官江蘇海州知州。有《端虛室賸稿》二卷傳世。李詳（審言）《賸稿序》云：『癸丑客上海，徐君告余曰：「紫來死矣。」余聞之泫然不自勝。紫來年幾七十，以天年終，不爲夭。』據此，則鮑氏卒於癸丑年（一九一三）。以『紫來年幾七十』云云度之，則其生年在道光間。

鮑毓東藏本《語石》爲初刻本，現存上海圖書館。所鈐『可憐無益費精神』『有口能談手不隨』二朱文方印與章鈺藏本同，惟章氏藏本朱文書賈木記『每部紙料印工連史大洋四元，賽連二元四角』，鮑氏藏本小字作『賽連二元五角』，略有小異。又《敘目》鈐『何氏適吾書屋』『鮑氏所藏金石』二朱文方印，卷一題名下鈐『季方難爲弟』朱文方印。該本批校僅三十餘條，朱、墨二色。其中墨筆批校三條，《敘目》卷端一條即有鮑氏落款、鈐印者，墨色批校爲鮑氏筆墨無疑。然朱筆批校與墨筆字跡判然有別，斷不爲鮑氏批校。

上海圖書館標注爲『繆批』，則以書中朱筆批校爲繆荃孫所爲，殆以書衣所題『是書凡四本，即藝風見贈者』云云，此說亦不足信，原因有三：其一，朱筆批校與傳世繆氏筆跡有異。其二，卷二第四十三葉朱筆批校『此史蛇足』下鈐『季方難爲弟』朱文方印，確如顧氏題識所言『甚粗拙』，亦不聞繆氏有此印。其三，林鈞《石廬金石書志》卷十二載『《語石》十卷，精抄本』，『是本經藝風前輩手自批校』，林氏臚列繆氏批校十餘條，皆鮑氏藏本所無，且抄校之事始於己酉年（一九〇九）二月，見《藝風老人日記》，是時《語石》尚未刊成。

如上言，朱筆批校有鈐印『季方難爲弟』者，當是批校者所鈐。鮑氏藏本《敘目》卷端鈐印，自下而上依次爲『可憐無益費精神』『何氏適吾書屋』『鮑氏所藏金石』，則何氏鈐印在鮑氏之前，或可推測：何氏即爲朱筆批校者。若此，鮑氏藏本得自繆氏，何氏鈐印又在鮑氏之前，則繆氏當得自何氏。檢《藝風老人日記》乙巳年（一九〇五）二月廿五日載：『赴三江師範會議，同飯，譚啟宇、楊俊卿、張子虞、俞恪士、李怡亭、羅申田、慶西園、陳意如、傅雨農、張受之、汪丕臣、何季方。」此『何季方』乃批校者耶？惜其人履歷終無從考求。

鮑氏藏本之後，顧廷龍過録爲褚德彝批校。過録本扉頁有顧氏藍筆題識，云：

中華民國三十三年（一九四四）一月五日，録褚禮堂校語一過。禮堂歿後，拓本之精者先售於邊政平君，繼售於墨林，書則爲東方舊書店所收，余選數十種，多有禮堂手筆者。又其舊藏《樂石搜遺》一書，不著撰人，録文考跋皆極精善，石刻多北方之物，且出《八瓊補正》亦不少，正與議價，倘歸本館，必窮考其姓字以表章之乃已。廷龍借録畢並識。

褚德彝（一八七三—一九四二），原名德儀，字守隅，號禮堂，晚號松窗老人，浙江餘杭人。光緒十七年（一八九一）舉人。喜藏書，精金石篆刻之學。有《金石學録續補》二卷傳世。據鄭逸梅《近代野乘》，褚氏晚年貧病交迫，無奈典鬻所藏以護殘軀，因顔其居曰『食古堂』，『禮堂既捐館，其家人亟欲以居屋頂替於人。凡禮堂認爲極精之品、不忍脱手者，家人視作廢銅爛鐵，破褚殘簡，以廉值讓諸收買舊貨者捆載而去』，褚氏批校《語石》殆即此時散出。

檢顧氏日記，一九四四年一月二日『赴東方舊書店，得蘇齋批《山谷詩》殘本二册、褚禮堂批《寰宇訪碑録》四册、《國朝詩選》八册』，一月三日『赴東方選書四十餘本，又攜回《樂石搜遺》稿二十册』，一月四日『理褚氏書』，一月五日『至東方揀書，杭州書兩箱到，閲禮堂所集金文』，不載有關褚氏批校本《語石》之事。據顧氏題識，《語石》批校本亦爲東方舊書店所得。顧氏僅『借録』，而無意購取，蓋以褚氏批校合計不過三十餘條。褚氏批校《語石》原本，今已不知所蹤，惟批校文字賴顧氏過録，得以嘉惠後人。

顧廷龍過録《語石》批校文字以張祖翼藏本爲最晚。過録本扉頁有顧氏朱筆題識，云：

以硃筆録張逖先祖翼簽校，各條下注『（張）』字以爲別。卅七年四月廿六日記。

張祖翼（一八四九—一九一七），字逖先，號磊盦，安徽桐城人。工篆隸，嗜金石書籍。有《漢碑範》《磊盦金石跋尾稿》等著作傳世。張祖翼藏本爲初刻本，現藏上海圖書館。是書《敘目》卷端鈐『卷盦四十四以後所收書』朱文長方印，檢《杭州葉氏卷盦藏書目録》載：『《語石》十卷，民國長洲葉昌熾（菊裳）撰。清宣統元年（一九〇九）長洲葉氏刊本。四册。民國張祖翼籤校。』知此書原爲葉景葵所藏。葉氏生於清同治十三年（一八七四），『四十四以後所收書』，是正在民國六年（一九一七）以後，則此書殆爲張氏身後散出。

葉昌熾日記甲寅年（一九一四）九月廿四日載：『得星臺函，附至桐城張逖先祖翼一函。張君素未通介紹，讀拙著《語石》心折，以此函求見，而不知鄙人之已到滬矣。其詞過於推許，媿不敢承。』十月初五日載：『午後，有客造門，攜埃及古文、匋齋摹刻《天發神讖碑》拓本兩通爲贄，亟覘其刺，則張君逖先也。即下樓見之，談極久。』張氏與葉氏以《語石》訂交。今觀張氏藏本批校百餘條，小楷端莊，一絲不苟，猶見張氏當年伏案景象。

顧廷龍過録章鈺、鮑毓東、褚德彝、張祖翼四家藏本批校近二萬字，雖盡心鈎摹，訛脱衍倒，在所難免，如：卷一第四葉録褚德彝本『皆足補碑文之未碑』，『未碑』疑當作『未備』；卷二第十一葉録章鈺本『遂行將數舛錯』，『行將』當作『將行』；同葉録章鈺本『惜忽未記其姓名、職及晉某年』，『職』下脱去『官』字；卷六第二十九葉録張祖翼本『子書之而父刻刻之』，『刻』字重出。白璧微瑕，不足責讓。况是書原非公藏典籍，乃顧氏案頭研讀之書，二〇一一年始由其哲嗣顧誦芬捐出。書中過録四家藏本批校之外，亦偶見顧廷龍批校之語，或以『龍按』識前，或以『龍』字署後，皆爲有得之言。

自葉昌熾《語石》刊行，習碑版之學者多讀其書。上海圖書館現藏葉氏《語石》手稿一册，書衣所題『語石初稿，葉昌熾初稿』字樣，亦顧氏手跡。顧氏日記一九四一年十二月十日載：『理造像，欲爲編目，因需先定分類，此事前人尚未細分，惟《語石》有大概，即依之增損，草訂一目，容修訂之。』一九四四年二月廿八日載：『讀《語石》經幢類。』又過録四家藏本批校前後時間跨度近二十年，對於《語石》，顧氏可謂情有獨鍾者。

過録四家藏本《語石》批校文字，以章氏四當齋藏本爲最夥，顧氏記憶亦最深切。一九九六年七月，顧廷龍於《歡呼

〈中國書法全集〉之問世》一文中寫道：『余酷好碑帖之學，負笈燕京時，嘗隨吾師容庚先生游琉璃廠慶雲堂、墨因簃，翻帑插架，一瞬已暮色蒼蒼矣。吾鄉老輩章鈺先生好金石之學，批校《語石》甚密，余得過録一本，其樂至今難忘。』

自來言金石者，大抵以考據、鑒賞分野，前者長於史學，後者長於書學，畛域雖在，而輝光交映。顧氏彙録諸家批校，足爲史家考據之資。此外，顧氏自幼習書，家學淵源，又得吴大澂、王同愈諸前輩提點，沉浸金石碑版數十年如一日，於書學終成一家。過録本《語石》各家批校色彩區明，而書翰流麗，嚴整有法，並可爲書家鑒賞之資矣。

二〇二四年八月五日記於山東濟南歷城寓所

余搜求研讀《語石》相關文獻已久，數年前得知上海圖書館存有此書，遂鼓動出版界好友加以影印，屢屢無成。今值顧廷龍先生誕辰百廿週年之際，紅豆君力推影印之事，上海圖書館黄顯功先生及館内同仁慨然襄助，是書得以由浙江古籍出版社全彩影印，自此化身千百，沾溉學林。是爲前賢大門庭，亦爲我輩垂典範也。

二〇二四年八月六日又記

目録

（按：原書正文中標目與《敘目》有出入者，以正文爲准。）

上册

卷四

下册

卷五

卷六

卷七

底本爲上海圖書館藏民國振新書社翻刻本框高十六點六厘米寬十三點六厘米

語石十卷

裝四冊

癸酉正月二十六日從章丈式之譚劇石攤見巴蜀藏經目、吳中天慶觀造象罕覯之拓也。又承以批校語石相示，眉注甚密，文多見葉氏之未及見者，足資訂補，爰乞假讀。歸與趙劉共賞，即取其藏本遍錄一通，越兩日削墨竣事，書此以志歆幸。廷龍

起潛

存古齋書友嚴瑞峯自江都收書回，携來求售，閱經抄於不署名
鈔本，書方欄，鈐有朱文方印，筆粗拙，不詳何人所為也。比又見語石一種，亦
鈐此印，而書衣題云「葉緣裻太史著」。太史為吳下名宿，與繆藝風齊名，其
書凡四本，即藝風見贈者。又有藏書紀事詩，則沅叔傅君貽我，藏數年
矣。本年重九，讀虞祀(?)，印曰鮑鑄(?)，又卷首所批署曰蘇東潑(?)，印曰鮑印蘇東(?)，
其人姓氏於擬(?)瀏覽，所批多復續(?)有之處(?)，觀與繆、葉皆有往還，亦吾江
蘇一學人也。猜度其時，審攷其履貫。三十年五月八日延龍記

中華民國三十三年一月五日錄禮堂校語一過。禮堂跋後拓本之精者
先售於遼陽平君，繼售於墨林書肆，嗣為東方舊書店所收，余選數十種，
多有禮堂手筆者。又其舊藏寫本(?)撰遺一書，不著撰人，錄文考跋皆極
精善，石刻多北方之物，且共八種，補訂亦不少，正與識偽(?)歸奉(?)館必窮
考其姓字，以教章之乃已。延龍借錄畢並識

以硃筆錄張跋，先祖翼盦校本儲下注（張）字以為別
卅七年四月廿六日記

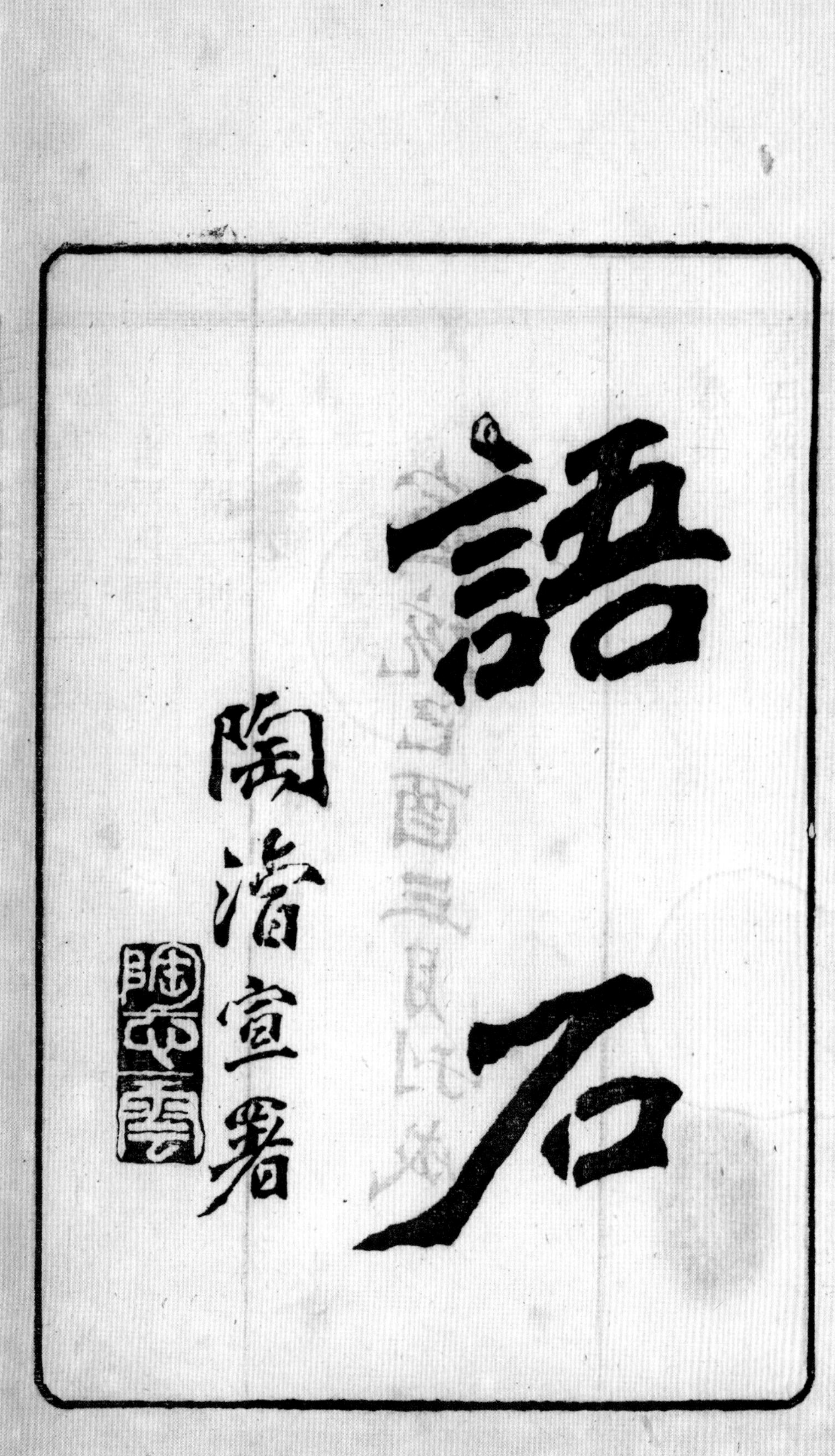
語石
陶濬宣署

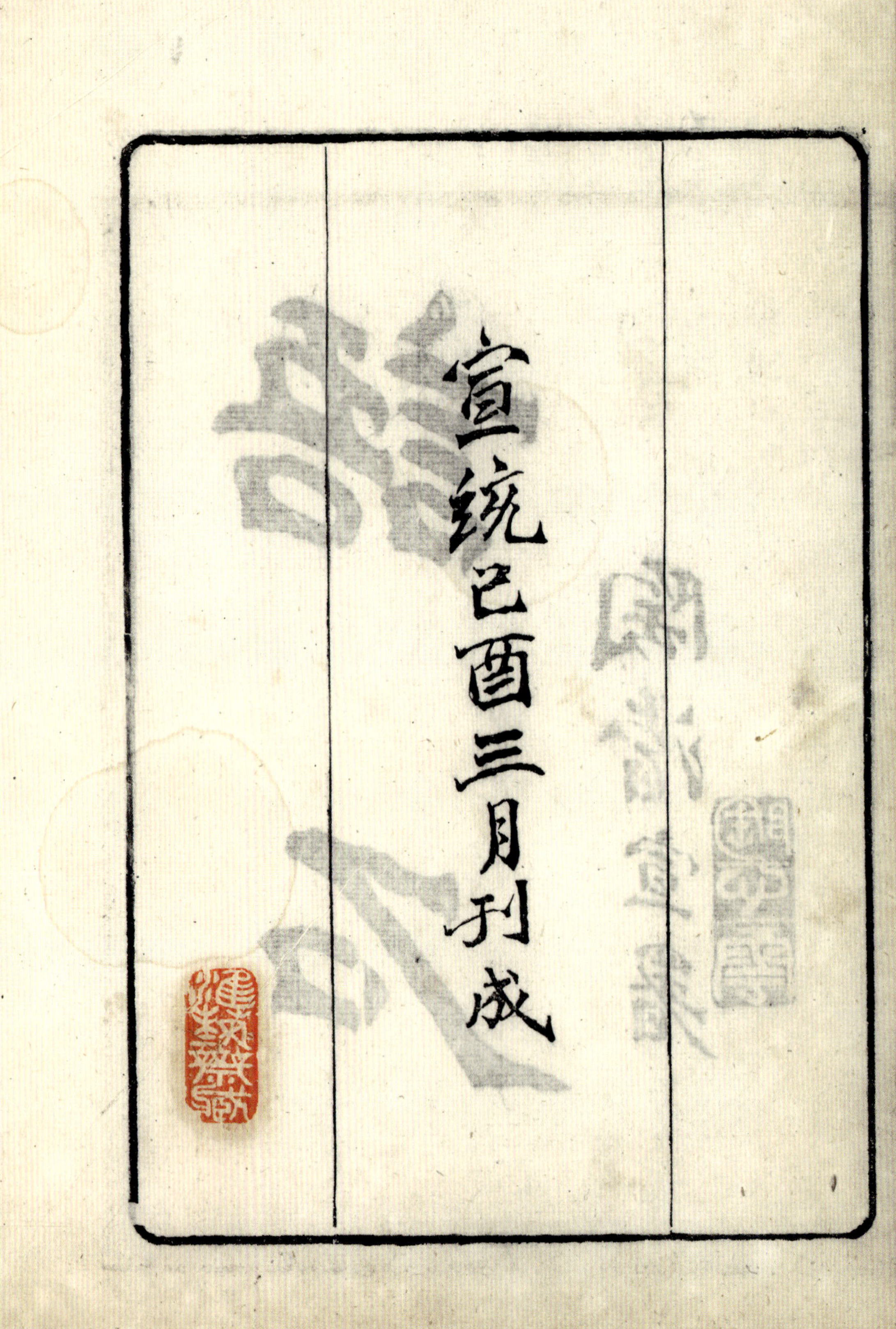

宣统己酉三月刊成

語石敘目

卷第一

卷第二

江西二則
福建三則
湖南二則
湖北三則
廣東三則
廣西二則
雲南一則
貴州一則
奉天一則
和林一則
五嶽一則

卷第三

卷第四

卷第五

卷第六

卷第七

卷第八

名臣二則
名儒一則
詩人一則
武人一則
奸臣三則
奄人二則
婦人一則
緇流二則
羽冠一則
仙蹟一則
外國人書一則

鄉先哲書二則
集王一則
集諸家書一則
集歐集褚集顏集柳一則
各人分書二則
一碑兩人書一則
各體書二則
篆籀二則
飛白一則
分隸三則
行草二則

卷第九

碑石拓損受病不同一則

近拓勝舊拓一則

碑厄二則

添刻書撰人一則

卷第十

古碑一刻再刻三則

摹本一則

贋本一則

補刻一則

古碑已佚復出一則

碑重舊拓二則

余幼長窐衡咫聞荒陋見世之號能書者其臨池棐几惟有

晉唐法帖及醴泉皇甫聖教諸碑而已嘗聞亡友姚鳳生明經之言曰碑版至唐中葉後可等諸自鄶其詔學僮未嘗以石刻但以自書大小字貽之爲書觚之法程比稍長與王農部蒿隱管明經操養從事碑版之學又習聞繆筱珊魏稼孫兩公之緒言每得模餬之拓本輒齗齗辨其跟肘雖學徒亦腹誹而揶揄之洎通籍居京師與陸蔚庭王廉生兩前輩梁杭叔同年沈子培比部游上下其議論益浩然有望羊之歎訪求逾二十年藏碑至八千餘通朝夕摩挲不自知其耄及亡兒在日每得石本助予討論後進來學亦間有樂予之樂而苦於入門之無自因輯爲此編以餉同志上溯古初下迄宋元元覽中區旁徵島索制作之名義標題之發凡書學之

升降藏弆之源流以逮摹拓裝池軼聞瑣事分門別類不相雜厠自首至尾可析可并既非歐趙之目亦非潘王之例非攷釋非輯錄但示津塗聊資談圄藏身人海借瑣耗奇若言籑述則吾豈敢自庚子三月刱稾中更國變麻鞋出走未攜行篋迨昌平避地歸室如懸磬殘縑朽炱狼藉滿地此稾從牆角檢得之

鑾輿未返豺虎塞途鍵戶無聊卮言日出至今年十月下旬始卒業都四百八十六通分爲十卷粗可寫定余不善書而好論書莛撞蠡測舉古今書家進退而甲乙之祇見其不知量耳雖然知者未必能能者未必好余固知之而好之者也譬之良庖日調五味五侯之鯖咄嗟可辦此能者之事也而

余則食前方丈但知屬饜而已又譬之工師涼臺燠館棟宇靚深神斤鬼斧鉤心鬭角此能者之事也而余則載寢載興但如君子之攸芋而已是書出懼世之耳食者將以余爲集矢之質的而瀸素剝膚也習見余之惡札者又將訝其言之不類也故書此以解嘲云爾

光緒二十七年歲在辛丑十一月長洲葉昌熾自序

此書脫稾後越二月卽奉　命度隴見聞略有增益丙午歸里養痾濆川再加釐訂去其複重距辛丑寫定又八年矣海內故交宦轍所至已有今昔之殊伏處山野書問疏曠其所不知或未追改老而健忘紀述舛譌亦所不免仲午比部慫恿付梓並力任校

閱緣督日記知仲午於此書尚頗寄遞催莫各役一切均出自校曾無涉及秦張二人初刻時叔鵬請助校事而有持異見請商酌者緣督不欲謂將易葉氏書爲張氏書後遂不與聞聞今記云我乃知作園游之詞也

訂之役郵筒商榷積書盈篋自去年長夏至今始輟業古誼通懷感何能已此外訂疑勘誤相助爲理者上海秦介侯大令靑浦張亦箋中翰及同里張叔鵬孝廉也

宣統元年歲在己酉三月昌熾又記

緣督身後有兩志一吳蔚若郁生侍郎撰一曹叔彥元弼編修撰同時並刻不知入窆者何石也

鈔輓二聯

及身早定千秋舉國皆狂猶有井中心史在

歷劫尚留一面似人而喜曾窺門外之青來

先事有年窺師事　先事謂與緣督同受知黄貺師即國課士時嘗損

傳人難得況完人　叔眉隨以語涉係未定之送　己未首月初一晨起記

石鼓覆本至多以阮文達盛伯羲兩種為最易得近又見道州何紹業嘗取原石文字之殘者另刻一本

語石卷一

長洲葉昌熾

三代鼎彝名山大川往往閒出刻石之文傳世蓋尠祝融峰銘實道家之秘文比干墓字豈宣聖之遺跡至於鬼方紀功之刻僻在蠻荒箕子就封之文出於羅麗半由附會古無徵惟陳倉十碣雖韋左司以下聚訟紛如繹其文詞猶有車攻吉日之遺鐵索金繩龍騰鼎躍亦非李斯以下所能作自是成周古刻海內石刻當奉此為鼻祖 右三代古刻一則

秦始皇帝東巡刻石凡六始於鄒嶧次泰山次瑯邪次之罘由碣石而會稽遂有沙邱之變今惟瑯邪臺一刻尚存諸城海神祠內通行拓本皆十行惟段松苓所拓精本前後得十

三行翁阮孫三家著錄者皆是也泰山二十九字先在嶽頂玉女池上後移置碧霞元君廟乾隆五年毀於火今殘石僅存十字耳之罘碣石會稽三刻久亡嶧山唐時焚於野火當時即有摹本杜詩所謂棗木傳刻肥失眞者是也楊東里集論嶧山翻本次第長安第一紹興第二浦江鄭氏第三應天府學第四靑社第五蜀中第六鄒縣第七所謂長安本者宋鄭文寶得徐鉉摹本重刊今尙在西安府學以泰山琅邪眞秦篆相較不僅優孟衣冠之誚東里所推爲第一本者巳如此其餘六本自鄶可知泰山碑宋莒公所得本僅四十七字刻於東平郡江鄰幾守奉符又刻於縣廨汝陽劉跂嘗親至泰山絕頂刮摩垢蝕所拓之本最爲完善可讀者凡百四十

有六字作秦篆譜元申徒駉重摹會稽碑跋云行臺侍御史李處巽獲劉跋本刻于建業郡庠卽指此譜嶧山應天本亦卽處巽所刊咸豐癸丑以前吳山夫嘗登尊經閣訪之僅嶧山碑存耳劉跋譜宋盧山陳氏嘗刻入甲秀堂帖近漢陽葉東卿有摹本之罘殘石十四字在汝帖第三卷卽歐陽集古錄所謂秦篆遺文者歐公云二十七字汝帖又損其七耳瑯邪臺碑宋熙甯中盧江文勛別刻於超然臺今亦不存右秦一則

歐陽公集古錄石刻無西漢文字公於宋文帝神道碑跋云余家集古所錄三代以來鐘鼎彝盤銘刻備有至後漢以後始有碑文欲求前漢時碑碣卒不可得是則冢墓碑自後漢

建元紀元尚有齊高帝晉康帝及梁新羅法興王此所舉未晷

以來始有也趙明誠僅收建元二年鄭三益闕一種可知其尠矣然劉聰苻堅皆以建元紀年未必爲漢石也魯孝王五鳳石刻金明昌二年得於太子釣魚池側今尚存曲阜孔廟此外趙廿二年羣臣上壽刻石出永年河平三年麃孝禹刻石出肥城元鳳中廣陵王中殿題字出甘泉皆歐趙所未見也至居攝墳壇二刻及萊子侯刻石已在新室篡漢後矣右前漢一則

東漢以後門生故吏爲其府主伐石頌德徧於郡邑然以歐趙諸家校酈道元水經注所引十僅存四五而已以蘭泉淵如諸家校歐趙著錄及洪文惠隸釋隸續十僅存二三而已古刻淪胥良可慨惜然荒崖峭壁游屐摩挲梵剎幽宮耕犁

侍中楊公闕乃李蜀時物本非漢石（張）

發掘往往爲前賢所未見諸城尹祝年廣文輯漢石存時地瞭然便於搜討好古者其按圖以索焉　右後漢一則

三國魏碑有受禪表上尊號孔羡范式王基曹眞及李苞閣道而七孔羨碑黃初元年立張稚圭據圖經以爲梁鵠書受禪奏進二碑亦相傳爲鵠書或云鍾元常筆按勸進諸臣中有臣繇名則以爲太傅書者近之吳天發神讖碑已亡葛祚僅存碑額禹陵窆石樂史云赤烏中刻然無年月惟禪國山碑及九眞太守谷朗碑尚完好可信耳蜀無片石侍中楊公闕錢竹汀宮詹定爲褚千峰僞作近出之章武石琴題字更依託不足信吳廉二將祠堂記亦僞

蜀石不獨今無一刻卽歐趙洪三家亦未聞著錄輿地碑目

有涪陵太守龐肱闕肱士元之子也其石藏左綿任賢良家則在宋時已爲有力者負之而趨忠州有嚴顏碑南平軍有姜維碑不著年月未詳其爲蜀刻否劉燕庭輯三巴孴古志梯巖架壑搜訪極博章武以後炎興以前亦竟無韓陵片石蜀之君臣倉皇戎馬不遑文事於此可見是亦攷古者之憾已右三國魏蜀吳二則

宋書禮志建安十年魏武帝以天下雕敝禁立碑高貴鄉公甘露二年大將軍參軍王倫卒倫兄俊述其遺美云祗畏王典不得爲銘此則碑禁尚嚴也晉武帝咸甯四年又詔曰碑表私美興長虛僞莫大於此一禁斷之義熙中尚書祠部郎中裴松之又議禁斷觀此則魏晉兩朝屢申立碑之禁然大

此碑待訪

臣長吏人皆私立晉書孫綽傳於時文士綽爲其冠溫王郗庾諸公之薨必須綽爲碑文然後刊石可見當時法網雖嚴未嘗禁絶是以趙德甫所收晉碑自鄭烈彭祈以下逾二十通但皆澌滅今釐有存者惟任城太守夫人孫氏碑明威將軍郛休碑太公呂望表建甯太守爨寶子碑余藏永和乙卯侯君殘碑爲諸家所未見典午貞珉已歎觀止此外惟石室題名及墓門之闕隧道之碣而已

世傳墓誌始於顏延年晉以前無有也廣博物志援吳志張承爲淩統作銘誄又漢西都時南宮寢殿內有醇儒王史威長銘以爲椎輪之始不知王史威長銘見博物志僅八句三十二字則亦如趙岐刻石僅志姓名而已張承作誄猶杜篤

之於吳漢潘岳之於楊荆州馬汧督未必刻之石也余見晉刻如侍中賈君闕韓府君神道巴郡察孝騎都尉枳楊君神道安丘長王君神道皆施之墓門者劉韜房宣兩誌僅書歷官諱字年月世系非如唐人之鋪敘功伐文詞詳贍雖謂晉無墓誌可也楊君神道歸安姚彥侍方伯所藏王君神道及房宣墓誌福山王廉生祭酒所藏皆新出 右晉二則

阮文達謂南書長於簡札北書長於碑榜是已然南朝非無碑版文字昭明文選即有王仲寶王簡栖沈休文碑文三首庾徐兩集鉅製如林蘭成猶入周後作若孝穆所撰諸碑皆在江左嚴子進待訪錄采摭金陵佚刻得於張敦頤六朝事迹及輿地碑目寶刻類編者尚裒然成帙但闕歲綿遠銷沈

近年江甯城中出梁墓志一通字蹟極似鶴銘云已為日本人購去

壬戌二月從雪堂處見之

劉懷民志石余親見之渾古樸茂剝蝕處亦極自然决非岑鼎（[illegible]）

廣州新出劉猛進墓銘係長方式兩面刻劉為陳官刻石時已入隋代

烏有今存蕭梁諸闕及貝義淵書蕭憺碑精嚴遒勁與北碑筆勢正同何嘗如王侍書之院體邪曩館潘文勤師滂喜齋見永陽郡王蕭敷及敬太妃兩誌與刁遵高湛如驂之靳亦不類黃庭樂毅諸小楷也梁碑尚有流傳宋惟有爨龍顏碑遠在滇南新出之劉懷民墓誌端午橋制府藏石或以爲魯之岑鼎未爲定論齊陳更稀如星鳳歐陽公所收齊宗慤母陳張慧湛兩誌皆不可得見新羅眞興王定界碑在朝鮮咸興道中嶺鎮廨題戊子秋八月當陳光大二年中土則竟無孑遺錢竹汀先生云相傳明祖營治都城盡輦碑石爲街道爲所毀無疑嗚呼此亦斯文之浩劫已 右南朝一則

南朝碑禁甚嚴尚多私立況崔盧世族雅善屬文衛索遺風

嵩高靈廟碑靈臺新獲舊拓本較世所謂舊本者存字極多惜已殘下截

兼精分隸蕭雲上表不以晉令爲嫌阮略樹碑無待齊民之請宜其照耀四裔已阮文達云宋潭絳閣帖刻石盛行而中原碑碣任其霾蝕余謂惟世所弗尚故椎拓者少縣官亦無供億之苦不至曳倒而椎碎之此所以西北諸省魏齊周之碑往往至今存也釋迦氏之敎雖東漢卽入震旦精藍象設六朝始盛寇謙之嵩高靈廟碑爲道流立碑之始嵩顯寺嵩陽寺諸碑爲梵刹立碑之始他如造象刻經浮圖由三級而七級而九級幢柱由四面而六面而八面踵事增華莫不始於是時惟太和以前著錄絶少秦從卌人造象靑陽吳式訓以爲道武帝天賜三年造未爲定論

孟縣志司馬景和妻墓誌銘首稱魏代或以代爲朝代之代

非也按集古錄太武大延五年大代修華嶽廟碑跋云魏自道武天興元年議定國號羣臣願稱代而道武不許乃仍稱魏自是之後無改國稱代之事而魏碑數數有之碑石當時所刻不應妄但史失其事耳金石錄云余按崔浩傳云方士初織奏改代爲萬年浩曰太祖道武皇帝應期受命開拓洪業諸所制置無不循古以始封代土後稱爲魏故代魏兼用猶彼殷商蓋當時國號雖稱爲魏然猶不廢始封故兼稱代爾今按此所云魏代正是代魏兼用之義又按後魏太安二年中嶽廟碑內有大代應期之語亦可明此所謂代非朝代之代也

授堂金石跋曰道武帝紀天興元年言國家萬世相承啟基

雲代應以爲號帝下詔宜承先號以爲魏則當時改號稱代帝實不從而魏修中嶽廟碑于大代太和兩見太和二年始平公造象記亦云曁于大代太和七年孫秋生造象記首題大代以例誌文兼號魏代此必史氏之疏也昌熾案大荔暉福寺碑額題大代宕昌公暉福寺碑亦可證

北魏碑版流俗率相承作魏余見劉懿墓誌从山作巍頗合六書之法然山字在下元象元年壽聖寺造象在山西和順縣作魏尤與篆文合西門豹碑陰凡魏郡亦俱作魏右北朝四則

晉懷愍以後海宇分崩置君如弈棋建國如傳舍王宋元嘉魏太平眞君之際南北始各統於一其閒一百四十餘年僭號碑文余所見者有秦廣武將軍碑鄧太尉祠碑皆苻堅建

廣武將軍近復出土與從前拓本無大別惟壬戌年又被匪徒殘毀聞殘存四十餘字此碑結所說未知信否

元中立白石神君碑陰有燕慕容儁元璽三年主簿程疵家題字此外未聞趙明誠金石錄收劉聰嘉平五年司徒公劉雄碑劉曜光初五年佛圖澄造象碑又有横山神李君碑西門豹祠殿基記皆石虎建武六年立今並佚　右燕秦諸國一則

隋碑上承六代下啟三唐由小篆八分趨於隸楷至是而巧力兼至神明變化而不離於規矩蓋承險怪之後漸入坦夷而在整齊之中仍饒渾古古法未亡精華已泄唐歐虞褚薛徐李顏柳諸家精詣無不有之歐虞皆仕隋其書至唐始烜赫此誠古今書學一大關鍵也尤可異者前人謂北書方嚴遒勁南書疏放妍妙囿於風氣未可強合至隋則渾一區宇天下同文並無

南北之限乃審其字體上而廟堂之制作下而閭巷之鐫題其石具在未有如世所傳法帖者豈平陳之後江左書派亦與國步俱遷乎以此愈可知宋時閣帖轉展響搨鍾王郄謝半由虛造余嘗欲輯隋石記以明書法流別覺阮文達南北兩派之說猶不免調停之見覃谿論唐初歐褚諸家一歸之於山陰法乳更爲町畦未化已

龍門佛象一千餘龕而隋刻寥寥無幾開皇裴悲明大業季子贇梁口仁僅三刻畿輔秦晉之郊亦無蓮臺百億涌現於層崖峭壁閒惟歷城之千佛山益都之雲門玉函兩山巖洞纍纍皆隋刻也其次則沂州琅邪書院亦多隋人造象碑蓋開皇大業之閒惟齊魯濱海此風爲盛行耳

隋杜乾緒等造象首云大隨開皇十二年歲在壬□王氏萃編曰攷隨本春秋時國即今隨州隋文帝初受封於隨及有天下以隋從辵周齊奔走不甯故去辵從隋然見之碑刻往往通用以逮唐初諸碑書隨爲隋者不可枚舉此碑仍作大隨葢未嘗有定制也

吳玉搢金石存曰羅泌路史隋文帝惡隨从辵改爲隋不知隋自音妥隋者尸祭鬼神之物亦云釁殺裂落肉之名卒以隋裂終王伯厚曰隨安步也吉莫大焉隋裂肉也不祥莫大焉堅妄改之不學之過也予按隋雖音妥本亦有隨音衡方碑借禕隋作委蛇與唐扶碑以逶隨作委蛇劉熊碑以委隨作委蛇同則隋隨同音可知又當時雖改隨爲隋而此安喜

近年敦煌石室新出温泉銘亦太宗書（張）

公李君碑額仍作大隨唐紀泰山銘爰革隨政亦然是二字本可通用一時從省故多書作隋非必眞有所惡而禁不得書作隨也吳又云唐碑皆隨隋互用褚亮碑隨開皇九載乙速孤行儼碑隨益州盧公淸德文隨金州刺史贈孔子泰師碑有隨交喪皆書隋作隨葉慧明碑情隋地深牛夫人造象碑隋所圖凝則書隨爲隋是二字通用之明驗也特自唐以後始分别用之耳不獨隸書隨隋同用卽眞書亦然廟堂碑醴泉銘朱子奢昭仁寺碑王知敬李衞公碑高宗李英公碑武后順陵碑王元宗華陽觀王先生碑裴漼少林寺碑皆書隋作隨右隋四則

隋以前碑無行書以行書寫碑自唐太宗晉祠銘始高宗之

萬年宮銘紀功頌英國公李勣碑皆行書也可謂能紹其家學矣開元以後李北海蘇靈芝皆以此體擅場蘇書俗媚不爲世重北海碑版照四裔而世所傳正書惟有端州石室記此外即任令則盧正道兩碑亦兼帶行體龍跳天門虎臥鳳闕筆勢縱横殆由天授然自是而漢魏以來古法蕩然繼之者蕭誠范的皆稱後勁張從申尤卓絶然綜論有唐一代工行書者緇流爲盛上溯智永下訖无可二百餘年衣鉢相傳不絶世豔稱懷仁聖教序不知隆闡大師碑彈丸舞劍瀏離頓挫之妙不在其下其次則靈運沙門勤行書景賢沙門溫古書兩塔亦皆傳鐵門限家法大歷貞元以後經生一派即從此出胡季良奚虛己其最著也

唐太宗喜右軍書至以禊帖殉昭陵上之所好遂移風尚懷仁聖教序出舉世奉爲圭臬東觀餘論引書苑云近世翰林侍書多學此碑學弗能至了無高韻因自目其書爲院體由唐吳通微昆弟已有斯目竹雲題跋云懷仁聖教自唐以來士林甚重此碑匪直興福寺隆闡法師碑爲顯效其體卽李北海張司直蘇武功亦皆從此奪胎自有院體之目光燄遂殺

長安語云城中好高髻四方高一尺書雖六藝之一亦隨風氣爲轉移唐元宗好八分自書石臺孝經泰華兩銘郎國涼國兩公主碑於是天下翕然從之開天之際豐碑大碣八分書居泰半杜子美詩云開元以來泝八分尚書韓擇木騎曹

鬱林觀東巖壁記首行篆題亦極似深刻 不獨隸書勝也

時通大關巖之豆沙關紅沙石岩有袁滋等年使雲南冊南詔題名

蔡有鄰今攷韓書有告華嶽文歙州刺史葉慧明碑蔡書有麗履温碑尉遲廻廟碑章仇元素碑其餘若梁昇卿史惟則盧藏用田義晊並稱能品至建中以後此風稍稍衰矣然唐碑中隸書最精者余尤服膺崔逸鬱林觀東巖壁記王龔綱鐵幢重規疊矩眞氣鬱蟠可以上拚東京其筆法實在梁史諸公之上篆書皆推李陽冰同時有袁滋瞿令問鼎足而三但其碑不常見世罕有知者耳

龍門奉先寺大盧舍那象龕記始于咸亨三年四月亨字作亯錢竹汀云漢碑凡元亨字皆作享至子孫享之之類又皆作亨攷之九經字樣凡元亨之亨享獻之享亨飪之烹說文作亯亦作亭只是一字經典相承隸省作享者音響作亨者

音赫平又音魄平後人復別出亯字其實皆可通用也余初見張阿難碑書咸亨爲咸享疑其下筆之誤今此碑亦作享葢唐時雖用楷書猶存篆隸遺法咸享卽咸亨正是從古金輪以一女子暗移唐祚威福自恣舉朝屏息牝雞司晨亘古未有其所造十九字見宣和書譜云天爲𠀑地爲埊日爲囸月爲囝星爲〇君爲𠺞年爲𠡦正爲𠙺臣爲𢘑照爲曌戴爲𡕀載爲凩國爲圀初爲𡔈聖爲𨲢授爲𥠢人爲𤯔證爲𨤦生爲匡當時羣臣章奏及天下書契咸用其字以石刻證之自武后稱制光宅垂拱永昌尙未改字至載初以後則無不用新製字矣惟載字石刻皆作𡕀不作凩與宣和書譜不合碑字作於當時且非一石必無舛誤自較書譜爲得實余所

見武周碑不下數百通窮鄉僻壤緇黃工匠無不奉行維謹尤可異者巴里坤有萬歲通天造象今歸端午橋制府敦煌有柱國李公舊龕碑在莫高窟廖州刺史韋敬辯智城碑在廣西龍州關外河東州刺史王仁求碑在雲南昆陽縣龍龕道場銘在廣東羅定州皆唐時邊遠之地文教隔絕迺紀元年月亦皆用新製字點畫不差累黍雖秦漢之强聲靈遠訖何以加焉惟聖歷三年于大猷碑不用新製字重脩唐安寺記題大周癸巳之歲無射月癸巳爲長壽二年既不用新製字亦不題年號在武后時爲僅見書者尙不忍忘唐然不能不稱大周也張東之撰父元弼墓誌稱永昌三年實天授二年年月日亦寫作𠦚囸𠥱魏稼孫云永昌改載初載初改天授柬之

不當絶無聞見意矛昌時后雖稱制尙未竊帝位易國號所以存唐正朔與淵明署義熙同意然張景之誌亦柬之撰卽稱天𥝠三季是其說仍未確也夫以柬之恢復唐祚與狄梁公同稱賢相當其未反正時尙不敢批其逆鱗則滛昏之燄天下重足何待言哉諸家著録於鐢壂壂歷盧甗三號往往淆亂則以其字不經見石泐模黏不免誤釋耳

舊唐書元宗紀天寶三載正月丙辰朔改年為載至肅宗嗣位之三年二月丁未始改至德二載為乾元元年此後遂復稱年矣自天寶三載迄至德二載寰區石刻一律皆書載字無作年者以此見唐之聲靈赫矣雖經安史之亂而民心未嘗去也故靈武踐祚不旋踵而中興近出之劉智墓誌有兩

石一無書人一題天寶十五年蘇靈芝書者世相傳爲贋鼎頗滋聚訟不知卽一年字而作僞之跡已灼然矣蘇靈芝雖臣安史旣奉唐號卽不當書年字攷憫忠寺寶塔頌亦靈芝書碑末至德二載四字有重鑿痕映日視之葢原刻爲聖武二年安祿山僭號也時兩京雖復河朔尚淪化外故不奉唐正朔後始追改耳然稱聖武卽稱年稱至德卽稱載金石刻畫明白如此而謂天寶下肯稱年乎孫氏訪碑錄天寶一朝惟張尊師探元遺烈碑書三年香積寺施燈功德幢書十三年當是原文如此此外無書年者矣張尊師碑蔡瑋製文瑋所撰尚有玉眞公主臨壇祥應碑在天寶二年尚未改制乃轉書爲二載涼國公主碑開元十二載八月辛巳薨于京邸顧亭林云天寶三年改年爲載此在其前二十

年已云載矣蓋文字中偶一用此外祇博陵太守賈循德政之北海李秀碑稱天寶元載同記在安天王碑陰變文稱天寶戊子歲李翰修比干廟碑變文稱天寶十祀

授堂金石跋曰中嶽永泰寺碑建於天寶十一載稱年爲載是也今文云貞觀二載神龍二載當時元宗欲變年例未嘗易及祖制又文稱隋仁壽二載并前代亦追改之緇流不學至此余謂此奉行之過也

大和唐文宗紀年也著錄家往往誤作太和雖通人不免寶鐵齋金石跋尾有大唐泰和元年井闌題字在江甯普惠寺既誤大爲太又改太爲泰不知太和後魏孝文帝年號泰和金章宗年號皆非唐也殆好事者依託耳唐亡於天祐四年

昭陵諸刻羅叔言參事嘗集各舊本寫成碑考一卷既備且精爲從來所未有緣裝好見之亦大饜眼

其明年爲梁開平元年時李克用父子及江南楊氏皆仍奉唐正朔其餘藩鎮有舊君之思者閒亦用天祐年號故唐末代仍有天祐四年以後石刻未可以亳社已屋而疑爲僞刻也扶風法門寺塔廟記天祐十九年立其碑側劉源題名且在二十年四月是時唐之亡已十六年矣有唐三百年石刻此碑爲之殿焉

唐太宗昭陵在醴泉縣九嵕山周迴百二十里渭遶其前涇環其後岐梁西峙其南則終南太乙列爲屏障陪葬兆域穹碑相望據唐會要所記妃七人王七人公主十八人宰相十二人丞郎三品以下五十人功臣大將軍五十七人與長安志醴泉縣志石刻昭陵圖互有詳略互有得失孫淵如先生昭陵陪葬名位攷攷證甚詳 國初侯官林同人先生游秦中往來陵下摩挲諸刻按籍記之作昭陵

石蹟攷略得十六碑康雍以後出土者十二碑打碑人又益以石鼓尊勝經爲昭陵二十九種然乙速孤父子墓遠在叱干邨九嵕山後三十里不在百二十里封域之內雖葬醴泉未可謂之陪葬尊勝經在趙邨廣濟寺更非東園秘器牛進達殘碑最後出唐會要缺長安志增孫淵如云進達雖史無陪葬事而有佐命之勞見秦瓊傳或史闕文今其碑出土則長安志爲有據矣同人所見十六碑皆記其存字虞恭公碑僅三百餘字然翁覃谿得稍舊之拓本明白者尚六百字余所收豆盧寬張後允阿史那忠三碑不過百年以內拓本存字亦視林轉增當時拓手未精後來者不難居上至覃谿謂虞恭公碑以細紙淡墨精拓之可辨者二千八十六字則僅

吾友羅叔言撰昭陵碑錄最爲
精昭陵碑考補正蘭泉不少諸
沙畹博士勤搜白首向來著錄
家所未見者 諾

得其匡略非眞能突過前賢也近時拓工惜紙其磨泐處皆不搨歲久塵埋下半截深入土中亦未嘗舉而出之故精本整本極爲希覯昭陵爲唐碑淵藪撰人書人皆極一時之選學書者所當奉爲楷模也今詳列林攷十六碑存字並續出各碑於後又附以郭子函王蘭泉所紀以備參攷

虞恭公温彥博碑貞觀十五年岑文本文歐陽詢書存三百餘字

申文獻公高士廉塋兆記貞觀二十一年許敬宗文趙模書存百餘字

曲阜憲公孔穎達碑貞觀二十二年于志甯文相傳爲虞永興書未確存七百餘字

梁文昭公房元齡碑年月泐褚遂良書存四百八十字都門李子嘉太守藏唐拓全本二千餘字天下只此一本至寶也

芮國公豆盧寬碑永徽元年李義府文存三百餘字

汾陰獻公薛收碑永徽六年于志甯文存百十字

固文昭公崔敦禮碑顯慶元年于志甯文于立政書存五百餘字今此碑已佚潘文勤師藏明拓本

禮部尚書張後允碑顯慶三年李義府文僅存寥寥數字諸家著錄或無後字並有誤作俊允者

衛景武公李靖碑顯慶三年許敬宗文王知敬書存千三百餘字

蘭陵長公主碑顯慶四年李義府文竇懷哲書存七百五十字

中書令馬周碑上元元年許敬宗文殷仲容書存三百餘字

薛公阿史那忠碑上元二年撰書人泐存五百餘字

英貞武公李勣碑儀鳳二年高宗御製文并御書存上半三十二行每行六十三字

散騎常侍褚亮碑年月撰書並泐存五百餘字

右武衛大將軍乙速孤行儼碑開元十三年劉[illegible]文田義晅書存一千餘字田字諸家皆誤釋爲白

冠軍大將軍許洛仁碑年月撰書泐存八百五十餘字

右林氏所記十六碑

褒國公段志元碑貞觀十六年

晉州刺史裴口口碑貞觀二十三年上官儀文余僅見碑額

鄂忠武公尉遲敬德碑顯慶四年許敬宗文

左戎衛大將軍杜君綽碑龍朔三年高正臣書

紀國先妃陸氏碑乾封元年

內侍汶江縣侯張阿難碑咸亨二年僧曹昌書

右虞侯副率乙速孤神慶碑載初二年苗神客文釋行滿書

姜遐斷碑天授二年此石今亦佚潘文勤師滂喜齋有明拓本

莒國公唐儉碑開元二十九年

幽州都督牛秀碑年月泐

柱國德陽公碑年月泐

清河長公主碑年月泐暢整書

右續出十二碑據唐會要所記陪葬者一百五十餘人尚有子祔其父孫祔其祖者當時墓各有碑荒厓斷碣沈霾不少安必異時之不復出也魏徵程知節尉遲寶琳諸碑宋尚存見金石錄六駿石座有殷仲容所書贊諸蕃君長立象七其背各有刻字皆未見拓本

石墨鐫華云萬歷戊午四月余爲九嵕之遊距昭陵十里宿

高生儼家翼日同行北一里許得許洛仁碑又北半里許得薛收碑折而西一里許爲趙郵北行里許爲莊河郵未至先於道旁冢得姜遐斷碑至郵則有段志元碑東行數十步有監門將軍王君碑横於田閒又東行數十步一碑無字亦無冢蓋土人平之而并磨其碑耳以圖攷之疑是長孫無忌碑又東行半里許爲劉洞郵流水界之渡而東有房梁公元齡碑褚河南正書又東數十步有高士廉碑又東數百步有李靖碑撰書姓氏殘缺與諸碑同而上半完好靖冢作三山形文皇以象其功土人謂上三冢李勣冢亦如靖土人謂下三冢二冢南北相去不二里勣碑高宗御書高二丈餘嶄然屹立與温彥博碑搨者甚多土人棰其字殆盡彥博碑在靖碑

北數十步歐陽詢書不復可搨至西峪邨邨東纍纍古冢相連有褚亮碑阿史那忠碑張後允碑孔穎達碑豆盧寬碑張阿難碑鱗次都不百步既而又得蘭陵公主碑於老君營之西北得馬周碑於狗邨之東得唐儉碑於小陽邨之北又得崔敦禮碑又有尉遲敬德碑自額以下埋土中聞十五年前令芮質田掘而搨數十紙余出之了無一字又山半數冢土人謂宰相墳仆一碑傳是鄭公碑其東山半數冢土人謂亂冢坪亦二碑余皆起之則與尉遲碑同瘞土人捶而仆且瘞之也北四十五里叱干邨邨東二冢一爲乙速孤昭祐碑苗神客撰釋行滿正書一爲乙速孤行儼碑劉憲撰白義晊白義二字均郭氏八分書地僻搨者少故得稍完計其所見共二誤釋見上

十七碑以其方位與昭陵圖攷之大略相同
王蘭泉昭陵陪葬攷按長安志太宗昭陵在醴泉縣西北六十里九嵕山白鹿長樂瑤臺三鄉界古逢蒲鄀下宮去陵一十八里封內周一百二十里關中金石記載温彥博段志元高士廉孔穎達褚亮房元齡豆盧寬薛收崔敦禮張允李靖尉遲恭蘭陵公主許洛仁杜君綽紀國先妃陸氏張阿難馬周阿史那忠李勣裴藝姜遐王君乙速孤神慶乙速孤行儼計二十五碑今親所得者温彥博段志元孔穎達馬周高士廉褚亮房元齡薛收張允李靖尉遲恭蘭陵公主許洛仁杜君綽紀國陸妃張阿難阿史那忠李勣姜遐乙速孤神慶乙速孤行儼唐儉共二十二碑與關中記參校所未備者豆盧

寬崔敦禮裴藝王君四碑而增多唐儉一碑也昭陵諸碑今存者歷歲久遠半埋泥土其露出者又爲風雨剝蝕故諸家所搨殘缺過甚乾隆四十八年昶涖官關中公餘之暇訪覓搨工多方搜剔不惜工力無論有字無字務搨其全于是向日入土者洗而出之所搨率皆全本以較諸家所錄增多數百字或有至千餘字者自問以爲昭陵碑椎拓之精可無遺憾稽其所在大率在醴泉縣北十里及二十里二十五里者以昭陵在縣西北六十里計之則當在陵南四五十里間雖云陪葬亦去陵遠矣

林同人曰高祖獻陵在三原縣北之白鹿原陪葬妃嬪諸王勳戚凡三十餘人惟淄川郡王孝同一碑在乾陵陪葬自薛

元超而下有數冢然無石睿宗橋陵之有雲麾將軍李思訓碑也元宗泰陵之有高力士碑也此石之僅存者也今秦中碑估以獻陵碑求售者尚有八種于氏四碑李氏臧氏各二碑按貞觀二十年八月乙亥詔所司於昭陵南左右廂封境取地以賜功臣其有父祖陪陵子孫欲來從葬者聽獻陵當亦同例于志甯以勛舊陪陵孝顯蓋推恩其先人而大猷知微皆其後人之附葬者也李廣業當爲淄川郡王之後臧懷恪臧希晏亦附葬其先兆而主域無碑名位轉不可攷三原尚有朱孝誠樊興兩碑一正書一行書皆精不在陪陵之列

濮陽令于孝顯碑 貞觀十四年

燕公于志甯碑 乾封元年令狐德棻文子立政書

淄川郡公李孝同碑咸亨元年諸葛思楨書

明堂令于大猷碑聖歷三年

兗州都督于志徵碑開元七年姚崇文

右武衞將軍臧懷恪碑廣德元年顏眞卿文幷書

左金吾衞將軍臧希晏碑大歷五年張□文韓秀弼書

劒州長史李廣業碑貞元廿年鄭雲逵文

右獻陵八碑于立政碑調露元年十一月陳遺玉八分書見趙明誠金石錄今佚

蘇齋唐碑選五十種推重陳諫南海廟碑爲虞褚之亞余嘗得舊拓本雖清朗而神氣索然此石疑後人重開不足學也以泰山銘後御書爲唐大字第一以宋廣平碑側爲顏書第

壽莊殿撰守鎮江時嘗見魏法師碑精拓數百本通體無多余亦得其二通字體肥而少骨大有近年殿試卷氣息豈即所謂院體耶殿撰云此碑從何得以漢碑摩崖而刻者以其有穿也未知是否　張

韭花帖墨蹟尚存丙寅八月幸得見之於雪堂許修溪上振玉注

一持論過高後學未易趨步王知敬書不取金剛經衛景武公碑而取少林寺武后詩李北海書不取李秀嶽麓兩碑而取端州石室記皆非定論又其論書宗旨以山陰爲圭臬故唐碑中方嚴遒整如石淙詩序白鶴觀碑清河公主碑皆所舍旃近百年來新出各碑如于孝顯魏法師之類精采奕奕新發於硎如此者尚不少若以唐初諸大家爲繼別之宗子而以從出諸碑枝分派別各繫其後至精者約可得百通重定蘇齋之選學書者視其資性所近各專一家以是求之有餘師矣

唐碑至會昌以後風格漸卑氣韻漸薄世以和少師爲殿果今惟見韭花帖其華嶽題名余所收二百餘通而無凝筆則

殆亡矣當時學率更者尫瘦欹竦但見棱棱露骨而無停蓄之態頗似今坊閒重開之皇甫君碑惟經生所寫尊勝幢閒有懷仁遺矩然皆帶行筆至楷書則絕無精者矣五季兵爭斯文道喪鄉貢學究惡札書丹若晉之奈河將軍廟碑周之判官堂塑象記其祀爲不經之祀其書皆聊且之書至是而古法蕩然矣其時羣藩割據惟吳越不敢顯背中朝正朔此外各國皆自用其建元然南唐李氏西蜀孟氏緇衣關館廣延儒雅故其石刻轉有佳者蓋中原文物又渡江而南矣右唐十四則

竇建德王世充輩與高祖同時逐鹿下逮唐末董昌皆稱制改元而僭號之碑夙所未聞乃近十年來忽數見不鮮徐懷

近又出聖武元年長孫夫人志銘藏有墨本

韋志爲溧陽端忠敏藏石文書漢美真印本精

隱墓誌聖武二年安祿山僭號也當唐至德二載宋文博墓誌順天二年史思明僭號也當唐上元元年宋誌並冠以大燕字初以爲黎軒善眩然其文頗雅贍其書亦遒媚有法蓋疑久之後得唐縣龍聖寺造象上溯貞觀下訖貞元共二百五十通其中李崇珣李曠口婆三刻皆順天年號又得盧嗣治墓誌聖武口年十一月十六日卒其書古拙非宋以後人所能髣髴于是胸中疑團渙然冰釋安史僭位以後旣不奉唐正朔載筆者自不敢不書僞號憫忠寺寶塔頌至德二載卽磨去聖武重鐫非然亦一燕刻也推而上之新出之開明兩石開明王世充年號一鄧國公夫人元氏墓誌大鄭開明元年一韋匡伯墓誌開明二年皆洛陽出土亦皆可信有唐三百年僭號之碑不先不後一時並出信乎隱見

之有其時也右唐僧號一則

五季以書名者郭忠恕孫崇望爲鐵中錚錚忠恕工分篆其所書三體陰符經宋乾德中刻於懷惲禪師碑陰別無他碑可見孫崇望書郭進景範兩碑皆在周顯德中至藝祖受禪勑建豐碑亦皆命崇望書之兩朝鉅製一手染翰周武王康王廟漢光武廟唐太宗廟嵩岳中天王廟凡五碑皆開寶六年立則當時尊爲巨擘可知以今觀之其書肉餘於骨沓拖無韻葢學王縉而得其皮膚者鄭五作宰相朱三作天子世運如此又何怪書學之遞降哉右五季一則

五季羣雄石刻流傳之富首推吳越南漢次之西蜀南唐又次之楚閩諸國等之自鄶嶺南吳石華熟精鄉邦掌故既撰

互見卷二廣西第一則

南漢有乾和十一年鐘昔在粵東後流轉浙西錢藏有大舟拓贈翁祥伯本雪堂又藏有鐵塔兩事

南漢紀又輯金石志二卷然雲門匡聖匡直兩碑僅見匡聖拓本而匡直大師塔銘但據乳源縣志錄其文而已且誤匡直作匡眞余初收得匡聖大師碑後又得匡直大師碑皆完好無恙近時新出土者有大寶五年馬二十四娘墓券江陰金武祥太守在容縣搜得南漢都嶠山經幢造象及中峰五百羅漢記靈景口慶讚齋記皆石華所未見　右南漢一則

前蜀王氏後蜀孟氏其石刻詳見於劉燕庭三巴孴古志前蜀武成一通永平二通天漢一通乾德二通後蜀明德一通廣政五通余嘗得蜀石三刻一武成元年殘造象一武成二年琴泉寺經幢一廣政癸亥張匡翊題名皆東武所未收孟昶時其相毋昭裔且能捐俸寫經鏤石晁公武石經攷異序

蜀石經毛詩殘拓本吳黃蕘夫景昔年江甯陳氏合左傳殘字景刊行之壬戌羅雪堂又從內閣大庫敗紙中搜得穀梁傳半葉

云孝經論語爾雅廣政甲辰歲張德釗書周易辛亥歲楊鈞孫逢吉書尚書周德貞書周禮孫朋吉書毛詩禮記儀禮張紹文書左氏傳不誌何人書而祥字缺畫避孟知祥諱亦必爲蜀人所書益十經歷八年而後成曹能始四川名勝志云諸刻今皆不存所存者禮記數段在合州賓館中余聞之先輩云其石爲一黔人士宦蜀者攜以壓歸舟今不可問津矣錢唐黃氏藏毛詩殘拓厲樊榭丁龍泓共觀賦詩全謝山爲之跋今金石家著錄者皆祗此一本耳右前後蜀一則

吳越錢氏保境安民納土最後君臣佞佛崇飾梵宇刻經造象不吝檀施余嘗至武林策蹇湖上禮千官塔裴㝈靈隱飛來峰下捫蘿剔蘚遍尋遺刻去年及門程心一孝廉復爲余

命工拓之所未得者惟武康風山靈德王廟記及臨安海會寺二幢耳其所書甲子首鼠兩端或用僭號或奉中國建元亦有磨去歲月者大都納土後諱之耳東湖叢記采禮耕堂叢說一則西湖游覽志餘申歐陽公之說皆攷索甚詳頗有資於石刻附錄如左 右吴越一則

禮耕堂叢說云以吴越稱元爲非分不知武肅自丁卯迄壬辰二十六年中奉纂號者三建國號者三丁卯四月唐亡次年戊辰無可稱天祐五年及天復七年因自建元天寶若崇化寺尊勝幢載天寶四年辛未明慶寺白傘蓋陀羅尼載五年壬申推知建元在戊辰約五年以唐亡故不用梁開平乾化等號而廣潤龍王廟碑則稱梁貞明二年

丙子登聖寺摩厓稱龍德元年辛巳上宫詩稱三年癸未

艮以通使故也癸未十月梁又亡亦年甲申無可稱龍德

四年因復建元寶大若九里松觀音尊勝幢載二年乙酉

又水月寺幢載寶正元年丙戌招賢寺幢載二年丁亥後

舜井記載三年貢院橋柱載六年辛卯推知寶大建元在

甲申寶正改元在丙戌至六年辛卯實八年以梁亡亦不

用後唐同光天成等號而天竺日觀庵經幢復稱後唐長

興三年壬辰亦以通使故也是其於故國淪亡强臣篡弑

之會别具忠愛纏綿未忍遽舍之至意

西湖游覽志餘歐陽公五代史敘列國聞諸故老謂吴越

嘗稱帝改元而求其事蹟不可得頗疑吴越後自諱之宋

上虞羅氏藏吳越國王投龍玉簡後鐫寶正三年歲在戊子制作極精

時王順伯收臨安府故碑有石屋崇化寺幢題天寶四年明慶寺幢題天寶五年九里松觀音尊勝幢題寶大二年水月寺幢題寶正元年招賢寺幢題寶正二年小昭慶寺金牛瑪瑙等各幢皆題寶正貢院橋柱題寶正六年至今寺中石塔有吳越王并年號處皆鐫剗模餬蓋歸宋納土時所改爾

又按武林飛來峰周欽造象後題歲巳未建隆改建隆元年爲庚申前一年巳未尙是顯德六年周恭帝禪位於宋之歲建隆尙未紀元此亦是錢氏納土之後諱而磨改

楊吳金石舊著於錄者乾貞一通尋陽公主墓銘太和一通大安寺香爐題字天祚二通光化大師碑銘周從建書陀羅尼眞言余得順義四年縣君汪氏

題石殘損近出乾化元年溫仁朗墓志爲最新雁冢蓋於新出於硎

墓銘近山陽縣出土王彖之碑目昇之興化院江之開福院安國寺皆有鐘銘今佚南唐李氏自泰交改元後周師南下即削僭號故本業寺記元寂禪師塔碑皆書宋元其建號以前石刻祗有保大若中興交泰本祗一年昇元六年亦未見有拓本嚴氏金陵待訪目網羅極博但存者無幾矣近繆筱珊前輩於棲霞山訪得衡陽寺三幢座徐楚金兄弟題名雖無年月確知其爲南唐刻也二徐篆尤難得聞通州又新出一碑壽州金剛經宋全州湘山寺本雖重開年月姓氏尚沿保大舊題及今蒐采未爲寥寂余謂吳越錢氏及江左兩朝皆可援南漢之例各輯一書吳越金石志先次其本國之年而以從中國年號者爲附錄南唐以楊吳爲上卷以李氏爲

海岳書有章吉老墓志爲毛意香藏未見著錄歸安陸氏穰梨館帖有勒本未精

下卷或庶可與錢儼馬令陸游諸史相輔而行其餘閩祇一刻永隆三年堅牢塔記北漢劉氏廣運二年天龍寺千佛樓碑及石映墓誌楚馬氏五溪銅柱記馬賓金剛經皆祇二刻且不盡有建元郕莒附庸不足與於敦槃之會也右南唐一則

宋初承五季之敝書學榛蕪建隆以後豐碑鉅製皆出於袁正已孫崇望其次則張仁愿王楊盧駱當時體非國工也尹熙古楊虛己後來居上然亦囿於院體至蘇黃米蔡四家出脫去古人畦逕別開生面書派爲之一變然漢魏以來醇古之氣亦銷洩無餘矣蘇書遭元祐黨禁劃除殆盡今傳世者皆重開本涪陵溪堂後人瓣香皆在簡牘不知米之朱樂圃章吉老墓表蕪湖新學記非羣玉英光所能彷彿也黃之七

佛偈直追瘞鶴銘亦勝於寄嶽雲帖蔡君謨書宜於大書深刻洛陽橋記視中興頌可謂亦步亦趨矣然氣韻終遠不逮不僅顏苦孔卓未達一間也蔡元長兄弟行草皆入能品元長簡古沖穆如仙童樂靜不見可欲元度氣格雖稍遜然其書能於熟處見生操縱離合不失尺度誠未可以人廢

翁覃溪先生云唐以前正楷皆筆筆自起自收開闔縱擒起伏向背無千字一同之理直至宋以後乃有通體圓熟之書此眞深知書學者也孫崇望尹熙古楊虛已皆所謂通體圓熟者耳楊虛已流媚中有逸氣所書賀蘭栖眞敕極似唐末經生筆在三人中固應特出

温國潞國韓歐無書名爲其功業所掩也温公南屏摩厓分

書雄偉突過唐賢文潞公與韓魏公皆學顏而韓爲優正書若狎鷗亭觀魚軒行書若義鶻行皆直入平原之室歐陽公瀧岡阡表宋牧仲筠廊偶筆載其爲龍神借觀事此齊東之言也要之其書自圓機活潑朱文公書碑版實師之

自石敬瑭以燕雲十六州歸契丹至宋道君時童貫會金師滅遼始復舊疆曾未轉瞬并中原而失之今京畿金石惟大觀宣政之閒有宋刻皆在此遼社既屋金師未入之際白駒過隙時耳 右宋四則

南渡以後神州疆索淪入金源長淮大河以北無趙家片石秦隴與蜀接壤處爲兩國犬牙故階成之閒及城固褒城兩邑尚有宋刻其時國步雖艱士大夫雅好文章游宦登臨往

往濡毫以誌歲月名山洞壑不乏留題名臣如李伯紀胡邦衡理學如朱晦庵張南軒詩人如范致能陸務觀楊誠齋皆有遺跡其書多詄蕩可喜與遼金石刻不啻有雅鄭之別然皆不必以書名惟張樗寮行書號爲精妙今所存有焦山金剛經四明賀監祠逸老堂記余所得湻祐元年息心銘其石在山東城武縣仙風道骨迴出塵表然非碑版正派余所見南宋書當以無礙居士道隱園記及范致能碧虛水月兩銘壺天觀記爲第一其次則趙公碩書中興聖德頌乾道七年張本中書石壁聖傳頌紹熙元年也

南宋書家余最服膺吾鄉石湖居士此非鄉曲阿好試取桂林諸山石刻證之建炎以後文穆與方孚若最爲秀出然孚

田園雜興帖源出蘇米此行押書以与素師虔禮純用草法者蹊徑不同緣艱此說予商

田園雜興詩潘文勤癸未年始拓十紙既近吳亭蕉拓本僅見印川所藏此潘拓遜字多矣

劉豫有能名目題進士存蕕門未見撫本文有集十卷錢竹汀補元史藝文志錄之不知今有傳本否

孟邦雄墓誌石今藏端午橋制府家余曾見之（張）

若行書但以韻勝不若文穆之淵渟嶽峙也且不獨正書精麗其草書四時田園雜興揮霍頓挫⿰石戠磹如巖下電不可逼視素公聖母帖孫虔禮書譜以後殆未見其匹若桂林鹿鳴燕詩刻手不精稍降一等　右南宋二則

宋建炎四年金人立劉豫爲帝奉金正朔初稱天會八年其年十一月改明年元爲阜昌至七年十一月仍爲金人所廢先後不過七載且覥顔臣虜更非南北羣雄可比然陝西齊豫之境頗有阜昌石刻孫氏著錄者有饒益寺藏春塢記孟邦雄墓誌祭渾忠武王文并記并牒禹蹟圖華夷圖薛待伊浮圖銘側劉漢題字共六種趙氏著錄者有永慶寺大殿記孟誌字跡工秀頗得虞褚規模華夷禹蹟兩圖每折地方百

鈺乃蔚州遼鑄大鐘拓本一通具書當時職官及善信姓名間有梵文爲各家所未著錄者極可喜暇當訪丁佺卿舍大宮鐘作款識彰之

里所載山川多與古合唐宋以來地圖莫古於此未可以僞朝廢也余又收得阜昌八年號縣磻溪鄉朱近買地券豫僭號祗七載而此稱八年或鄉曲尙未知其被廢或并初立未建元一年數之蝸角小朝當時雖稱其正朔不過逢場作劇耳右僞齊一則

遼碑文字皆出自釋子及村學究絕無佳蹟閒有不書大遼書大契丹者猶之拓跋氏代魏兼書示不忘本之義也同治以前出土尙少孫氏訪碑錄不及五十種趙撝叔所續皆朝鮮碑系遼紀年者中國惟咸雍四年淸水院藏經記一刻光緖四五年閒重修順天府志碑估李雲從承當事之命裹糧襆被狂走京畿諸邑荒邨古剎足跡殆遍所得遼碑視孫趙

倍蓰過之余著錄遼幢五十餘通皆其時拓本也其中多唐梵兩體惟劉李河白氏兩幢結構尙可觀此外行列整齊者如今刻書之宋體字潦草者如市中計簿滿幅題名皆某兒某郎婦之類北傖喬野之風於此可見

金源雖與遼同起朔方戎馬之餘頗能講求文字沂州普照寺碑學柳誠懸世有出藍之譽金碑第一獲鹿奇石山摩厓次之党懷英之分篆王庭筠楊廷秀之行草皆稱名筆金碑多懷英篆額余收得其分書普照寺照公開堂疏十方靈巖寺碑篆書王荆公詩刻矩度森嚴唐宋名蹟無以過之尤奇者紹聖以後中國禁蘇書甚嚴而金人皆喜效其體如靈巖寺滌公開堂疏洪福寺壽公靈塔銘石經山雲居寺前管內

沂州普照寺碑在沂州府南門外孟至大道之中凡入魯由陸行者必經見下聞此碑乃集柳書而已拔大小不一似非学柳書者（張）

都綱遺行記皆頗有長公筆意烏臺之案不能行於鄰國可爲眉山吐氣

遼碑著錄始於會同天顯以前無有也金碑著錄始於天會天輔以前無有也篳路藍縷以啟疆故未遑制作至遼碑皆在畿輔奉天閒有兩三通女眞則秦晉兗豫齊魯之郊皆有其石刻此則限於幅員耳

遼之景福與唐昭宗年號同金之貞元與唐德宗年號同然年祀綿遠書體迥異著錄家不至誤收惟遼金各有大安相距不過兩周甲子易滋疑竇曩時黄仲弢學士收得一大安碑以爲金刻碑估李雲從折之云金大安祇有三年卽改元崇慶此碑立於大安六年迺遼刻耳仲弢不覺媿服

遼碑多釋子之文金自大定以後崇尙道流馬丹陽邱長春王重陽其最著也其次則杜天師忽驚圖譚眞人踏雲行詞皆有詩詞石刻治及元初此風未革長春入元世祖畱之帷幄詢茲黃髮其敎益昌道書刻石者終南則有篆體道德經三原則有昇元經常淸靜經五臺則有孫眞人福壽論元敎大宗師張留孫碑趙承旨至爲書兩通南北分建之自入大朝太祖太宗以逮定憲四朝平津著錄釋氏之碑十之三道家之碑十之七於此可覘彼敎之盛衰時君之好惡 右遼金五則

終宋之世與遼金南北分疆此外惟趙氏父子割據靈武改元建號延祚綿長至西遼亡尙未亡其石刻惟有感通塔碑天祐民安五年所立在今涼州武威縣土人謂之番字碑以

其一面爲西夏文也同里彭誦田刺史令武威時曾拓一通見貽儂智高曾改元啟歷而邕桂之閒無其片石更無論王則方臘輩矣

感通塔碑出土未久西夏未見第二刻余按部至甘州閱郡志見有黑河建橋敕在下龍神廟旋訪得於弱水東岸距城十里一小刹中卽郡僚迎賓之地也碑兩面刻其陰亦番字惜無良匠拓本模餬不可辨惟正面尙完善閒有剝蝕之處以郡志補釋十餘字碑文共八行行三十字後年月題名五行刻於乾祐六年丙申歲卽宋孝宗淳熙三年也題名有口筆手張世恭筆上字闕當是書此碑者從此篋中又增西夏碑一種奉使西來第一快事因世尠知者故錄其文如左以

饗好古之士聞甯夏賀蘭山爲夏國陵寢所在峰巒窈曲嵔如曠如享堂原廟遺跡尚存其中當更有貞珉可訪將伯助予日望之矣

敕鎮夷郡境內黑水河上下所有隱顯一切水土之主山神水神龍神樹神土行第一地諸神等咸聽朕命昔　賢覺聖光菩薩哀愍此河年年暴漲漂蕩人畜故以行第二大慈悲興建此橋普令一切往返有情咸免徒涉之患皆霑安濟之福斯誠利行第三國便民之大端也朕昔已曾親臨此橋嘉美　賢覺興造之功仍罄虔懇躬行第四祭汝諸神等自是之後水患頓息固知諸神冥歆朕意陰加擁佑之所致也今朕行第五載啟精虔幸冀汝等諸多靈神廓慈悲之

心恢濟渡之德重加神力密運威靈行第六庶幾水患永息橋道久長令此諸方有情俱蒙利益佑我邦家則豈惟上契十行第七方諸聖之心抑亦可副朕之宏願也諸神鑒之勿替朕命行第八大夏乾□七年歲次丙申九月二十五日立石行右一○上缺郭□正右一○上缺筆手張世恭○下缺右行一○□水監王延慶右一○內大勾當鎮夷郡正兼郡□教下缺。右一行○上年月題名五行右西夏二則

敦煌縣千佛洞即古之莫高窟也洞扉封以一丸泥十餘年前土壁傾陊豁然開朗始顯於世中藏碑版經象甚夥楚北汪栗庵大令宗翰以名進士作宰此邦助余搜討先後寄貽宋乾德六年水月觀音畫象寫經卷子本梵葉本各二筆畫

古拙確爲唐經生體與東瀛海舶本無異又諸墨拓中有斷碑僅存兩角上一角存十二行行自十一字至三字不等下一角存七行行自四字以下不等年月已佚亦無撰書人可考惟上一石第九行有聖神贊普万里化均四鄰慶□云云贊普係吐蕃君長之號猶匈奴之稱單于突厥之稱可汗冠以聖神二字則彼國人士尊其君之詞猶中國皇帝之有徽號也以是定爲吐蕃刻無可疑矣攷喇薩吐蕃會盟碑一面正書一面唐古忒文刻於長慶元年仍爲唐人所立南詔諸碑雖閒有贊普鍾紀年攷之舊唐書吐蕃以南詔閤羅鳳爲贊普鍾蠻人稱弟爲鍾蓋是時南詔服屬于吐蕃故以弟畜之而閤羅鳳卽用以紀年然非奉其正朔要不得爲吐蕃刻

可黎可足以後文宗出土者僅此一通耳窮邊荒磧沉埋一千餘載不先不後自余度隴而始顯得以摩挲之攷訂之不可謂非墨林之佳話已右吐蕃一則

元起沙漠開國之初未有建元其碑刻但書甲子或上冠大朝二字亦有書十二辰禽名者如建子則書鼠兒年建丑則書牛兒年之類是也然少林寺聖旨碑延祐元年所立而聖旨三道一書雞兒年一書龍兒年一書鼠兒年則中葉尚沿初制世祖卽位建元中統至五年改至元其後順帝踐阼之三年亦改至元世謂之後至元碑書年月或繫後字亦有竟稱至元者不可不辨也

宋人書長於簡札而不宜於碑版至趙文敏出重規疊矩鴆

所見松雪墨蹟以此懷所藏曝書二字膽巴碑酒德頌三種合美精新三字尤以先歸龐萊臣繼歸端忠敏今又爲孟蘋篋中之湖州妙嚴碑爲最此碑光緒二十四年陳伯玉刻過勁挺無匹足當碑版正宗與翰札截然不同

朙莊嚴奄有登善北海平原之勝有元一代豐碑皆出其手前賢謂韓文起八代之衰余謂趙書亦起兩宋之衰溯其生平洊歷五朝年登大耋自至元以迄至治所書碑版照耀四裔同年李木齋府丞嘗專輯趙碑爲一目裒然成帙余先後搜羅亦不下五十通童時見舉子學書皆習重陽宮御服碑不知此碑但以姿勝未爲傑構鷗波墨妙自以許熙載張留孫兩碑爲正矩華亭居竹記青神山陳氏墓表超出恆蹊純乎化境當爲趙書第一亦爲元碑第一

文敏兼工四體然不恆以分篆書碑分書惟貞文先生揭君碑篆書惟利津縣廟學碑亦非褚奐周伯琦所可及也唐宋書家各分壇坫惟文敏開闢鴻濛籠罩羣有元百年中莫與

兩大自是宋以後一大宗同時若周馳鄧文原元明善輩亦趨亦步要不能出其範圍俞紫芝稱高足弟子然書碑絶少余所見學趙而能亂眞者惟仲穆范氏義田記庶幾不失家法蓋趨庭之時朝夕漸染自異於私淑者流也

鮮于伯機精於鑒藏亦負當代重望虞道園揭曼碩書學並爲文名所掩然余所見蕭山學碑陰記伯機書也虞書有濬南祠堂記廬山東林太平興龍寺記皆未能突過子昂也後來惟宋仲温學鍾太傅而參以章草之法沖澹古質自成一家能脱去鷗波面目岳林寺幻住經堂記至正二年王元恭行書世不甚重之然其書精勁奕奕有神試掩其歲月視之鮮不以爲唐碑也此兩家足稱後勁右元四則

元末羣雄並起惟淮張崇獎文士闢館延賓東南士流多歸之今湖州尚有迎禧門記臨湖門記皆天祐三年饒介撰書天祐即士誠僭號其三年當至正之十六年饒介時攝湖州守右淮張一則

歐陽公集古錄近收五季明初距今將六百年不啻歐公之視六朝也豈可以近而賤之乾嘉諸老如畢中丞王侍郎皆以天水爲斷至儀徵阮氏陽湖孫氏始推廣其例至元末翁覃谿輯粵東金石略兼收明碑夫明碑誠不勝收然必俟之罕而見珍則杞宋無徵滄桑已易其存者亦如缺月娟娟隱雲霧不重可惜乎且宋仲温危太朴諸人明初尚在至正十七年蕭山武祐廟記即爲劉青田所撰使著錄歐碑但收隋

近日思翁少林寺碑一通雄厚開張与尋常方幅迥乎不同書人謂書札与碑版異體思翁其知此旨矣周公瑕亦有大碑一紙筆勢開顏法度亦佛龕也少林寺碑後有臧伯堅隸書數行乃鈕同邑明賢亦極佳

姚辨誌一石而化度醴泉諸刻概從割愛可乎余碑目亦斷代於元而勝朝名跡別裝池爲叢帖端午橋制府有石癖明初幽窘之文與漢唐古刻並蓄兼收不可謂非愛古人也董香光書碑遍南北若彙而錄之可與趙文敏埒薛虞卿文徵仲周公瑕之流骨董家市駿千金未必眞跡則何如石刻之爲可信乎　右明一則

王氏萃編舉保甯寺鐘款首題大宋國謂後大元國大明國皆昉於此余所見蔣舒行修六和塔記首亦題大宋國吾吳郭市橋北井欄文中有大宋國兩浙西路平江府云云尚不止此二石也古碑書國號或於上加有字或加維字如有唐維唐之類或冠以皇字或冠以聖字或通用大字或變用巨

王世充僭号開明（張）

字巨亦從金作鉅此唐宋碑所共也宋碑有稱炎宋以火德王如劉氏之稱炎漢也又稱神宋按漢周憬碑額題神漢桂陽太守則亦用漢碑之例 右國號書法一則

唐大泉寺新三門記稱劉宋開明二年邑令顏繼祖捨宅移寺攷宋無開明之號又宋開寶六年重書龍池石塊記首稱大漢通容元年歲在甲辰其年大旱陽湖陸氏曰甲辰後晉出帝改元開運之歲後漢高祖以開運四年二月卽位仍稱天福十二年六月改國號曰漢明年正月改元乾祐終漢二世無以通容紀年者此兩碑皆杜撰年號流俗傳聞秉筆者遽從而書之可謂不學無術矣又元泰定五年贈甯海州知州王慶墓表文云父生於擴慶庚申妣生於擴慶丙辰錢竹

汀云丙辰宋慶元二年也庚申慶元六年也元時江浙行省有慶元路未嘗更其名何獨于宋之年號而更之余謂碑刻追述亳社之年多矣直斥帝諱擴字宋甯宗諱而配以年號上一字僅見此一碑又按唐碑述前代紀年往往有舛誤者如淮南公杜君墓誌周天統二年終於私第天統是齊後主紀年非周也當是周武帝天和二年又後唐天成四年重修定晉禪院碑有云東魏黃初三年高歡帝所造也黃初是曹魏年號非元魏高歡北齊亦非東魏不知何以謬誤至此　右杜撰年號一則

語石卷一終

語石卷二

長洲葉昌熾

以張懷瓘書估估碑宋元聲價自不敵唐碑之重然得唐碑易得宋碑難元碑抑又難矣何則歐虞顏褚烜赫已久固家家奉爲圭臬即墓誌造象經幢其書雖不甚著名往往妍秀可喜便於臨池通都巨肆尚易物色至宋碑惟蘇黃米蔡四家元碑惟趙松雪尚有拓而售者此外非專工訪拓不能得或藉良友之餽貽或煩屬吏之供億其豐碑高至尋丈或在危厓絕巘人跡不到之區贏糧裹氈架梯引絙然後得之所費不貲及其散失之後流入市肆所售之價不足紙墨估人惟利是圖其孰肯作爲無益乎故宋元碑可遇而不可求然

甘泉山五鳳石刻阮文達訪得不應緣裝未見殆忘之耶

滇省漢刻詳見下

光緒二十七年雲南昭通府出土孟廣宗殘碑以書勢定之似是漢刻（張）

無豪奪無居奇則以我所取者人所棄耳余訪求石刻二十餘年所得唐以前碑視孫趙幾十有八九新出土者不與焉五季以下不逮其半遼金碑以在畿輔久所得較多其難易不較然哉右宋元碑難得一則

關中爲漢唐舊都古碑淵藪其次則直隸河南山東山西觀畢阮諸家所錄望羊興歎又其次則隴蜀吾吳皇象碑已亡初平校官一刻巍然爲江以南靈光孫吳蕭梁斐然繼作浙有三老諱日記楚有九眞太守碑滇疆僻在南荒而二爨碑一晉一宋可傲中原所稀有足爲雞足增輝此外閩粵諸省隋以前無片石貴州至前明始建行省漢盧豐碑即吹角之霸摩厓外不獨無隋唐名跡即宋元兩朝亦無一字可著錄此則限

於地也紅厓晚出鄒叔績雖釋爲殷高宗伐鬼方之碑荒遠無徵難爲典要右總論各省石刻一則

鄭漁仲求書之道有八其三因地也因人也因代也皆可通於求碑而碑之宜因地而求比書尤切經史雕本孳乳不窮不得於彼或得於此苟非麻沙下劣之本卽可插架若碑則原石祇此一刻祇在一地不到廬山何從見其眞面此地之宜知一也私家棗梨異於官本千里雖遥舟車可致宦游所刻或如廉石之載歸坊肆所雕或以兼金而轉鬻昔在燕齊安知今日不在吳越若碑則高或尋丈重亦千鈞非如大壑之舟可負而趨此地之宜知二也古今雕本或在國學或在郡庠或在公庫或在家塾通都大邑撘訪易周估舶書林咄

嗟可辨若古碑則往往出於窮鄉僻壤梵刹幽宮甚至高岸深谷屐齒不到非有土人導引莫施氊蠟此地之宜知三也古人著錄郡邑之外每多略而不詳平津訪碑錄亦第有某省某縣好古者往往迷於物色余所見惟林侗昭陵石蹟攷詳著第幾列第幾區村落方向碑估李雲從每拓一碑必於紙背書在某邨某寺或某冢距某縣城若干里可謂有心人也已若依此著錄後人按籍而稽何至迷其處所 右求碑宜因地一則

西安碑林開成石經在焉其餘漢唐以下石刻林立碑估資爲衣食朝夕椎拓曩顧韓民方伯觀察陝鹺嘗貽書來告云碑林中當當搨石之聲終年不絕廟堂皇甫元祕塔諸碑旬

月之間化身千億以應四方之求由淹漸淺由淺漸平由平漸泐馴至没字僅存魂魄余適得殘幢四紙皆漫漶無字因合裝爲四幀而題之曰幢魄陳壽卿王廉生兩公家藏古刻護如頭目不輕命俗工搴搨廉生藏一唐幢余求之十年不可得始頗憾之今始知其敝帚自珍未始非古人之幸耳

唐碑多萃於西安附郭咸長之外昭陵在醴泉獻陵在三原肩𩠐相望亦多鉅製盩厔有古樓觀終南梗梓谷又爲古舊里之墟道家碑碣及冢墓遺文往往出焉同鳳次之邠乾又次之漢中西通隴蜀褒斜之間漢魏摩厓隱現蘿葛石門銘鄐閣頌咸在於此

陝石出土輒爲碑估轉鬻四方好事者或攜壓歸裝甯鄉黃

嘉定錢獻之大令知興平縣以常醜奴誌石携歸庚申兵燹石遂亡（張）

高福與希古同歸蔣氏先友伯斧學部曾以拓本見贈淮安唐碑館其藏石所也

孫志廉志已佚 [illegible]有舊搨張昕則未見

虎癡嘗著勿徙關中誌石文以爲好移古石者勸毛芚才鳳枝亦持此說以余所聞見畢秋帆撫陝嘗攜高福張昕孫志廉張希古四石歸置之靈巖山館庚申刼後惟知張希古一石在淮上蔣氏吳人流寓此外遷流何所不可知矣陽湖陸祁孫攜元公姬氏兩石歸秘爲至寶今惟存殘石兩角文安公主思恒律師兩誌歸吳愙齋中丞吳縣李則兩誌及興聖寺幢歸貴筑黃子壽師愙齋病廢子壽師歸道山其長君再同編修亦繼歿前人之所貴未必非後人之所賤求如范氏書樓之石至南宋之季尚無恙已爲至幸矣近時金石家著錄往往借材異地以炫其富繆筱珊前輩得一遼石嘗拓置江蘇館余戲謂筱珊此後目錄當別立流寓一門好古者其愼思

黃氏之言毋令石丈人爲寓公焉可耳。右陝西石刻三則

燕爲遼宅京之地金爲中都元爲大都路亦唐以後神皋奧區也然自晉以後淪爲左衽唐之中葉又爲安史竊據遼金遞嬗下逮元初文物衣冠遠謝南服其碑文字多猥鄙書法亦無士氣乾嘉以前世未尊尙北書遼金元碑亦未盡出至錢竹汀孫淵如㩳羅始廣沈西雝趙撝叔遞相著錄二十年前京都士大夫以金石相賞析江陰繆筱珊瑞安黃仲弢嘉興沈子培番禺梁杭叔皆爲歐趙之學捐俸醵貲命工訪拓順天二十四州縣以逮完唐諸邑西至蔚州東至遵化北至深定足蹟殆遍所得諸碑視前賢倍蓰過之今厰肆尙有當時拓本

互見卷二廣西第一則

四方珍奇之貨聚於輦轂珠璣象貝不脛自至惟碑亦然疆臣述職而來者舉子之與計吏偕者選人之赴部者騷人墨客游食於茲者莫不攜其鄉之名跡以當羔雁故有窮荒絕徼著名難得之碑廠肆時或見之余在羊城欲求東莞資福院石塔及乳源雲門寺南漢兩碑懸金以購皆不可得先後於廠肆遇之張丹叔中丞撫粵西其子幼丹司馬拓智城山碑見貽以爲至寶後在廠肆見一本有陳恭甫手跋卽載於左海集者也去歲避地歸又以百錢得一通他如南詔德化碑西夏感通塔碑鄉曲好古之士遠莫能致者屢見不一見矣故欲網羅古刻非至都門終爲坐井觀天

正定古之常山河朔之上游燕趙之通道訪古畿疆莫先此

壇山石刻宋皇祐摹本今已不多見

閔忠寺所存李秀二礎聞係翁北平摹本（張）

郡贊皇壇山石刻尙矣元氏三公山自漢以來秩祡望祀元初光和諸碑在焉其次則封龍山頌白石神君碑亦皆漢刻隋之龍藏寺崇因寺唐之開業寺本願寺並在郡境李寶臣紀功碑巍然高峙俯瞰城中士人稱爲風動碑爲一郡之鎭稾城元董氏墓碑晚出然自壽國文忠公以下螭蟠龜負二十餘通不可謂非偉觀此皆見於沈西雝貞石志者也蘇靈芝五碑一在都門寶塔頌其四在易州道德經田公德政碑夢眞容碑鐵像記北海李秀碑斷爲柱礎與寶塔頌同在憫忠寺平原宋廣平碑在沙河縣顏碑以此爲最完齊蘭陵王高長恭碑在磁州趙撝叔所見僅半截其下半截陷土中光緒辛卯王廉生祭酒奉使河南皇華過境告州牧擢而出之又訪得天平高盆生

定興一刻近得見之首有標異鄉義慈惠石柱頌九字文中大致言施濟事似標與表義通謂表異鄉義之慈惠之標義鄉三字似不詞

滄州尚有唐志三種魏稼生字録見此見齋未完工刻本

碑元象高飛雀碑嗣正始四年光州刺史高慶碑又出土統爲四高碑鴻裁鉅製皆出當時大手筆標義鄉石柱頌在定興縣余得一通共十一紙未見原石當是累級四面環刻書法險勁方嚴一字不損椚之若新發於硎士人相傳碑有神護拓之不祥光緒初元潘文勤師檄下定興縣拓之始顯於世此皆千里邦畿煊赫名跡承德河間諸郡古刻未聞雖可揚觶宣化與大同接壤雖拓跋舊墟然未見魏刻天津濱海斥鹵自明以前更鮮伐石建碑之事然刁遵王偕二誌爲世所珍一在南皮張氏一在滄州王氏一蔆巳足矧魚與熊掌兼得耶

古之大夫登高能賦北人簡質陟山臨水雖有留題若鑱之

厓壁以誌歲月則所見頗尠南北通使宋人奉書而來者皆有館伴出入送迎有同幽縶道里所經絕無登眺之樂故范至能方孚若最爲好事一至桂林龍隱伏波諸巖摩厓殆遍其使金也孚若且三往返矣北方未嘗有其一字此可證也東坡帥定州嘗與李端叔孫子發同訪象老題名與雪浪盆同爲中山佳話此外惟曲陽安天王祠唐碑之陰宋人題識纍纍但皆在靖康以前其地未入金時耳　右直隸四則

海內眞秦碑僅二石一在泰山絕頂一在諸城皆山左也典午一朝皆短碣惟任城孫夫人碑在新泰明威將軍郛休碑出歴下與中州太公望表鼎足爲三未聞有第四豐碑也漢隸以韓勑史晨爲第一而在曲阜北書以鄭文公上下碑爲

第一而在掖縣畫象以武梁祠堂爲第一而在嘉祥之紫雲山尋覽漢石存曲阜濟甯嘉祥三邑罄宇內所有未足以尚之觀乎海者難爲水此其海若歟故欲訪唐碑當入秦欲訪先秦漢魏諸碑當游齊魯

孔廟累朝崇祀杏壇闕里之間貞珉翼然舒雁行列兩漢十二曹魏一後魏二齊一隋一唐六漢碑以史晨韓勑百石卒史爲最完熹平殘碑晚出孔褒孔謙漫漶無字漢唐分隸金和玉節皆足垂範方來惟咸通賈防碑恇儴無氣未堪接武余弱冠時墨本流布甚廣持一二千錢入市即可窺宮牆美富今聞竟鑰綦嚴不能如芻蕘之往矣北宋以後唯孔道輔祭先廟文米元章書檜贊拓者雜置唐碑中並行於世此外

自太平興國白崇矩碑以逮金元諸刻拓本世不常有元人祭林廟題名最多皆刻於舊碑之陰或額側余在厰肆得六七十通以校平津所錄互有贏絀則知遺珠爲不少矣漢魏諸碑唐人亦多題名其上拓工惜紙往往掉頭不顧以孫淵如之博聞且官其地猶不錄孔宙碑陰趙撝叔仍遺之此非兩君之疏正爲拓者所欺耳鄒縣孟廟無古碑以元豐元祐兩牒爲最古

唐以前碑濟甯聚於州學亦如西安之郡庠景君魯峻爲最著長清聚於靈巖寺泰安聚於岱嶽觀沂州聚於琅邪書院即右軍祠堂也濰縣百里以內古刻皆爲陳壽卿太史所收君車一石尤爲鎭庫奇珍嘉祥紫雲山則有武粱祠堂肥城

孝堂山則有郭巨石室鄒嶧之間徂徠匡鐵諸厓北朝佛經皆摩厓擘窠大字玉函千佛兩山及黃石厓並在歷下此外如濟甯之晉陽山東平之白佛山益都之駝山雲門山臨朐之仰天山甯陽之石門房山萬壑千巖蓮龕涌現皆隋唐間造象也齊魯之間本喜附會古跡如孔子小天下處子路問津處皆立石道旁以爲標識千百年後安知不爲大碁之銘告及門江太史建赮慕游山左歸爲余言隨軺所經廢刹甗甄耕場磃碡捫之輒有字剔蘚摩挲非殘甓卽斷幢也惟武定東昌兩屬濱臨大河遷囂遷耿不常厥居古刻多淪入波濤張勤果公爲東撫欲續山左金石志延筱珊主其事未卒業而勤果没惜哉

余嘗見匋齋藏郭巨石室題字乃黃小松手拓本款署間題名俱全余嘗手摹為一冊

題名盛於唐宋惟郭巨石室有晉魏間題字平津著錄甚富今所見拓本但有畫象及隴東王感孝頌耳訪之東估皆云泐損淵翁距今不過百年且所據亦非舊拓何以至今遂無一字此殆欺人語耳泰山宋人題名皆在絕頂避風臺或在龍池至厓壁顯露之處前賢題字明人往往磨損剷平重刻其上後人又從而效之其書則惡札也其詞則忠孝廉節華嶽不重之類也甚或赩然加以渥丹疻痏名跡良可痛恨唐元宗泰山銘雖幸未損其後從臣姓名翁覃谿所稱唐大字第一者已剷削無完膚矣華嚴經在佛峪隨坡陀高下邐迤仰刻不成行列字徑逾尺筆力縱橫奇肆碑估以朱逐字拓之集爲楹聯宋初封祀諸碑皆在雲亭高里間其文多出王

欽若其書多出尹熙古巍然露處非架木爲臺不能搨故絶無傳本雲峰山鄭文公碑初架木時吴退樓觀察得一本至費五十金後來者因臺舊貫役省功倍其值遞减至二十之一好古者家置一編矣前賢論書云南書無過瘞鶴銘北書無過文殊經今水牛山文殊經摩厓具在視道昭遠矣蓋前人未見雲峰碑耳

趙德甫齊人也讀金石録後序歸來堂中縹緗之富前所未有今齊魯之間猶有其流風餘韻明之李開先國朝之牛空山劉燕庭吴子苾皆篤好金石之學近濰之郭氏沂之丁氏亦皆喜摟羅古刻而陳壽卿集其大成繼之者王廉生祭酒也自濰縣有陳氏靑齊瑰珍盡出人間不啻以詩禮發冢其

朱博殘石余一見即疑之以其書法軟弱而散懈且末行頌字起筆似照刻出石外而縮雖之此等不之流露也然京師人崇奉王廉生之說不敢言其偽也（張）

鑒別之審裴池之雅紙墨氊蠟之精剖析毫髮無美不臻鄉里皆傳其衣鉢濰海濱一小邑耳至今鬻古者成市秦金漢玉無所不有不獨碑版之富也都門骨董客自山左來者皆濰人也近時新出唐墓誌多自陝來魏造象半爲齊物然假託者即出於其閒古石佛無字者或鐫其背或鑿其龕年月文字皆能亂眞雖以潘文勤之精鑑滂喜藏石亦閒爲槷邱所眩也諸城尹祝年明經名彭壽頗知古學其子號伯淵能篆刻相傳漢朱博頌即其父子所造余客羊城時伯淵在史窻齋中丞幕曾識其人王越石之流也卒以無行不良於死可爲炯戒 右山東五則

三晉表裏河山燕秦接壤山潛冢祕寶藏未開宇文周時武

帝詔除天下碑惟郭林宗碑以無媿詞得爲碩果其亡不知何時趙子函石墨鐫華云爲一士人夜負而趨此齊東之語也重刻兩通一爲傅青主書一爲鄭谷口書尙不足比虎賁山東濟甯州又出一別本隸法遒古遠勝傅鄭一時競傳爲中郎眞跡然千里盜碑終爲疑案後乃知爲州人李東琪所刻而原碑竟不返自是大行以西潼蒲以東無漢刻矣晚出諸碑以關勝程哲曹恪三碑張元劉懿兩誌爲最古永甯孝文山碑未見大抵晉碑皆萃於蒲絳澤潞四屬絳州以聞喜爲盛澤州以鳳臺爲盛蒲州以永濟虞鄉爲盛潞安以長子屯留爲盛鳳臺之硤石山靑蓮寺琵琶浤吉州之錦屏山尤爲題名淵藪太原雖省會屬邑方之蔑如也世所常見者惟太原之晉

祠銘其次則風峪石經也蒲州棲巖寺燕秦通道碑估經此必往拓首山舍利塔碑其陰側有咸亨三年御製詩勅及姚崇韋元旦等詩世無著録聞之一老估言寺尚有四石幢以無購求者故不拓裴鏡民碑亦爲世重攷聞喜縣志云裴柏邨十里鳳皇原北至紫金山南至涑水東至牛塢西至雞鳴山其中倉底邨青趙邨柳泉坡底居台愛里諸邨裴氏祖塋一百五十有奇碑記六十餘座今世所得見者惟鏡民一石耳雖裴行儉裴光庭兩碑同在一處亦不爲氊椎所及世有愛憎而物之顯晦因之此可爲作感士不遇賦也已

晉碑所以難得蓋有三焉山徑崎嶇商旅不至我車我輦艱於轉輸一也自來大雅宏達如畢阮兩公孫淵如翁覃谿黃

小松劉燕庭皆未嘗游宦斯土無人以提倡之二也蔦履縫裳風沿褊嗇聞其地富民急於治生以子讀書爲戒書淫墨癖第一耗財之事孰肯擲黃金於虛牝乎三也國初亭林竹垞兩公雖先後來游羇旅訪求見聞有限近洪洞董氏鄉甯楊氏始稍稍網羅放佚然董氏後人卽不能紹其弓治亡友汪眉伯州倅與董氏有姻連嘗至其家云主人捐館金石文字塵封一室爲蟊蝕盡矣故薛純陁砥柱銘筆力奇偉虞伯施褚登善所避席者也河流如故斷厓未泐自董廣川趙德甫後世無有見之者通濟橋王宰蕭珙摩厓兩碑絕壁相對下臨深澗世謂之照碑灘自乾隆丁未喬文與訪之於鷩湍激浪之中其迹始顯未聞有好事者再游也抱腹寺摩厓碑

陳氏近拓湯潒華編錄文在石中斷遂將數行錯敓不可讀曾校一過亦未能通也

在縣山最險處自沙堡曹祇甫裹三日糧繩縋猱升拓數本以出後亦無問津者顧千里得唐興寺柏梯寺兩碑驚爲剏獲柏梯寺碑開元六年胡輔之分書平津著錄但據趙晉齋所藏誤爲篆書隋陳茂碑楷書精妙不減歐虞曩時沈子培比部得一通藏之枕祕其實此碑尚在臨晉縣小疑山但無拓之者耳非孤本也晉碑之難得如此然正以求之者少得以自放於巔涯而保其天年石之壽也地爲之也

化度寺碑已亡隋碑以陳茂爲第一首山舍利塔次之皆晉石也唐之裴鏡民碑白鶴觀碑皆歐褚之流亞其次鄭惠王石塔記似暢整韋縱兩碑酷肖平原鹽池靈慶公碑晉王卓碑猗氏之大雲寺彌勒重閣碑榆次之三李碑亦不失爲上乘浮山慶唐

胡聘之撰山右金石叢編卌卷光緒年刊本搜羅頗備清代撰者未得其人卽唐白彰觀碑錄於補者已多一百餘字

觀紀聖銘及金籙齋頌皆史惟則分書然不如薛嵩碑分書遒美一字不損與陝之李神符碑同爲新出之偉觀也前人著錄始於洪洞董氏僅有碑目一卷其後虞鄉令王煒又搜得八百餘通爲金石志略高郵夏氏所錄更爲簡陋新修通志金石十卷卽據諸家爲藍本而益以祁縣何氏金石文鈔臨汾宋氏金石存略未嘗徧訪墨本今新出而爲楊氏所未見者又不少矣楊氏自言有訪碑平定山中者信宿中獲古刻二十八皆世所未覩以是推之全晉深谷閟厓沈埋何限余嘗謂燕齊秦豫之郊英華盡洩東南諸省譬如單門後族韋孟祖芬無可揚摧若三晉則泱泱大風也先世宗彝閟而不發責有攸在後人其焉辭之右山西三則

度隴而西玉門關內則有漢建甯三年李翕頌熹平三年耿勳碑皆在成縣五涼割據竟無片刻同縣彭頌田刺史作令秦安訪得周建德二年宇文建造象又在武威得西夏感通塔碑皆拓一通寄貽唐臨洮哥舒翰紀功碑在今狄道州僅存下截殘缺亦如半段槍涇州有回山王母宮頌慶陽貢院有山谷雲亭宴集詩此關以內古刻前人著錄者也出關則有漢裴岑紀功碑唐姜行本碑皆在巴爾庫爾城即巴里坤雍正中岳忠武公及大將軍查郎阿出塞通道訪得之乾隆二十二年裘文達公奉

命西行勘地攜拓本以歸漢碑爲忠武移置漢壽亭侯廟好事者覆刻一本以應四方之求吾邑顧藘汀文鉷重開一本

置之濟甯學宮闕中申兆定亦刻一本置於碑林蒼勁亂眞爲世所愛唐碑亦有重開本平津所錄有濟木薩殘碑在迪化州悲庵所錄有索勳殘碑但云在新疆皆唐刻也近鎮西廳新出永和五年沙南侯碑張勤果公治軍度葱嶺訪得永壽四年劉平國刻石於阿克蘇端午橋制府得唐萬歲通天造象舊亦在巴里坤關廟滿洲某君攜以入關者也按唐書姜行本傳高昌之役出伊州距柳谷百里其處有漢班超紀功碑行本磨去古刻更刊頌陳國威靈卽貞觀一石是也西域爲漢唐用兵之地勒銘紀績當非一地其沈埋於山谷或爲後人所磨治者殆不少矣大抵天山南北一片沙磧流人謫宦驍卒健兒萬里荷戈不遑啟處冰天雪窖之中本難責

永安五年北涼沮渠安周造佛象碑字大徑寸楷書精絕後為德國人所得置之柏林博物院端午橋制府出使時曾拓其一本歸後人出示惜也張

以訪古胡月舫廉訪視學甘肅時嘗搜輯石本鋭意著録回京之後求其目不可得亡友劉靜皆同年世安持節繼往臨別以訪求金石事諄屬之甫報滿即捐館息壤之言安得起九京而問之

繼靜皆而往者夏通甫啟瑜吳經才緯炳兩太史壬寅春經才奉諱昌熾被命承其乏度隴四年周歷通省使車所至以金石學進諸生而策之無能對者詢于僚寀皆云唐以前古碑本少宋時全隴淪于元昊東北惟環慶之郊西南惟階成各屬間有宋碑出土其餘或元碑尚可得然雍涼荒瘠神宮梵刹即有興建不過尺五之制羌囘反側兵燹洊更又經地震雖有古碣亦

石二　十三

多沉埋於頹垣榛莽之中此訪古者所以褰褱興歎也
曩在廠肆得唐大歷十一年李大賓造象其一面刻涼州司馬造象僅知由隴上來而未詳其地也暨校士至肅州見地志始知在嘉峪關外敦煌縣之千佛厓其地古爲莫高窟按徐星伯西域水道記卽有唐萬歲通天李君莫高窟舊龕碑又有大中六年敕元莫高窟造象敦煌學宮有一石兩面刻一面爲唐都督楊公碑一面爲歸義節度使索公碑索公名玉裕景福元祀立土人誤爲索靖碑卽致書敦煌令汪栗庵盡拓之又在甘州城外得西夏黑水龍神廟敕其後按試隴東在慶陽府訪得宋太平興國道德經幢涇州回山宮訪得魏嵩顯寺碑唐重修佛堂記皆蘭泉所著錄而未詳其地者

吴碑編訪不得緣裝當時必有拓本惜未見乃一紙耳碑則吴人已釀資重搨幅大無從裝裱至今與先天太后碑置之篋中

又從陶穀碑之陰側得宋題名甚夥南行至階州訪得成縣學宋碑三又五仙洞記廣化寺記龍池湫潭廟碑吳公世功保蜀忠德銘皆宋刻吳公名挺玠之子其碑高一丈五尺五六千言倘未剜損書法精整可與吾鄉韓蘄王碑並稱鉅製迻次在階州安化鎮訪得祥淵廟宋碑四通（一湻熙十年廟碑一乾道四年重修赤砂祥淵廟記黃揆文陳掄書丹兩牒一慶元四年刻一湻熙十年刻）在秦州玉泉觀訪得元碑三通（一至元封敕四面刻一至大詔書一文昌殿記碑陰刻官員道俗之號在老子廟前）皆前人所未錄駪征所得如此而已將伯助予令人懷李聶兩估不置

右甘肅三則

鞏洛之郊古之崤函中州碑刻薈萃於此其次則河北三郡惟南汝光西連楚鄂東接江皖自淮源桐柏廟碑亡而宛葉

寶山今搨以刻經塔銘爲多中以北齊婁叡刻經及唐陸長源所撰玄林禪師碑爲瓌絕

之間無漢以前古刻矣龍門背邙面洛鑿龕造象自魏太和迄唐開元天寶緜祀三百法身千億皆在香山老君諸洞其地丹厓碧嶂高竦雲表拓工所至不過平坦之區若其絕頂幽邃亦如海上三山可望而不可即世所通行者僅有十品或二十品至累百盈千則各有多寡各有異同余所見收藏家惟太倉陸蔚庭江陰繆筱珊著錄多至千四百餘通亦未能罄其寶藏也安陽萬佛溝亦多隋唐間刻經造象許州爲曹魏故都尊號受禪諸碑在焉長葛河內偃師三邑魏齊之間刹竿相望其造象如朱永隆韓永義等皆有銘頌樹之豐碑偃師爲宋時山陵采石之區元祐宣仁陵采石記元符永泰陵采石記皆在焉嵩山之永泰寺會善寺及石淙兩厓並

在登封唐碑最多亦最精其次濟源之淮瀆廟濬之大岯山多唐刻密之超化寺汝之淨因寺多宋刻鞏縣濱河鄭州之役石窟寺淪於水厰估一王姓者曾至其地云平津著錄之兩經幢及唐造象並入於蛟鼉之窟矣亡友王芾卿農部述顧漁溪通政之言曰涉縣山行犖确峭壁摩天仰視皆北朝佛經也摩厓深刻自來無著錄者

中州碑版以嵩山三闕爲最古尙是西京文字後漢則有李孟初神祠碑及韓仁尹宙兩石安陽五種寥寥殘字且未必眞漢刻也當塗篡漢厥有雙碑王基晚出僅存強半晉有呂望表劉韜誌魏碑莫先於寇謙之嵩高靈廟齊碑莫先於淸河王西門豹祠唐碑之膾炙者以等慈寺及伊闕三龕爲甲

王知敬金剛經李北海盧正道碑沮渠智烈奉先觀碑徐嶠之姚氏兩碑皆遜而居乙又其次則嵩山裴漼宋儋兩碑王徵君口授銘澠池之鴻慶寺碑輝縣之百門陂碑皆不失爲佳搆緱嶺昇仙太子碑世所重在碑陰薛稷題名稷書傳世僅此薛曜有三刻皆在登封一爲封祀壇銘其二則石淙夏秋兩序也龍門造象耳食者皆求魏刻不知唐初小品娟秀清拔各極其妙兼有靈飛輒塔之精詣少林寺靈運景賢兩塔行書遒媚不減懷仁若蕭誠所書玉眞公主靈壇祥應記爲有唐行書第一則世尠知之矣此碑平津著錄訛爲元丹邱書其實丹邱乃奉勑建碑之道流非書人也 右河南二則

蜀碑初不顯於世自劉燕庭方伯命工椎拓始稍稍出今見

宗老碑硯卿先生曾以蜀碑數十種見餉中多耆古志所未著錄者尤以大足佛龕刻經目爲鉅經目石刻未見他處中著卷數校明藏目有出入

太倉陸星農先生八瓊室金石補正全收入戒叢

於三巴耆古志者皆是也趙撝叔續平津碑目卽據燕翁書爲藍本故蜀碑居其泰半然余所得拓本有劉氏藏印而不見於耆古志者又不少蓋皆其續得而未入錄者也燕翁歿後拓本流入厰肆爲南滙沈韻初孝廉所得今又歸繆筱珊矣筱珊未通籍時從其尊甫游宦蜀中所至輒以氊蠟自隨故所得蜀碑亦最多嘗告余云顏魯公中興頌資州有兩覆本皆在高巖摩厓深刻輕舟溯江而上望之歷歷可見蠶叢鳥道唐宋題名如魚銜鉤而出重淵之深絡繹不絕以燕翁摎羅之廣今新出本蓋又不知凡幾矣歸安姚彥侍丈備兵川東訪得石魚題名數十通釋其文而攷之得書一卷自彥侍丈歸道山公子公蓼繼殂其稿本恐爲蠹蝕矣石魚者在

枳楊君神道一石姚彥侍方伯之孫桐孫子木氏售以之歸端午橋制府（張）

夔巫江中水溢則没水涸則見亦灩澦堆之類也非水落時不能拓土人以魚之出没卜歲之豐儉

千里不同風百里不同俗刻石之文蓋亦有風氣焉蜀中古墓多建闕以表之新都王稚子闕見於宋人著錄此最先出者也其後高頤兩闕出雅安縣又漢之馮煥闕李業闕楊宗闕交阯都尉沈君兩闕蜀之楊公闕賈公闕梓潼渠縣先後出土姚彥侍丈又訪得晉隆安三年騎都尉枳楊君神道此漢唐舊譏魯齊故壤所未之有也然未聞有埋幽之碣劉氏著錄始於宋宣和元年李洵妻鄭氏墓誌自唐以前無有也唐代刻石其文類多左行余所見大者如韋君靖碑咸通十二年重修北巖院記小者如集州開元寺塔記資州王師閔

詩皆如此至於造象右行者少左行者多其末多云設齋表慶畢或云齋慶畢或云表讚訖其所繪塑有當陽佛有鬼子母佛劉口造象稱八菩薩十二神王一部千佛厓越國夫人造象有部從音樂等又其莊嚴喜用采飾如文德元年化城縣造象光啟三年化城龕記皆有繪土布衣張萬餘此皆造象所希見雖洛陽伊闕亦未之有也又羅漢寺碑有云後有外人侵奪者願此生來生常受百牛之大疾王董龕報國院記有云行藏不吉染患百牛亦泰元年施山田記則云如後有別人書障世世苦大風瘡東武劉氏謂是當時土人誓詞其猶冉駹之俗歟又其俗最重顏魯公書中興頌資州東巖北巖各有一本劍州鶴鳴山有一本字皆左行據劉氏晉古

諸葛廟碑有五代李[illegible]題字分書[illegible]

王鍇寫經曾見兩葉紙質細緻為生平所未觀

志銅梁縣臨江壁上亦有一本湖州千祿字書字文時中摹刻於三臺縣尊經閣臨桂逍遥樓三大字亦重摹於劒州類記於此亦以見彼都人士景行先賢之志爲不可及也

益州學館廟堂記殘泐過半三巴唐碑當以柳公綽諸葛廟碑爲第一嚴武巴州摩厓凡三刻一爲佛龕記一爲龍日寺西龕詩一爲光福寺楠木歌筆力如崩雲墜石運腕於虛勁不露骨青城山張敬忠勅喇薩吐蕃會盟碑亦行書之致佳者吐蕃碑蕃漢兩體其半爲唐古忒文篤遠難得稍近則元和十二年新保關石幢在茂州之理番廳亦密邇大小金川界矣韓小亭筆記言三臺琴泉寺雷雨塔圮出孟蜀王鍇寫經此猶未刻石者近灌縣山中出唐刻佛經纍纍皆殘石陽

景昭碑貞元三年立列於初唐微誤

魏法師碑竟未得見時地近接當乃物色 辛酉秀水王補安識

湖莊生小尹自蜀來以拓本全分及兩殘石爲贄沈著蒼勁天然渾古遠在房山雷音洞之上 右四川三則

江以南古刻延陵十字碑不可信自以校官碑爲最先自汪容甫先生訪得甘泉山元鳳殘字又駕而上之吳之天發神讖碑已亡而禪國山碑摩厓未損梁之永陽昭王及敬太妃兩石已亡而蕭憺蕭秀兩碑蕭宏蕭景諸闕亦皆無恙陶長史舊館壇碑已亡而上皇山樵眞跡猶峙江流急湍中未與胎禽俱化海內梁碑惟夔巫峽中有天監題名一通此外盡在江以南矣潤之魏法師碑攝山之明徵君碑句曲之景昭法師碑皆爲初唐妙品魏碑沈湮已久王可莊修撰出守鎮江始拓寄輦下精嚴遒麗一字不損驚喜以爲至寶其後藝

風歸里又訪得仙壇山銘道士周道賜書神味超雋在化度伯仲間谹詑爲得未曾有此吾鄉二寶也不知如此尤物前賢何以棄置爨下谹歎眞賞之希覯而顯晦之自有其時也張從申開天後號名家江南有兩巨碑一爲吳季子廟碑世所知也一爲銅井鎭福興寺碑則稍難得矣茅山有三唐碑以魯公李含光碑爲最顯今斷爲殘石蘇松婁東諸邑唐以前但有經幢而無碑刻渡江而北世所稱裏下河諸地則前人竟無片石近藝風始於通州之狼山訪得唐碑一及宋元刻十餘種尚當不盡於斯

海州古朐山縣地明以前尚有漢刻東海廟碑吾鄉顧氏藝海樓尚藏孤本而原石之亡久矣然鬱林觀東巖壁記天挺

光緒中葉余在京師碑賈李雲從售余太平興國年重刻東海廟碑整幅書極柔而差力而額書東海廟碑四字極遒勁旁刻太平興國□年下泐詢其石存何處不知也滬賈段完子延慶路佳山見一墨碑刻山椽樣蔡中楷而視之即此碑過于教之不能使之題于此何予語也（缮）

鬱林觀東巖壁記隸勢誠如緣裝說諸家碑目有誤列入唐者

偉表鸞翔鵠跱漢石門析里兩頌無以尙之以僻在海東見之者少山左道估賫兩拓本到京余得一通其一通吳蔚若前輩懸之省館壁間見者未覩年月驚爲漢隸此外龍洞虎山海淸寺塔宋人題記纍纍皆孫趙之所未錄也淮徐有兩石柱一爲楚州刺史題名在阜甯一爲新修試院記在銅山沛縣有崇聖寺丁思禮心經唐刻可攷者僅此若漢高祖大風歌世傳爲曹喜書其文似宣和博古圖所摹之彝器文望而知爲岑鼎

郡邑學宮雖彈丸蕞爾亦必有宋元碑一二通惟吾吳府學爲范文正公割宅所創天下之皆立學自此始規模宏遠櫺星門內宋元碑碣照曜堂廡同治庚午辛未時重脩府志余

纔弱冠橐筆從諸先輩之後得見府學碑數十通猶記宋慶元二年蘇唐卿篆書竹鶴二大字長逕尋丈森如削鐵大於陽冰般若臺銘不啻倍蓰小米書碑絶少惟府學有紹興十一年大成殿記行書妙得家法不減仲穆之於承旨也

北方多埋幽之碣自唐以前東南風氣未開江浙間新出墓誌多刻於甎間亦用石文筆聊爾僅記歲月姓名而已其刻淺細如以錐畫惟揚州江都縣近出元和元年南陽張夫人墓誌及劉通顏永劉舉董惟靖四石其文字詳贍與關中唐石無異蓋江南北之風氣當時已不同如此其石聞爲某太史所得不輕示人至宋元後如寒山法螺寺出土之趙崇嶲壙志及吾家調生先生吹網錄所記開趙張伯顏兩銘拓本

已不易得世亦甚珍之若宋仲温所書七姬權厝志則與球琳等貴已　右江南四則

越無古刻禹陵窆石亦如乾陵無字碑其字皆後人所題漢建初摩厓石刻晉楊紹買地莂出土未久北海兩碑皆非眞本其一葉有道碑卽世所稱追魂碑也明嘉靖中重刻一爲秦望山法華寺碑轉展傳摹幾如宋人之臨閣帖陽冰縉雲縣城隍廟記與吾吳海虞一石同爲墓本余所見唐時名蹟惟賀秘監龍瑞宮銘仙童樂靜擺脫塵壒如見四明狂客氣象李紳龍宮寺碑可爲北海之適嗣阿育王寺常住田記徐嶠之原石已亡今所傳者唐處士范的書也行書妍妙覃谿亟推爲神品列之唐碑選此三石者如驂之靳未能區其甲

乙奚盧已胡季良爲經生二妙寳泉述書賦並稱之則當時即負重名會稽等慈寺經幢奚獎書戒珠寺幢奚盧已書其實盧已即獎之字或署名或稱字非兩人也胡季良有三幢一在杭之龍興寺一在越之覺苑寺一在湖之天甯寺筆陣馳驟而氣韻稍不逮盧已其次若婺之金錢寺幢（于知浙書）秀之精嚴寺幢（朱及書）溫之白鶴寺幢亦遒媚有法所見浙東西唐刻此其佳者衢州信安郡王詩刻似虞永興餘姚龍泉寺造象似李北海雖未見拓本阮文達所許隲當非溢美

臨安錢氏立國於此高宗南渡又爲建都之地明聖湖邊靈隱寺畔名賢題壁輝映谿山鳳皇山有武穆排衙石詩刻慈雲嶺有開路記出清波門沿湖泛艇南屏葛嶺龍井虎跑佛

手象鼻諸巖石屋青林諸洞拂拭藤蘿莫不有舊題可讀造象始於北朝隋唐極盛天寶以後此風稍替北宋惟臨朐仰天山有天禧天聖諸造象此外檀施功德即有雕鐫要無鑿石梯山開恆沙之梵相惟湖上諸巖洞自千官塔外金容紺髻高下莊嚴大抵皆吳越時所造也余己丑通籍後至武林徧游湖上諸山所見造象皆以石灰識之以歲除急理歸棹未能拓也去年及門程心一孝廉始爲余拓得全分寄都下以校孫趙兩書惟天福開運兩朝著錄稍多其餘尚可補闕史言錢氏保境納土杭人頌之今觀其佞佛之風則視劉鋹孟昶輩亦未能遠過矣

宋孫莘老守湖州建墨妙亭以庋古刻見坡公記此爲翰墨

林中第一功德近張秋水先生又爲輯墨妙亭碑攷其中以漢三費碑爲最古自宋以後卽不見著錄或云府署窪下陷入水中或以爲淮張築城輦其材以增高埤厚陸存齋觀察云湖地雖低郡署在城之最高處墨妙亭又在郡署最高處卽有淫潦不致淪胥一也張士誠竊據江淮其壻潘元紹實帥湖州其築城也東而小之無取多材卽有之天甯飛英兩寺豐碑林立密邇女牆舍近取遠計不出此二也蓋元明之間官斯上者鮮好古之士墨妙遺址淪爲庖湢久矣屢經兵燹瓦礫愈積愈高漢唐各石或當尙沈薶土阜中也明呂盛鑿池而得馬碧梧詩石卽其明證洵如斯言竊有望於後之賢太守矣

天台寺經幢孫仲容孝廉著錄時尚據石本不過二十年耳今無一字矣吾吳虎邱半塘寺有梁龍德間經幢咸豐庚申以前韓履卿先生猶手拓之見寶鐵齋跋尾余劫後往訪已爲寺僧磨刻七如來矣猶存經文一二字磨之未盡古刻之亡於吾生親見之甯不痛哉右浙江四則

皖中不但無漢石亦尠唐刻補訪碑錄但有三天洞蘇道宗題名及鎖山安國寺經幢耳此幢瞿木夫攷爲南唐保大八年孫錄有鎮山寺幢亦在廣德州無年月當即此刻鎮山鎖山必有一誤陶大舉德政碑在江南境與當塗接壤孫氏竟列之當塗誤矣宋人題名平津所錄亦祇有盱眙第一山如晨星之落落可數近江甯帖估聶某攜氊蠟徧游皖南諸山復訪得潛山石牛洞題名六十通貴池齊雲山題名

六十通桐城浮山題名二十餘通皆前人所未見太白之隱靜寺詩在繁昌涪翁之此君堂詩在桐城皆以人重未必眞跡惟南宮蕪湖學記及章吉老墓表龍跳虎卧鄭重書丹僅下眞跡一等過寶晉英光諸帖遠矣

貴池劉聖卿太守贈長安四年殘石一通其家藏也首行題撰德口器文惟器上一字稍模糊耳後題朝散郎行太州參軍事河東薛縑下疑奪書字撰人但存一趙字而其名巳缺分書精勁側有畫象自此石出土而皖中舊有碑刻皆瞠乎其後矣

右安徽二則

北海東林寺碑元延祐七年重摹柳誠懸後碑則僅存殘字矣撫州麻姑仙壇記大字本亦佚余童時在亡友姚鳳生茂

兩塔銘爲執友夏閏枝所贈惜氊墨不精

才齋見宋拓殘本松下清齋舊藏也洎入都彭子嘉農部又出示家藏全本亦宋拓筆筆中鋒虬筋槃結如晉人所謂屋漏痕與世所行顏書迥異何貞老書從董香光入其晚年精詣全得力於此若小字本則一衲子所書非曾公眞迹也曾公又有禮闕二大字在青原山覃谿有摹本覃谿又推七佛偈爲山谷書第一余未覩廬山眞面但見董文敏摹本已爲之神往矣萍鄉楊岐山有兩唐碑一爲廣乘禪師塔銘元和二年劉禹錫文一爲甄叔大師塔銘大和六年僧至閑文元幽行書余從廠肆得甄叔塔其廣公塔銘則文道希學士所持贈也其次贛縣之儲潭神頌雩都之福田寺山門記皆唐刻若楊吳天祚三年光化大師塔銘潒芃成書開寶二年元

寂禪師塔銘南唐張藻書霸朝遺跡以罕見珍不當以文字論其優劣矣

元趙文敏張留孫碑南北並建燕本豐腴宏麗廟堂應制之作貴溪本稍清約然筆力過之猶之河南聖教序有同州雁塔兩本也文敏又有元教宗傳記亦在貴溪至正四年同時立此從孫錄頗疑與張留孫碑是一刻重列此外甯都有孫氏五賢祠記星子有東林寺山門疏上饒有仁靖眞人銘夫以章貢之閒宋元碑尚多沈晦而趙書著錄已如此杜子美云碑版照四裔北海以後一人而已 右江西二則

余舊藏閩碑最少唐下邳林夫人墓誌及門潘仲午部郎持贈仲午爲文勤師介弟文勤歿後尋常拓本閒歸廠肆余收

嘉興馮登府閩中金石志十四卷列目甚多間有錄文者稿本今歸吳興劉翰怡已付刊惜寫本多誤卷中唐刻不多皆宋元文字尤以題名爲夥

得永隆二年堅牢塔記亦滂喜散出之鱗爪得此兩刻如烏大夫之選士拔其尤矣長汀蒼玉洞題名壬辰入都所得洎戊戌歲同年王旭莊太守寄貽鼓山石刻百通甌駱琳琅遂充巾笥蒼玉題名劉燕庭有縮刻本即趙撝叔據以著錄者今拓本增出乾道二年孟聲一刻又嘉泰壬戌雲驤二大字若鼓山則平津所收不過二十之一然趙所見烏石山題名與鼓山不遠今未能同得相傳長門以內諸山洋人建層樓其上盡爲所障丙戌之秋余與金匱華若溪元和管申季同赴粤幕道出厦門登鼓浪嶼望海山頂有石屋一龕供觀世音象兩旁石柱有一聯云浪擊龍宮鼓風敲梵刹鐘右題橫海將軍某某泐其名氏亦無年月即非厓山遺跡亦是明季

桑海之交張蒼水鄭成功諸公筆也行篋未攜紙墨明日即鼓輪南去至今魂夢猶在海天島嶼間也

王審知德政碑規模崇麗與常山李寶臣碑吾吳韓蘄王神道碑鼎足而三韓碑字密而小此論其碑制耳唐李少温般若臺銘宋蔡君謨洛陽橋記亦皆大書篆楷各極其妙爲臨池家所重鼓山有朱晦翁所書大壽字方徑二丈斗室中至不能卷舒此摩厓之最鉅者鼓山又有一聯云爵比郭令公歷中書二十四考壽如廣成子住崆峒千三百年無書人年月擘窠大字望之如巨靈仙掌岧嶢高竦趙撝叔輒喜書之

閩中多朱晦翁書鼓山大壽字外有天風海濤四字崇安武夷山有敬齋銘又有幔亭記滄洲歌福清長樂莆田並有其

題榜世所得見者惟邵武黄仲美神道碑耳行書娟妙頗似瀧岡阡表余又藏天祐乙丑王大王庵池記刻於古樹歷千餘年不損同年李木齋府丞贈王延翰鑄獅子香爐題字亦天祐刻又曹調造甕盆題識雖非石刻要爲海南奇品譬之飲食朱子書則菽粟也此三刻則海錯充庖偶一下筯令人頓忘肉味 右福建三則

岣嶁山尖神禹碑字青石赤形模奇郎瑛楊用修諸家各有釋文靈怪杳冥難可傳信不知韓詩又云千搜萬索何處有森森綠樹猿猱悲是但憑道士所言未嘗目覩劉隨州詩云傳聞祝融峰上有神禹銘古石琅玕姿祕文龍虎形曰傳聞云者亦不過憑空想象之詞矣夫南嶽道家所稱陽明朱虛

洞天也此碑雲雷詰屈有似繆篆亦如符籙前人五嶽眞形一說庶幾近之故論三湘諸刻當斷自晋谷朗碑爲始其次即北海麓山寺碑也五溪厓壁元次山刻石最多惟中興頌以魯公書顯三吾平津得其二蘭泉得其一顧亭林金石文字記云溪廎二銘薛厚難搨至右堂銘寒亭記陽華巖銘則非金石家不能舉其目矣三吾者峿臺之字从山瞿令問篆浯溪之字从水季康篆𢈈廎之字从广袁滋篆峿字𢈈字不見說文次山出新意爲之陽華巖銘亦令問三體書大小篆八分陽冰之亞也道州以往宋山谷老人亦多題字中興頌後即有一詩又有尋元次山遺跡記題元次山欵乃曲後題名兩刻一在江華朝陽巖崇甯三年一在零陵澹山巖政和丙申宋人讀中

與頌往往題詩其後以冀青雲之竊附而後人拓曾公書者惟兼拓山谷詩錢龢易祓諸作即不甚膾炙澹山有周茂叔題名江華有胡邦衡亦樂堂記詩曰高山仰止景行行止此則後人所宜仰止者爾

太倉陸星農先生篤嗜金石之學蔚庭太守其哲嗣而潘文勤師其高足弟子也先生觀察楚南時徧訪五溪諸巖所得拓本父子賞析著錄以其副本馳寄輦下實碑之郵絡繹於道余所得五溪拓本即文勤舊藏先生手書及蔚庭繕寫碑目發函尚在其浯溪一百二十餘通澹山巖四十餘通江華朝陽巖十一通陽華巖十通寒亭九通寒巖暖谷各二通獅子巖三通華嚴巖二通囊在都門從蔚庭借八瓊室碑目校

育齋銘履齋說已入八瓊室金石補正稿緣裝未謂墨農先生所未見誤也

脫公字

之尚多闕如蓋當時隨拓隨寄後出者或不與焉然已十得六七矣及門翁印若中翰寄贈武岡州平西洞金剛經偈開禧三年盱江吳中八分書筆勢奇偉絕似泰山頂佛峪經字與湻祐己酉育齋銘履齋說同時出土皆先生所未見也右湖南二則

湖北唐墓誌皆出於襄樊道光元年襄水溢北岸出梁嘉運及夏侯氏墓誌吳子苾太守移置鹿門書院其後又屢聞出土襄陽錢仲仙孝廉葆青至都門以卜璀劉寗楊孝直三拓見貽且云尚有四唐石爲一武人所得祕不出時同年王勝之太史視學楚北余貽書告之踰年郵視拓本發函申紙共四通一爲貞元二十一年張惟誌一爲大中十三年盧則誌

張氏志聞有張濟一石爲人攜至他省頗不易得張濟志爲廣西唐氏攜歸即唐春卿尚書景崇家也蓋尚在湖北與僖元鄉等志見獨市上尚有之

元和兩刻一七年李景逸誌孫忠幹文一九年博陵夫人崔氏誌辛劭文文字皆精整有法張氏十誌出土較早趙撝叔已收之今皆在祠堂壁間永昌三年張元彌墓誌爲唐宰相柬之之父景之慶之以下亦皆其兄弟子姓也然無隋以前刻惟荆門州玉泉寺有大業鐵鑊亦非石刻六祖墜腰石題字廣州亦有一石疑皆非原本玉泉寺有開元大通法師碑張燕公文盧藏用八分書荆襄古刻莫先於此

晉人沈碑於江一置峴山之頂陵谷屢遷遺文未出試問登峴首者猶有摩挲而墮淚者乎惟唐宋兩石柱尙巍然無恙漁洋池北偶談但據張力臣拓本宋幢惟錄王洙吳育李宗易詩三首吳淑以下詩皆缺余所得拓本雖無全文可釋篇

什汝第字句首尾尚可約略鉤稽唐幢漁洋僅云開國男張九齡撰以今拓本釋之首行襄州刺史靳公遺愛頌尚未泐續訪碑錄有襄州刺史靳恆碑開元十一年高慈正書張九齡文即此刻而譌幢爲碑也峴山又有宋淯祐十一年李曾伯摩厓題名字大徑尺巨刃摩天可爲螭扁書之法

丁丑春官報罷橐筆游鄂渚客潘偉如年丈藩廨時藝風亦在鄂徒步見訪余聞其碑版之學極博倒屣見之主人以爲遊客也有責言余自是不敢出洪山元人題字近在省垣亦竟未能拓也歲暮歸館於里中一富室亡友黄梅先大令自鄂中寄貽陽冰怡亭銘及朱菴宸尊二大字欣然披覽主人子在旁遽揶揄之手攫拏作欲裂狀余方色駭主人奉兩軸

丁丑殿試一甲一名為閩縣王仁堪字可莊館閣中矯矯人物綠鬢凋謝亦與太甚

如橋衡𨍏躬趨出以袖拭几曰是得無非眞跡乎亟披視之乃新殿撰所書楹聯也余自是不敢談古刻且自笑與鄂刻尤無緣也踰二十年我同年栩緣子奉使至鄂藉良友之力始得藏其地石刻數十通其尤難得者宜昌東湖縣三游洞全拓其地俯臨江滸宋人溯江入蜀皆維橈題名於此地志僅有三通栩緣自往搜得十餘通又施南之恩施縣有木杪仙人洞寶祐十一年潼川王次疇題名紙墨黯黮如米家山水亦如焦山鶴銘水拓本泅深淵而出者按其文次疇侍親遊此有云洞府窈深奇怪不類人間世親年八十步履如飛覩者屬目則其地之不易至至而不易見見而不易拓爲可知矣　右湖北三則

欽江郡甯贙碑出土廣南始有隋刻趙撝叔以其文字非古詆爲贋鼎今石刻具在其文雖沓拖非唐以後人所能彷彿也其字則凝禪寺三級浮圖定國寺更興靈塔之亞也趙氏素稱精鑒何獨於此碑而疑之若潮之白鸚鵡賦以有退之字而定爲昌黎書則眞不可信矣柳之大鑒禪師碑曲江張氏兩碑（一宋刻　一明刻）皆非唐時原石陳諫廣利王廟碑李邕端州石室記覃溪皆推爲上選陳碑面目雖是精神則非疑亦後人重開本北海石室記豐容盛鬋似太眞不能爲掌上舞非得舊拓無以見其精詣矣石室之中又有寶歷二年新記其書下北海一等尚未刓損羅定州有龍龕道場銘英德有湞陽東嶺洞谷銘皆覃溪所未見（粵東金石略云龍龕巖有石刻五按瀧江訪求未獲又據）

傳聞以爲張東之迹而不知爲陳集原文也龍龕先後得三本湞陽銘在廣州曾見一舊拓以索高價交臂失之瓊州雖遠隔重洋東潭有貞元題名又有坡公浮粟泉字惜士大夫之渡海者但求伽楠珠貝無知珠厓儋耳間有此一片石耳

廣東學使署在九曜坊即古仙湖藥洲之遺址也九曜石即在廨東偏池上丙戌丁亥之間余客學使汪郎亭師幕每當芙蕖晚開涼風徐來輒往徘徊池畔熙甯許彥先詩一石方廣而平有如石礎拂苔蘚而憩之今忽忽十五年矣程師孟李之紀諸石或深陷池底非犀水不能拓米元章藥洲二字舊移潘廨道光海上之役遂爲沙吒利所刦余辛卯之冬再游羊城始告於學使徐花農前輩迺得拓之高要七星巖自

互見卷一南漢條

説未確

唐李紳以下有題名五十餘通此外如淸遠之峽山寺英德之南山碧落洞樂昌之泐溪石室連州之巾山燕喜亭大雲洞潮州之金山德慶州之三洲巖皆宋人題名之處

南漢石刻皆在五嶺東西吳蘭修採摭最富光孝寺二鐵塔余曾偕袁環禹管申季江建霞登風旛堂親往摩挲其下環禹並先以拓本見遺今三君墓有宿草矣每開篋泫然流涕

乳源雲門山有匡直匡聖兩大師碑皆大寶中刻翁氏金石略吳氏金石記但有匡聖一碑而匡直實性碑吳氏但據邑志錄其文注云已佚余前五六年在廠肆舊書中見一紙黯淡披視之卽此碑也一字未損亟以賤價得之此眞希世祕笈想未必有第二本矣△東莞資福院邵廷琄石塔記客嶺南

時聞碑工言山中有虎不能拓亦於厰肆無意得之江陰金桂生運同權醝梧州在容縣之都嶠山得南漢石刻六通皆吳蘭修所未收一爲中峰石室五百羅漢記乾和四年陳億文楊珞書一爲五百羅漢院經幢乾和十三年羅漢融造一爲大寶四年內常侍梁造象一爲大寶七年靈景口同會弟子慶讚記景下一字泐一爲智昔造羅漢象銘年月泐亦陳億文楊懷口書懷下一字巳損又一殘經幢年月亦泐僅存女弟子廿五娘等字　右廣東三則

桂林山水甲天下唐宋士大夫度嶺南來題名賦詩摩厓殆徧又多紀功之刻自大歷平蠻頌韓雲卿文韓秀實書建中石室記鄭叔齊文以下蓋數百家謝氏金石略桂林諸巖洞不曾居金帙之

互見本卷直隸第二則

八九此外全州湘山寺融縣眞仙巖富川碧雲洞落落晨星不足當虬龍之片甲余桂林諸刻皆得之江都張丹叔中丞又從厰肆拾遺補缺十年幾盡攬桂勝常德唐召皆同年以詞林改官融縣爲余拓眞仙巖諸石以校謝錄互有增損如紹興庚辰歷山王延年慶元丁巳三山李君紹定庚寅雙井黃杞題名三則及杜昱嘉定十二年趙進臣無年月松庵道人詩淳祐壬子皆可補謝氏之缺范文穆經略勸諭乾道十年祭新冢文壺天觀銘皆刻於桂林巖壑而謝氏亦失之壺天觀銘尤佳絕中丞長君幼丹通守自龍州寄貽韋厥智城山碑余[illegible]以爲未曾有但見王象之輿地碑目時亡兒在側告余曰是嘉慶中已[illegible]土陳恭甫有跋數千言攷證詳博亟取左海文集披閱之良信

楊翰息柯有廣西石碑記卷二亦具其事擬詳錄兄鈔本擬傳錄之今上虞羅氏已排印行世

丙寅八月記

後在廠肆見一舊拓本索高價恭甫手跋在焉自亡兒化去每檢石本有疑義無可諮決故篋塵封亦不知流落何所悠悠蒼天此恨千古

粵西有金剛經兩本一在桂林萬壽寺五代楚馬賓建一在全州湘山寺寺僧守詵據南唐保大五年壽州開元寺本重刻皆法苑之珠林也同年劉鞠農太史視學桂林祖帳之日余以二刻爲託曰他不敢請也今報滿矣未知其能踐言否也元祐黨籍碑亦有二石一刻於慶元四年在桂林龍隱巖一刻於嘉定四年在融縣眞仙巖融本不易得余藉召皆之力始克藏之　右廣西二則

滇有二爨碑爨寶子碑在南甯晉太亨四年立爨龍顏碑在

滇石以爨孟瓘碑為第一此緣然未及見者

南詔蠻頌德碑二大幅方廣尋丈余在京曾購得一通[illegible]齋遺物也武昌張裕釗書法胎息于此最多（跋）

陸涼宋大明二年爨道慶文滇人士北來者皆攜爲書帕之餽昆明王仁求碑亡友王農部蒿隱曾從廠肆得一本余求之十年竟未獲孫氏訪碑目天寶末列南詔蠻頌德碑南詔摩厓題名別有南詔德化碑普鐘十四年鄭回撰其實一碑歧出所謂題名者卽德化碑之陰曷嘗有摩厓蹟在哉六詔各碑初未顯於世王蘭泉從軍緬甸始搜訪得之見於萃編者有明政三年石城碑嵇肅靈峰明帝記興寶寺德化銘皆元亨二年楊才照文淵公塔銘天開十六年趙佑文蘇難陀智正書孟光墓碑護法明公德運碑崇聖寺塔地藏寺幢皆無年月余僅有石城一碑耳精采飛動唐時雖荒裔之士書法亦妙入能品觀於南詔吐蕃吐蕃會盟碑在烏斯藏大招門外百濟新羅

閔之福山王廣生之弟云吹角壩石在四川綦江縣中此云遵義鄭子尹徙至黔中不知是何年事 廣生之弟又字皆不記然已無存在細多劉燕林道黔時僅一次彼所言可疑(張)

此摩厓鈍藏有舊拓本 寶非六年 鄭詩建安七年作首行團模下句次行廬字又可辨 盡字亦毫無疑義 彰也 趙之謙補訪碑錄所云皆不誤 太倉陸星農先生增祥八瓊室金石補正稿云云 兄祥

諸刻雖欲不寶遠物其可得諸 右雲南一則

貴州古夜郎地紅厓一石荒遠難稽武威張介侯續黔書始指爲高宗伐鬼方之刻鄒叔績作釋文申成其說獨山莫氏又定爲三危禹蹟土人則但稱爲孔明碑邵亭紅厓古刻歌云邊荒不識明德遠但記諸葛威羣蠻齊火銘勳久放失訝此磥硌猶孱顏自注齊火巢經釋作濟火從武侯南征摩厓紀功隸書二行有建興年號在大定府北柯家橋側訪求未獲此外惟吹角壩摩厓趙撝叔續訪碑錄釋爲建安六年二月丁丑朔廿二日在四川綦江縣遵義鄭子尹徙其石至郡作長歌以張之有云黔中且無宋人刻況願上此知難償又云我思綦江漢江州此刻界在牂柯畺蓋壤以爲黔有矣竊謂綦江之

南本與黔犬牙相接同爲漢牂柯地黔無片刻姑如巢經之說叚此一石分鄰火之餘光亦好事者所樂聞也今錄巢經詩於後庶幾徙石之源流可攷而知之　右貴州一則

臘月廿二日遣子俞季弟之綦江吹角壩取漢盧豐碑石歌以送之　遵義鄭珍

洪婁著錄漢碑二百七十六至今三十九在餘俱亡其中陰側匪別刻實止廿八之石留滄桑後雖新增三十種已少婁錄四倍强我生嗜此屢長喟廑存增愛等餼羊巢中諸拓購略具宜禾特溢翁與王（宜禾都尉李君碑）前年怪事薎不得似有鬼守黃竹箱老知百榮不落手時時繙訂同炎涼猶嫌拓本非手迹安得貞珉即置旁黔中且無宋人刻況

灝上此知難償故人趙子旭鼎山下好事成癖人爭狂一朝有得過詫我漢刻近出綦南鄉我思綦江漢江州此刻界在牂柯疊嶲說江州邑長盧豐碑蜀人謂之漢夜郎以官以地並近似或即盧豐縈我腸又思於宋是謂南平軍南平吹角兩刻紀自王東陽此刻正在吹角壩地閱四代名猶彰疑即所稱古摩厓聞其在穴又疑更是伯約姜漢隸字源碑目江州夸邑長盧豐碑建安七年立蜀人謂之漢夜郎碑與地紀勝南平軍下吹角壩有古摩厓風雨胺削苔蘚侵蝕惟識建安二字在溱州堡去軍四十里又姜維碑在吹角壩其始有一穴內有碑相傳以爲姜維碑今摩滅料量三者必居一遣力椎取觀其詳泐甚搨粗未從讀建安七年明首行次行盧字又可辨謂必盧碑他莫當碑所土人號摩厓細詢實異部與楊百丈深谿石排沓端兮

斗狀陳中央廣修高等尺六寸更有乳中前後方因知俗以嵌巖作鐫壁其誤想不後李唐後來嵌隊便穴置見者道者增張皇南陽天水蜀所豔附會舊碣多乞光建安或作建興認變本益遠傳益荒圖經信耳不經目兩聞兩載原其常儀父斷未見拓本沿襲趙志何由匡今碑首十一字極明紀勝云惟識建安二字知所據是趙彥邁南平志也我定三碑實此一石耳但爲僻遠成參商王得其地叟得人兩家相較無短長委閟奪郵世莫識時有野衲來焚香數年敲火已刓角不即收拾愁毀傷定武石易薛道祖熹平經攜龍圖張子雲俗楷一蕭字倘有碣產誇珍藏況茲隸古又完物鸞叟豈足傳芬芳密呼健者受約束夜半移壑志已剛昇竿三易迺三折千里

往復徒羸糧未應神物戀窮竇信坐人謀先不臧季也誕身願重往選夫繕具籌策良是時風雪逼攺歲滿郵門易甲胄裝砦爲古人効韈策肎逐兒女爭桃湯觀汝此行有膽氣知取寶刻如探囊婁關西去接安穩回首當年皆戰場此行亦復用兵似貴速貴詐毋周章氈包席裹計還路歲盡應呼棠渡航人日前後上梅岠聽爾邪邪許許趨山堂

出山海關循松花江而北至甯古塔皆遼金發祥之地也然古刻罕聞平津所錄契丹女眞各二碑而已遼開泰二年奉國寺石幢記在義州淸甯三年大廣濟寺塔記在錦州金大定十六年壯義王完顏公神道碑在甯古塔奉國寺又有金明昌三年續裝兩洞聖賢記張劬文劉永錫書楊賓柳邊紀略有婁室碑吳振臣甯古塔紀

此碑至鉅中年倉滄庵永齡曾裝四大冊見貽

好大王碑宜都楊守敬有雙鉤本行世甚佳前有釋文每部六冊大洋五元（張）

略沙嶺第一站金之上京城有國學碑僅存天會紀元餘皆剝蝕周松靄遼詩話釋迦佛舍利鐵塔記重熙十五年刻在興中府今地名古爾板蘇巴爾漢興中又有兩刻一爲釋迦定光口身口塔記天慶二年釋慧材文郎在鐵塔旁一爲白川州陀羅尼幢記長甯軍節度王桂撰王勝之同年弱冠游瀋陽云奉天城中有石幢甚偉嶙峋高揭土人呼爲十面不知何代刻也及門翁印若中翰甲午從軍出關在石山站亦作十三站見農家疊石作牆中有斷幢尙存金源紀年高句驪好太王碑在奉天懷仁縣東三百九十里通溝口高三丈餘其文四面環刻略如平百濟碑光緒六年邊民斬山刋木始得之窮邊無紙墨土人以徑尺皮紙搗煤汁拓之苔蘚封蝕其

坳垤之處拓者又以意描畫往往失眞乙酉年中江李眉生丈得兩本以其一贈潘文勤師共三四十紙屬余爲排比攷釋竭旬日之力未能聯綴其後碑估李雲從裹糧挾紙墨跋涉數千里再往返始得精拓本聞石質麤駿又經野燒今巳漸剝損矣碑字大如盌方嚴質厚在隸楷之間攷其時當晉義熙十年所記高麗開國武功甚備此眞海東第一瓌寶也

右奉天一則

和林成吉思之故都也元太宗時名元昌路後降行省攺和甯唐賈耽地志謂之富貴城見耶律鑄雙谿醉隱集其地遠在漠北流人戍士亦所罕至俄人於娑陵水上訪得回鶻故宮又於鄂勒昆河訪得突厥舊庭又訪得唐碑二元碑十三

闕特勤碑三大橋多郡護曾以今撫見跍碑首一字不可識最為奇特

唐書闕特勒不誤也按勒字漢碑往往多一横如石門頌勒石頌德勒字即多一横似勤字沈濤諸書亦有文多雙聲叠韻此闕特勒三字亦叠韻與東祿還今有讀勤為勤則不合矣此不可不辨也闕特勒碑余在京師曾見一本乃桂公府長史趙某所藏唐隸之輕者而已（張）

以電光攝影之法照片咨總理衙門余從沈子培比部假歸旬日手錄其文一爲苾伽可汗碑開元廿三年李融文開字泐李融二字亦半蝕一爲闕特勤碑開元廿年御製可證唐書闕特勒之誤兩碑皆八分書一爲九姓回鶻可汗碑斷爲五石亦唐刻一爲三靈侯廟碑至元已卯和甯路儒學正余良輔文嶺北行省左右司郎中丁元書一爲至正四年四世同居立石一爲至口二年和林兵馬劉公去思碑張思明文彭諧書三皇廟殘碑二一張益文李塔失帖木耳書一至順二年揑古柏立石上五石之陰皆有題名一爲嶺北省右丞郎中總管收糧記霍有孚文段起祖書一爲漢冢殘石無年月一爲大司農保鳌朔方記但有丙戌秋字其紀元亦缺又

按李[illegible]雲云居庸關門洞上下兩壁皆刻有畫字伊[illegible][illegible]餘一面不[illegible]從其所得物也（[illegible]）

一殘石有禮院事字李仲約先生詩孛朮魯翀全傳在宗禋院事有旁徵自注以孛朮魯翀傳考之知元制有宗禋院又殘碑三通中多嶺北省題名疑皆碑陰而正面之文失矣又有許有壬敕賜興元閣記其文見圭塘小稿今泐存祇百餘字而翰林承旨臣有壬七字尚未蝕胡僧琢爲香案仲約先生篤嗜碑版又熟精遼金元掌故及東北輿圖得見諸刻驚喜欲狂每石各繫以小詩俄人又進和林古蹟圖五第一圖稱爲最古之跡蓋卽漢匈奴之龍庭也第二圖爲突厥古跡第三圖稱爲烏依古爾朝古跡卽畏吾兒三字之合音也第四圖稱爲成吉思京都卽和林城也第五圖爲萬里長城門額卽居庸關之過街塔有至正所刻番漢佛經則距京密邇

俄人自北而南記其所見初不繫於和林矣先生每圖亦各賦一詩又題萬安宮遺址四絕句皆考證精博然拓本終不可見宗室伯希祭酒盛昱言於蒙古王之來朝者挾碑匠以往陜人秦某願應募余知其無能爲也姑置之卒以窵遠未果今仲約先生久歸道山伯希又逝北望龍沙祇增忉怛右和林一則

海內名山五嶽爲長阮文達得泰山秦篆及宋拓華山碑顏其室曰泰華雙碑之館然嵩山太室少室兩闕及開母廟銘漢元初延光中建尚在華山碑前南北兩嶽未聞漢刻泰山無北朝碑惟佛峪摩厓佛經昔人謂是高齊時所刻以徂徠山摩厓證之良是華山神廟碑北周天和二年趙文淵書筆

畫險勁乾嘉以前不甚重之故轉得完好無恙中嶽有兩魏石一爲太安二年寇謙之嵩高靈廟碑一爲天平二年嵩陽寺銘其餘如董洪達造象在少林寺宋始興造象在會善寺南北兩嶽唐以前無片石恒山斷自開元九年陳懷志書北嶽府君碑爲始張嘉貞恒山祠碑次之崔鐶戴千齡王知新遞次之崔有碑陰記戴碑之陰刻博陵太守賈循德政碑宋碑四元碑十畫圖詩刻題名共百餘通南嶽惟北海麓山寺一碑而已嵩山少林寺唐刻最多亦最精泰華多祭告之文唐初祀岱宗投龍簡設齋醮皆題名於石自顯慶六年郭行眞以下二十餘通多道流之筆今在老君堂內唐文皇泰山銘大書深刻摩厓未損其從臣姓名亦尙存泰半華山銘僅存殘石不過數十字耳唐宋題名惟泰山皆

摩厓刻華陰曲陽題名於幢八面環刻然祇一柱其他皆題名於舊碑之陰及兩側後來者無隙地亦有題於正面無字處及額之陰者且有磨治舊題而重刻者以是歐趙著錄華山題名今所存殆不及半嵩山題名絕少惟靈運禪師塔銘之側有元和十二年辛祕題字北海麓山寺碑陰亦有宋人題字前人詩云五嶽歸來不看山竊謂登五嶽而不攜古刻以歸猶之未游也耳 右五嶽一則

禮稱先河後海又云晉人有事於河必先有事於惡池今常山有宋元豐八年成德軍修虖池河記（石亘文 劉瑾書）而祀河之碑無聞焉南海之祀在廣州北海在萊州今南海廣利王廟尚有唐陳諫碑宋蘇文忠浴日亭詩宋元祭告之文林立掖縣

海神廟無唐碑但有宋以後刻淮濟兩瀆皆在中州淮源桐柏廟碑最古僅存孤本其原石久亡矣今廟中但存宋大中祥符七年重脩淮瀆長源公廟記及慶歷鐵鐘識元天歷二年鐵獅子識宴濟瀆序游濟瀆記皆天寶六載達奚珣撰薛希昌八分書一碑分兩面刻又有濟瀆北海壇祭器雜物銘貞元十三年張洗文又有後漢乾祐二年奉宣祭瀆記宋金元朝崇祀勿替有宋敕書碑一金碑二元碑十餘石瀆在縣西三里東西兩池中通皆周七百步即濟水所匯其源自王屋天壇山顛伏流百里至此復出東南合流至溫縣入河瀆上有龍潭宋開寶四年有重書龍池石塊記元時遣官建醮投龍簡於此延祐初元兩記皆趙文敏書最著至元十二年

一訒史芝書最劣潭上有寺寺有後唐應順元年兩經幢及宋人題詩石刻名臣如富鄭公文潞公陳堯佐皆有題詩在焉右四續一則

朝鮮爲箕子舊封同文之域彼都人士觀光上國載古刻而來攬環結佩中朝士大夫皆樂與之交嘉慶間金秋史兄弟李迪吉惠卿博雅工文芸臺覃溪兩公極推重之趙義卿與其小阮景寶與劉燕庭先生爲金石交燕翁所得海東墨本皆其所投贈也咸豐初潘文勤師與鮑子年楊幼雲諸公於麗人之至京者猶喜晉接之其後來者皆原伯魯之徒以墨本爲羔雁望門投謁藉通竿牘文勤師至戒閽人毋通謁然自是海東墨本稍難得矣燕翁海東金石苑自陳光大二年

劉燕庭海東稿八卷後六卷爲楊子雲所得題曰殘稿烏程劉翰怡至據以第一二卷刻之以楊氏所藏此稿蓋全編皆云燬於鬱攸者傳聞之誤也翰怡以怙德容嘗刻前四卷議重校原石全刻之原拓本亦從蔚若轉入劉氏矣辛酉正月原稿及原拓均至篆記爲記其略於此十九日

翰怡託我之代撰已刻成重校海東金石苑八卷補六卷附錄二卷 壬戌八月記

新羅眞興王巡狩碑至明彰聖寺眞覺國師碑共八十通原稿八卷燬於鬱攸鮑子年刻其目其全拓歸潘文勤師滂喜齋今歸同里吳蔚若前輩余生晚但從廠肆摭拾一鱗片甲懸金物色視燕翁所錄不過十之二三而已然錦山摩厓古字相傳爲箕子遺文好太王碑雖在奉天境內亦句驪之古跡皆燕翁所未見也自甲午後東藩淪喪三韓浿水之間

皇靈弗屆羅麗琳琅曠如絕域燕翁金石苑自序羅列碑目標舉源流足資津逮過屠門而大嚼好古者其屬饜於斯

新羅眞興王定界碑當陳光大二年立舊在咸興道黃草嶺咸豐壬子觀察使尹定鉉移置中嶺鎮廨以江左六朝故都自江總棲霞寺碑亡遂無陳刻此碑與滇之劉宋爨龍顏碑

迢遥並峙可爲兩朝碩果平百濟碑顯慶五年賀遂亮文權懷素書其書重規叠矩鴻朗莊嚴與河南三龕異曲同工厰估王某渡海精拓余得一本以校萃編所録溢出百餘字同時並拓得劉仁願紀功碑安雅寛博亦初唐之佳構此二碑皆在忠清道扶餘縣扶餘百濟古都也然猶爲唐人手筆若其國人之書則以沙門靈業所書神行禪師碑及白月葆光棲雲兩塔爲最著自唐太宗伐高麗威棱遠慴太宗好右軍書至移其國俗新羅鍪藏寺碑及高麗麟角寺普賢國師碑沙林寺宏覺國師碑皆集右軍書雖未能抗跡懷仁亦與福斷碑之亞也又以好右軍書而并求虎賁之似與法寺忠湛大師塔崔光允集太宗書爲之白月棲雲塔釋端目集金生

書金生唐貞元間新羅人書法亦入山陰之室者也其篤嗜右軍過於中土賞鑒家津津閣帖矣又好學歐陽信本體劣者如棗梨壟開之皇甫君碑佳者亦不乏氣韻余所見無爲岬寺遍光靈塔天骨開張得醴泉三昧若韓允所書三重大師塔則肌骨峻削似唐末經生體矣開成石經學歐者多如此

潘仲午贈余高句驪故城石刻共二石一東向一西向嘉慶間金秋史訪得之據其文中有小兄二字定爲長壽王時所刻大兄小兄當時縣令之號也又慶尙道慶州府有新羅角干墓十二神畫象凡十二石每石畫一神皆手執兵無年月劉燕翁云角干新羅官名定爲唐時建附記於此以廣異聞

右朝鮮三則

金石年表刻入漪香齋叢書倭人原寫本將入敝以遂

東武錄麗碑畢附錄日本石刻四通惟多賀郡一碑有朝鮮趙秉龜䟦尙是秉龜奉使扶桑攜至中土者其難得可知覃溪以多賀郡碑與瘞鶴銘並重稱爲日本殘碑實未殘也日本人著錄金石者有狩谷望之古金遺文西田直養金石年表光緒丙戌德淸傅楙源觀察奉使游歷日本與貴陽陳君衡山名矩松珊侍御之弟網羅搜討作日本金石志五卷內印文一卷刀劒款識一卷其餘分前後二卷前目九十四種後目百廿四種又附錄十六種皆有䟦尾又仿歐趙目錄之例有年可紀者八百九十有餘種錄其目爲表攷日本金石者於此歎觀止焉然金文多而石刻少金文之中鐘銘尤居其泰半約計志五卷二百餘種金文十之七石刻不過十之三如最古

之法隆寺造象五種（一爲如意輪觀音大士象當隋大業二年一爲金堂藥師當大業三年一爲釋迦佛象當唐武德六年一爲釋迦立象背銘當唐貞觀二年一爲二天造象記當唐永徽元年皆範銅爲之）其墓誌亦不用石刻船首王及小野朝臣毛人二誌皆刻於銅版之上傅觀察引輶軒小錄云小野誌銅版長一尺九寸寬一寸九分其時當唐儀鳳二年船首王誌則前於小野九年又盛奈大郎墓誌伊福吉部臣德足比賣墓誌皆鐫於銅合子蓋上銅合圓徑八寸盛骨器也伊福吉部誌文中有謹錄錍三字據古金遺文云錍卽碑字器用銅造故變石從金耳又天平十一年（唐開元廿七年）楊貴氏墓誌用瓦造刻字塡以朱沙又高屋連枚人墓誌河內國石河郡山崩而出似石非石似瓦非瓦土沙合成未經火化其制與紀氏墓誌全同所謂

紀氏墓誌迺紀廣純女吉繼墓誌也（延曆三年當唐興元元年）據古金遺文云亦出自河內國石川郡茶臼山堅緻如唐製澄泥研上下二片片各厚三寸餘一片刻誌一片爲蓋其碑制與中國略同摩厓惟奈良縣大和國宇智川涅槃經一種

日本造象願作顛飭作餝其文有七世四恩六道衆生俱登正覺與中國六朝唐造象正同其墓誌簡略但載年月姓氏其鐘銘最精緻有用駢儷及繫以銘詞者其文則眞書爲多有行書有草書有梵文及日本字那須直韋提碑首題永昌元年四月狩谷望之據蒙齋說謂永昌元年當作朱鳥四年洗去改作傳楙翁云日本無永昌年號唐武后初元曰光宅明年改垂拱越四年改永昌己丑即永昌元年與碑正合今

碑石拓本具在無故作形日本對馬島八幡宮鐘爲新羅國造而曰天寶四載大和國興福寺有南圓堂鐙臺云歲次景申諱丙爲景非唐制耶何獨於此碑疑之其言甚確又攷日本尙藏漢委奴國王印後漢書倭傳曰建武中元二年倭奴國奉貢朝賀光武賜以印綬卽此印歟其質黃金與漢書百官表王印之制符漢書禮樂志曰漢據土數五故五字爲印文此印漢委奴國王五字其文之數又與禮樂志符亦傳琳源說蓋日本在漢唐時嘗臣服中國彼都人士諱言之耳右日本二則

安南雖同文之國未見石刻惟廉州有一鐘余在廣南時曾得拓本一通首一字卽闕題口仁路外星羅戶鄉天屬童社

昭光寺鐘銘并序皇越昌符九年歲次乙丑光祿大夫守中書令兼翰林學士奉旨賜金魚袋上護軍胡宗鷟撰中涓大夫內寢學生書史正掌下品奉御阮廷玠書覃溪粵東金石略攷昌符九年爲明洪武十八年是鐘康熙十三年廉州海濱風雨晝晦龍鬬守兵於海中網得之今存府學

南夷銅鼓皆無字交趾銅柱有二水經注引林邑記云建武十九年馬援植兩銅柱於象林南界與西屠國分漢之南疆銘之曰銅柱折交阯滅則漢柱嘗有刻字矣其欽州分茅嶺銅柱唐馬總所植按唐書元和中馬總爲安南都護立二銅柱於漢故處鑱著唐德則唐柱亦嘗有刻字矣曩吳愙齋中丞與俄人定界立銅柱於甯古塔以拓本徵題時方有法越

光緒三十一年沔陽端方奉諭赴各國考察憲政過開羅購得石刻多搨贈尤屬又有棺一具中鑄如人形外緣書埃及文或云皆原作圖其真者彼國於出口禁例甚嚴也

黃仲弢學士所得者余歸自秦而所搨印(造)

之役余以訪求漢唐遺跡諷之雖託之寓言苟有好古之士要未嘗不可物色攷粵東金石略引欽州志云分茅嶺銅柱在州治西貼浪都古森洞交人年年以土培之今高不滿丈字跡莫識問其路所由則曰自貼浪扶隆行七日至八尺石橋尙行八日方抵其處云 右安南二則

埃及古文尙在臘丁之先潘文勤師貽書海外嘗摹得兩石以拓本爲範用塞們德土埏埴而成者不爽毫髮晉書戴逵傳稱逵總角時以雞卵汁溲白瓦屑作鄭元碑其法正合其文有如鳥獸者有如亭臺者又有如雲氣者皆古之象形字也文勤以示門下士各有攷釋亦如明人之釋岣嶁碑但滋聚訟而已黃仲弢學士得拓本一通係刻之石槨者西人斐

爾士所藏余曾爲賦長古一首有云博士弟子遺秦景絕域使者隨張騫擅椎向餘四十字石槨一啟三千年差勝流行建中本景教但溯胡神祆又云號迒有象未懸絕鱗甲雖剝毋求全頡誦未知孰先出何論滂喜凡將篇此可爲宇內最遠最古之刻矣

英人斯賓塞爾所著羣學肄言余嘗得嚴又陵觀察譯本讀之云摩闕伯斷碑出土於亞西之大阪係腓尼加古文語與希伯來大致相似所紀者鄂摩黎征服摩闕伯自阿洽之死及攻以色列種人皆中國周初時事今其石在法之魯維右

歐非兩洲二則

語石卷二終

語石卷三

長洲葉昌熾

聘禮東面北上上當碑南鄭注宮中必有碑所以識日景引陰陽也凡碑引物者宗廟則麗牲焉其材宮廟以石窆用木祭義君牽牲旣入廟門麗於碑鄭注麗繫也謂牲入廟繫著中庭碑也釋名釋典藝碑被也本葬時所設施轆轤以繩被其上以引棺也臣子追述君父之功美以書其上後人因焉故建於道陌之頭顯見之處名其文就謂之碑也此碑之緣起也　右論碑之名義緣起一則

碑之有穿所以麗牲亦所以引綍卽檀弓豐碑注所謂穿中於閒爲鹿盧下棺以綍繞是也自後世立碑但以述德敘事

而失其本義，遂不盡有穿矣。案史記始皇本紀上鄒嶧泰山皆云刻所立石，不言立碑，則秦時碑字尚僅用之於宮廟繫牲之石及窆木。凡刻石之文皆謂之碑，當自漢以後始。歐陽公集古錄曰：欲求前漢時碑碣不可得，則冢墓碑自後漢始有也。宋景文筆記曰：碑者施於墓則下棺，施於廟則繫牲，古人因刻文其上，今佛寺揭大石鑄文，士大夫皆題曰碑銘，何也。

王惕甫碑版廣例曰：漢碑穿外有暈，其暈繚繞，或即自穿中出，或別從穿外起，尚存古制引綍之意。其碑文有居穿下者，有因當穿而廢其數字者。其碑首或刻螭虎龍雀以爲飾，或直爲圭首，方銳圓橢不一其制。額書亦不必皆在正中，偏左偏右皆有之。右碑穿二則

漢魏碑額筆法奇偉可喜，非後人所能髣髴。蔡君謨見後漢

汝南周君額氣息結構均不似漢當是唐額也（陸）

南陽太守秦君碑額苦愛之歐陽公遂著於錄近時金石家如汝南周君碑額三階大德禪師碑額其碑雖佚猶錄而存之惜拓工棄如弁髦余所見墨本能拓陰者十不得四五拓額及兩側者尤難得若兼拓額之左右蟠螭則更絕無僅有故非親至碑下摩挲古人制作之精末由得見牛空山金石圖劉燕庭金石苑皆摹全形一展卷而貞珉如見此著錄之善者矣

題額篆書爲多分書次之有眞書北張猛龍南葛祚寫冶有行書張從申銅井鎭福興寺碑有籀文唐開元處士王慶墓幢宋越王樓記繆篆凝禪寺三級浮圖○諸體各舉一碑爲例不盡此篆體往往不合六書偏旁繁省時乖古誼魏盧江太守范式碑額廬內之田从囗范內之巳从巴則在三國時已如

此唐宋御製碑多以飛白題額如唐太宗晉祠銘汜水紀功頌孝敬皇帝叡德紀武后昇仙太子碑諸額及宋仁宗賜陳繹碑額皆飛白書也其翩翾之態著紙欲飛前人謂之插花舞女草書絕少葢章草皆取流便碑榜莊嚴本相鑿枘金宴臺國書碑題額十二字亦國書不可釋元至正三年重修佛堂院記額題郭鏐覊鄭寏春趙撝叔謂卽重修佛堂院記六字而碑陰題首紈珇竸皇四字終莫能明也壺關縣紫團鄉慈雲院碑銘宋董湻書額其文爲彔慈云寏辟蔆六字卽新慈雲院碑文也新作彔文作蔆不知所出其刻有陰文有陽文陽文洪氏隸續謂之黑字猶本草目陰文之字爲墨葢子其分別畧同但陰陽易位耳又有中間凸起四圍一線陰文

深陷如坳大都淺刻平漫黑文滿布此由石質易裂若刻之過深而細稜稜露骨觸之即損恐不耐氈椎耳谷朗碑額題吳故九眞太守谷府君之碑凡十一字一行直下其次孔褒碑一行九字校官碑亦四字直下而左右有白文兩線深陷其制略異然漢碑如此者少大抵皆分作兩行當穿上居中惟高頤額稍偏右有在穿左右者即以穿隔之衡方碑兩行之中刻白文一道爲界陳德碑分棋局如九宮額篆六字左右書之而空其中三格六朝以後始有多至三四行者皆用棋子方格惟陳懷志北嶽府君碑額黑字白圍一圍兩字長方如元人押奇古可愛其至多者宋爨龍顔碑題宋故龍驤將軍護鎭蠻校尉寧州刺史邛都縣侯爨使君之碑唐白雲

北周強獨樂碑額五十六字[illegible]凸文每行四字共十五行非六十字 [illegible]

先生詩勑題睿宗大聖皇帝開元神武皇帝賜白雲先生書詩並禁山勑碑皆二十四字魏元萇温泉頌額題魏使持節散騎常侍都督雍州諸軍事安西將軍雍州刺史松滋公河南元萇振興温泉之頌共三十六字若北周强獨樂碑多至十五行六十字則自漢魏迄宋元所見者僅此一刻而已額首多上銳如搢圭或橢圓如覆盂其平方者字多橫列陶大舉碑題宣州刺史陶府君德政之碑凡十一字宋潼州府學鄉賢堂記及富樂山詩額八字皆一字一行橫列唐殷君夫人碑四面環刻額十二字橫列前後兩面每面六字亦有一石相連題首即在碑字之上不別立額者碑陰多無額惟宋顯伯造象之陰分五層上層佛象次層橫列邑社曹思等石

馬鳴寺根法師碑額作二層誤也此碑之額扁方形魏故根法師之碑七字每行二字正書凹文縱之左方刻馬鳴寺三字一行正書凹文非二層也餘此乃已斷之本舊未斷本則並無馬鳴寺三字也已斷本斷本余皆見之（張）

唐闕特勤碑額只一字極奇蓋突厥文也

象之碑九字漢鄭季宣碑陰有横額八字曰尉氏故吏處士人名馬鳴寺根法師碑額作二層上層馬鳴寺三字陰文豎列下層魏故根法師之口口八字陽文横列此皆石刻中所希見非通例也王蘭泉曰大歷文廟新門記篆額六寸分二行字縱二寸横一寸額字之小無逾於此余謂額之大者若臨桂摩厓之平蠻頌宋頌皆字徑逾尺蓋十倍於新門記矣夫碑之有額猶書之題籤畫之引首所以標目也往往有碑文漫滅如昭陵各石賴其額尚存得知之石墨鐫華於馬周碑云今摹碑者多不摹額是一恨余為下一轉語云今磨碑者多不磨額是二恨此兩言東西易向其為愛惜古人之心則一也自唐以後事不師古如八都壇神君實錄額題大唐

漢尹宙碑額從銘二大字並列或曰額已斷另刻文此二字乃殘字未知是否（陸）

二字龍門永徽五年殘造象其首書曰大唐之碑晉祠銘額題貞觀廿年正月廿六日令人覩額不知其碑則駢拇指而已至若靈源寺垂拱造象額上刻經主題名萊州刺史唐貞休碑於篆題空處繪貞休象栢梯寺碑撰者徐彥伯書者胡輔之皆署名於額雖非古法要爲金石之變例存之可資異聞

漢碑多蟠螭唐碑多蟠龍蟠螭之形有如犇馬四足馳驟兩龍中間或綴以珠有雲氣繚繞之唐大歷八年裴平書文宣王廟新門記額有咸通題字王蘭泉云題字處上銳當銳處懸一珠二龍繞之漢碑畫龍形皆如馬四足犇馳此碑與後世之蟠龍無異碑刻二龍捧珠始見於此亦有下連碑側與額爲一余所見全形如九成宮醴泉銘唐之御製各碑宋趙懿簡碑追琢工細無與倫匹嵩岳

體元先生潘尊師碣尤奇偉前人紀王忠嗣碑側刻水獸奇異怪偉（吳山夫金石存）嵩陽觀聖德感應頌頂蓋雲龍下座刻丁甲之象左右旁刻花紋周鋪俱範金彩歷歲久遠絶無損蝕（說嵩）王蘭泉紀槃龍顏碑穿上蟠龍穿左右日月各徑五寸日中刻踆烏月中刻蟾蜍余所見宋龍昌期勑額亦如之又紀唐孫師範書太師孔宣公碑碑首形圓左右刻二仙子峩冠羽衣騎鶴而行左右相向鶴含草如竹葉周刻大花葉以爲唐畫眞蹟以其言推之漢白石神君碑圭首左右兩獸獸内一人以兩臂拄獸腹似彝器文之子孫字形張遷碑四面蟠螭圭首鋭處兩鵲相對此亦漢畫之至精也又若道釋兩家各尊其教碑額往往不題字而造象世所知者如懷仁聖教序

額上佛象七軀寶歷二年皇澤寺造象碑額佛象一龕道因法師碑刻釋迦牟尼觀自在大勢至三佛象於額其尤奇者松陽葉有道碑額上畫艮卦作☶象治水靜樴丹命告額中層刻符籙離奇俶詭愈不可究詰矣

柳子厚述唐時葬令云凡五品以上爲碑龜趺螭首降五品爲碣方趺圓首此本唐六典蓋所述者時王之制也然稽之唐碑亦不盡符如逸人竇居士未有爵位以宦者之父而李北海題其碑曰神道潘尊師碑巍然巨製而題爲碣如此之類未可枚舉

前人題名碑陰亦題於額之兩面倉頡廟碑額即有漢題名兩則皆在正面若額之陰有題於立碑時者中山法果寺經

家廟碑篆額之陰魯公自書寸楷八行餘字絕精好而拓本從來不見予藏一整張拓本額字正背俱全為是宋元間物可謂希世之珍矣

主題名是也有後人登覽摩挲因而題名其上者孔林華嶽諸碑是也北齊蘭陵王高長恭碑額陰有五言詩一首則王弟安德王經墓興感而作也隋首山栖巖寺塔其額陰有唐咸亨三年御製詩而姚元崇韋元旦諸什皆刻於碑陰顏魯公家廟碑李少温篆題之後亦有魯公書十行八十餘字齊隋兩碑久著於錄而其額世無知者近十年中始先後拓得傳於世以是推之額陰有字沈淪未顯者尚當不盡於此

有勒碑在先而題額在後者虞永興廟堂碑武德時建至武后時相王旦始奉勅題額今西安宋刻本非舊額舊額爲大周孔子廟堂之碑八字又說嵩記秦王告少林寺教額隸書曰太宗文皇帝御書後人復記於碑云已上七字開元神武

皇帝書蓋敎爲太宗筆額爲元宗筆華嶽精享昭應碑開元八年劉升書左方有華陰縣令盧俶題分書十六字其時興元元年十二月也又有銀青光祿大夫檢校華州刺史上柱國李休光題額二十字錢竹汀云驗其字體亦出盧俶蓋勒碑之後又六十餘年而始題其額耳

潛研堂金石文跋尾萬壽山修觀音祠記慶元五年劉震書并篆蓋古者墓有兩石一書誌銘一書某官某府君墓覆於誌石之上故有篆蓋之稱若宋游師雄墓誌全用碑式其篆卽刻於額而倘沿篆蓋之名已失其義此記當稱篆額而亦云篆蓋此古聖所譏觚不觚者也又跋紹定二年梅隱庵記云宗學諭方萬里篆其額自稱題蓋攷唐人誌墓云題蓋別

於篆而言之（謂用眞行分書）此記與額無二石又作小篆體而襲題蓋之名兩失之矣余謂碑額沿題蓋之譌始於南渡以後汴京以前未聞也然宋碑所見尚少慶元五年晉陵乾明寺古殿記其額八分書稱鄒鎡隸蓋嘉熙改元常熟縣敎育言子諸孫記其額正書稱王遂題蓋寶祐三年太平州重建學記稱鄭埜題蓋此三石蓋字雖誤上一字猶各得其實惟臨桂趙郎中德政碑以摩厓亦稱篆蓋（端平丙申）則其失更甚不徒如錢氏所譏矣元碑承訛踵謬不一而足如常熟縣重修文廟記（至元三十年）徐琰題蓋湖州報恩光孝寺置田山記（至元甲申）古涪文及翁篆蓋慶元路重建儒學碑（至元二十八年）王宏篆蓋太平路重修儒學記（大德三年）侍其君佐題蓋嘉興路重修儒學碑（大德庚子）

范霦篆蓋呆石重建承天觀三清殿記至治元年李希謝篆蓋嘉定州重建廟學記至順三年潘詡篆蓋東祁王先生歸田興學記至正九年換住篆蓋正定龍興寺秦王夫人施長生錢記至正十四年周伯琦題蓋余所藏石刻有元一代最少已有九碑若至元五年代祀北嶽記額爲倘師簡書至正二年重修無錫州學記額爲黃溍書皆稱篆題則固無不可耳右碑額七則

門生故吏兩漢爲府主立碑邑子維郡六朝爲先亡造象出錢千百列名碑陰其名自一列逾十列梁蕭憺碑共二十列則莫多於此矣漢碑門生之外有弟子朱竹垞攷之最詳故吏之外有故門下書佐故功曹故循行循行亦釋爲脩行又有處士鄭固義士魯峻曹全鄉望民望敬史君族望張猛龍之屬姓名之上冠以

郡邑爵秩惟魏范式碑但有姓字而已此碑陰之通例也其有一碑兩刻者達奚珣游濟瀆碑一面刻記一面刻序美原神泉碑韋元旦序及賈言淑等詩刻於正面徐彥伯序及尹元凱等詩刻於背面鹽池靈慶公神祠碑陽爲頌崔敖文韋縱書陰爲記劉宇撰書東方朔畫贊碑顏魯公旣書夏侯孝若文復自敘其事刻於碑陰宋廣平碑側述宋公之遺事補碑文所未及此皆一碑前後而自爲首尾離之兩傷合之兩美又魯公多寶塔銘爲楚金禪師而作也而吳通微楚金禪師碑卽刻於其陰雖書撰年月各殊要爲一人之事若宋夫子廟碑在隋賀若誼碑陰天禧三年敎興頌在虞永興廟堂碑陰皇祐三年復唯識院廨記在歐陽信本皇甫誕碑之陰皆刻於舊碑之陰北海任令則

碑其陰亦有元人重刻碑記譬如空地建築不侵鄰界攷北周天和二年華嶽頌其陰刻唐人精亭昭應碑顧亭林金石文字記云古碑陰多無字故後周之碑唐人得而刻之武虛谷云水經注樊城西南有曹仁記水碑杜元凱重刻其後書伐吳之事又渭水漢文帝廟一碑建安中立鎭遠將軍段煨文給事黃門侍郎張昶造昶自書之魏文帝又刻其碑陰二十餘字以此證之碑陰刻字晉魏時已然矣但必無字而後始刻明人不學遇陰之有字者亦悍然磨而刻之貞石何辜遭此荼毒白石神君碑陰下截卽爲明人磨刻又今人立碑往往龕置壁間僅露正面其陰及兩側皆深陷于壁如臨桂逍遙樓石刻其陰爲宋程節湘南樓記今拓本但有逍遙樓三大字而程記以

在壁中不能拓吾鄉光福寺兩幢士人以其裂也樹木柵護之砌築牢固自此遂無傳本此與禁錮何異所願好古者爲開一面之網爾

或問碑陰題識金石家著錄通謂之碑陰記有異乎曰是有别焉紀信碑述獲石之神異大智碑美作者之文章其陰文字卽爲碑文而設此一例也曹翰顏魯公新廟碑米南宮作碑陰記敘神仙之事述瑣記廣異聞此猶稗官外傳以補史傳所未及又一例也昭仁寺碑張滈書歐陽公集古錄一則於後敬識前言以告來者述而不作信而好古此又一例也昭陵李衞公李英公兩碑宋游師雄碑陰題記論其功烈詳其制度詩有之曰高山仰止景行行止此又一例也或以仆

宋元祐刻懷素聖母帖係以刻唐雁塔題名殘石空處與栖先塋記同例雁塔墨本孤存世間今歸上虞羅氏聖母帖後僅數行

而重立如魏賈思伯碑宋元兩次重立皆記於碑陰或以燬而重鐫如比干廟兩碑魏孝文帝一石宋元祐中重刻有吳處厚記可證貞觀十五年贈太師詔并祭文元延祐五年重刻有韓沖記可證興廢舉墜識其歲月此又一例也惟李陽冰栖先塋記宋大中祥符二年重刻而其側獨孤密銜名三行猶是唐人舊刻蓋宋人即用原石重開碑文雖泐而碑側之字猶泐之未盡此外石刻各體書者其陰或以正書釋之如鑄鼎原銘袁滋篆書其釋文即在碑陰上列感通塔碑一面爲西夏書一面正書釋文是也有刻詔勅及進表者如曲阜唐孔宣公碑陰刻武德九年乾封元年詔勅兩道及皇太子宏表靑城山常道觀碑一面刻元宗勅一面刻張敬忠表

宋崇甯二年范致君興學聖德頌其陰卽刻致君奏進表又如房彥謙碑陰記賜葬賵贈皆所以紀述榮遇甚盛典也有刻簿籍者如唐濟瀆廟北海壇祭器銘碑陰刻祭器甚詳宋湻熙十一年廣州贍學田記其陰刻增置田畝元至正二十一年靜江路新城記其陰刻工役丈尺皆其事也有刻譜系者如郭家廟碑其陰刻汾陽所歷二十四考及子孫行次爵位吾鄉泰伯廟提點刑獄司公據碑其陰刻吳泰伯世系圖是也有立碑之人功德可紀卽於碑陰勒文爲頌如曲陽北嶽廟兩碑開元廿三年崔鐶一刻其陰爲段愔德政記天寶七年戴千齡一刻其陰爲賈循德政記是也其有陳符瑞以彰嘉貺者如共城百門陂碑其陰詳述祈晴禱雨應驗及節

錄僚屬詩句裴諝儲潭神廟頌其陰爲祈雨感應記慶唐觀金籙齋頌天寶二年刻而其陰有建中三年瑞柏記此亦吏民頌德之文而稍變其例者也有刻佛經者如北齊雋修羅碑其陰刻維摩經見阿閦佛品唐法門寺千佛碑陰側刻涅槃經是也有刻畫象者如醴泉寺誌公碑其陰即刻誌公象賀祕監逸老堂記其陰即刻賀知章象開慶元年是也有刻佛象者淨住寺釋迦牟尼普賢刧象銘其陰刻千佛象吾鄉珠明寺宋碑一面爲須菩提象一面爲天台五百尊者象此類多出於釋氏亦造象之支流也有刻題榜者如北齊臨淮王造象其陰刻龍興之寺四大字宋武溪深碑陰上層刻九成臺三字下層刻詩境二字是也舉一反三未可殫述著錄之例

或宜分或宜合類誌於此以告世之訪碑者

諸碑以有文之面爲陽無字之面爲陰惟唐孫文才造象銘其文在陰面碑陽刻金城村掫修功德院記云是碑聖象日陽暴露風雨摧剝因各捨淨財同募石工補完又曰尊容殘缺難施工巧於是回裹作表别刊是象相好端嚴慈容若動據此則原刻本在碑陽今刻在陰而轉於正面刻功德院記顛之倒之惟此一刻或曰碑之表裏視文以爲轉移陰陽何定之有則應之曰有額在

漢鄐君開通褒斜石刻宋晏袤題其後云敬書碑陰俾來者有以取信焉按此刻摩厓在舊城西南山壁上晏袤釋文及題記即刻其後非碑也安得有陰讀者勿以詞害意可耳

北齊宋顯伯造象伏波將軍防城司馬穆洛書此人即義橋石象書碑之人王氏萃編亦作穆洛且考證穆姓之原起累千百言余所藏義橋石象碑則明明伏波將軍防城司馬程洛書程字並不模糊何以知王氏所見拓本不佳耳因此而遂以宋顯伯造象亦誤程為穆矣（張）

撰書年月有題於碑陰者漢碑無此例也余所見惟北齊宋顯伯造象其陰題天保三年歲次壬申四月八日建都維那伏波將軍防城司馬穆洛書此外有書人年月在陰撰人在前者大歷八年黃石公祠記是也李卓文裴平書有樹碑年月在陰而撰書人皆在前者儀鳳二年魏法師碑是也顏魯公東方朔畫贊年月亦在碑陰若鑄鼎原銘之陰上列釋文中列王顏表下列題名末行署河東裴宣簡書此則專指碑陰三列之正書其正面固袁滋篆書也猶之青城山碑其陰題常道觀主甘嶸書迺指張敬忠表其正面之勅固明皇御書也昇仙太子碑正面聖歷二年其陰題神龍三年刻石兩面各爲年月又一例右碑陰五則

碑陰題名不足遞及左右側此立碑之通例漢倉頡廟碑及韓勅禮器碑即如此魏王僧墓誌無篆蓋而於其側題故滄州刺史王僧墓誌等字唐姜行本碑其陰無字而薩孤吳仁牛進達皆題名於側石刻中如此者不多見有題撰書人於側者魏孔廟李仲璇碑側題內口書任城王長儒書碑共十字泐其一陸希道墓誌側題前涼州刺史兼吏部郎中陳郡袁飜字景翔製銘共十九字唐天寶十一載釋迦牟尼佛阿彌陁佛讚左監門直長高子珍書亦刻於碑側有題年月於側者唐述聖頌是也開元十三年六月九日房彥謙碑太子左庶子李百藥撰太子中允歐陽詢書貞觀五年三月二日樹高乾式造象天寶十三載歲次甲午閏十一月壬戌朔廿四日建立

之當爲而之誤

造碑人檀如洛書人撰人造碑人及年月並在碑側隋以前所未有也若王顏追樹十八代祖碑其側刻請改解城鄉爲太原鄉牒高士廉碑兩側有六代孫尚書右丞元裕正議大夫行給事中少逸會昌四年題字此則孝子慈孫闡揚先烈余所見宋人摩厓題名有子孫過此摩挲手澤一再續題其後者君子之澤遠矣

王偒甫碑版廣例曰漢碑材厚四面刻之其書丹各循其石勢分行布白初未安排或自左而右或自右而左略無定例如開母闕銘文與題名刻之闕南轉及西側此由碑陽而侵之也韓勑碑卒錢人數既多王元等題名其陽王畾等題名其陰山陽瑕丘等題其右側敬謙等題其左側此由碑陰之

轶之也其他或事後續題或他人增識或游覽訪碑者各記來觀歲月咸陽令唐扶碑有咸陽令高某丞史珍二人題名刻在碑首之旁益州太守碑陰有故吏三人題名在趺右

造象多四面環刻刻經或四面或兩面此猶四面之柱六面八面之幢但分先後不分正背亦無所謂左右側惟唐齊州神寶寺碑其旁刻多心經靈運禪師塔銘側辛祕題名之下有菩薩象一龕此則刻經造象之在碑側者也少林寺高岑書尊勝咒兩側均有畫象貴池劉氏藏長安四年殘碑兩側繪花鳥紋雕鏤工細余所見古刻兩側畫象有上連碑額者或作兩螭自額蟠旋而下至側神采飛動宋元碑始有但畫雲雷之象及作卍字紋者其制作稍粗矣右碑側三則

碑之有穿皆在額下碑文之上亦有移而稍下上距碑文三四字其文空格以避之或稍偏左偏右或在額上篆題分列穿之左右安陽金石記載大乘妙偈碑鑽空題有州刺史三字又有大金甲午歲大定十四年寶山靈泉寺講經僧法智題名鑽空當卽碑穿穿中有字惟此一刻逕寸圓孔不曉何從奏刀 右穿中刻字一則

元人有太極宮螭首題字然猶刻石非墨跡也金石錄補載昭陵孔穎達碑螭首嵌空處有至正四年三月顧游特看此碑墨書十二字趙崡子函云在泥土中拂拭之如新子函見時爲萬歷戊午溯至正甲申已二百七十五年而墨書無恙斯足奇也余憶紀文達筆記云在塞外見北魏人摩厓墨跡

流傳之見識我如此可笑也（注）

今更混碑帖而統稱之曰字帖 如欲正名 今人茫然

亦未摧損又如魏東武侯王基斷碑在洛陽縣出土書丹筆跡拂拭如新蓋曠野蓬蒿深埋塵坱深山絕巘石壁谽谺其地皆爲日炙雨淋所不及得永天年理之所有 右螭首題字一則

今人碑帖不分凡刻石之文統呼爲碑及墨而拓之紙則又統呼爲帖雖士大夫未能免俗甚矣其陋也夫碑之不可爲帖也石刻之不盡爲碑也周秦漢魏以下歐趙而降撰述源流雕造形製其爲體也屢遷其稱名也雜而不越禮曰遽數之不能終其物悉數之乃留更僕未可終也 右論碑帖之分一則

綜而論之立碑之例厥有四端一曰述德崇聖曲阜孔廟諸碑嘉賢

魏張猛龍額題清頌之碑亦清德頌德之變例也

後魏張猛龍碑額曰清頌之碑亦

丹徒延陵季子廟有宋楊傑書嘉賢廟敕表忠漢紀信蜀諸葛武侯碑之類旌孝隴東感孝頌孝子張常洧殘碑之類稚子石闕鮮于里門以逮郡邑長吏之德政碑是也郡邑吏民爲其府主伐石頌德統謂之德政碑亦曰頌德碑如魏武定二年濟州刺史闞寶賢誦德碑是也誦頌字通亦曰清德頌如唐永徽元年夔陶縣令李府君清德頌天寶五載昭慶縣令王璠清德頌是也或省去頌字但曰清德碑如聖歷元年渭南令李君清德碑神龍三年滎陽令盧正道清德碑是也亦曰遺愛頌如開元十年襄州刺史靳公遺愛頌冊府元龜載廣州爲宋璟立遺愛頌是也亦曰美政頌如安公美政頌開元二十九年房璘妻高氏書見於歐陽公集古錄者是也亦曰善政碑如宋天聖九年濟源縣令陳省華善政碑是也亦曰政事記如四川蓬溪縣有宋政和六年知縣程公政事記是也亦曰惠政碑如金正大四年趙秉文撰葉令劉從益惠政碑是也亦可謂之功德碑如開元十年劍南道按察使益州長史韋抗功德碑是也或變文曰功德頌功德記並於功德之上隨宜加字如唐貞元五年隴右節度使李元諒琳昭功德頌咸通十二年高憲神道功德記皆是然釋家建寺造象亦可稱功德如龍門高力士造象功德碑嵩山少林寺靈運禪師功德塔銘邠州應福寺西閣功德記長清靈巖寺牟瑠證明功德記此皆福田利益之說彼教所謂功德

與吏民之頌未可同論又攷集古錄載韋維善政論先天中為坊州刺史齊哲撰其實亦德政碑也但變文言論耳按日知錄唐武后時制州縣長吏非奉有敕旨毋得擅立碑宋太祖建隆元年十月詔諸道長貳有異政請立碑者參軍驗實以聞唐澄城縣令鄭叔敖德政碑銘後有左司郎中宇文邈修功善狀列銜蓋古人立碑鄭重如此至若屏盜如後周之衛州刺史郭進濟州刺史任公兩碑勸農如巴州之紹興十六年知府宋學士勸農事實閩中之福昌院勸農記又如河東放商鹽頌蘇州府學蠲免田租牒之類一善服膺式刊貞石附記於此亦興人之誦嘉樹之思也一曰銘功東巡刻石秦李斯石刻登岱勒崇唐泰山銘宋大中祥符中封禪朝覲壇諸頌述聖呂向述聖頌紀功唐顯慶四年高宗御製紀功頌中興顏魯公書元次山中興頌獻德孝敬皇帝獻德碑以逮邊庭諸將之紀功碑是也漢之裴岑紀功碑唐之平百濟碑姜行本紀功碑宋之平蠻頌平黎頌之類一曰紀事靈臺經始斯干落成自廟學營繕以逮二氏之宮是也一曰纂言官私文書古今格論自朝廷涣號以逮詞人之作是也舉此四例若網在綱此外石刻爲碣爲

表爲誌爲莂爲石闕爲浮圖爲幢爲柱爲摩厓爲造象爲井闌爲柱礎其製爲方爲圓或橫而廣或直而修或觚棱或犖确皆非碑也因流以討源循名以核實亦可得而揚觶也右立碑總例一則

一曰石經漢之熹平一字魏之正始三字唐之開成宋之嘉祐西蜀孟氏南宋高宗皆嘗有石經之刻今惟開成十二經無孟子存西安府學尙爲全本惟字經後人竄改其異同詳見烏程嚴氏校文此外祇存殘石或僅存殘拓孤本漢石經據董逌洪邁所紀高一丈廣四尺後漢書靈帝紀儒林傳皆云正定五經文字而蔡邕張馴傳則云奏定六經隋書經籍志云七經顧南原曰五經者蓋以儀禮禮記爲一經春秋左氏公羊

傳爲一經與易詩書而爲五實則七經也其石久亡今海內祇存殘字兩本一爲北平研山齋孫氏藏本一爲錢梅溪所得雙鉤本同治初兩本皆歸川沙沈韻初孝廉今其家售於湖北萬觀察航然宋時即有兩翻刻洪文惠刻於會稽蓬萊閣胡宗愈又鑱於錦官西樓亦未必果爲漢刻魏正始石經自宋以來未聞著錄乙未在會典館福山王廉生祭酒忽以拓本兩紙見示一行古文次篆次隸各一行云三體石經也中州新出土莫能定其眞贋其古文頗似宋宣和博古圖所摹鐘鼎文隸書秀勁亦與尊號受禪諸碑異孟蜀石經其相毋昭裔所造自熹平迄開成祇有經文惟蜀石經有注據晁公武攷異序孝經論語爾雅廣政甲辰張德釗書周易辛亥楊鈞孫逢吉書尙書周

石三　十六

蜀石經殘本皖人劉健之〻患
得諸家所藏嘗爲詳考

嘉祐石經本山陽丁氏晏
舊藏今歸貴池劉聚
卿餘曾備閱數冊未識
共存幾何耳
丁氏當日嘗附刻出重刊數紙
以餘其子此冊今藏羅叔言處
後樹丁氏手書家信數紙

德貞書周禮孫朋吉書毛詩禮記儀禮張紹文書春秋左氏傳祥字缺筆避孟氏諱亦爲蜀人所書至宋皇祐中田元均補刻公穀二傳宣和間席益刻孟子皆正書明曹學佺四川名勝志已云諸刻皆不存惟禮記數段在合州賓館中　國朝乾隆中錢唐黃小松之父松石先生得毛詩殘字二卷後歸於小山堂趙氏一時名流如全謝山厲樊榭丁龍泓諸人皆有題識聞之先輩言一黔人士宦蜀得殘石攜歸船令不知其尚存否宋嘉祐石經章友直楊南仲與張次立同篆一行篆字一行眞字但有易詩書周禮禮記春秋左氏傳仝孝經爲七畢秋帆中丞撫中州時僅於陳留見周禮殘石數片孫氏訪碑錄尚有周易尚書殘刻余曾於滂喜齋得周禮

嘉祐石經今尚有[illegible]石羅雪堂近命人精拓

殘拓四紙書易於廠肆見之末之藏也南宋石經高宗御書較嘉祐本無周禮孝經而有論孟禮記但有中庸大學學記儒行經解五篇高宗又嘗書眞草孝經以賜秦檜孔葓谷云此別刻石不在太學石經之列易詩書左傳皆小楷論孟結體較大明嚴訥石經歌所謂字形僅比黃庭小是也元初楊髡欲取以壘塔申屠致遠力爭而止然阮文達輯兩浙金石志已祇存八十六石則散亡已不少矣其殘石存杭州府學廣州府學有高宗眞草孝經一石五層層五十二行行十字舊在大成殿後廢爲井牀嘉慶末平陽儀克中搜得之書刻年月別爲石已亡

余嘗怪釋氏刻經遍天下房山雷音洞二千三百餘石偉矣

中山之法果寺寶山之萬佛溝或建石或摩厓莫不大書精刻余所藏尊勝陀羅尼經多至四五百通金剛經亦數十通維摩華嚴首楞嚴皆有石本六經自遭秦火漢魏唐宋句刻之外官私石刻寥寥天壤綜所見聞錄而存之惟孝經有兩全本一爲石臺孝經唐天寶四載明皇御注御書一爲宋光堯御書紹興十四年七月辛未上石在四川遂甯縣初刻本在臨安已佚孫氏訪碑錄有熙甯五年張南軒書孝經南軒爲玫亭弟子熙甯時安得有其石刻孫氏未見原石但據瞿木夫拓本著錄得自傳聞必有譌舛李陽冰篆書謙卦皖中有兩本一在當塗之太平府學一在蕪湖縣學葉紹翁四朝聞見錄云南屏山興教寺有司馬温公摩厓書家人卦禮中庸大學篇

今尚存湖上禮記無大學而有樂記易家人之外有艮損益三卦損卦益卦在幽居洞又節録左傳晏子語在太子灣皆温公八分書也家人卦紹興十九年温公之曾孫備倅廣西融州復摹刻於眞仙巖之石壁同年唐召皆令融縣爲余拓得一本趙撝叔云尚有陝蜀兩本則未見也桂林彈子巖有南軒書論語問政章此外節録經文者朱子書易有太極一則刻石於武陵敬以直內義以方外八字刻石於道州諸家著録祇此而已元無刻經上饒有六經圖亦未見拓本　右石經二則

隋書經籍志唐書藝文志録九經之後爲五經總義類小學諸書附焉以此例推之唐刻開成石經並刻唐元度九經字

宋仲溫本久未搨行聞石尚無恙

隸韻於丙寅七月十五日在津上見之惜未攬其全

樣張參五經文字宋晁公武撰蜀石經攷異亦刻於成都此皆附經而行者也山東滋陽有韓詩外傳殘石此與經別行者也吳皇象書急就篇眞草並列優入神妙明吉水楊氏得殘本以宋仲温書補之刻于松江郡學此字書石刻之最古者也曾公干祿字書初刻於吳興孫莘老置之墨妙亭其石已佚今世所傳者蜀中摹刻本耳

天一閣范氏藏宋高宗御書禮部韻略眞草二體嘉定十三年陳汶摹刻其石亦燬於墨妙亭又劉球隸韻十卷紀原一卷亦范氏所藏孤本皆海內希有之笈也韻略不知流轉何地隸韻後歸中江李香巖廉訪香巖捐館鎖庫之珍皆歸他姓此本遂不可問津矣宋郭忠恕有篆書說文偏旁字原在

西安府學世不甚珍之竊謂說文形書也點畫之訛毫釐千里非有石本何以顯若畫一乾嘉以來崇尙許學始一終亥之書幾於家置一編而無精寫刻石者非所以嘉惠後學也世有蔡邕邯鄲淳援熹平之例以正文字洵不朽盛業哉

梁武帝得王羲之書千字命周興嗣次韻爲文又詔令蕭子雲寫進是千字文在梁時已有二本隋智永寫眞草千文八百本散於世江東諸寺各施一本今西安碑林中有宋大觀己丑刻一石出於長安崔氏所藏眞跡然其中唐諱如虎字民字基字皆缺筆趙德甫謂天寶以後人爲之㫖爲知言唐初歐褚各有一本歐書貞觀十五年附子（附郎筆訛）付隱之明奴通之善奴命工摹石安於學舍東壁是當時即有石本王虛

舟得宋拓於錫山秦氏寶華別墅後以贈黃松石即小松先生之父也轉展歸衡陽常南陔中丞潭印閣中丞又得何夢華雙鉤本摹刻於石董思翁戲鴻堂帖有率更大字本此集字而成非眞跡也褚書有渤海藏眞一本余又見明拓本字體略小異曲同工然過於側媚覃溪雖收入唐碑選未敢信爲果出河南也此外篆書有宋夢英一本袁正已以正書釋之草書有唐懷素張長史宋石曼卿三家長史一石已斷裂葆光子亦僅存殘石三段分書有元吳志淳一家至正十七年十月石藏天一閣范氏行書有趙文敏一家前後俱無跋臣伏字誤書服字旁著一小伏字又有僧啟東白重摹一本並見蒼潤軒帖跋余所見文敏尚有臨智永眞草千文後有至元危

鮮于太常墨跡極流離頓挫之致丙寅七月十六日得觀不知為誰所藏也 八月十六日記
此條誤記乃進學解非千文 望日記

太朴至正元明善各一跋又有六體千字文延祐七年秋九月書爲湖山先生壽一小篆二大篆三八分四章草五楷書六草書後有明萬歷間邢王瑞題字藏印篆籀既不合古法章草亦不逮宋仲温疑出妄人依託盛氏元牘記所錄又有鮮于伯機草書一本明徐子仁三體書一本皆未見所見明人書衡山大小字不一本雅宜山人王履吉亦有行書一本蓋元明間人能書者大都喜書之

古文奇字讀者不能盡通此釋文所由昉也然不必盡刻於石周石鼓文宋鄭夾漈明楊升庵皆有釋文今國學石本惟附元至元十六年潘迪音訓岣嶁碑諸家所釋亦以升庵爲正濟南長山本後附楊時喬釋文又有郎瑛沈鑑兩釋未見

石刻比干銅盤銘宋張淑釋其文曰左林右泉前岡後道萬世之靈於焉是寶漢碑有釋文者溧水校官碑至順四年單禧釋并自書之刻於碑陰宋晏袤釋褒斜鄐君通道碑紹定五年刻又釋魏潘宗道等題名慶元元年刻皆八分書卽摩厓刻於原碑之後唐絳州碧落碑有咸通十一年鄭承規釋文亦刻於碑陰釋草書者唐懷素之藏眞聖母諸帖明文氏刻本孫虔禮之書譜析津安氏刻本皆有釋文此亦如宋閣帖中二王草書龍蛇飛舞非有釋文不能讀博山縣玉皇宮有宋四帝御押宣和七年刻後附眞書釋文觀於宋金官牒三省列銜下畫押無能識者則所釋爲不徒矣遼金元國書碑往往下截刻譯文以今字讀古字謂之釋以此國之文讀

紅崖古字呂佺有縮摹二本均無釋文

善辨十字曾見特之洞寫為搨帖

彼國之文謂之譯其實一也唐梵經幢一行梵字一行眞書亦釋文也西夏感通塔碑相傳碑陰卽釋正面番字然西夏書僅有二碑莫能辨之則亦疑以傳疑已耳近出古碑紅厓古字新化鄒叔績獨山莫子偲皆有釋文朝鮮錦山摩厓其國人釋爲徐福題名或云殷箕子書潘文勤師酷嗜古籀每得一古碑必集門下士釋之錦山紅厓兩刻吾郡吳愙齋中丞皆有重釋本埃及古碑黃仲弢學士劉佛青戸部各有釋文顧緝庭方伯嘗告余一聯云善辨模餬字嫥攻穿鑿文雖謔而未爲虐也　右字書小學類四則

一曰封禪王氏碑版廣例曰古稱封泰山者七十二家勒石千八百餘處今傳於世自秦刻石以外無聞焉唐高宗元宗

皆嘗東封元宗爲盛其文御製御書摩厓高二丈九尺字徑五寸題額字一尺九寸漢以來碑碣之雄未有逮者以明皇之才而燕許修其辭韓史潤其筆欲不工而不可得矣又云張說封祀壇頌蘇頲朝覲頌皆見於唐文粹余按蘇丞相東封頌即刻於明皇御書之側按楊甫先生又據王弇洲云閩人林焯以四大字刻其上惡札題名縱橫漶滅弇洲此言蓋指蘇丞相宋眞宗登岱勒崇御頌若元宗銘雖有殘泐固猶在厓壁也製謝天書述二聖功德頌親灑宸翰以書之青帝廣聖帝君贊亦御製御書亭亭山廣禪侯敕并祭文無書撰人以中嶽北嶽御製醮告文例之當亦眞宗御筆也孫錄又有廣禪侯祠祭告文碑疑一石重出從臣奉敕書撰者封祀壇頌王旦文裴瑀書封禪朝覲壇頌陳堯叟文天貺殿碑楊億文二碑皆尹熙古書高里山

先天太后贊在鹿邑係大中祥符七年建御製御書並篆額

秦刻石皆手詔此說未諦

禪社首壇頌王欽若文以上諸碑今並在泰安皆大中祥符元二年刻穹窿高揭規模宏偉想見云亭封禪之儀此外汾陰有御製二聖配享碑王旦祀汾陰碑尹熙古書杞縣有先天太后贊漢之五時不是過已 右封禪一則

一曰詔敕秦始皇帝東巡立石具刻詔書漢孔廟百石卒史碑先以臣雄司徒吳雄臣戒司空趙戒之奏制曰可王言勒石莫先於此唐比干廟有貞觀詔曲阜孔子廟有高祖高宗詔書兩道宋有文宣王加封號詔大中祥符五年辟雍詔徽宗藉田詔紹興十六年高宗御筆其文皆施之大典禮自餘通謂之敕有專敕有通敕或獎諭臣子如唐賜張說宋諭程節之類或崇敬緇黃如少林寺賜田敕還神王師子敕樓觀褒封四子敕之類其文多刻於

碑陰間亦刻於碑之上方以示尊君之義或臣下奏請報可或先賜敕而後表謝往往一面刻表一面刻敕如青城山常道觀碑之類凡此皆專敕也若通敕唐有令長新誡宋有戒石銘當其始頒行天下郡邑無不立石余所見新誡惟開元廿四年一通王亘輔書其石在中州出土孫氏著錄陝西大荔縣有開元二十五年韋堅書一通按集古錄目云元宗擇令長一百六十八自製新誡宰相裴耀卿等請令集賢院善書者書以賜之其後諸縣往往刻石瞿木夫云歐陽公所得者六河内虞城汜水穰舞陽其一不知所在金石錄目有開元廿四年二月者三一云汜水縣一云房子縣其一亦缺其地又有元和三年七月王遹篆書者在虞城縣而寶刻類編又載劉飛書開元中刻在鄧州鄭宗冉書大和九年建在許州陸劭聞云蜀碑記唐令長新誡在合州赤水縣開元二十四年立景祐中重刻之元宗新誡見於著錄者如此陵谷變遷後人之所見或有前人所不及見者歟其文並同宋太祖戒石銘黃庭堅書高宗詔天下

摹勒今梧州府治尚有一石分四層其第三層卽高宗諭學西叢載言戒石銘在横州甬道今石已佚而趙撝叔續訪碑錄蒼梧之外尚有道州一刻雖未見大抵皆黄書一石重摹理宗有訓廉謹刑二銘亦詔天下摹勒而未見一本徽宗時頒行天下之石刻最多有辟雍詔崇甯三刻一元年在陵縣一四年在山陰一五年在琊臺一大觀元年刻在鉅野琊臺鉅野兩刻余皆有拓本並蔡京題額薛昂撰後序刻於碑陰以此推之他郡邑當並同又有八行八刑碑諸家目錄或於八行上加學校二字或於八刑下加條制二字其實一碑也孫氏訪碑錄有大觀元年一刻在觀城縣二年有四刻一在淯化鄭仲先書一在高陵張瓛書一在臨潼王寵書一在臨

額又二年一刻在滎陽皆無書人名崑山有政和三年一刻陳光庭書余藏一本則大觀二年蔡京書鄭允中立石出土較晚孫氏所未見也大觀聖作碑據孫氏所見拓本河南之偃師山東之城武荷澤諸城泰安新泰陝西之興平江蘇之句容共九種余惟得句容一種亦蔡京書鄭允中立石與八行八刑碑年月並同蓋一時所刻此外又有御製五禮記孫氏所錄一在元城冠以大觀字一據趙晉齋拓本冠以政和字則以所刻年月別之余得殘字一本年月已缺大抵道君御製皆命蔡元長書篆亦有御書者即世所稱瘦金體也清勁可愛出於古銅甬書亦頗近唐之二薛及暢整清河公主碑未可以衰世君臣而遽忽之元不稱敕通謂之聖旨碑諸

王太子稱令旨鄠縣草堂寺有闊端太子令旨碑草堂寺碑分四段最下一段稱鐵哥火魯赤都元帥鈞旨涇陽有旭烈大王令旨碑是也后妃稱懿旨如直隸易州皇太后懿旨碑曲阜皇妹大長公主懿旨碑是也錢竹汀跋易州碑云凡元時聖旨碑首題長生天氣力裏大福廕護助裏皇帝聖旨此稱長生天氣力裏皇帝福廕裏皇太后懿旨當時寫聖旨懿旨之式如此其通敘則至元三十一年有崇奉孔子詔孫氏所錄卽有曲阜一刻江蘇吳縣崑山華亭溧水四刻大德十一年有加封孔子制孫氏所錄同時卽有二十石尚有至大皇慶中追刻者至順二年有加封啟聖王及王夫人制加封文宣王夫人亓官氏制加封亞聖父母制加封孟子亞聖公制加封復聖宗聖述聖亞聖

四公制或分顏孟爲一制曾思爲一制又合先聖父母妻幷四配爲一制其體式略異其文詞則同余所見大德碑或分三層或分二層一層爲蒙古書一層以漢文譯之其下層記年月亦有刻記於碑陰者今天下郡邑學宮凡元時建縣未經兵燹倫堂禮殿其石尙皆無恙碑估往往不遠千里重趼訪古至則不得古刻僅拓元時詔旨一二通以塞責余所收得加封孔子制在孫錄之外者已有四五通見而未收者雅不止此然制文雖同其下方官吏姓氏參稽史傳往往有禆考證亦未可竟廢厰肆一老估嘗告余云君見刻經造象輒收之宋元學宮碑即有選擇何溺於彼敎邪余竟不能答詔赦之外唐有告身宋有告詞吾吳有五龍廟告詞西湖居

不答之妙勝于答也

廟有紹興復官告詞一道又有嘉泰追封寶慶賜謚告詞各一道明隆慶間刻唐之告身以顏魯公所書朱巨川一通爲最著又咸通二年范隋告第一行將仕郎權知幽州良鄉縣主簿范隋第二行右可柱國下爲告詞其後中書門下各有奉敕年月列名皆三人第一人皆不書姓名中書後二行曰中書侍郎兼工部尚書平章事臣杜審權宣奉曰駕部郎中知制誥臣王鐸行門下後二行曰右僕射兼門下侍郎平章事悰曰給事中渢末有主事吳亮令史楊鴻書令史名闕在下列錢竹汀跋宋妙應眞人告詞云三省例由中書取旨門下錄黃而後尚書奉行其次第如此中書省承旨之地故省官稱臣具姓名門下省官有名無姓亦不稱臣主事令史等

以卑故具姓名此當時案牘之式以范隋告證之則唐時告身已如此宋特沿唐制耳但皆藏於家廟後裔榮其祖父以彰君賜或摹而刻之石或後人得前人之名蹟而彙刻之當時未聞有刻石者故石本絶少余曾見董文敏仿唐碑各體爲關中王氏書先世歷代誥敕眞行諸體悉備此則從軸本傳録非頒降體式也

潛研堂金石文跋尾曰東嶽廟聖旨碑泰安嶽廟延禧殿前泰定元年十月文稱成吉思皇帝月古台皇帝薛禪皇帝完澤篤皇帝曲律皇帝普顏都皇帝怯堅皇帝後題泰定元年鼠兒年十月二十三日又一碑文稱成吉思皇帝月古台皇帝薛禪皇帝完者都皇帝曲律皇帝普顏都皇帝格堅皇帝忽都秃皇帝亦憐

窩闊台黑韃事略作兀窟解對音無定字也

眞班皇帝後題至正四年猴兒年九月二十九日按成吉思太祖尊號也薛禪完澤篤曲律普顏篤格堅忽都秃則世祖成宗武宗仁宗英宗明宗之謚身後所追上也太宗甯宗未有國語謚號故稱其名元史泰定卽位詔書稱英宗曰碩德八剌皇帝其時尙未有國語謚也文宗國言曰札牙篤皇帝至正碑不及者以其與於弑逆黜之也月古台元史作窩闊台錢氏養新錄曰朝城縣興國寺令旨碑第三道旨稱匣合皇帝在成吉思皇帝之後口口皇帝之前則太宗也元初風俗質朴太祖成吉思之號生前所上太宗而下皆以名稱太宗之名史作窩闊台祕史作斡歌歹余所見元聖旨碑或作月古台此又作匣合譯音無定字當時不以爲嫌普顏都史作普顏篤忽都秃史作忽都篤亦作護都篤亦憐眞班史作懿璘質班又如完澤篤之爲完者都格堅之爲怯堅兩碑亦互異蓋譯音本無定字

當時播諸王言亦未盡畫一也

王言如綸其出如絲涣汗大號憲章百世惟元人起自朔荒廟堂制敕猶沿椎髻之風開國之初崇尚道釋琳宫梵宇往往有聖旨碑皆緇黄請免徭役之詞其體式略同余所藏即有十餘通茲録襄陽五龍廟一通以存當時制度

長生天氣力裏一行

大福廕護助裏二行

皇帝聖旨軍官每根底軍人每根底城子裏達魯花赤官人每根底來往的使臣每根底宣諭的三行

聖旨四行

成吉思皇帝五行

月闊台皇帝六行
薛禪皇帝七行
完者都皇帝八行
曲律皇帝九行
普顔都皇帝十行
傑堅皇帝十一行
忽都篤皇帝十二行
札牙篤皇帝十三行
亦憐真班皇帝聖旨裏和尚也裏可温先生答失蠻不揀甚
麽差發休當者與告十四行
天祈福者道有依著在先十五行

聖旨体例裏不揀甚麽差發休當告 十六行

天與 十七行

咱每祈福祝 十八行

壽者麽道襄陽路均州有的福地武當山大五龍靈應萬壽

宮裏有的甲乙住持主領宮事兼領 諸宮觀事教門高

士崇元 十九行 此行到底

法師邵明唐住持提點教門高士通元靈應明德法

師李明良爲頭兒先生每根底執扔口的 二十行 此行上

空三格

聖旨與了也這的每宮觀裏房舍裏他每的使臣休安下者

鋪馬祗應休拿者商稅地稅休口者但屬這宮觀的莊佃田

地水 廿一行

磨解口庫店舍鋪席浴堂船隻竹葦醋麴等不揀甚
麽差發休要者更這蕎口蒿坪梅溪雙峪白泿坪堰等處村
子口口 廿二行

地水土不揀甚麽物件不以是誰休倚氣力者休奪
要者更這先生每有 廿三行 上二行俱低三格
聖旨麽道無体例的勾當做呵爾每更不怕哪 廿四行
至元三年牛兒年三月二十日大都有時口寫來 廿五行

右聖旨廿四行年月一行凡元時宮觀聖旨碑舉此可
以類推体即體之俗字每即們字月古台古作闊怯堅
作傑堅所謂譯音無定字也

鄠縣重修草堂寺碑分四段上兩段闊端太子令旨下一段皇太子令旨最下一段鐵哥火魯赤都元帥鈞旨按孫氏所錄山東朝城縣有興國寺舍利塔令旨碑錢氏養新錄曰興國寺令旨碑一爲合刺查太子令旨猴兒年三月初七日和林城子寺裏寫來一爲皇子忽察大王令旨乙巳年九月初三日合刺瞻兒寫來一爲密里吃臺太子令旨不見年月皆刻於一碑合刺查者太宗第四子哈刺察兒也忽察者定宗長子忽察大王也密里吃臺者闊端太子之子滅里吉歹王本太宗之孫當時亦通稱太子也淄川縣有炳靈王廟八不沙令旨碑元貞四年河南濟源縣有公主皇后付靈都宮懿旨碑至大三年此可見元時諸王后妃立言之制

右詔赦五則

一曰符牒隋以前未有也唐嵩山少林寺牒武德八年龍門奉先寺牒開元十年其最初矣此外惟大中五年敕內莊宅使牒亦爲唐刻容齋三筆云唐世符帖存者絕少隆興府總持寺有一

碑凡三牒今總持三牒已亡即嵩洛兩碑攷之亦可見唐時官文書格式宋牒視唐倍蓰金牒又多於兩宋案錢竹汀跋廣福院牒云凡寺院賜額宋初由中書門下給牒元豐改官制以後由尚書省給牒皆宰執親押金則僅委之禮部而尚書侍郎並不書押惟郎官一人行押而已但宋時寺院皆由守臣陳請方得賜額金則納錢百貫便可得之蓋朝廷視之益輕而禮數亦替矣此大定一朝敕牒所由獨多歟碑目於宋時或稱中書門下牒或稱尚書省牒由潛研之言徵之則元豐以前皆出中書元豐以後皆出尚書省金廣福院稱尚書禮部牒又有省尚書二字但稱禮部牒者大定二年圓教院三年福嚴禪院其實凡牒皆出自禮部不僅此三寺也諸牒或刻於碑陰

惟咸甯香城寺牒（湻化二年）刻在地土碑之下方皇祐五年南海廟牒上層并刻奏狀下層刻至和元年元絳記此例亦多有之凡牒必奉敕宣付故其文輒云准敕故牒金石著錄亦敕牒互稱余所見石本敕牒多各爲年月或遲之數十年而後刻或百餘年而後刻又皆有刻石之年月著錄家彼列在前此錄在後往往一石重出宋制敕牒之外又有公據以紹聖四年戒香寺一通爲最古南宋著錄指不勝屈其制不上請即由所在官司給付此外有省劄有部符有使帖省劄給於尚書省部符給於禮部使帖當給於常平茶鹽諸司此類刻石亦至南宋始有之

陝西府谷縣有政和二年十一月尚書省指揮吾吳之江陰

縣藝風前輩新訪得建炎紹興復軍二指揮寄余拓本釋而讀之亦牒文也前有准狀云云後有某年月日奉敕故牒尚書省官下押字其體例皆同惟其額題曰復軍指揮冠以年號牒文之末又有伏候指揮字故著録家因而書之非牒之外別有指揮也藝風雲自在龕碑月仍書曰復江陰軍牒得其實矣

劄子之制王氏萃編載景祐二年永興軍中書劄子一通前列戶部侍郎知河陽軍范雍奏末云右奉聖旨依奏劄付永興軍准此者詳繹文義如今廷寄之制由中書門下奉旨宣付軍州案山西通志大中祥符八年陳堯佐劄子石刻在今鳳臺縣天井關文廟內前書河東轉運使劄子奏後書年月

拓本未見以永興軍劄證之其體例當同孫氏訪碑錄堯佐二劄一在鳳臺一在絳縣年月並同當是一石而誤析爲二

潛研堂金石文跋尾宋金勑牒攷證最詳可見當時文書格式輯錄如後

宋理宗賜杜範勑　右理宗賜杜範勑凡七行首行勑字上鈐書詔之寶後題二十六日不署年月末行一勑字極大又有勑杜範三字亦鈐書詔之寶外周有長方界似是封皮也下方有杜範跋後題嘉熙三年七月日

冥福禪院牒　月日之上鈐以中書門下印後兩行曰樞密使檢校太傅平章事駙馬都尉趙曰樞密使檢校太傅平章事范皆姓而不名以史攷之蓋趙延壽范延光也又後兩行

曰樞密使檢校太傅平章事范封曰中書門下牒冥福禪院亦用印鈐於字縫凡五處此非牒乃牒外之封識獨以班首一人列銜當時文書之式略可見矣是時馮道李愚劉昫同中書門下平章事乃眞宰相之職此牒出於中書門下而押行者惟趙范二人政由樞密其居相位者雖尋常文書亦不復關白非見此牒烏能知之

景德寺中書門下牒幷澤州帖　牒以十一月下而澤州帖以十二月下帖尾知軍州事石判官葉推官趙錄事參軍王司戶參軍孫五人皆有押其序自左而右知州列銜獨高判推僅及其半錄事司戶又下之牒上有中書門下印一方帖上有澤州印三方宋世公文之式蓋如此案石本印文多淺細押字筆畫糾紛

加以剝蝕拓本模餬當時璽押文字未由細辨亦一憾也

靈祐觀中書門下牒　牒尾列銜四人馮拯丁謂二人不書姓者周必大二老堂雜志云祖宗朝宰相官至僕射勑後乃不著姓他相官階自吏部尚書而下皆著姓

勑封順應侯牒　前列太常禮院奏十一行後列勑文五行皆正書而首行中書門下牒五字牒文內兩勑字行書勑字特大而縱

太原府帖　帖後列銜者八人最後一行皇兄河東山南西道節度使守太師開府儀同三司太原牧兼興原牧陳王蓋徽宗之兄偲封申王者也宋時諸王外戚領節度使者皆不之鎮而府帖猶存其銜旁注在京字此一代典故見於石刻

提據應是提舉

攷官制者所宜知也

升元觀牒　陸游老學庵筆記云自唐至本朝中書門下出勑其勑字皆平正渾厚元豐後勑出尚書省亦然崇甯間蔡京臨平寺額作險勁體來長而力短省吏始效之相誇尚謂之司空勑亦曰蔡家勑蓋妖言也至今勑字蔡體尚在此碑勑字正所謂蔡體也

提據常平司公據　右提舉常平司公據在蘇州雙塔寺前提舉常平司五字後右今出給公據付雙塔寺仰收執照按石刻亦有變其稱為執照者以此寶慶元年六月日給廿二字皆大最後一行使字更大下有押而不署姓蓋當時公牘之式如此　右符牒四則

一曰書札長牋短啟江左擅場昇元太清而下轉展鉤摹之帖賞鑒家津津樂道之錄碑者弗尚焉魯公與郭僕射書王蘭泉著於錄孫氏訪碑錄有奉使蔡州書究其實亦後來所摹刻與鹿脯帖何異帖類而非碑類也蘇黃米蔡諸家與趙文敏墨妙如林亦當以此例甄別之惟浙之金華縣有劒南與玘公禪師八札刻於重修智者廣福禪寺記之陰嘉泰三年桂林水月洞有慶元丁巳杜思恭所刻放翁手跡共書一通詩七首朱子謂務觀筆札精妙自命草書學張顛行書學楊風此兩刻庶幾碑版文字以余輯錄之勤僅衍止斯 右書札一則

一曰格論書棚帖肆以世所傳太上感應篇及陰騭文之類

楷書精寫刻石裝池售之學僮既便臨池肄業即可爲座右銘其用意良善而不知古刻已先有之魏志裴松之注明帝詔曰先帝昔著典論不朽之格言其刊石於廟門之外及太學此出於孝子慈孫之意典論但屬論文未可謂之格言也兩石皆佚元至正壬辰太上感應篇注釋碑陳君實輯有仇山村跋後列勸善二十六事懲惡一百七十事其石舊在湖山堂今尚存杭州府學西安府學有至和元年裴袗書小學規嘉祐八年李宬篆書昌黎五箴吾吳郡學有南宋朱協極分書中庸格言此三石一眞書一篆一隸皆謹嚴便於初學又有錄史傳之文以垂戒者如張安國節書漢疏廣傳戒子弟語及唐盧坦傳孫氏訪碑錄但有蘇學石本余所見尚有當塗本疏廣傳題湻祐辛丑後五年陳塏再刻之當塗道院盧坦傳刻於寶慶丙辰又

有衡陽一本無年月大抵皆一石重摹昔我有先正其言明且清又曰其惟哲人告之語言是亦碑林之龜鑑矣右格論一則

一曰典章自范希文以義田贍族吾吳素封之家至今睦婣任卹尙有古風凡置一莊建一祠敬宗贍族之規必刻石以詔後來大抵卽范莊規矩而損益之范氏規矩政和七年范正圖書元至元甲午裔孫邦瑞士貴重刻其石今猶存義莊攷漢之西嶽華山碑孔廟乙瑛史晨諸碑兼敘品節儀制甚詳詩云不愆不忘率由舊章此卽所謂舊章也至唐之濟瀆廟雜物銘宋之桐柏淮源廟規約始專刻一石而揭之此又籩豆司存之義也大觀聖作碑後列告諸士十一條前八條

論孝悌睦婣任卹忠和八行之義及三舍選法免戶免身丁法後三條論八刑嘉定元年王介甯遠記爲大學葬遠方士子而設後列祭葬守冢之制三則略陽縣靈巖有宋淳熙辛丑邑令王某刻儀制令十二字曰賤避貴少避長輕避重去避來上刻儀制令三大字武授堂金石文字跋曰東都事略太平興國八年詔宜令開封府及諸州於衢要處設榜刻儀制令陸劭聞據宋史孔承恭傳謂太宗之詔因承恭疏請唐六典禮部載凡行路之間賤避貴少避長輕避重去避來宋制實仿於此此皆當時條教頒行天下也慶元中史學有義廩規約主之者黃由葉適出納之節顯若畫一又若臨朐沂山東鎮廟有金大安三年禁約碑臨朐有經略范公勸諭此

爲今告示勒石之濫觴東南一闤之市山陽廟社多有三尺小碑雜置牆隅闤闠間過者掩鼻其詞則切切毋違之類也余嘗戲謂打碑人曰過五百年即爾輩衣食資矣 右典章一則

一曰譜系古時宗法未亡族葬掌於墓大夫墓道之中意必有刻石誌其昭穆之兆域而今亡矣惟越之餘姚新出漢三老諱字忌日記具詳生卒年月皆在漢建武中元歸安報恩光孝寺置田山碑後列檀越捨田皆爲追薦忌日有郡城迎春界趙承奉修崇先考府判朝散公二月二十二日忌郡城報恩界任安人薦亡男曰二知錄六月初九日忌辰郡城方元二官人薦考妣二位正月二十一日忌辰郡城董千五下缺修崇亡夫董千五郎四月初五日忌亡男董万四郎五月初五日忌府城飛英界陳六七秀才修崇曾祖下缺忌辰向有五條告剝蝕唐咸亨四年鄭惠王石記其後云謹件先皇子孫勒諸貞

石自嗣鄭王郢州刺史瓛至邵陵公珩共十子曾公所書郭敬之家廟碑碑陰列敬之男八人皆汾陽兄弟行也孫十五人曾孫三人並詳其官位並於子儀男曖下注云尚昇平公主元和四年樂安孫氏石刻具列一家長幼男婦別無文字此必唐時墓道之石敦煌有李氏舊龕碑武周聖歴元年刻碑陰世系上溯臯陶爲唐虞理官以官爲氏後理貞以避難改姓李其後列祖諱至子姪三層具詳官閥宋石介撰雲亭里石氏墓表由曾祖而下五院分爲十五院三十二墳詳列名諱世系所生子女及女所適氏族曲阜孔廟有宣聖世系碑吾吳至德廟有泰伯世系圖至元時北方世族多有先塋碑余所藏至正甲午董信公孝思碑其陰有董氏宗派圖涞

水龍泉里傳伯純塔分八面刻其一面列伯純五子及五子所生之男女皆分支挂線孫氏訪碑錄所收有偃師陳氏先塋碑後至元二年濟甯楊氏祖塋碑楊碑之陰其額爲祖宗之圖四大字當亦世系圖也竊謂祠墓之碑皆可本此例以世系勒於碑陰則譜牒即有散亡石刻猶在不至無徵不僅此也元時卽寺院之碑其陰亦多有宗派圖嘗見神通寺敬公塔一面卽爲宗派圖旁行斜上曲折分明他如嘉祥之洪福院章邱之靈應觀碑陰皆如此此亦禮失求野之意也夫

我生之前三年道光丙午許州民穿井得冢中甎文五通一曰濟甯陳祚一曰從掾鉅鹿魏昕一曰後殿虎賁梁國張興□一曰武勇掾樂安肥範一曰高陽北新城邵巨皆魏壽龍二年

造趙撝叔曰蓋造冢時記亡者年月與三老忌日記同意按正定花塔寺有唐開元十五年佛座刻唐諸帝后忌辰蓋古人忌日刻石本有此例特漢魏唐三刻皆近時出土歐趙諸家所未見故無舉例及此 右譜系二則

一曰界至癸巳甲午間莒州新出漢碑四面刻字隸書古拙剝泐過半即其詞句相屬者細繹之蓋經界碑也釋氏謂之大界相余所藏有唐永泰二年豐樂寺大界相碑所見有宋景祐五年明州保安院大界相碑唐碑從此住處大院牆東南內起仍還至大院牆東南內角止年月之下云結此寺大界末一行云其日結此寺爲遍藍淨宋碑從此院外東南角石標外竹籬內角起仍還至院外東南角石標外竹籬內角

止下即云此是大界相後有兼大界羯磨兼淨地羯磨諸僧四止四維循環曲折還相爲宮在石刻中自爲一例且所傳止此二碑特自來無拈出者耳阮文達云界相即地形變文余謂此是禪家語質言之則四至而已矣元至元十六年有天眞觀四至題字鄠縣大德三年有月華山林泉禪寺四至碑僧性空書至大二年有浮渡山華嚴禪寺修造四至記余僅有浮山一刻天眞林泉兩本皆未見大旨皆具列東西南北所至之地但分四柱直敘非如界相爲禪門之規律蓋一爲世法一爲出世法也鄭裔璿同年寄臨朐拓本內有仰天山四至石刻一通宋元符三年刻元文殊院山界公據碑亦在臨朐長清靈巖寺有金天德三年山陽界至圖記以山爲界則廣

於寺矣蜀中新出隋大業四年始建縣四至石刻以一縣爲界則又廣於山矣此如今之界牌碑余又藏大朝壬子萬歲禪院四至石幢陀羅尼咒後詳列地產本寺之外兼及靈壽平山兩縣莊地宋廣慈禪院莊地碑前列天福六年牒後列淯化三年院主師忠狀其後記東北兩莊畝步四至重眞寺田莊記同但無狀牒此如今之田房稅契有牒者爲官券無牒者爲私券吾吳郡學號五百畝惟有附城地界一碑趙搗叔所收僅有無極文廟四至記吾儒經營締搆以視釋氏殆不如也然釋氏之學主於觀空山河大地如夢幻如泡影觀以上諸碑安在其能觀空邪

房山有開元十八年金仙長公主奏賜譯經上坻村趙襄子

淀中麥田莊并果園一所王守泰記石浮屠之後云東接房南嶺南逼他山西止白帶山北限大山分水界並亓充供給後又列三行云東至到南至河　西至河北至他山　四至分明亓泰無窮王蘭泉云四至八到始見於元和郡縣志繼見於太平寰宇記地志因之此以寺記而後列東西南北云四至分明後人田宅署券蓋仿於此又按宋天聖八年逍遙栖禪寺水磨記年月題名之後有一行云其磨地寀東至高觀澗南至澗西至坡墑上頭墑頭通人過往北至草堂寺而總結之曰已上四至金大定丙申凝眞大師成道記後列靈泉觀山林水磨田土地基共二十二所每一所各有東西南北四至重眞觀田莊記同視他碑尤爲詳覈

金大安元年眞清觀牒後列置買地土文契附錄於此以證今之田宅契有所濫觴焉

本觀置買地土文契

出買地業人修武縣七賢鄉馬坊村故税戸馬愈男馬用同弟馬和自立契將本戸下口口地二段共計弍畝叁厘立契賣與全眞門弟子王太和王崇德爲永業修蓋全眞道庵準得價錢壹拾陸貫文各七口九伯並抛卽目見定交割謹具開坐如後

一出賣村南竹薗地一段南北畛東長弍拾陸步伍分西長弍拾陸步伍分南闊壹拾陸步北闊壹拾步幷次東一段東長弍拾陸步西長弍拾捌步半南闊壹拾步北無步

東至大河西自至南自至北自至並拋乎業主對目商議
定所有地內差稅物力實乎照依通檢去馬愈戶下貯腳
供輸所拋地內竹竿樹木不係賣數
天雨水透流車牛出入一依仍舊通行
右件前項出賣地土賣與全眞門弟子等爲永業並不是
裹私卑幼口交亦不是債欠準折並無諸般違礙又加立
契日一色見乎交領並口別無懸欠恐人無信故立此文
爲拋
大定二十八年十二月自立契出賣地人馬用　押
同立契人馬和　押
引領人部下王守鈔　押

寫契人本村王瑩　押

稅説價乎壹拾陸貫文

王蘭泉曰年月後一曰立契出賣地人即今之賣主也一曰同立契人即今之賣主親族也一曰引領人即今之中人也一曰寫契人即今之代書也余按契中厘字乎字擻字皆與今契券俗字同則知市廛承用之體亦有所本也

王氏萃編曰重修大像寺記所載莊地果園四至近他人者著他人姓名近本寺地則曰自至又晉天福四年廣慈禪院殘牒末載置宅券云某年月日買得某處某姓名宅壹所准作價錢若干後載北至某處東至某處南至某處西至某處

賣宅人某弟某母某年各若干保人某莊宅牙人某此可見五代時賣宅契劵之式按此一條當與劵前參看右界至四則

語石卷三終

語石卷四

長洲葉昌熾

一曰詩文被於碑者皆文也傳記誌狀箴銘頌贊之類文之中有事在不徒以其文也或出自釋子或邨塾陋儒之筆鄙僿荒誕又不足以言文若夫柳州鈷鉧潭八記其地在零陵而蜀刻之樊紹述絳守居園池記其園其池鞠爲茂草矣後人又從而刻之元次山中興頌美唐德也宋時一刻於劍州再刻於資州呂昌彥所刻杜子美白水詩若此類不可謂非重其文矣至宋吳傳朋所刻臨川先生諸葛武侯詩廣陵先生於忽操其額直題曰臨川廣陵二先生文又其較然可見者也建安黃初以前詩無刻石者鄭道昭雲峰山詩其石刻

之濫觴乎唐宋以下登高紀游之作或摩厓或刻於碑之陰
側皆與題名雜然並列君臣賡歌友朋酬唱如唐之石淙詩
栖巖寺詩在首山舍利塔碑陰吾吳郡學之同年唱和詩亦有專刻一
石者峴山羊公祠諸篇則刻於石柱雲居上寺詩刻吉逾軒轅偉
在金仙公主奏賜譯經施莊記下截共城百門陂碑陰節錄
僚屬祈雨感應詩如今之摘句圖此其變例也大抵石刻詩
篇頗有世所不恆見可以補歷朝詩選之缺淵明之歸去來
辭坡公之赤壁賦書者非一人刻者非一石遞相摹搨此亦
如王侍書之法帖而已余所見石刻賦惟樓异嵩山三十六
峰賦僧曇潛書建中靖國元年筆意逼肖長公易祓眞仙巖賦在融
縣梁安世乳牀賦在臨桂之龍隱巖並皆佳妙此三人皆無

坡公有自書詞[illegible]石刻在北宋吾宗婦父有蝶戀花詞在川中[illegible]皆有打本

近出太康三年馮恭一石晉志又新出荀岳一種四面刻近千字最爲可珍閣摹刻已五石[illegible]羅[illegible]原石墨本

集行世賦選亦不收顙石刻以傳耳詩餘濫觴於唐而盛於南宋故唐以前無石刻巴州有水調歌頭詞刻於厓壁無撰八年月行書跌宕宋人書之至佳者其次則唐括夫人之滿庭芳詞米書淮海踏莎行其詞其書皆妍妙　右詩文一則

一曰墓誌齊武帝欲爲裴后立石誌墓王儉以爲非古或謂自宋始元嘉中顏延之爲王球作墓誌有銘或謂自晉始隋得王戎墓銘或又據崔子玉書張衡墓銘云東漢時卽有之此廣博物志之說也然漢魏以前墓石不獨今所未見卽歐趙亦無著錄晉始有劉韜房宣兩誌劉韜出土已久房宣新出僅記年月姓名爵里而已至南北朝始有文字後繫以銘兩石對束上爲題蓋蓋如碑額有篆有隸亦有眞書南朝刻石禁網甚嚴余惟見梁普通元年永陽

惜湛志多家本其目疑惜爲高
之误字高湛亦同佳品也

黑女翻本出湖南蔡吾吴
翻本較原之見也

吴高黎志首有佛龕
爲造象鈕藏陳粟園
舊藏本

昭王蕭敷及敬太妃王氏兩誌皆徐勉文其石久佚惟滂喜齋潘氏藏有宋拓孤本北朝以刁魏公爲第一張湛王僧張元劉懿皆爲世重張元以廟諱世稱之爲張黑女以元字黑女也舊拓在道州何氏吾郡有翻本能亂眞嘉興沈子培比部藏高植誌筆意淵穆如古尊卣不在刁遵之下廠肆所售摹本至陋無毫釐相肖處鞠彥雲吳高黎兩石雖寥寥短碣森如利劍可剸犀象世稱崔頠徒以罕而見珍實非其敵若鄭忠則庶幾矣朱岱林房周陁兩誌飄然如曹帶當風吳衣出水出自倒薤書已開隋曹子建章仇禹生諸碑鄭子尙時珍古樸開隋賀若誼趙芬諸碑至隋開皇以後墓石出土者尤多常醜奴梁羅姚辯爲甲梁姚未見眞本常醜奴誌余曾

惠雲法師碑与常醜奴墓誌似 補

元公姬夫人二志与蘇慈志似同出一手（陸）

張貴男一石在端午橋家（陸）

張通妻陶張通妻李二石文同出一年月貴同全其書之二志皆偽跡（陸）

稽志刻跋者縣令張榮林 補

朝貴爲汪柳門侍郎丁酉歲曾出仲約臨本見示工力不可及較諸原石則似大氣未除

見兩拓本一爲沈韻初孝廉舊藏一爲李香巖廉訪舊藏細如絲勁如鐵隋誌多方嚴勁整此石筆筆飛空在隋石中別開境界或云其石尚在未知待盡餘年猶能一見否元公姬氏兩誌自是精品包慎伯定爲歐陽信本書則臆見耳今歸陽湖陸氏庚申劫後僅存殘石兩角全本至與兼金等貴新出之張貴男張通妻陶最後出之蘇孝慈皆隋石之佳者吳嚴李則輩實又其次也二張眞本極難得陶貴摹本非一南陵徐積餘太守得一石實爲原刻嘗以一通見貽至蘇慈眞僞紛如聚訟王可莊前輩詆之尤力疑爲李仲約侍郎之筆仲約亦微聞之後爲朝貴摹一本自言如邯鄲之學步不能得其神似爲斯石辨誣初出土時陝中一達官於空處勒惡

札一行貴筑黃子壽師官陝命工剷去之此石遂有未剷字本已剷字本磨治本陝估以此辨拓之先後定價之高下夫以二十年內新出之石共聞共見犁靬之衒已如此乃於千百年後得一舊帖指爲某宋拓某元拓不其傎歟

王氏萃編曰西京雜記稱前漢杜子春臨終作文刻石埋於墓前博物志載西京時南宮寢殿有醇儒王史威長葬銘此實誌銘之始今皆不傳王史威長之銘止八句三十二字則亦如趙岐刻石僅識時代姓名之類東漢碑額皆書某君之碑惟曲阜孔君碑出於墓中額止孔君之墓四字其即如後世之墓誌歟然敘事文頗簡質與他漢碑無異蓋誌石高不過二三尺横亦如之壙中爲地甚隘所容止此故其爲文不

然難以一律論蔡游師雄志文幾四千字又近出唐宋志石有極大者游志爲王氏萃編所收何以前後不照至此

過略敘生平梗概使陵谷變遷後人可以識其墓處覘其行誼而已若文繁即不能大書深刻刻之亦易致磨泐因與神道碑墓表墓碣據事直書暢所欲言者其例各殊矣魏晉之文尚仍古法六朝純爲駢體雖文采華贍而史家據以作傳轉多失實唐之初盛尚沿舊制韓柳所撰亦皆敘事肅括言簡意該故昌黎集中惟韋丹墓誌篇幅稍長餘皆無過千字者以之勒石納壙猶恢乎有餘也唐宋閒多千字以外之文而北宋蘇氏弟兄出遂有至四五千字者此則斷難刻置墓中故碑誌爲二蘇所撰無出土者即今所見諸誌亦無冗長如蘇文者或當時刻之立於壙外或横臥於柩旁然何以終不傳於世或竟撰文存集而實未鐫刻皆不可知矣明王止

魏志近出極多文有極工整者惜緣裝遺老不及見也

又案此前全錄王蘭泉說前說未締 己未八月又記

仲著墓銘舉例所取惟十五家之文未有拓本昶嘗取前代諸碑誌攷之有載遠近祖父世系及弟兄妻子並子孫女孫女敘述不同葬地有書有不書或書而不詳或不書卒時年月或不書葬時年月而所配合葬與否亦詳略互異細推其故蓋漢魏時原無程式晉宋齊梁又鮮刻石之事獨北魏頗多誌墓然其時屢經喪亂地盡邊圉所誌者大抵武臣悍卒或出自諸蕃而田夫牧隸約略記之其書法不參經典草野粗俗無足怪者卽隋唐諸誌撰文察書亘不必定爲通儒不能盡足爲例也

有唐一代墓誌余先後收得三百餘通其所不知及知而未能得者尚不知凡幾也王勝之同年假館荒齋嘗盡發篋中

拓本示之勝之彷張懷瓘之例爲估其高下得至精者百通又百通遞而居乙其餘皆等之自檜以下然書雖不工自有氣韻雖宋元名家之筆亦未能遽到大抵自唐初至宋約分五變武德貞觀如日初升鴻朗莊嚴煥然有文明之象自垂拱迄武周長安超逸妍秀其精者兼有褚河南薛少保之能事開元天寶變而爲華腴爲精整盛極而衰蘇靈芝吳通微之流郎出於是時乾元以後體格稍卑其流派亦分爲二以肉勝者多近蘇靈芝王縉以骨勝者多近柳誠懸至開成遂有經生一派學歐者失之枯腊學虞者失之沓拖浸淫漸漬馴至爲宋初之袁正己孫崇望於是蘇黃諸家始出而振之此書學遷流之大概也試取有唐三百年墓石從原竟委覃

近出之泉男生志爲歐陽書戴令言志爲賀知章書爲唐時中最著名者虞世南書汝南公主志則似稿草非入窆者不可以志稱

研精究雖覆其年月而射之十可得七八於以知翰墨之事亦隨氣運爲轉移閉門造車出門合轍在古人亦不自知也今世所珍莫如甎塔銘及鄭莊所書梁師暕誌世謂之小梁府君次之則李文蕭勝薛瑤華其實開天以前可與頡頏者尚不少惟歐虞褚薛諸家則絕無片石永興之汝南公主信本之邕禪師塔皆摹本黃葉和尚女子蘇玉華誌皆好事者依託不足當信本之奴隸蕭勝誌刺史褚遂良書六字劉智誌武功蘇靈芝書六字亦皆後添蛇足此兩石不失爲佳刻本不必以人重近時化人之技爲鬼爲蜮益工益巧鄭開明燕聖武諸誌何以不先不後一時並出然其文字實皆謹嚴有法葦匡伯篆蓋陽文六字更非唐以後人所能作雖貿之

曹鞴志余得之魏氏績語堂楊見山拱文陳叔牌甫書之極似蔡忠惠語

七姬志文字雖佳其事則文人點綴也（陸）

藝風杭叔兩公亦皆未有定論也

宋墓誌新舊出土者視唐誌不過十之一元又不逮宋之半佳刻絶少余所藏惟陳寂之虞太熙兩誌尚不失唐碑之矩矱虞誌學歐虞陳誌近徐李且皆完好不缺一字子瞻乳母誌摹本尙詄蕩可喜如得原石當不減保母甎辛卯在厰肆見宋曹鞴誌舊拓本宛然長公手筆索値甚廉以其宋石姑置之後爲蒯禮卿前輩重值購去始知爲僅見孤本至今悔之宋開趙埋銘元張伯顔壙誌出土未久石即亡今孤本在藝風處元石至精之品有兩本一爲宋仲温七姬權厝誌一爲趙承旨鮮于府君誌皆希世珍也仲温一石聞歸邵小邨中丞或云在徐子靜觀察處鮮于誌舊爲沈韻初孝廉所藏

游墓志銘有拓本皆陳粟園畯舊藏

文待詔書顧璘志石不及二尺文乃六千餘言精雅無匹余有其拓本

其子後韻來修士相見禮以此爲贄遂歸余五百經幢館

六朝隋唐墓石以今營造尺度之方徑不踰倍惟大理卿崔公夫人鄭氏誌其姪光福寺主簿璆書高廣再倍之其次高延福李黼光及咸通九年劉師易所書李夫人王氏誌皆充然巨幅然鄭氏一石棋子方格行疏而字大核其文亦不過數百字宋仁壽縣君蘇氏誌亦如此至唐末廣明元年嚴師儒誌及五代梁羅周敬誌始用密行細字然亦踰千字而止余所見文字至長者惟宋游師雄及僞齊之孟邦雄兩石其文尤長皆在二千言上下非古法也其畫方罫者多眞書精整惟宇文琥索思禮兩石文字用方格而首一行題字則通行直線並無橫格張興誌則於首行之左更以雙直線界之行書參差疏

後魏李謀墓志錯亂顛粗服而氣真非後世能僞託也石在端匋齋尚書家（逵）

落貴於因勢故往往不用界線或用通長直格北周時珍誌有橫格而無直格且僅有上半截此石或云尹祝年僞託故有意脫落如此余所見墓石贗本如李謀之類年月題額或分或篆先後位置顛之倒之蓋畫人難畫狗馬易飛頭歧尾乳目膀口令人易於迷亂又其打本皆好用黃色粗紙以香灰和墨拓之可略揜其斧鑿痕再詳審其石之泐紋則於眞僞之辨思過半矣

唐時埋幽文字有一種相承衣鉢如世系之後輒云載在簡牒可略言焉即稍變其詞亦不過字句之間小有增損劉氏必曰斬蛇董姓皆云豢龍太原則多引子晉緱嶺之事然或遇首行題字殘泐又無篆蓋則轉因其遠引華宗可以參攷

其氏族其銘詞曰楊青松千秋萬古之類亦復千篇一律又如文中我公我唐皆以我字提行凡云葬於某地之原禮也往往奪原字以之字屬下禮也連讀此句遂不詞然如此者數見不鮮蓋當時風尚如此按萃編云古人書人生卒但記年月日罕有書時者淨藏禪師身塔銘云天寶五載歲次丙戌十月廿六日午時此卒日書時之始

唐淮南公杜君墓誌以隨開皇元年十月一日與夫人馮氏合葬於龍山口口口原里之禮也王蘭泉曰據文當是某里之原禮也由書者舛誤此說非也唐墓誌如此者不一而足按王惕甫碑版廣例曰誌墓者必言葬於某鄉之原禮也自是當時襲用常語而更有以之原二字倒爲原之者天寶六載義興周夫人誌之以玆吉晨赴杜城東郊原之禮也盧抱

經初疑句有脱字及觀大歷中王訓墓誌方知當時自有文法以余攷之又不止王訓爲然今姑列舉之王訓墓誌遷厝萬年縣滻川鄉滻川原之禮也眞化寺尼如願墓誌七月十八日奉敕法葬於長安城南畢原塔之禮也雁門郡解府君墓誌以元和五年十一月權厝於私第北二里原之禮也美原縣張府君墓誌歲次景子十月三日窆葬於京城南杜城東二百步舊塋之禮也雲麾將軍張安生墓誌天寶十三載薨又以翌載春二月十三日別兆葬於龍首原之禮也內常侍孫志廉墓誌合葬我府君夫人於長樂原之禮也余於愓甫先生所舉之外又得四通開元十一年折夫人曹氏誌云遷窆之於金光坊龍首原之禮也貞元八年楊暄撰淸河張夫

人誌云以其年五月十八日葬於長安城西龍首原之禮也元和十四年邵才志誌其年十一月十六日舉葬於長安縣永平鄉史劉村附先代塋之禮也賈文度撰楊迴誌以甲寅大和七年後八月廿四日安厝於萬年縣高平鄉高望里附先塋之禮也

唐誌結銜長者題字閒亦有兩行魏劉懿志卽占兩行宋誌或多至三行惟孔君誌大順元年首行僅題誌銘序三字莫簡略於此齊之高肱朱岱林隋之吳嚴李則唐之樊寬皆無題首一行卯以君諱某直起此當是以蓋爲題吳嚴李則篆蓋具存其餘三石當亦有蓋而今亡矣唐女子唐端誌李氏子侯七誌前無題後無銘此外殤子殤女類然或以下殤之禮其體例本不

與成人同也題字或頂格或空一二格不等惟大和四年京兆杜夫人誌從半截起黃衮撰陳讜誌其前有序述其姻家濟南生造廬求誌之由而後爲誌提行起他墓石皆先誌後銘無有所謂序者而誌銘下乃往往有并序二字皆旁注亦有空一格直下不旁注者如潘智昭（天寶）七載之類是也魏王僧誌首二行云維大魏天平二年歲次丙辰二月壬申朔十三日甲申故驪驤將軍諫議大夫贈假節督滄州諸軍事征虜將軍滄州刺史王僧墓誌齊張起誌首二行云大齊天統元年歲次乙酉十一月已卯朔六日甲申張府君墓誌銘宗人長兼參軍張景邕造隋董穆誌首二行云大隋大業六年歲次庚午十一月戊午朔三日庚申襄城郡汝南縣前主簿墓

誌序年月皆在題前蟬聯直下張誌并以造碑人繫於題後亦作一筆書王誌稱名董誌并不舉姓宋虞太熙誌題下先書鄉貫卒葬年月迺云其友丹陽王存爲之銘曰下始接誌文提行起銘後仍有撰人姓氏一行與書人篆蓋並列唐淨域寺法藏禪師塔銘東莞臧夫人周氏墓誌通體皆眞書惟題字一行八分書此皆墓石之變例唐石或變稱墓碣程彥矩撰爾朱府君或稱墓記李簡亡女榮陽夫人王氏宋元人多稱埋銘李撰開趙雨刻或稱壙誌張伯顏趙崇雋亦有稱壙刻者寶祐元年張塤唐永貞元年陳義稱墓版文唐時遷葬者皆敘於誌文之中而題無異詞惟崔玭爲其父文修撰誌題爲改葬墓誌銘韋紓爲其父撰誌元和十四年稱元堂誌貞元十三年證禪師銘姚公素撰亦稱元堂誌吳景達夫人劉氏稱靈舍

近出唐麟德四年趙仁表志其蓋亦書姓名年月與元洪儁志略同

魏曹琮誌銘誤矣乃北齊功曹李琮墓誌也婦鉅鹿魏氏父安東將軍瀛州驃騎府長史子之人女七人嘗李琮志中標女七人者中傳敘其六其第三婿畢景顯乃敍諸孫也石在陝西西安府學碑林不知吾家何以未著錄

銘燕聖武二年長孫夫人誌稱陰堂文此則近於好奇聖武一石并恐近時好事者爲之墓石皆無陰惟刁魏公誌既於銘後書其夫人高氏所自出父咸陽文公允復系其昆弟子姓於陰爲墓石之變例隋元英誌拓本共兩紙其一爲誌其一左方無字惟題其右半云故潁州別駕元洪儁墓誌大隋開皇三年七月一日合葬書官書姓氏書年月未知一石而爲陰歟抑爲誌之蓋也王僧誌滄州刺史王僧墓誌銘九字皆眞書不題蓋而在於誌石之側魏曹琮誌銘後一行書妻鉅鹿魏氏父安東將軍瀛州驃騎府長史曲陽男又記其子四人女七人及子之妻族女所適之族共四行皆轉而刻於左側此與刁遵誌同例但一在陰一

隋惠雲法師志与元氏志略同而在其前

後魏李憲志叙其諸子諸孫及子孫之婦並及婦之父職占全志之半

在側耳鄭開明元年鄧國公夫人元氏誌銘末二句云撫膺長慟歸復吾親至撫膺二字已至末行之末更無餘地下六字亦轉而刻於左側宋紹興十二年右朝請大夫李侚直墓誌側有侚直眞贊誌爲任續書李安仁文贊爲張晦分書揚軾文侚直妻鄭氏誌宣和二年李膺書任忠厚文其側亦有張晦分書眞贊郭黃中文余所見墓石陰側有字者僅此

世繫惟詳禰父其妻若子附書於末此不獨刁遵曹琮兩石爲然也韓顯宗誌亦於銘後書妻故中書侍郞使持節冠軍將軍郢州刺史昌平侯昌黎孫元明之叔女劉貴珍誌銘後列夫人常山王之孫尙書左僕射元生之女一行長子元孫一行妻一行世子洪徽一行妻一行次子徽彥少子徽祖各

一行共七行唐以後始詳於誌中不別敘惟諸葛明悊誌書考妣卒年月日考先天□年妣開元十七年亦在末行銘下晉天福羅周敬誌末有洛陽縣清風鄉積閏村九字閏字泐去左旁當是潤字一行當是卜葬之地李紳撰其兄繼誌元和十一年云府君娶博陵崔又云崔媍以信巫神不護靈□可謂痛哉末一行別起云博陵不義不順不犇不護明神有知終不得祔又大和九年徐府君劉夫人合祔銘銘後記墓地步界及立契用錢地主保人姓名共七行余又藏一殘墓誌末有後序自爲年月貞元三年四月一日其末云此而言者以比春秋後記凡此皆倒以義起各因文便以補誌中之缺若上黨樊氏誌於其銘之後空處刻多心經兩行此則出於佞佛之風唐時僧尼塔銘幢記多有刻

心經及大悲等咒者亦此類其餘年月書撰篆蓋刻字有具書於後者亦有撰人在前書人在後或篆刻在後或年月在後義非一端未遑舉例惟寶歷元年沈朝誌年月下有立茲銘故記五字又有使主元邑宰張題銜淮南杜夫人誌年月下有雕瑩功訖四字雁門縣君田天授墓誌後末一行云還以其年歲次辛卯六月庚子朔三日壬寅下無字此非窀穸之期不知所爲還者何義此雖同一書年月日而詞又不同韓顯宗誌書妻族後又題年月一行云太和廿三年歲次巳卯十二月壬申朔廿六日丁酉共篆文二十字處士房周陁誌末亦有大篆字一行云房仁墓誌記銘之此七字不可解余所見墓石後有篆文者僅此

銘詞發端通以銘曰或其詞曰惟魏司馬景和妻齊皇甫琳唐吳善王通稱頌曰魏張黑女誌又通作誦魏司馬元興墓誌末年月下但云遷葬在温城西北廿里記之下即接銘詞無銘曰二字唐王修福誌其末云故勒其銘劉公夫人辛氏誌其末云仍書銘於墓內潘智昭誌末句云式刊銘誌皆下即接銘詞並無銘曰詞曰字鞠彥雲吳高黎兩石并無銘至李藩撰其殤女誌韋紓撰其父元堂誌皆不作銘或以至哀無文非通例歟至邵眞誌銘文之下有孤子庭瓌造墓誌也八字蟬聯直下此乃變例不經見又如張頵誌末書貞元十年　月　日嗣子亳州司戶參軍鎮奉靈櫬祔於即此截然而止年月日上皆空格祔於下既無字又無銘此乃未有

葬地亦未卜日留以待補又未及補爾銘文或空格迻接誌下或提行頂格起又或上空一二格不等宋元祐三年郝公夫人朱氏銘懸刻中間上下均留空唐大順元年孔君誌銘低三格其末二句一往歸於蒿里永别萬歲千年兩句各爲一行又低三格此均非常式又有分章之例如隋太僕卿元君誌其銘六章章各一韻每章爲一行不到底其夫人姬氏誌分五章每章二行八句第二行僅占五字下皆空或分注其一其二字於下多不逾十惟開元廿七年張易銘末句下旁注其一字然其文已訖並無其二或轉刻於側而失拓或前人之贅均未敢知

碑用額誌用蓋此常例也然魏之韓顯宗唐之杜秀梁嘉運

林夫人皆無蓋而有題額林額大唐故下邽郡林氏夫人墓誌共十二篆分六行每行二字横列於首其餘三石皆上銳如圭首其石修長儼如碑形韓額九字梁額四字皆陽文杜額十一字皆棋子方格亦與碑額同凡墓石出土其蓋往往缺失十不存五所見有陰文有陽文大小篆分隸皆備四圍類有雜花紋或糺縵如雲氣或斜折如闌干亦如拾級形余所見經幢上下邊刻鏤同蓋當時鐫石之工風氣如此惟路府君蓋誌缺四圍刻花果似瓜瓞劉夫人上谷侯氏誌蓋上下畫菡萏一枝左右亦似菡萏析而爲半高公誌蓋中列大十字陽文凸起白文四篆字卽在其四方格內其外花紋密布有如組繡此雕鏤之至精者其尤精者如朱邪府君墓誌蓋

唐長慶二年邢真贇志蓋四面真書雞牛虎兔十二字以代子丑寅卯十二辰尤為罕見

旁列八卦又書二十八宿字今在應州儒學梁開平四年穆君宏誌蓋眞書九字方圍居中四面各列石象三人共十二人峩冠方袍執笏拱立如今墓上翁仲象四角各有雲氣又如唐雷詢誌蓋四圍刻十二辰自北面居中起夜半子雞鳴丑平旦寅日出卯食時辰禺中巳正南午日昳未晡時申日入酉黃昏戌人定亥每三字之前各畫十二辰象如子鼠丑牛之類直格以界之四隅又分刻花紋極爲工緻誌字篆文閒省左旁作志隋元洪儁唐張易皆從金作鋕則以銘字從金連類及之猶鉅鹿北碑皆作鉅鏕而不知銘字本從言不从金也誌石正面四邊亦閒有雕鏤花紋略與蓋同景雲元年波斯阿羅憾誌四圍凸刻芝草枝葉繽紛上似有兩胡蜨

不甚諦中和二年王府君誌每面三象祇露半體皆峩冠執笏間以水浪紋花紋下一面中一人左右有字兩行左云其年黃巢坐長安右云李帝奔屬屬疑爲蜀字之駁文又宋宣和三年宗室不朋母姜悟通瘞石圖刻如鼓形外圍唵摩尼嗟哩吽嗡吒八字皆墓石中之希見者

墓石皆眞行書八分僅見五石一爲僞鄭開明元年鄧國公夫人元[illegible]誌一爲垂拱三年襄州長史司馬寔誌一爲開元五年陳憲誌皆無書人一爲唐辛公妻李氏誌大歷十三年韓秀實書一爲張倂誌昌黎韓遠書

古時聚族而葬故有一家之石先後出土有如連雞若魏之河內司馬氏四石唐之襄陽張氏十石宋之安陽韓氏其最著矣

古時有叢葬之地故關中誌石皆出於終南山谷其葬地有梗梓谷有鵶鳴塠尤多在龍首長樂諸原此咸長兩縣所出者洛中之石其文輒云葬於龍門邙山邙或作芒之陽蓋卽古之北邙也唐時夫婦合葬其窆石之例皆題某公夫人某氏誌曾見貞元十四年劉建誌其第二行低一字書夫人宏農楊氏祔又元和八年高承金夫婦題合祔誌大和九年徐府君夫婦題合祔銘分爲兩石者絕少惟唐魏邈元和十年子匡贊文與其妻趙氏會昌五年王儔文趙全泰大和五年與其妻武氏寶歷元年宋李洵直紹興十二年與其妻鄭氏宣和二年推而上之梁之永陽王及太妃王氏隋之太僕卿元公及夫人姬氏皆各爲一石同時出土江都田侁兩誌一貞元三年一十一年後誌與其妻龔合祔而

題首皆不及妻又一例又如郭思謨郭思訓兄弟也法燈法樂蕭氏之姊妹也亦皆兩石同出此外一人兩石者襄陽張軫有第二誌前誌呂巖說撰後誌丁鳳撰文各不同劉智鄭準孟友直女十四娘亦各有兩石孟誌行字一疏而長一密而短一工整一疏散鄭準高廣亦不同劉智一本有蘇靈芝款此皆後人重開之本未知其原石何如耳

唐誌精者皆出於西北近襄陽新出各石亦皆秀逸可喜吳越無佳刻其文類鐫於甎上如聚慶大和六年新出秀水舊藏張叔未家朱陽越中新出王子獻同年所贈扶風馬氏張夫人咸通四年李直文并書刻皆是其俗又譏而信鬼扶風一石出於海甯安國寺舊阯出土之時寺僧甫拓一二本鬼即爲厲懼而埋之故東南頗鮮詩禮發冢之

事余又藏宣城尉李君妻賈氏墓誌建中二年末有一行云後一千三百年爲劉黄頭所發趙撝叔云以道光三年出土上距建中二年實一千三百年此與稗官所記滕公夕室相類其數何以前定又何以前知也細審文字決非贋本末一行亦非添刻記之以廣異聞

今人自營生壙或豫作銘徵之於古如唐大中九年襄州别駕韓昶自爲墓誌歿後其孤子書而納之於壙錢竹汀云陶元亮有自祭之文舊唐書載嚴挺之自爲墓誌非昶所創也宋元祐辛未蒲遠猶自誌其首行題有宋故閬清令蒲老自誌其墓次行題豫章黄庭堅書其文見續語堂碑錄惜未見拓本耳宋淳熙九年有法界庵主自製塔銘出浙江平湖縣金正大六年有道士鄭居澄豫作墓

王俅士之誤說詳六卷撰書人稱謂條

誌出河南鹿邑縣余又藏治年三年生藏幢子此皆以方外自營其塋室世出世間法本難例視元緇流皆營壽塔樹幢爲銘亦此類

唐宮闈令西門珍墓誌銘王元佐撰其文云公先遵象外之談不諱生前之事遂於長安縣龍首原西距阿城東建塋域高岡雖杭夏屋未封君子聞之僉曰知命此亦生存時自營兆域之辭也故撰人題曰鄉貢進士元佐上與他誌銘不同銘後有文字三行卒葬年月皆在此三行之內乃葬時續刻未云遷窆於長安縣承平鄉先修之塋則雖自營生壙仍未葬其地也按瞿木夫云文後有子四人四爲三字磨改而其名季華季煜四字亦有磨改跡蓋刻文後所生補入耳案宮闈令

宣統元年端午橋遣人至汾陽購得東魏七佛頌大碑一通已折爲三段又購得汾陽萬人坑漆磚數方塊塼二面皆有字一面刻年月一面刻姓名一名某或徙犯一名某皆擒巳而江北署塼文極遒勁似鴻燠闌制府以之贈人皆却之以其兩面刻字既不能琢爲硯而文又不祥余亦却之也（張）

寺人之職有子四人皆養子耳

顏延之幽獨君文薛舍人杳冥君銘皆爲邙山之變例漏澤之初桄唐墓誌出土雖多無叢葬之碣桂林諸山有慶歷中瘞宜賊首級記孔延之文此京觀後之仁政也又有范文穆祭新冢文當亦爲遷客攢殯之地杭州府學有嘉定元年王介甯遠記陳一新書其記云太學有義冢湻熙閒待制張公宗元以所得分地七畝餘以葬遠方士子之不幸而死者名廣惠山後列祭葬之儀募丁守冢之制凡三則山右有金皇統二年汾水葬枯骨記宋大觀元年有漏澤園公文新出土未知其石所在掩骼埋胔澤及泉壤未可以衰世而置之右墓誌十八則

一曰塔銘釋氏之葬起塔而繫以銘猶世法之有墓誌也然不盡埋於土中或建碑（如嵩山靈運景賢同光三塔其石皆脩長靈運且有額側楊岐山廣公甎叔兩塔柳書大達法師元祕塔皆是）或樹幢（宋遼金元塔銘皆八面刻余所藏踰百通房山之雲居寺長清之靈巖寺尤多皆樹於塔園）其納諸壙者或用橫石脩一之廣倍之（天寶十三載栖巖寺智通禪師塔）或方徑不踰尺（優婆夷段常省尼清眞及安陽慈潤寺諸塔）其通稱爲功德塔（如靈運禪師功德塔薛夫人未曾有功德塔之類）大歷以後智悟如願之類亦多從我法稱墓誌思恆律師稱誌文或稱方墳記（顯慶二年化度寺海禪師）或稱靈塔銘（開元十二年淨業法師）或變銘爲頌（安陽慈潤寺有口口法師塔頌）或變塔爲龕（開元廿六年景福寺尼靈覺龕銘宋方山李長者龕記）爲石室（隋開皇十五年北邱尼脩梵石室銘）龕下或益以塋字（天寶四載大奉國寺上座龕塋記）此外有髮塔（儀鳳元年光孝寺菩提樹髮塔記）有身塔（天寶二載法昌寺主身塔銘五載嵩山淨藏法師身塔銘）又別爲

眞身塔唐法門寺眞身塔後晉摩騰大師眞身塔又衍爲三身銘金承安五年釋迦如來三身銘王瓘書若夫大達法師之塔諡爲元祕惠源和上之誌號以神空此則援般若之靈文錫嘉名於泉壤徵之碑目未爲通例安陽寶山祇園短碣最多皆隋唐開刻有灰身塔有碎身塔靈慧法師稱影塔銘方律師稱象塔銘當是藏蛻之所或以火化兼供影象彼教所謂荼毗也又有隋開皇十三年大融法師枝提塔記河南林縣有開元十九年三尊眞容象枝提龕銘則道家亦得用之唐貞觀廿年慧休法師刻石記德文趙撝叔補訪碑錄僅收僧靈琛一通其餘皆新出土內有洪洞縣令孫伯悅灰身塔則奉佛之開士也騎都尉薛艮佐塔銘亦此類唐時刻石又有窣堵波銘宋有紹聖五年神通寺窣堵波銘潘卞撰馮睿書窣堵波者梵言塔也亦卽浮圖之轉音宋金

元時又有普通塔或謂之普同塔亦謂之海會塔乃是僧徒叢葬之碣其曰祖師塔者猶吾教之有先塋碑也歷城神通寺長清靈巖寺皆有之

佛家以造塔爲功德魏之須彌天平三年法顯造須彌塔記隋之龍華仁壽三年文皇帝造龍華塔記唐有多寶塔二一顔魯公書一開元廿九年小字宋有辟支塔二一在江甯崇敎寺皇祐二年顧清書一在長清靈巖寺嘉祐二年六面刻五代時閩有堅牢塔吳越有千官塔南漢有千佛塔石刻具在皆非營葬之文也至舍利塔有二種若化度寺之邕禪師會善寺之岑禪師荼毗之後收其遺燼築而藏之此與焚身石塔正同金有明革五郎焚身石塔亦灰身碎身之類也至隋時諸州所建及超化惠明諸塔乃世主佞佛以祈福祐蓋與建塔藏佛骨佛牙同例按唐釋道宣廣宏

明集載仁壽元年詔沙門三十人分道送舍利往諸州起塔限十月十五日午時同下入石函蓋當時諸州皆奉詔起塔並皆撰文刻石今所存者有同州興國寺鄧州興國寺今在河南布政司署青州勝福寺今名廣福寺永濟棲巖寺長安龍池寺岐山鳳泉寺房山智泉寺舉節金輪寺番禺宏敎寺其中惟首山一刻整齊宏贍巍然鉅製吾吳楞伽寺舊有隋嚴德盛舍利塔銘石雖佚其文尙載郡志亦斐然可觀不減棲巖寺其餘皆盈尺方版製作與墓誌同興國兩刻分書餘皆眞書惟鄧州圓徑二尺四寸有奇如鼓形余在廠肆曾見山左某縣新出土一石亦如此而書法殊不古蓋好事者以鄧州本仿爲之宏敎寺一本後署歐陽詢書丹今審之迺以醴泉皇甫諸碑字襞績而成

龍池寺一石太谷温忠善亦審定爲贗本而趙撝叔以爲後來重刻余又藏仁壽元年古寶輪禪院記敘舍利感應事其文有閿鄉縣玉山鄉云云其石當在閿鄉蓋亦如房山舍利有王邵感應碑又有王臣膝塔銘或別有藏舍利一刻而今亡矣又桂林有唐顯慶四年善興寺造塔藏舍利記文字制度髣髴仁壽諸刻蓋作僞者但知舍利塔有此一體且郡國往往出土而不知爲隋時事唐時所建如憫忠寺舍利函本願寺舍利塔各自有體製曷爲依樣畫胡盧耶　右塔銘二則

一曰浮圖華言塔也然石刻中自有石浮圖一種與諸塔銘不同與後來諸建塔碑亦不同所見拓本皆横方形其縱視廣有半若四面刻者校石柱倍短而寬過之一面刻者陰側

亦間有字譯言亦曰浮屠而石刻惟朝鮮慶州道栢鹿寺小浮屠字作屠此外無作屠者矣濫觴於魏孳乳於隋至唐開元天寶間而極盛然自此戛然竟止乾元後遂無著錄竊嘗論之蓋與經幢遞爲盛衰遞爲終始經幢萌芽於唐初開天之際益加崇飾觚稜鬱起雕造精嚴經言塵霑影落一切業障悉皆消滅此佞佛之士所以趨之若鶩而法輪亦旋轉於不覺脩行寺尼眞空造浮圖銘其陰鐫陁羅尼咒王才賓浮圖頌其前列多心經兩刻皆在神龍中正西域經文東來之日蓋即其先聲矣今孫趙兩家著錄約不踰二十通新出土者可相埒其制有三級魏太和十二年暉法寺三級浮圖元象二年凝禪寺三級浮圖七級武成三年程惪造七級浮圖九級隋開皇五年郭伯□李延壽等造九級浮圖唐天寶十一載李晉九級浮圖

之殊其刻有三面景雲二年高村浮圖開元十八年孫客奴石浮圖皆三面刻四面李晉一石分四面刻五面天寶二載楊瓚造浮圖頌五面刻之別其文有記齊張靜儒成貴珍唐殷審董日進四刻皆稱記有銘魏比丘道慧唐馮善廓薛待伊等皆稱銘有頌凝禪寺及唐之王才賓楊瓚皆稱頌有贊石浮圖贊惟開元廿七年一種僅存殘字一面惟李晉題爲九級浮圖象蓋以浮圖而兼造象六朝唐時石刻多有造塔象一種亦此類其石分四面刻三面造象一面爲感恖文趙氏補訪碑錄天寶十一載收房山孫氏造象卽此石一面晉子英等爲其母樂安孫氏造而但據其一面以著錄也魏刻若暉法凝禪皆在陝中隋唐諸刻畿輔多於關陝若晉豫齊魯亦閒有之惟東南無片石其書類多遒勁以元象開皇兩石爲甲唐刻以馮善廓楊瓚爲甲房山有四種其一太極元年田義起造王利貞文其一景雲二年

王瓛文甯思道書其二皆在雲居寺一開元十年梁高望書一開元十五年王大悅文筆法皆似蘇靈芝不失爲文乘聞厰肆已有搴本諸刻中惟魏正光五年孫遼山左新出浮圖銘唐開元六年幽棲寺尼正覺浮圖銘皆埋幽之石與墓誌塔銘同建義元年比丘尼道慧浮圖銘在伊闕鐫於厓壁與象龕同在石浮圖爲變例　右浮圖一則

一曰經幢陝人通稱爲石柱俗亦曰八楞碑以其八面有楞也幢頂每面或有造象故又呼爲八佛頭如懷仁聖教序之稱爲七佛頭也唐人文字多曰寶幢亦曰花幢大和二年右龍武軍正□兼押衙□懷義建花幢遼金多稱爲頂幢或以經文稱爲尊勝幢子唐碑从巾之字如帷幄等類皆誤从心故幢字往往寫作憧宋

以後多从石作礦亙鄉卜道堅昇雲旛又从㫃如旌旛等字皆俗體也其制類皆八面刻閒有六面或少至四面者惟開皇五年王俱造象至踰十面蓋是時陀羅尼經尚未入中國亦未有經幢造象本有四面刻者此猶轉輪經藏面面皆呈圓相耳高者至踰尋丈非架木不能拓以開元系陽郡經幢龍興觀道德經幢天寶四載成都鐵幢爲最鉅小者不過徑尺後唐匯泉寺幢宋雍匡祚幢皆極小聞張叔未得唐司馬霜石幢以爲帽架其尤大者分爲三級如唐之侯陳郡稽古寺幢宋趙州南關石幢是也拓本皆廿四幅每級八面其上有蓋以覆之其下爲座唐幢多有八面經文完好無缺而無年月題字夫古人製作之精務傳久遠龍門造象雖徑寸拓本亦必有年月姓氏況鐫石刻經豈有眞言之外不著一字者蓋皆刻於幢座或下

截有餘地卽刻於經文之下以横線界之余所收湖州天甯寺諸幢或僅有年月或僅有撰書姓氏後見吳興金石記助緣人姓名皆在幢座以精拓全本證之良是又吾吳洞庭西山顯慶禪院門外有兩石幢一會昌中立一八面盡蝕不可辨庚寅之冬偕顧緝庭鄒詠春王勝之三君同汎舟太湖至包山摩挲其下見幢座有字剔蘚讀之始知亦會昌中刻咸通四年重樹其他唐人所建而宋元人續題於座者亦不少無如拓工惜紙皆以經文爲限下截有字亦視若罔覩其能拓幢座者蓋十不得一矣經上層有字者絶少惟天甯寺大中二年曹巨川書幢上層有寶樓閣陁羅尼及文殊往生大悲心中心諸咒所見所收祇此一刻

幢亦有額多八面橫列每面一字湖州天甯寺經幢會昌元年姚仲文造篆額十六字曰佛頂尊勝陁羅尼妙法增壽益福之寶幢杭州龍興寺經幢開成二年篆額十六字曰佛頂尊勝陁羅尼微妙救危濟難之寶幢皆每面二字宜興善權寺幢亦每面二字橫列惜剝泐不可辨每面三字分列者所收有三刻一在四川大足縣其文曰願國界安甯法輪常轉一切有情云云自情字已下皆闕一爲韓信力魏令忠經幢其文曰奉爲開元聖文神武皇帝太子諸王百官師僧父母法界蒼生一爲常山廣惠大師經幢銘二十四字分書甚偉但直列而非橫列別爲一石加於幢之頂上與他幢一石連屬者不同此外唐幢額皆在第一面上方棋子方格眞書多篆書少通例爲

佛頂尊勝陁羅尼經幢九字或省經字或省幢字或并省經幢二字汝州一石易經幢爲眞言二字本願寺經幢額二行題應天神龍皇帝順天翊聖皇后鄭州唐幢每面一字行書題上爲開元神武皇帝又見一殘經幢額在第一面造象之下存尊勝幢上爲開元聖文神十字下皆泐平遥縣有天寶元年一幢額篆書爲國敬造四字亦有於敬造下隨宜增字者如本願寺開元幢則云爲國敬造佛頂尊勝陁羅尼幢稽古寺一刻幢下又增普供養三字張尹燈臺頌則云爲國敬造然燈續明普通供養龍興觀道德經幢亦八面刻而額在前三面上截每面二行每行三字曰太上玄元皇帝道德經大唐開元神武皇帝注凡十八字又開元二十八年李留生

母經幢第八面經文之後分四列其第一列分書兩行上爲皇帝陛下六字亦額也而在末一面古人於此並無義例余所藏又有開成四年越中傳鳳造經幢題額分書八字曰唵摩尼達哩吽吽吒樂清白鶴寺元幢額在第一面佛號六字曰南無阿彌陀佛吾吳嘉定有南宋崇顯禪院幢第一面額八字曰法界清甯保國安民眞書陽文蔚州臨湖寺石幢四面每面上一大圓圍中藏小圓圍七各有梵文一字此亦額也以梵文書之金元僧塔銘如琛公策公之類凡八面刻者亦皆以第一面爲額如云某寺某公塔銘通行直下四周雕瑑中爲一龕如壇廟所供神牌式所舉額例雖不盡於此非余蒐輯之多亦無從知之

幢首每面造象一龕唐幢類如此以俗工不盡拓故亦不盡知之有立象有跏趺象亦有兩軀並列者開元十四年丹陽縣經幢分四層造象兩層第一層每面象一龕其下爲咒第三層每面象三軀一佛中坐二菩薩左右立侍其下爲經第二層第八面咒後空其半亦有佛象一龕皆端好莊嚴又開元十五年新泰縣經幢每面上造象旁有幢主姓名余所見八面造象之精以此二幢爲甲洛陽郭重顯經幢八面僅有四象分刻一三五七面有象之一面經咒即退處其下故行字盈縮不齊又開元廿八年三郮父老經幢亦四象八面間刻與郭重顯同但在經文之下截按造象在下截者極少此刻之外惟見天寶八載口昭成經幢下截每面兩軀其龕深

陷龕旁墨柱凸出處刻象主姓名開天以後製作漸簡或於第一面中分界線以半爲造象半爲題額上下不等或造象在上截而經文即從象下起或於下截題名記歲月或於提行無字處鐫梵相貞元元年王滔幢造象在第一面第六行下皆祇一龕如魏之張敬謹隋之王俱唐之懷州河內縣王三娘每面造象二軀有藥師鎦璃光佛釋迦牟尼佛大勢至菩薩文殊師利菩薩各題佛號於側永清有無年月四方佛象幢皆無經咒但有題識此則專爲造象而設雖八面或六面與經幢固不同唐延慶永興軍都部署幢每面上方畫菡萏一枝雖非眞容示現亦雪山功德池中淸靜化身也

佛頂尊勝陁羅尼經唐永淳中婆羅門僧佛陁波利取其本入中國至廣德中巳八譯詳見慧琳一切經音義經云若人能書寫此

陁羅尼安高幢上其影映身或風吹陁羅尼上幢等上塵落在身上彼諸衆生所有罪業應悉不受以是唐時造幢遍於十三道精藍名刹觚棱相望今校諸石刻惟經下亦爲一切諸天子故說此陁羅尼一本無此十三字我聞如來演說讚持大力陁羅尼者一本尼下有故來脩學若有受持讀誦是陁羅尼共十四字其餘字句差池無關宏旨卽序所謂小小語有不同也惟宋乾德三年鼓山常樂寺經幢太平興國二年滎陽李克中經幢自具如上說以下爾時如來以上約增出九百餘字其文俚淺與前後相鑿枘此本當在八譯以後其唐宋五代時平天寶以後又有加句一本首行尊勝陁羅尼上增入加句靈驗字迺是開元壬戌善無畏三藏所譯爲

唐時第七本共加十一句六十六字其刻石次序先序後經經中有咒咒在卽說咒曰之下此常例也或咒在經後或別刻於上層其變例也曾見一唐幢刻咒於上層而下截經中依然有咒則爲駢拇指矣天寶以前皆棋子方格雕寫精嚴兼刻經序咒不刻序者不過十之三單刻咒者不過十之一至唐末尚然五代宋初風氣日趨於陋刻經者已寥寥無幾或無經而有啟請七字爲句如偈如頌馴至遼金刻經者遂十無一二或於咒之前後節書咒下經文首尾如佛告帝釋云云爾時世尊授菩提記云云約不及百字其經生書法亦每愈下況有自鄶之歎金石家不必能通內典故經幢著錄最易舛訛雖孫王諸家亦不免卽如佛陁波利於儀鳳元年

東來永淳二年其取經之歲定覺寺僧志靜垂拱三年親見日照三藏法師諮受神咒又於永昌元年見西明上座澄法師皆是經文原序述錄源流非造幢之歲月迺著錄家於拓本之剝蝕或無年月可攷者卽以序中之年月當之序中年月亦不必盡存各隨所見或錄之儀鳳或錄之永淳不知此經永淳中始來中國其本禁在內不出垂拱以後始有流傳譯本余所見以如意元年史延福一刻爲最先在龍門摩厓刻景龍三年有一刻亦碑本均非八面之幢若天授以前并未有刻石者矣本願寺神龍幢但有題名無經咒又有刻經一幢無年月常山貞石志謂兩刻一時並建彼此互見此亦意爲之說所見幢本斷自開元八年一殘幢始其次則淄川

縣龍興寺開元九年一分書幢也墨本宜八面圍而拓之庶幾前後首尾秩然不紊若面面分拓零星散帙既易缺失拓工不通經典或數幢并置一處前後倒置彼此互易幾於棼絲難理肆估遇不全之本輒以他本足之斷鶴續鳧非深於此學即不免爲其所欺然朽蠹斷泐往往有延津劒合之時亦未可棄如敝屣也唐幢尊勝經之後所見金剛般若經亦不少或一石兼刻兩經密行細字極爲精妙金經之後往往綴以多心經此外有彌勒上生經亦曰上生兜率經有父母恩重經湖州天甯寺有大佛頂首楞嚴經幢大中十一年淩渭書即陁羅尼亦非一種有白傘蓋陁羅尼松江寶雲寺有大悲心陁羅尼番禺光孝寺咸甯臥龍寺有大隨求即得大自在陁羅尼錢塘靈隱寺趙州南關有大吉祥

大興一切順陁羅尼京師滿寺行晉天福九年蒿里山總持咒幢其咒第一行題曰佛說普徧清淨焰鬘熾盛無能勝總持寶印心思惟卽得隨求大明王陁羅尼眞言共三十二字吳越梵天寺經幢多至九十五字曰大佛頂如來廣放光明聚摩訶悉怛多鉢怛羅二合最勝金輪頂自在力王無比大威德總集百千旋陁羅尼性海都攝一切明王更無有上最勝金剛三昧帝祖殊音羅施十方如來清淨海眼祕密伽他微妙章句金剛無礙大道場白傘蓋頂輪王陁羅尼江干石塔磚塔咒題多泐最先一咒同其餘刻諸雜陁羅尼天甯寺有六種眞言幢雁塔有唐梵眞言幢所刻亦皆諸小陁羅尼如生天眞言破地獄眞言大明六字眞言大悲心中心眞言皆寥寥數字金雲居寺

管內都綱遺行記眞言改作密言當有所諱也遼金元幢有多至十餘種者其體例益雜其書亦愈下然皆在大中以後若開天盛際則未聞有此

王氏萃編云按佛頂尊勝陁羅尼經前有序經中有咒開元釋教錄雜咒總二十三首中有佛頂尊勝陁羅尼經一卷唐朝散郎杜行顗奉制譯出大周錄第一譯又佛頂尊勝陁羅尼經一卷唐罽賓沙門佛陁波利譯出大周錄第二譯又佛頂尊勝陁羅尼經一卷或加咒字唐三藏義淨譯新編入錄第五譯又有佛頂最勝陁羅尼經一卷唐中天竺三藏地婆訶羅譯拾遺編入第二譯又最勝佛頂陁羅尼淨業障經一卷唐中天竺三藏地婆訶羅於東都再譯拾遺編入第四譯

此五經皆同本異譯者蓋同名佛頂陁羅尼經而有尊勝最勝之別且入於雜咒而仍謂之經可知咒卽依經而立者也今所見諸幢皆刻尊勝無刻最勝者是尊勝經之行世更盛於最勝矣法苑珠林有云如是不思議清淨功德聚成就佛身是故如來於天人中最爲尊勝此最勝尊勝之同義也翻譯名義集陁羅尼秦言能持集種種善法能持令不散不失譬如好器盛水水不漏散惡不善根心生能遮令不生若欲作惡罪時持令不作是名陁羅尼肇翻總持謂持善不失持惡不生又翻遮持輔行云體遮三惑性持三智熏聞云遮二邊之惡持中道之善此從慧性立名闡義云陁羅尼是梵語咒字是華言咒願也此陁羅尼咒之義也林野僧昔眞曰尊

勝者佛也陁羅尼者法也敬知佛法高妙最勝最尊四生不測其源三天罔覩其相勝妙無極將喻佛頂也此則佛頂尊勝陁羅尼之總義也王氏圻續文獻通攷釋家總紀引白傅集曰壞罪集福淨一切惡者莫尊於佛頂尊勝陁羅尼經凡三千二十言此尊勝經之字數也攷今現行刻本藏經莫字函內第四冊有陁羅尼經三卷一是佛頂最勝陁羅尼經乃中天竺三藏法師地婆訶羅所譯即開元錄中拾遺編入第二譯者永湻元年五月宏福寺沙門彥悰爲序序稱儀鳳四年正月五日朝散郎行鴻臚寺典客令杜行顗與甯遠將軍度婆等奉詔譯進時有廟諱國諱皆隱而避之上諱不須避諱奉詔以正屬有故而寢焉無幾敕中天竺法師地婆訶羅於東西

二京太原宏福寺等傳譯法寶而杜每充其選荏苒之間此君長逝余因請沙門道成等十人屈天竺法師再詳幽趣臨文不諱云云此最勝經之原委也一是佛頂尊勝陁羅尼經有二譯本各一卷一爲朝散郎杜行顗譯者無序一爲罽賓沙門佛陁波利所譯卽開元錄中所謂出大周錄第一譯第二譯者其佛陁波利譯本有永昌元年八月定覺寺沙門志靜序今各幢中所刻經咒與序皆用此本志靜序略云婆羅門僧佛陁波利儀鳳元年從西國來到五臺山求見文殊師利見一老人謂僧曰漢地衆生多造罪業出家之輩亦多犯戒律唯有佛頂尊勝陁羅尼經能滅除惡業師可卻囘西國取此經來流傳漢土僧迴還西國取經至永淳二年迴至西

京具以上事聞奏帝將其本入內請日照三藏法師及敕司賓寺典客令杜行顗等共譯此經敕施僧絹三十疋其經本禁在內不出其僧悲泣請還流行帝遂留翻得之經還僧梵本將向西明寺訪得善梵語漢僧順貞奏共翻譯今前後所翻兩本並流行於世小小語有不同至垂拱三年定覺寺主僧志靜在魏國東寺親見日照三藏法師諮受神咒法師於是日宣梵旨經二七日句句委授具足梵音一無差失仍更取舊翻梵本勘校所有脫錯悉皆改定其咒初注云最後別翻者是也其咒句稍異於杜令所翻者其新咒改定不錯并注其音訖至永昌元年八月於大敬愛寺見西明寺上座澄法師及翻經僧順貞見在西明寺此經救拔幽顯最不可思

議云云此尊勝經之原委也據志靜序則是初譯經者爲杜行顗後譯者爲順貞授受咒者爲日照與志靜也經自永淳二年入中土聞奏大帝尙是高宗時事至垂拱三年志靜受咒是天后時事其彥悰序則云儀鳳四年正月杜行顗與度婆等譯進其時佛陁波利尙未取經入中土也彥悰序與志靜不同者如此若彥悰爲最勝經作序固應與尊勝不同然兩經則又相同也且杜行顗所翻不知因何禁在內不出當佛陁波利悲泣請還時因何不將譯本付僧又令僧以梵本另自翻譯此疑不能明矣開元錄以兩經皆出於大周錄則皆是天后時所發出流行者終高宗之世未嘗出也天后以天授元年改號爲周大周錄當卽編於是時又在志靜受咒

之後三年經中有書寫安高幢及序有救拔幽顯不可思議之語是以唐時尊勝經幢徧滿諸道就𥙿所得六十餘種其中大率刻咒者多兼刻經序者少而陁羅尼咒或兼及大悲咒及心經據開元釋教錄摩訶般若波羅蜜多心經與十一面觀世音神咒經同在陁羅尼集經十二卷中故可與陁羅尼經並建亦可同謂之經幢也大悲心大陁羅尼神妙章句佛爲善住天子而說大悲心則觀世音對佛所說其中皆佛菩薩阿羅漢帝釋鬼神之名惟趙孟頫書此咒每句皆繪其象人始得見而知之故經翻而咒不翻釋家以經爲顯教以陁羅尼爲密教則尊勝亦猶是也大悲心陁羅尼本以納蘭成德所刻者最佳附記於此諸幢刻經既無多閒有存者取與大藏佛陁波利譯本互校小有字句不同即咒中音切亦多小異蓋五印度國地方數千里梵音各別恭讀

欽定同文韻統所列大藏經字母同異譜如天竺一字母而外則有伽婆羅譯師利問經不空譯文殊問經金剛頂經竺曇摩羅察譯光讚般若經無羅叉譯放光般若經鳩摩羅什譯摩訶般若經元奘譯大般若經佛馱跋陀羅及實叉難陀地婆訶羅不空般若所譯華嚴經皆互有同異且讀經咒取音復有二合三合四合之不同譯以華言方音流別蓋字母繁多反切殊異遂至參差而不能一也

釋氏之幢余所藏卽有六百餘通而道家惟有道德經一種所藏亦祗有四刻一在易州一在邢臺皆唐明皇注蘇靈芝書一在焦山唐廣明中刻從高郵夏氏移置一在慶陽宋太平興國中刻此外唯郭畀客杭日記云元妙觀殿前立高宗

道德經幢二亭覆之不知何時亡其一僅存一幢還於平安三橋堍下阮文達撫浙舁置鍾翠亭之大洞閣劫後不知其存否錢唐朱彭吳山遺事詩云德壽曾書道德經元時猶見列雙亭而今賸得經幢一零落殘文似曉星

奉佛之士建幢墓域謂之墳幢咸通辛卯唐安精舍尼澄素天福七年張敬思雍熙四年趙郡李恕皆稱墳幢唐乾符三年王夫人一刻謂之墓銘幢至遼金元釋子所造雖八面刻其額猶題曰塔銘無異詞或曰石塔或曰靈塔閒亦曰圓寂塔生而建者曰壽塔他若寺額之敕牒熙甯四禪寺山場之界至元萬歲禪院四至幢塑象周廣順三年判官堂塑象幢宋康定三年重裝觀音菩薩銘記幢刊經遼雲居寺續秘藏石經塔記皆有八面刻者惟八面之中必有兩三面刻陁羅尼咒及諸眞言墳塔大都四面刻銘四

面刻咒猶不乖經幢之例唐有燈幢亦曰燈臺撰書皆精整其制不甚高約不踰三尺其文有銘（曹文王燈臺銘）有頌（元氏張尹燈臺頌）有贊（保唐寺燈幢贊）前後多刻尊勝咒或刻施燈功德經唐長明燈臺殘石施燈上有提闡二字爲他刻所無至宋以後無燈幢而有香幢（余惟見遼乾統五年昌平楊守金等建燈幢在唐後）質言之亦曰石香爐蓋琢石爲爐而以八面之柱承之每面僅刻助緣人鄉貫姓名皆出於工匠至簡陋不足觀吾郡虎邱雲巖寺殿前有施食臺下承以石柱每面刻崇禎閒題字亦此類也至有建幢而不因刻經者若魯公八關齋功德記段公祈嶽降雨頌是矣（聞高麗唐紀功碑亦八面刻如幢）并有不關釋氏者如開元十一年峴山襄州刺史靳公遺愛頌廣明二祀上谷郡太守隴西公經幢則

甘棠頌德之詞也元和十二年試院新修石幢記則斯干考成之詞也長安之郎官石柱山陽之楚州刺史石柱則官吏之題名也曲陽嶽廟華陰金天王廟兩幢徧刻唐宋人題字則遊覽之題名也北嶽中嶽皆有醮告文亦八面刻北嶽大中祥符八年白憲書中嶽天禧三年劉太初書皆眞宗御製則青詞之濫觴也夫建幢所以刻經有其名無其實亦觚不觚之類也夫

唐慈恩寺開元唐梵二體幢一行眞書一行梵字至精遼金幢亦多有唐梵相閒或題字眞書眞言梵字或僅六字眞言爲梵字臨湖寺幢每面上一大圓圍中藏梵字七謙公塔銘一面有準提咒梵字圓鏡秦佩鶴侍郎得一準提鏡其梵文正如此余初得一二本甚喜之視如唐古弍畏吾兒文之難

見今則數見不鮮矣蓋石幢惟分書爲難得篆書尤難得分書惟新得黎城縣王慶墓幢及淄川拳伏鳳成都王襲綱若天聖二年張大沖一刻則尊勝咒分書心經篆書具二體唐中和鄭惟幾幢銘偈八分書其下尊勝咒仍眞書篆書惟有無年月一幢不甚古約在宋元閒至眞行書之精者唐初諸刻歐虞褚薛無不兼擅其長試舉其尤膾炙者鄭州開元幢龍溪咸通幢褚登善之亞也提聞施燈功德經殘刻及總章三年釋敬信造金剛經幢天福八年孟賓于造上生經幢歐陽信本之嫡乳也孟賓于一刻以氣韻勝極似歐書千文總章幢小楷尤難得余所藏惟長安臥龍寺一通亦小楷字大如豆越中奚虛已諸刻極似虞伯施大中二年于惟則幢宛然多寶塔闕中人至呼之爲顏石柱其實非魯公書

以上八則非我儕裝不能道

西川大足有佛龕三上下四旁皆刻佛經目錄旁注卷數此為歷來譯金石譯藏目者所未涉嘗取現行釋藏目覈有異同經字作園亦他處所未見也幅甚鉅小室窄不能展讀碌卿宗老見贈拓本自題為三巴精古志及諸家均未收

也僧无可百塔寺經幢視柳誠懸亦不減虎賁之與中郎又若孟鄭公趙立本北海縣令顧口昌之類雖使殷令名王知敬執筆爲之亦無以遠過杜子美詩云棗木傳刻肥失眞今之臨池者與其取重開失眞之歐虞諸碑不如於寫經求之有餘師矣 右經幢八則

一曰刻經觀於齊方法師鏤石班經記晋昌公唐邕寫經記而後歎象教之願力爲甚深也自白馬東來大啟浮屠精舍至魏太和中始有造象然尚未刻經也孫氏寰宇訪碑錄據錢竹汀宮詹說北魏末攷金剛經一石金剛經通行本皆鳩摩羅什譯此本爲菩提流支譯以其首題三藏菩提流支在胡相國文宣公第譯文宣公者魏靈太后之父胡國珍也故

定爲魏刻其實宋元刻尊勝咒亦題唐三藏不空譯未聞即以爲唐刻也又於東魏收龍門心經一種審其筆跡確爲唐時刻趙氏補訪碑錄歷城大涅槃經亦收入東魏末此石後歸潘文勤滂喜齋余得見之齊刻也以上三碑諸家以其無年月而論定之皆無確證佛經之有石刻也其在高齊宇文周時乎陽曲一石天保二年齊刻之最先者也鄒嶧四山大象元年周刻之最先者也般若華嚴蓮華法華諸大部經卷帙浩如煙海所見拓本不過一鱗片爪安陽寶山僅有菩薩明難品一石婁叡造初發心菩薩功德品一石奚景延造華嚴不止此二品也唐邕所刻在磁州鼓山響堂寺內蓮華華嚴僅見拓本各三紙唐山縣龍聖寺楊山寶造法華經亦祇有七石當

時所刻必皆全帙沉埋而未出者蓋不知凡幾中山法果寺經碑垂拱三年其陰列經名數十部每部石若干條今惟存金剛兜率兩經尚爲全部蓮華華嚴無量壽觀經皆祇有一石鬱單越經則僅存殘字一角而已房山石經經始於隋靜琬法師其徒導公儀公暹公法公師資相踵至遼通理大師尚未蕆事據遼燃題沙門志才記道宗皇帝以前共一百八十七帙厝東峰七石室內道宗所辦大碑一百八十片通理大師所辦小碑四千八十片樊氏畿輔古刻錄二十七種一千三百餘石言之尚未詳瘞地穴內上建石塔壹座明謝耳伯石經山香樹庵護經記西雲居寺前有藏塔穴地而鍵其口鎮以浮屠此卽通理所建石塔也此七洞一穴皆未開洞門皆鎔鐵灌之隔以石櫺碑石或

臥或立尚可闚見但千餘年來無問津者耳謝記又云其闢而可入者曰雷音洞法華維摩金剛三經貯焉查恂叔怈題上方二山紀游集云小西天石經洞寬廣若殿中供石佛四壁皆碑卽隋靜琬法師所刻經也字畫端好左壁兩層右壁三層皆三十六枚後壁四層共四十一枚前門左右壁及門項共三十三枚總共一百四十六枚刻妙法蓮華等經大洞之左又有心經碑一金剛般若波羅蜜經碑二伽藍殿旁又有金剛經臥碑一此卽所謂雷音洞今世通行房山石經拓本亦卽此一百四十餘枚惟查恂叔所見金剛經有三本今拓出者僅兩刻已亡其一矣厰肆往拓者時攜一二殘石至都視之皆隋唐刻經也恐毁失者已不少矣灌縣靑神山新

出唐佛經大小共六十九石無年月題識內波羅蜜多心經三石最完餘石有涅槃經有屢言藥王菩薩者不詳何經其字約分三種波羅蜜多經似虞永興最工一種險勁似張猛龍李仲璇一種疏宕略帶欹側頗有根法師碑筆勢及門陽湖莊小尹自蜀中來攜拓本見贈並餉殘石一方云雜處瓦礫中山中人不甚珍之山西遼州新出佛經摩厓巨幅縱橫尋丈其字方徑寸許極險勁寰宇記引郡國志云遼山縣屋驋嶝高齊之初鐫山腹寫一切釋經於此今所出之地名壘嶝峰距遼州四十五里當卽古之屋驋嶝其經乃華嚴成就品但郡國志曰一切則所刻當不止一經矣卽華嚴亦不止成就一品今所得者猶太倉之一粟耳風峪華嚴經亦北齊

刻其地在太原縣西三里甎甃一穴方五丈朱竹垞始燎薪入視之共石柱一百二十有六惜皆掩其三面王蘭泉云今所拓者亦祇一面耳大小共一百二十四紙全經有八十一卷今拓本首末行有卷第標目者計三十八紙想皆散見於三面而不能拓矣余所得拓本一分共六十六紙視蘭泉所見又少其半竹垞記又云太原傅山行平定山中誤墜厓谷見洞口石經林列與風峪等皆北齊天保閒字今平定造象拓本頗多新出某君一夕訪得三十餘通而石經迄未有拓者余又聞亡友王蒻卿述顧漁溪通政之言曰衛輝山谷中遙望層巒疊嶂閒摩厓大字參差高下皆佛經也世無有拓之者乃知佛法廣大無量無邊三竺靈文普徧大千世界龍威雜次方之

蔑如

刻經有三其一摩厓其一經碑其一卽經幢也或刻於碑之陰側如齊儁脩羅碑其陰爲維摩經唐李㢸徽（在金鄉）丁思禮（在沛縣）造象其陰皆刻多心經此其證也隋以前無經幢宋以後無摩厓（惟元居庸關一刻）唐一代刻經建幢者十之七建碑者十之三刻於厓壁者所見不過三四通耳昭陵有石鼓尊勝經其實非鼓也以經幢斷其上下截又磨治其四角破觚爲圓遂宛然成鼓形試觀其上下闕文可見金剛經余所收至多石幢外皆方碑四面刻由前而右側而陰至左側畢若王知敬趙文會諸石其字差小卽一面足容全經矣摩厓皆大字鼓山屋駁嶝之外齊魯閒最多泰山絕頂有金剛經全部徂

徠山映佛巖有大般若經錢竹汀謂皆齊武平中王子椿所刻鄒嶧之閒尖山亦武平中刻葛山岡山小鐵山諸經皆周大象中刻匡喆撰刻經頌世謂之四山摩厓其字徑尺爰貼力排奡巨刃摩天揚曾見拓本高於人者兩束非列長筵兩人翼而舒之無從披閱若裝池則祇能仿推篷式以兩字為一葉庋藏斗室不能容其拓本索值三十金裝池之費至簡省亦踰數百金摩挲旬月未必能竟其首尾其文字又無可攷釋默然久之歎謝不敏世之窮大失居者有如此經矣

唐人喜刻陁羅尼經大中之後或單刻咒又降而刻諸雜陁羅尼其餘金剛經心經觀音普門品經亦尚有刻本未聞刻四大部經者後人事事不如前人此其一也然遼時房山續

刻藏經卽當宋政和間吾郡虎邱雲巖寺有宋刻普門品經杭州之六和塔有四十二章經句容之崇聖寺有金剛經亦皆宋刻釋伽氏之一燈未嘗熄也至元至正中尙有蒙古畏吾女眞梵漢五體佛經在居庸關山溝內距延慶州約三十里余嘗遣廠估李雲從往拓之佛經著錄蓋以是刻爲殿焉溯自北朝以來自四大部以逮金剛尊勝常刻之外所造者非一經經非一石據所見聞條列其目亦珠林之淵鑑法藏之碎金也

不增不減經無年月有陰側初以爲魏刻今攷定魏無刻經以其筆法最古仍列於第一

維摩經雋敬碑陰皇建元年

維摩詰經

自維摩詰經起至十二部經名止共七種皆唐邕所書今在河南武安縣鼓山石窟寺非磁州鼓山也十二部經又名十二佛名經（張）

維摩詰經別有一殘本兩石一五十餘行一十六行隋刻

勝鬘師子吼口乘大口口方廣經 勝鬘經疑卽此經之省文

孛經

佛說彌勒成佛經

无量義經

无量壽經論

十二部經名 以上七種在磁州鼓山響堂寺無年月皆北齊刻

行唐邑龕觀世音普門品經 在曲陽開皇十三年韓長秀造

大集經月藏分中言

大集經月藏分法滅盡品初言

勝鬘經

涅槃經殘刻　以上四種在安陽縣寶山萬佛溝皆隋刻

　涅槃經洨上亦有隋刻殘石龍門香山洞有唐刻

佛說出家功德經　無年月嘉祥　隋

佛說寶梁經沙門品　無年月關中趙乾生家藏　隋

無量壽佛經　上元二年紀王愼造　邢臺

無量壽觀經　垂拱三年中山法果寺

鬱單越經殘石　同上

呵色欲經　延載元年洛陽龍門

父母恩重經　開元廿五年石幢乾祐三年孟知進造有側　甯陽

清靜智慧觀身經　大歷六年富平

佛說菩薩心地戒品　大歷十三年

孔雀洞佛本行集經元和十四年劉總造房山

觀音經貞明五年程延暉書幢東平又吾吳有湻祐十年一刻

回向咒開運二年錢唐石屋洞

温室洗浴衆僧經建隆二年洛陽

摩利支天經乾德六年袁正已書長安

十善業道經要略太平興國二年趙安仁書祥符

造塔功德經端拱二年簡州

金剛壽命修塔陁羅尼經咸平四年定州

觀世音普門品經熙甯末曾公亮等分書吳縣虎邱

妙空新注般若心經元豐七年心經刻石甚多不備列此因妙空注希見故附此

崇明寺賢劫千佛名經紹聖三年胡祥書句容

佛說生天經大觀三年後有劉球跋 長清

六和塔四十二章經紹興五年沈該等四十二人書 仁和

雜阿含經卷第四十六息字 金章宗時皇伯漢王造下二石同

瑜伽金剛性海曼殊室利千臂千鉢大教王經第六

口經轉不轉品第五十六鹹字

佛母準提咒幢明昌七年 長安

東塔寺八大人覺經至元三十一年僧溥光書 嘉興

佛名佛偈亦刻經之支流也皆刻於石柱唐以前謂之佛名唐以後多曰佛號鼓山十六佛名齊刻也又一本無年月共拓本五幅寶山五十三佛名三十五佛名廿五佛名隋刻也余藏一舍利塔四面題佛號無年月或造象題佛號於旁佛偈以大乘妙

偈碑爲最古大集經後亦有華嚴經偈此二刻皆在安陽萬佛溝長淸靈巖寺有蔡元度所書楞嚴經偈然皆碑本制度不一蔡書橫石其刻於石柱者棲霞有一通拓本八幅未知兩石各四面抑一石八面所刻爲棱嚴經偈與蔡本不同蔡有數百字此僅寥寥數句佛翹一足偈金剛經四句偈喜見菩薩禮日月燈明佛偈佛讚迦葉佛塔偈武岡州平西洞口有宋金剛經偈大字分書甚精盧山有山谷老人七佛偈覃溪推爲黃書第一大定十年珪公塔銘其半截釋洪道分書七佛偈此蓋如今人所刊七如來南方到處有之多在河干云以鎭水魅若簡之又簡歷城千佛巖有摩厓唵摩尼巴哩吽六字無年月審爲隋時刻再簡則爲梵書唵字宋熙甯有一本在咸甯臥龍寺唐太宗御製贊僧顯俊書金正大有一本在登封少林寺唐元

宗贊八分書以石刻驗之釋道兩家未可以方軌齊駕也道德經至唐中葉始有刻石邢臺有一本易州龍興觀有三本其一即開元御注石幢其一景龍二年張督行造其一景福二年王處存書皆精顧拓本流傳頗尠即兩石幢易州本易得而邢臺本爲難得廣明一本在焦山宋高宗御書一石已亡（並見前）此外惟終南山樓觀有兩本皆元刻一憲宗五年高翿篆書一在說經臺正書趙文敏書兩本皆刻於京師一在白雲觀道藏充箱照軫亦不減西來梵葉而唐以前石刻惟此一經而已余嘗欲取諸石本校其異同以補畢氏之闕後見嚴鐵橋魏稼孫校本而止常清靜經一刻於梁貞明再刻於宋太平興

國五年與護命得道兩經同一石皆龐仁顯書此外有元始天尊說北方眞武經元符二年宋溥書太上說九幽拔罪心印妙經崇甯元年道士李宗顏書在耀州昇元經元憲宗七年楊聰草書在三原太上日用妙經至正十二年正書洞元經殘字年月缺在長安其經典皆晚出既非般若之靈文其書筆皆粗工亦無懷仁之精詣視饗堂雲居諸刻眞有觀海之歎

道德經又有一本頗似趙書而凝重世以爲右軍書即與山陰道士換鵝本也此與黃庭遺教何異自王侍書以來有此一派然其書實精妙非袁正已趙安仁可及蓋釋經之精者皆大字而碑爲多道書之精者皆小楷而帖爲多如玉眞公主靈飛經相傳爲鍾紹京書雖未可信不失爲唐經生筆褚

書陰符柳書度人經變亦流傳有緒趙文敏尤喜寫道書所傳有清靜經大洞玉經明周公瑕俞仲蔚皆盛稱之太上洞元靈寶經書於皇慶二年京師有刻本肉餘於骨或是俞紫芝輩託文敏以傳耳

經幢或兼造象唐人寫經梵筴之首亦有繪佛象者推其例於石刻余見趙文敏所書道德經其首繪老子象宋乾德六年刻摩利支天經前作佛象李奉珪畫次陰符經前作黃帝問道廣成子象翟守素畫又太平興國五年刻道經三種一爲太上老君常清靜經一爲太上昇元消災護命經一爲太上天尊說生天道德經皆道家言也而畫菩薩象於首莫曉其旨宜郭子函之譏之也

石刻署款撰書篆額之外有鐫刻有模勒又有都料句當造象或有畫人墓誌或有塡諱已不多見宋雲勝新譯三藏聖教序節度推官趙湘立石之後有李邈題銜四字按是碑後列柴禹錫鄭文寶諸臣姓名上皆有繫銜所謂題銜或指此然僅見此一碑耳惟刻經雖有序贊或無撰人或并無書人而無不有譯經人名如陁羅尼經皆題罽賓沙門佛陁波利譯咒之加句者或題大廣智不空譯金剛經皆題鳩摩羅什譯余見北魏刻一本題菩提留支譯宋刻摩利支天經題神王女抄多摩尼莫說下注梁代失譯四字無譯經人而有說有抄亦僅見此一碑耳右刻經八則

語石卷四終

批校经籍叢编

史部〇一

語石

上海圖書館藏

下

〔清〕葉昌熾 著

顧廷龍 批校

浙江古籍出版社

語石卷五

長洲葉昌熾

一曰造象龍門當古轘轅之道謂之闕口元魏以來依山鐫佛華嚴樓閣彈指湧現老君香山賓暘諸洞蓮宮紺髻輝曜巖扉奚啻千百今所拓者僅卽人迹所到之區氈蠟可施厰估以魏刻數十通或唐刻百餘通謂之龍門全分實猶是虬龍之片甲騏驥之一毛又何論四品十品二十品耶魏造者十之三唐造者十之七間有高齊所刻隋刻僅開皇一通裴悲明仁壽一通年月外已剗泐大業二通耳李子贊梁口仁世競稱魏造象不知唐刻之精不可思議皆棋子方格小眞書有似歐者有似褚者永徽以後長安以前多似薛少保香山洞涅槃經郎相

元明銅象尤多鎔金少
三字頗的

傳爲少保筆其秀逸不減靈飛而道整過之鞏縣石窟寺已淪於水此外唐山龍聖寺磁州響堂寺靈壽定國寺歷城千佛巖玉函山黃石厓嘉祥白佛山甯陽石門房山益都駝山雲門山蘭山琅邪書院多者二三百通少亦數十西安之華塔寺邠州之大佛寺蜀之巴州簡州晉之平定州次之平定州多魏刻靈壽齊刻此外皆隋唐開刻其精與龍門埒卽下至五代宋初錢唐之煙霞石屋諸洞尚多吳越時造象臨朐之仰天山嘉祥之七日山皆北宋時刻南渡以後佞佛之風始稍息刻經尚時一見之佛象皆易以繪塑鎔金少琢石愈少矣

造象莫先於元魏靑陽吳氏有太和二年兩刻世無拓本疑

馮翊王高潤平等寺碑 隸書武平三年 河南偃師

迺賢字易之元南陽人 河朔訪古記有 粤縣珍板書本 粤雅堂叢書本

爲千金之敝帚秦從卌八等造四面象題三年丙午吳氏攷爲道武帝天賜三年刻則更先於太和矣然明帝孝昌三年亦丙午安見其爲天賜刻邪以余所見聞證之當以龍門太和始平公一石爲始潘文勤師有太平眞君二年茲石浮圖記洋門樊文卿得殘造象一刻甚駁泐釋爲西涼李歆嘉興二年皆不免好奇之過矣摩厓刻者鑿石爲龕題字皆在龕之上下左右或於座下磨片石晶瑩界方罫刻其中唐造象之精者皆如此若特建大象而別立碑以記之如魏之朱永隆齊之韓永義及李清報德象皆是矣許州天統三年朱道威等造丈八大象偉矣然平等寺銅象高至二丈八尺見馮翊王碑臨淮王造无量壽象且高至三丈九尺迺賢河朔訪古記

所述正定大佛象鉅麗更過之此外有碑象上層佛龕其下即爲文字（魏武定張保洛齊天保劉碑皆如此張保洛即題爲石碑象）或於正面造象而題字在碑之陰側一碑有多至三四列者或深陷爲龕或平刻如畫其旁仍題字如云某人供養或云侍佛時或云供養佛時其制度差小者或鐫於背或鐫於龕或刻於佛座佛座多與象連屬而制亦不同有刻於前一面者有四面環刻者又有四面造象其制略如幢亦四面刻之所刻之象以釋迦彌勒爲最多（迦字多寫作加釋迦下或加牟尼二字亦曰釋迦文佛）其次則定光藥師无量壽佛地藏菩薩（武后時造者地多作埊）琉璃光盧舍那優塡王觀世音龍門有業道象有多寶象有自在王象有賢劫千佛象有一萬五千尊象有七佛二菩薩象有一佛二菩薩象定國

不高佛象在端午橋家余得其拓本（誌）

寺有阿閦象有彌勒下生象有天保七年无量聲佛象別有无量壽佛一龕聲字未敢定爲誤字其餘所見諸石刻有七佛寶堪天統三年有天宮象開皇四年任洪乱合邑七十人天宮石象天統三年宋買有太子象天保五年諸維那卌八造有越殿國象天保六年比邱曇倫造有伽藍象開皇十六年李慧熾有毗沙門天王象唐中和二年淨土寺後唐天成四年資州有盧舍那法界人中象天保八年道舭有摩訶迦葉廿四佛象安陽無年月是隋刻其尤奇者在滂喜齋見兩石一爲白玉思維象河淸三年牛永福造一爲不高佛象無年月題女弟子充氏造眞書極精確爲隋唐閒刻唐人所造彌陀象或謂之阿彌陀觀音上往往有救苦二字試取龍門全拓證之凡有救苦字者大都唐刻也宋以後始造羅漢象南北風氣如一余見錢唐梵音洞有太乙救苦天尊一身石屋洞惟釋迦彌

勒觀音勢至各數身梁乾化晉開運皆有櫼盛佛象此外百餘通皆羅漢象或云大阿羅尊者或且別爲第一尊者至第十六尊者或云應眞象臨朐仰天山大同元造象惟武林湖上諸山有之其名不雅馴有金剛手菩薩象有多聞天王象又有麻曷葛刺佛大抵皆番僧蒙古色目人爲之魏造象多作一軀或云一龕或云一鋪亦云一尊至宋時始有言一身者龕本作堪如石永興武平二年之左相下堪相朗箱亦朗庵在孫寺河清三年之東堪西堪中堪是矣洛陽鄉望父老造象中云敬於此堪謹造尊儀錢竹汀云說文堪地突也金石錄載後魏天柱山東堪石室銘正用此義今多借用龕字而堪之本義晦矣亦省作坩如龍門貞觀十五年岑文本造東坩一佛二菩薩

是矣張龍伯造象幢以勘爲龕等慈寺武平五年殘塔銘慈氏龕又从土作龕龍門牛氏象龕碑攻香龕以洞啟又从童非假字卽俗字皆所罕見軀字別體尤離奇不可究詰或从土作塸孝昌元年元甯開皇十六年卅八人或从人作傴大統五年曹續生或竟省身旁作區區中三口傎倒位置神龜二年趙阿歡兩口在上一口在下倒寫作區大統四年僧演左旁兩口字直下一口在右寫作區亦有省一口作區者已奇矣而天和二年李男香造象將右旁缺口移而向左作䡔則眞匪夷所思矣非多見鮮不以爲可恠者至造字頗有从古作艁靈壽安陽造象皆有之石窟洞造象間有以賸字易造字者不知何義佛字右旁多从厶作仏龍門釋迦文佛往往省人旁作弗迦亦省作加一刻釋迦作世加迺駁文

造象碑陰及下方其人物象或卽爲供養之人不皆爲佛象如法顯造須彌塔題名之右有僧象一軀眉駘背栩栩如生卽法顯象也尉遲山保造象右邊一男子象卽爲山保以下十餘女子象每一象旁有題名他刻有作跪象者或執香花或執旛幢旌節之類又有繪多寶塔及獅象者嘗見一石均側立形衣冠奇古尙有孝堂山武梁祠遺意

道俗人等同心發願余所見景明三年四人造象托活洛氏藏石其最少矣遞增而有廿三人神龜元年杜遷等有興和三年一石又卅二人景明三年高樹解伯都等卅五人神龜三年闞曰趙阿歡等又自四十孝昌三年臨菑郡師僧達等五十武平三年雹水村四部道俗邑義等六十孝昌三年臨菑邑儀七十正始元年高洛周等以至二百景明三年孫秋生等三百餘人武定二年王貳郎綰法義三百人造象武平二年比丘僧道略三百餘人造象

其通稱爲佛弟子爲邑義爲法義義或作儀又从亻作儀又爲信士男曰清信士女曰清信女在孫寺造象但稱清信無士女字六朝造象士多加人旁作仕又爲象主猶造經之爲經主造幢之爲幢主唐幢亦都稱相輪主造塔者曰塔主造鐘者曰鐘主造燈者曰燈主燈亦作登或曰登明主造浮圖者曰浮圖主象主之上或加大字或曰副象主或曰次象主非以功德之大小卽以名位之尊卑爲別或曰釋迦象主彌勒象主彌勒開明主觀世音象主無量壽佛主菩薩主開皇中固安陵雲鄉造象白衣大象主乾明元年比丘惠承造象彌勒下生主石永興造象天宮主千象主興和二年邢生造象當陽象主武平二年石永興皇建二年陳神忻造象開皇九年管妃造象自第一象主以次至第八而止則以所造之佛名爲別或曰檀越主檀下或省越字

作主檀香火主（天和二年禮平國造象）發心主光明主開明主都開光明主則皆取布施之義或曰化主教化主勸化主（武平元年董洪達造象）都化主大都化主大化主則皆取化導之義設齋者曰齋主齋字往往刻作斎又衍為閞（即關字）斎主（陳神忻）起碑斎主度碑斎主（蘭山造象）兼造象而言則曰象斎主以上諸號其上隨宜加字或以東西南北四面為別（如東面象主西面象主之類）或以上中下三龕為別或以左右兩葙為別

右象主題號見王蘭泉北朝造象總論其所無者補以石本王氏所舉尙有世石主（原註未詳）都錄主坐主高坐主邑中之稱曰邑主大都邑主都邑主邑子（龍門孫秋生一刻其額即題邑子象三字邑寫作㔾不學者呼為包子象雖士大夫亦沿其謬而不悟陋矣）邑師邑正邑老邑胥邑讚邑滑（按胥

疑即胥字謂濁皆其別體錢竹汀云鄭康成注周禮以胥爲有才智之稱漢人又加言旁漢隸从胥旁者多變从肙或又作謂邑政按正即政之省邑曰原注未詳都邑忠正邑中正邑長鄉正邑平正鄉黨治律寺中之稱曰和上比丘比丘尼都維那維那典錄典坐香火沙彌門師都邑維那余所見尚有寺主法主天統五年在嚴寺造象都平正開皇十六年卅八人造象唐人又有社錄耆宿等稱蓋鄉里愚氓因事立號本無義例亦不能備詳也汾陽縣續志崇勝寺造象在大相里齊天保三年造檀越之稱曰都大象主曰上巾下龕象主曰左金剛主曰當陽大象主佛弟子曰迦葉主曰阿難主曰寶聖主曰交龍主曰都邑主曰都維那主曰都檢校維那主曰左師子王主曰左寶塔主曰左齋主曰寶瓶主曰左神龍主曰香爐主曰神龜主曰右神龍主曰右寶塔主曰右師子王主

王氏萃編又曰孫秋生等造象所列姓名皆稱維那魏書釋老志若爲三寶巡民敎化者在外齊州鎭維那文移在臺者

齋都維那等印牒然後聽行違者加罪又翻譯名義南山之聲論翻爲次第謂知僧事之次第華梵兼舉維是綱維華言也那是梵語删去羯磨陁三字也僧史略云梵語羯磨陁那譯爲知事亦云悅衆謂知其事悅其衆也稽其佛世飲光統衆於靈鷲身子涖事於竹林音義指歸云僧如綱假有德之人爲綱繩也隋智琳潤州刺史李海游命琳爲斷事綱維邇後寺立三綱上座維那典座也

附錄王蘭泉北朝造象諸碑總論

造象始於北魏迄於唐之中葉大抵所造者釋迦彌陁彌勒及觀音勢至爲多其初不過刻石其後或施以金塗綵繪其形體之大小廣狹制作之精粗不等甞推其故蓋自

典午之初中原板蕩繼分十六國沿及南北朝魏齊周隋以逮唐初稍見平定旋經天寶安史之亂干戈擾攘民生其間蕩析離居迄無甯宇幾有尙寐無訛不如無生之歎而釋氏以往生西方極樂淨土上昇兜率天宮之說誘之故愚夫愚婦相率造象以冀佛佑百餘年來浸成風俗釋氏謂彌陁爲西方敎主觀音勢至又能率念佛人歸於淨土而釋迦先說此經彌勒則當來次補佛處故造象率不外此綜觀造象諸記其祈禱之詞上及國家下及父子以至來生願望甚賒其餘鄙俚不經爲吾儒所必斥然其幸生畏死傷離亂而想太平迫於不得已而不暇計其妄誕者仁人君子閱此所當惻然念之不應遽爲斥詈也

意瑗佛國碑陳神忻石室記安定王石窟銘皆造象也特異其名耳龍門有豫州司功參軍王有口造龕銘顯慶四年此外垂拱三年有劉志榮一刻亦變造象稱造龕又顯慶五年一殘刻其文有於趙客師龕內造象云云蓋卽前人舊有之龕而增鐫一佛又有佛弟子程黑退妻甘元暉脩治破象此皆造象之變例又有積薪居上如延昌二年一殘造象長安四年韓寄生所造卽蒙刻其上邠州大佛寺有一通亦如此龍門杜法力三刻一爲五道將軍等象一爲天曹地府牛頭獄卒象一爲上缺閻婆王南斗北辰象三刻相連皆無年月此猶吳道子畫地獄變爲後來繪塑之濫觴攷六朝造象非琢石成龕卽鎔金爲範繪塑之事皆起於隋唐以後然不敢造石百

一余所見石刻貞觀八年祁觀元始天尊塐象碑始見塐字其次大歷十一年李大賓塐象記周廣順中有判官堂塑象幢宋慶歷五年法門寺重修九子母記塑人王澤畫人任文德此並塑象之緣起也唐巴州化城縣有二刻皆題布衣張萬餘繪其一文德元年釋迦牟尼等佛六十一身又更裝鬼子母佛兩座其一光啟四年功德八龕二百五身內有西方變象及鬼子母一座蜀千佛厓越國夫人造象云重修裝毗盧遮那佛一龕并諸菩薩及部從音樂等按河南密縣有索長宮畫象并創塑部從記景祐二年梁佐撰又一通云彩色暗昧重具莊嚴金皇統中長清靈巖寺傳大士梵相及觀音菩薩聖蹟碑皆洛陽雍簡畫登封達摩象元光二年僧祖昭繪此又爲繪象之緣起也杭州飛來

峰有元玉林帖木兒阿里升裝象題字又有荅失蠻布裝佛國山象然所謂繪者當是卽塐象而加以彩飾與畫軸不同北朝又有玉石象或稱白玉象此蓋以石之質白者琢治之其質視今之花乳石尙粗而色之純白亦不逮非眞玉也

造象左右題字或佛名或侍佛時或云供養佛時惟河內縣北孔村有魏武定元年九十人造象所題皆釋迦降生得道之事如云　太子得道諸天送刀與太子時　定光佛入國囗囗菩薩花時　如童菩薩賫銀錢與玉女買花　黃羊生黃羔白馬生白駒　摩耶夫人生太子九龍吐水洗　想師瞻囗太子得想時　此婆羅門婦卽生恨心要婆羅門乞好奴婢囗囗時　三年囗囗婆羅門婦囗時　五百夫人皆送

太子向檀毒山辭去時　隨太子乞馬時　婆羅門乞得馬時　太子值大水得度時　共十二行每行側皆畫象唐貞觀十三年齊士員獻陵造象有云若有人敲打佛象破滅經字願來世恆墮地獄世世不復人身常值災窮之報下即爲佛象象側題字四則皆冥律也第一則云王教遣左右童子錄破戒虧律道俗送付長史令子細勘當得罪者將過七行行四字第二則云奉閻羅王處分比口大口雜人知而故犯違律破戒及禽獸等造罪極多煞害無數飲酒食宍貪婬嗜慾劇於凡人妄說罪福誑惑百姓如此輩流地獄內何因不見此等之人八行行九字第三則云閻羅王敎遣長史子細括訪五五相保使得罪人如有隱藏亦與同罪仰長史括獲

送枷送入十八地獄受罪訖然後更付阿鼻大地獄四行行十三字第四則云王敎語長史但有尊崇三敎忠孝竭誠及精進練行缺下乘苦懃祗承課役如此之徒不在括限二行行廿字以我法喻之釋迦彌勒之類聖賢象也此則如杏壇闕里諸圖與武梁石室畫周秦故事正同此後唯吳越王金塗塔亦繪梵夾故事雕鏤精巧得未曾有宋姜白石得一版乃如來舍身相釋德清所見則爲尸毘王割肉飼鷹救鴿朱竹垞云鄉人蔣爾齡亦得一版作放下屠刀立地成佛象以施東城白蓮寺阮文達得一塔一面繪月光王捐舍寶首事一面割肉飼虎狀諸家皆引雜阿含經阿育王起八萬四千塔爲說觀孔村武定造象則元魏時已有作此功德者矣但塔

魏齊銅造象亦甚多余藏所有六十餘區南朝銅造則所見僅十餘區耳

王正孺藏梁劉敬造象亦甚精妙

象不同耳。北朝石象多而銅象少，南朝銅象多而石象少。余所見江左石象最古者，齊永明六年維衛尊佛，在浙之會稽縣。太歲丙辰比丘法智造迦天象，王康生前輩釋爲梁武帝大同二年刻。又釋慧影造象，亦梁刻，自蜀中來。余曾見蜀人攜梁造象數十通，皆贗託，此石筆法稍古，疑團亦未能冰釋。此外皆銅象矣。雖小至逕二三寸，莫不有座，座空其後，一面題字，郎環刻於三面，或鐫於背。道光中，陝人李寶臺取舊銅象無字者劖其背以炫售，好古者爭購之。大抵造象與墓誌異，墓誌必發冢而後得，石象荒山廢刹中往往有之。衲子之無行者，輒持以求食，碑估攜至都下，或鑿其首，法身無字者，或僅攜其座或殘龕一角而僞造者即雜出於其閒吾吳海州東海之濱一小邑也其地一古刹中有小銅造象七十餘尊皆六朝唐時刻山左碑估攜以北來售於潘文勤師得七百金以去文勤嘗舉以出示嵌金爲字光焰熾然雕鏤精工令人憙見使劉燕庭陳壽卿諸公見之當不知若何贊歎合十作禮得未曾有

鮑臆園叢稿有自題造象拓冊云造象僞作者如齊天保七年尼如靜一石王廉生知刻者姓名乃人家柱角下物也葉氏平安館所收天保五年司馬治中開皇元年張佐清二年吳文得大業元年朱建忠長慶元年姜永錫及姜長年諸拓皆李寶臺所僞大梁丹陽民白僧佑取永徽年無字造象添刻天復元年

此等愚凡所為以此薄
未始為陋

蘇檢諸拓皆朱賈所僞附著以告後之嗜古者蓋自劉燕庭丈宦秦曉以古器雖破闕無傷以款識爲重因之寸許銅造象亦牽遭鐫刻作僞日勞未始非吾輩導之也

齊天統元年姜纂記所造爲老君象而其文還云靈暉西沒至理東遷又有龍華初唱六道四生等語皆釋家之詞也但知造象可以邀福而道釋源流并爲一談亦古人之陋矣又有天尊象亦道家所造涇陽有魏張相隊一刻隋綿州有西山觀黃法暾諸刻皆道流也唐蘇靈芝書夢真容兩敕一在長安一在易州以玄元國姓故特尊崇之然民閒風氣未嘗稍改統觀隋唐閒造象出於道家者不逮釋氏百分之一以大統十四年豫州刺史蔡公後裔刻爲最古至文章之宏

座或殘龕一角而僞造者卽雜出於其閒吾吳海州東海之濱一小邑也其地一古刹中有小銅造象七十餘尊皆六朝唐時刻山左碑估攜以北來售於潘文勤師得七百金以去文勤嘗舉以出示嵌金爲字光焰熾然雕鏤精工令人憙見使劉燕庭陳壽卿諸公見之當不知若何贊歎合十作禮得未曾有

鮑臆園叢稿有自題造象拓冊云造象僞作者如齊天保七年尼如靜一石王廉生知刻者姓名乃人家柱角下物也葉氏平安館所收天保五年司馬治中開皇元年張佐淸二年吳文得大業元年朱建忠長慶元年姜永錫及姜長年諸拓皆李寶臺所僞大梁丹陽民白僧佑取永徽年無字造象添刻天復元年

此等愚見所爲以此薄
古轉爲淺陋

張壽按：鮑之拓冊於辛丑歲收入余之意真
廣司馬治中泰，係天和五年，非天保。
又按拓冊題爲第五冊司馬治中拓本下鮑注云
以下無紙亦伯寅贈下爲去注云此下至姜長年名
多寡皆李寶臺僞刻以自葉氏者葉氏此刻共
六刻，多姜永錫一刻，不知何据。

蘇檢討[illegible]言後之一者古者蓋自劉燕庭
丈宦[illegible]銅造
象亦[illegible]
齊天[illegible]西沒
至理[illegible]詞也但
知造[illegible]陋矣又
有石[illegible]州有西
山[illegible]敕一在
長安一在易州以玄元圖[illegible]氣未嘗
稍改統觀隋唐開造象出於道家者不逮釋氏百分之一以
大統十四年豫州刺史蔡公後裔[illegible]刻爲最古至文章之宏

贍書筆之遒美當以沮渠智烈所書奉仙觀老君石象碑爲第一

韓非子衞靈公召師涓而告之曰有鼓新聲者其狀似鬼神王爲聽而寫之國語王命工以良金寫范蠡之狀史記秦始皇紀寫放其宮室作之咸陽北阪上蘇秦傳宋王無道爲木人以寫寡人新序葉公子高好龍鉤以寫龍鑿以寫龍屋室雕文以寫龍周髀經笠以寫天以上諸書顧氏日知錄舉以爲寫字訓書之證不知此非寫字乃象字之駁文也北朝造象凡象字皆省筆作𧰼或變文作爲其形似寫因而誤釋爲寫字卽紀年如元爲大爲亦皆如此非觀石刻末由知之卷軸傳錄其誤正同造象之象又或加人旁作像从亻作像右

造象十二則

一曰畫象今收藏家得唐人畫已爲希世之珍况漢畫乎欲觀東京以前衣冠文物宫室制度惟有漢畫象耳文翁石室禮殿畫古聖賢象趙邠卿自營壽藏圖季札子產晏嬰叔向四賢並爲贊頌此必琢石納諸壙或伐石樹闕以刊之水經注載金鄉有司隷校尉魯恭冢鉅野有荆州刺史李剛墓墓前石室皆有畫象今皆不可得見矣朱鮪一室（亦曰朱長舒）殘泐已甚今世所傳者唯孝堂山武梁祠爲最古亦最完武梁祠在嘉祥之紫雲山乾隆中黃小松李鐵橋先後訪得之前二十年又時有殘石出土汪郎亭先生督學山左時以拓本見貽正祠三石每石五列前石室十四幅後石室左石室皆十

紂醉踞妲己象印本冊之權輿（張）

幅東西兩闕各兩幅祥瑞圖二幅新出土者十二幅內荷蕢一石石本作匱可證論語古本孝堂山畫象共十幅余亦從厰肆得拓本但題字已剗泐按兩石室所刻皆古聖賢節孝事然武梁祠有夏桀又如須賈張祿諸人豈盡爲聖賢邪漢時有畫紂醉踞妲己者蓋以古爲鑑貞淫美惡不妨並列且其義不僅此也山左金石志述陽曲申兆定之言曰孝堂山畫象舊說是郭巨石室按畫象大都雕刻聖賢古事及其人所歷官職如李剛刻云君爲荆州刺史時魯峻刻云祀南郊從大駕出時又云爲九江太守時武氏刻云此君車馬君爲都口時君爲市掾時督郵時皆明證也此畫象中騶騎步卒大車屬車鼓車儀衛甚都雖無題識要非郭巨墓中應有而

君車象已歸振寺亭長象惜未見

君車一石尚有銘字以下不……安書傷主所得四題亭長畫象別爲一石拓

端午橋制府又藏一永和畫象人物車馬禽獸古似武梁祠而有一弄丸人飛丸已五六甚奇詭字題於兩旁廓外甚精（張）

斬馘獻俘覆車墮河二段孝堂山第三幅第五幅畫此事亦非無謂而作意者卽爲墓中人實錄未可知也此說奇而確濰縣陳壽卿先生藏一石有君車字又有亭長字因自號爲君車亭長亦此意漢時公卿墓前皆起石室而圖其平生宦跡於四壁以告後來蓋當時風氣如此端午橋制府藏一漢畫象共兩層上層有漢使者及王陵母字下層爲晉靈公趙宣孟觀其制度亦武氏祠堂物也孔子見老子畫象有二石一卽出紫雲山黃小松遷之於濟甯學宮一出寶應縣東七十里射陽聚乾隆中爲汪容甫先生所得其餘齊魯郡落閒時時出土惟皆無年月可攷王蘭泉記所得畫象曲阜白陽店一石有諸從官楚口少平二榜四氏學一石有周公二字嘉祥縣隨家莊

語石五　十三

二石第一石有大富二字鄒縣白楊樹邨一石題食齋祠圖四字極古又云在曲阜者聖府後門及顏氏樂圃各一石在濟甯州者普照寺一石李家樓二石晉陽山六石兩城山十六石在嘉祥者縣署東華林邨七日山紙房集四處各二石劉村及湯陰山各一石在汶上者城垣二石關帝廟四石在新泰者師曠墓四石皆無題字然孫氏訪碑錄所收顏圃聖府後門兩石俱云有字劉邨三石非一石嘉祥又有焦城邨四石亦皆有題字與逑庵所紀不同未見原拓未知誰為實錄

李翕黽池五瑞圖摩厓之畫象也嵩山兩闕牛空山金石圖摹其形象而繫以說云西闕額下畫兩人走馬而舞為角觝

戲又兩螭龍一龍入於竇一龍逐而銜其尾西側畫一環月爲蟾兔杵臼擣藥之形南面畫索毬而蹋踘者二人一人跪一人坐而睨視東闕畫一獵犬逐兔兔趯趯然可及也又一獨角獸一人左手引之而右持鉤鉤象雖樸質而形容畢肖蜀新都王稚子闕據王文簡所記疊石五層如窣堵波二層刻人物之形三層刻象虎海馬五層師子與隸續同高頤馮君沈君三闕亦皆有畫象余嘗見沈君闕全拓上爲朱鳥下爲獸鐶旁有蟠螭及雙璧形雕琢工細皆漢畫之至精者但四方徵拓得魚忘筌得兔忘蹄故其畫不顯於世以此推之北朝造象諸天梵相白毫湧現天衣瓔珞微妙莊嚴其邑子供佛象兼有香花旛節之類此卽北朝之畫象也唐王三娘

唐崇福觀幢環刻畫象共有
六幅精妙宏麗絕

華藏世界圖屬舊而不可得

天慶觀即吾郡城之玄妙觀
也此畫像刻在欄下唐游人使溺及
香亭外角即見之近以屯擱其廿
六幅此郎伯絅藏蔣喜蔭拓為
多中一幅有達武年號以達元號
核之均不可信雖多殘泐而人物
鳥獸皆栩栩如生殊為宋元間制
作吳退樓曾拓贈陳簠齋亦不
能定為何代也
壬申十一月十八日記

浮圖久視元年兩面畫天尊象甲胄佩劍手持斧鉞如今所畫神荼鬱壘又嘗見花藏世界圖宮室樓閣皆從雲氣中湧出此又唐之畫象也京師彰義門外天甯寺浮圖其最上一層八面鐫天尊各一軀鷹瞵鶚視猙獰可怖自下望之約高五六尺許體勢飛動如挾風雷下擊余游其地輒徘徊作禮不忍去謂非陸探微張僧繇輩不能作東南廟柱及橋欄亦往往刻飛走雲雷之象吾鄉天慶觀露臺石欄即有宋刻畫象潘文勤師奉諱在里嘗拓之端午橋制府所收畫象不皆漢刻一石畫鷗一魚一已似宋以後院畫一石四人手執花即所謂六朝侍佛象也若取諸刻臚列觀之自漢至宋畫院源流瞭然可數昔東澗翁得古刻列女傳上有圖象謂是顧愷之

畫可見古人名物制度今其書已有覆木鉤勒草草寖失古意去石刻遠矣武梁諸象若荆軻要離勃勃有生氣其貌皆上銳而下豐衣褶森然作折鐵紋明之崔青蚓陳老蓮近日之山陰任氏藍本皆從此出但云學宋元派猶爲古人所欺耳

畫家謂之寫生一邱一壑一花一木輕重疏密皆在氣韻之閒非石刻所能傳出杜工部贈曹將軍詩云褒公鄂公毛髮動又云一洗萬古凡馬空畫人畫馬已稍落筌蹄矣然今昭陵尚有唐淩煙閣功臣象及六馬圖譜其拓本亦能如杜老所云也惟聖賢仙佛鬼神衣冠古質瞻視尊嚴石本或可與紙本相頡頏宣聖象吳道子畫者三李公麟畫者一紹聖二

李木齋得宋琢石有宋故郡府君夫人王氏之象夫人坐倚上侍妾捧盂立其前一婢持鏡在倚後刻畫絕精

年按几坐象刻於曲阜當爲吴道子眞筆曲阜別有元刻立象大觀元年米芾一石河南魯山縣與定五年一刻皆重開本也李公麟畫者在錢唐有紹興二十六年宋高宗御製贊此外粵西有兩刻一在獨秀山至正五年丁方鐘畫一在横州學舍粵東有一刻在南海學之燕居亭與獨秀同時刻歷代名賢如唐之狄梁公顏魯公在大荔宋之范文正公在吾郡范氏義莊內文潞公司馬溫公夏縣溫公祠有其合象皆有遺象藏於家廟亦往往有拓本傳於世吴道子畫觀音象長安有二本元祐六年呂中贊甘肅成縣有一本光緒癸卯按試甘南新訪得雲南永平縣有大樹觀音象刻於樹身微妙莊嚴得未曾有惜無年月題字吾鄉元妙觀有太上玄元皇帝象曲陽有鬼伯象皆相傳爲道子筆十六應眞象

以四明延慶寺爲最古又有布袋羅漢象亦謂之布袋眞儀宋元祐有三刻皆崔白畫而蘇長公題其後一在益都一在濰縣一在輝縣金元光二年登封有一刻不著何人筆登封又有達摩面壁象彌勒象達摩象元光二年僧祖昭繪尙不僅此一刻此外如壽陽之李長者象臨桂之劉眞人象四川名山之甘露祖師象紹熙三年刻仙釋之流金石家著錄亦不少

李營邱之金碧樓臺米之潑墨倪之皴筆固非石刻所能擅場若夫千巖競秀萬壑爭流棘猴之技或能得其精詣世所傳山水諸刻有如仙源圖金大定二年華陰陽關圖李伯時繪與歸去來圖同一石融縣之眞仙巖圖江華之陽華巖圖北嶽圖金大安二年中嶽廟圖承安四年河津之馬峪瓜峪兩泉圖皆宋大觀間刻皆以精細界畫勝

蔣香生太守官閩中時曾以宋刻輞川圖見貽林壑深邃尺幅有千里之勢石刻至此稱爲精絕人物稍宜於山水所見有金華之騎牛留犢二圖（熙甯六年陳禹俞詩）蕪湖之太白脫鞾圖山谷返棹圖（無年月皆牟子才贊）元大德五年玄元度關圖畷城周氏藏金粟道人小象元至正戊戌雲林子爲之贊而雲林亦別有一幀東坡笠屐象最多江建霞太史蒐輯至十餘種但皆後賢所刻以寄瓣香之祝神情意度各各不同化爲百東坡未知誰爲眞我

甌香沒骨傳神愈難矣龍門之桐高百尺而無枝靑松翠竹碨砢多節轉以石質益增其蒼秀有如宋之陰陽竹（王右丞畫宋元祐六年刻）金之活死柏元之童童漢槐圖（皇慶二年在滎陽）倒插竹在定州

圖皇慶元年在嘉定集仙宮瑞竹記之碑陰蘭蕙同芳圖至正六年刻瞿木夫藏拓本皆名筆也至如飛走之屬則昭陵六馬即其一潤州有麟鳳龜龍四石宋嘉定二年刻今僅存一鳳吾鄉陸鳳石尚書生於學舍其祖方山先生命名曰潤庠而字之曰鳳石所以誌也今司鐸者爲元和汪和卿丈其三子皆同官贈余拓本共兩石一圖一贊寶而藏之余雅不喜求時賢作畫十日一水五日一石而又未必盡工則何如以石刻補壁之爲愈乎　右畫象五則

一曰地圖是亦畫象之一體也而絶不同以晁陳之學通之一爲藝術一則當入史部地理家王象之輿地紀勝每一州碑目之後必附以圖經若干卷初疑邑乘無與於石刻後觀

蔣香生太守官閩中時曾以宋刻輞川圖見貽林壑深邃尺幅有千里之勢石刻至此稱爲精絶人物稍宜於山水所見有金華之騎牛留槎二圖（熙甯六年陳禹俞詩）蕪湖之太白脫鞾圖山谷返棹圖（無年月皆牟子才贊）元大德五年玄元度關圖瞜城周氏藏金粟道人小象元至正戊戌雲林子爲之贊而雲林亦別有一幀東坡笠屐象最多江建霞太史蒐輯至十餘種但皆後賢所刻以寄瓣香之祝神情意度各各不同化爲百東坡未知誰爲眞我

甌香沒骨傳神愈難矣龍門之桐高百尺而無枝青松翠竹磥砢多節轉以石質益增其蒼秀有如宋之陰陽竹（王右丞畫宋元祐六年刻）金之活死柏元之童童漢槐圖（皇慶二年在滎陽）倒插竹在定州

圖皇慶元年在嘉定集仙宮瑞竹記之碑陰蘭蕙同芳圖至正六年刻瞿木夫藏拓本皆名筆也至如飛走之屬則昭陵六馬即其一潤州有麟鳳龜龍四石宋嘉定二年刻今僅存一鳳吾郡[illegible]鳳石尚書生於學舍其祖[illegible]鳳石所以誌也今司鐸者[illegible]贈余拓本共兩石一圖一幀[illegible]吾求時賢作畫十日一水五日一石而又未必盡工則何如以石刻補壁之爲愈乎　右畫象五則

一曰地圖是亦畫象之一體也而絕不同以晁陳之學通之一爲藝術一則當入史部地理家王象之輿地紀勝每一州碑目之後必附以圖經若干卷初疑邑乘無與於石刻後觀

唐吳興圖經其先爲顔魯公所書刻於石柱始知唐時圖經皆刻石而今亡矣此碑林中一大掌故而知之者尠矣最古者惟僞齊阜昌之禹跡圖華夷圖開方記里雖簡實輿圖之鼻祖也山西稷山縣有摹本在保眞觀石横二尺五寸爲方七十一豎三尺爲方八十一共方五千七百五十一每方折地百里誌禹貢山川古今州郡山水地名極精阜昌圖方廣各三尺餘此石旁網非得墨本不能別其同異宋呂大防長安志圖已佚近新出殘石數十片余嘗從西估得拓本離合鉤貫不能得其鬬筍之處吾吳郡學有平江圖又有地理圖與天文圖帝王紹運圖共爲一石益都有平昌寺地圖記元至正十五年刻所見地圖石刻僅此此外桂林府學有釋奠

張髯未嘗有九橋十柱拓本一冊皆宜興溧水兩縣中橋梁題字多自題識極可喜

位序儀式圖牲幣器服圖天一閣范氏藏舊拓投壺圖此爲禮圖當附阮諶聶崇義之次　右地圖一則

一曰橋柱古人濬井多於井欄造象橋柱亦然所見造橋碑如東魏武定七年河內于府君一刻卽題爲義橋石象碑補訪碑錄有隋開皇九年兩郜法義廿一人造象余得拓本按其文實爲造橋而設但碑有造象耳唐開元三年鄭元口造義井義堂記四面環刻大象主姓氏甯陽縣有天寶三載臧公鑿井造象碑皆可證矣按隋澧水石橋碑其文有云薰修十乘迴向一善又有法界含生咸蒙斯福語與造象之文相類靈鼉方丈卽爲一葦慈航此亦我佛津梁之志也夫司馬題橋未聞刻柱褒城棧道中有晉泰始六年潘宗伯造

潘宗伯造橋格題字今爲洪水衝失石刻亡矣拓本遂日昂其價且有摹本（弢）

橋格題字此格字爲閣字之借按漢楊孟文石門頌有橋梁斷絶字略陽有李翕析里橋郙閣頌其文曰析里大橋又曰臨深長淵三百餘丈接木相連號爲萬柱此自隴入蜀架閣之梁非渡水之略彴也自來橋記當以魏于府君碑爲最古其次隋有四刻鄒縣仲思鄉碑一也（開皇六年）蘭山之兩邨法義碑二也（開皇九年）南和澧水石橋前後兩碑三也（開皇十一年經始下無年月）密長盛逢盡毀碑四也（開皇廿年在蘭山縣）亦余又藏蘭山一殘拓中有金沙滔滔及閣道字當亦爲造橋殘刻唐開元以前所見三石一爲洨水橋碑（永徽三年）一爲壽光縣造橋記（延載元年）一爲睢縣劉牛溝小石橋碑三刻皆精而尤以洨水橋爲第一結體遒媚上可抗天保定國寺兩記下可比潤州魏法師碑蓋唐

刻之至精者也東南無唐以前刻宋元橋記時有著録吾郡紅闌三百白香山詩所云人家盡枕河也錢曉徵先生主講吾郡時嘗偕鈕山人匪石刺舟遍游城内外所過橋梁盡録其題字余在里中亦謀之帖估以通衢水道終日行舟如織無從繫纜若篝燈椎拓亦時有夜行船卒不果白塔子橋一宋碑在橋洪中曹胡徐橋一宋碑則嵌於橋之岸側皆近在咫尺而竟未拓一紙惟搜訪得井欄十餘通而已又嘗過松陵城外學宫前一大橋有元人題字邑志亦未著録以此知江浙水鄉到處皆有去年藝風遣人至太倉州拓得橋記二十餘通皆宋元刻嘉定十一通亦皆在城市中碌碌匠人媿吾友矣　右橋柱二則

梁天監井闌爲端午橋制府取去宣統元年輦至京今存琉璃廠仁威觀（陸）

一曰井闌梁天監丙子一刻其最先矣京師慈仁寺有唐開成井諸井闌題字者或四面或六面環而刻之惟此井仰刻於欄之平面有如雪浪盆亦似大定鼓或曰欄舊無字好事者僞託唐人刻耳余所見唐井二通一天寶八載造其闌分六面四面題施主姓名皆劉氏一面石槽欄頌作者名錯而自稱曰宗子亦劉氏也一面宋湻化五年續記首行題定州望都縣翟城鄉口藻村佛弟子劉緒施完縣之娘子寨有石經鉤欄石槽碑分三列上列佛象中列心經下列碑文右旁題大唐開元聖文神武皇帝供養余初不知槽欄爲何義洎來北方見道旁井其側皆鑿石爲槽汲水於槽以飲馬乃恍然於槽爲一物欄爲一物刻經造象唐人製作甚精誠不如

龍按綫泉今在余家先君
拓而長跋並乞知名之士題詠
甚備

開成井且其字亦不盡刻於欄也即如完縣井碑甯陽臧公碑長安有宋熙甯七年善感院新井記僧慧觀書皆碑也惟吾鄉江浙間南宋以後井欄始多有題字凡汲綆痕漸靡深至寸餘有似追蠡或竟中裂如玦試摩挲之其欄必有字然明初洪武永樂間刻如此不必皆宋元刻余庚寅里居取郡志按圖索驥僅捜得宋元十餘通亡友管申季明經家杉瀆橋門前有古井顏曰亨泉宋咸淳戊辰泗洲寺僧所立有記有詩申季即以亨泉自號並拓一通見貽嚴衙前有復泉余欲物色之分樹一幟彳亍荒榛瓦礫中竟不可得大成坊有胥井宋紹熙中立嘉定改元重甃爲姚公子公蓼所得圓明院方便泉在畫禪寺東元大德十年立皇慶元年重修字小於豆

丁未屬秣陵曾見搨本一冊
皆甯垣井闌題字瑞未記出

清朗未損余所得井欄以此三刻爲最精其餘皆殘泐或無年月大凡年月題字之前必有義井兩大字如碑額陰文深刻亦有四圍陰文一線而中仍作陽文凸起者金陵雷山義泉至正八年四大字尤古質有六朝遺矩虞山有北宋慶歷井欄上有積善鄉沈諒題字甚拙不足觀 右井闌一則

一曰柱礎山西金石志分類著錄以幢柱爲一類或問幢與柱異乎曰石幢八面有觚稜石柱平方四面皆可刻字漢郭巨石室石柱有唐人題字此柱在先刻在後精藍巨刹長廊廣殿亦往往琢石爲柱或題佛號或題天尊號宋淳熙三年元妙觀石柱或即刊施錢姓氏華陰嶽廟有唐大中乾符閒題字鳳臺青蓮寺濟甯普照寺石柱並有宋南渡以前題字此皆出於工

匠爲立柱時所刻惟正定開元寺三門樓石柱最寬廣堅固唐人題名自乾元元年至大歷十二年共八十餘段正行兩體筆勢遒勁以營造尺度之拓本約廣二尺餘則其柱之方廣可知余得龔孝公舊拓未見第二本也耀州孫眞人醫方亦似刻於石柱或云華表未詳余在厦門鼓浪嶼所見觀世音石龕中一聯亦刻於兩柱但其石未經磨瑩凹凸不平故右旁年月姓名小字卽不甚分明耳

殘碑斷碣往往斵爲柱礎如北海李秀碑斵爲六礎今猶存兩礎在文信國祠堂此本非礎也不知柱礎亦未嘗無刻字如元氏開化寺白玉石柱礎有題名兩列沈西雍攷爲北周刻莫古於此矣海甯紫微山廣福院天聖三年嘉定菩提寺建炎二年

吾鄉寶林寺淳熙十五年亦皆有柱礎題字見於孫趙兩錄又有幡竿石亦柱礎之類孫氏所收即有三刻一嘉祐三年汶上寶相寺一崇甯三年泰安王母池一宣和二年泗水三殿廟因石柱而連類及之右柱礎二則 附幡竿石

一曰石闕有廟門之闕有墓門之闕統而言之皆神道之闕也廟闕有四嵩嶽居其三太室少室開母廟華嶽居其一西嶽廟神道闕題字金石錄云永和元年五月其餘皆墓闕也制度亦不同高頤闕立兩石爲門王稚子闕壘石五層嵔嵬上銳如窣堵波狀葉井叔嵩陽石刻記言開母廟闕以石條壘砌如垛而空其中觀牛空山金石圖所繪橫石六層高八尺五寸闊五尺五寸厚一尺八寸太室少室高廣相等大凡石闕空處皆有畫象或在闕之

兩旁如武氏石闕及蘭山南武陽兩闕（一元和三年 一章和元年）皆是兩漢闕多在蜀中梁闕皆在白下劉燕庭晉古志所收于稚子高貫方兩闕之外有漢沈君左右闕李業闕楊宗闕馮煥闕蜀賈公闕凡闕多東西相對其子然獨立者或亡其一耳如于稚子本兩闕而一石亡於雍正中今一石僅存殘字賈公闕後有宋乾道六年侚信題名亦剝蝕以有題字者爲舊拓沈馮兩闕最清朗沈韻初孝廉嘗裝沈君闕爲屏懸之坐後客至見沈君神道字莫不愕眙其好奇如此余所藏典午兩刻一爲姚彥侍方伯藏石其文云巴郡察孝騎都尉枳楊君神道隆安三年刻分書一爲王康生前輩藏石其文云安邱長城陽王君神道太康五年刻篆書王君神道共兩石其文

同當亦東西闕耳但其石較漢制爲小高不逮墓碣而廣過之江甯諸闕孫氏所收惟吳平忠侯蕭景一闕趙氏所收惟臨川靖惠王蕭宏二闕今新出土者建陵太祖文皇帝兩闕蕭績蕭正各兩闕蕭映一闕又一殘闕僅存故散二字與蕭景闕皆反刻凡兩闕相對者其西闕之文皆左行屈指海內貞石遺文惟闕多古刻斷自蕭梁爲止隋唐以下蓋闕如也

右石闕一則

一曰題名登彼西山峴首留名之想送君南浦河梁贈別之言或蕭寺籠紗續僧寮之佳句或苔牀拂蘚記仙洞之游蹤況夫游子山頭逐臣澤畔冷泉判事倥傯餘閒炎徼投荒淒涼終古於斯時也山川登眺俯仰興懷選石留題以紀鴻爪

孝堂山畫象甸齋藏黃小松手拓本覈其題名共四十二種余嘗彙錄爲一編刻畫極細淺近拓本皆爲積墨所掩耳

余曾見端忠敏所藏黃小松手自拓本爰出六朝唐宋題名至廿餘通之多大半皆細如絲髮或只仿佛畫者其肥者亦僅如釘鑿耳拓手極精摩洪司志不忍釋乃爲跋之(張)

其人其字大都出自雅流某水某山從此遂留古跡姓名年月皆攷證之攸資子弟賓僚亦牽連而並錄此唐以後石刻惟題名爲可寶也雖然漢亦有之韓勅碑陰有熹平閒項伯修題字倉頡廟碑額亦有題名兩列皆漢人也不數宋呂大忠一刻郭巨石室自漢而晉而魏至北齊天保纍纍林立惜皆剝蝕世所傳孝堂拓本但有畫象若題名則從未見疑平津著錄所據者一極舊拓不然未應盡泐至此也王氏萃編惟載第三第六兩幅第六幅云平原濕陰邵善君以永建四年四月廿四日來過此堂叩頭謝賢明詳其詞似吏民甘棠之思第三幅云泰山高令明永康元年十月廿一日敬來觀記之亦似太史公之謁闕里倉頡碑額云左馮翊東牟平陵衡君諱某

諱下泐一字又云熹平六年五月廿八日出奉錢二百夫曰君則非衡君所自題蓋亦出錢之人以補陰側所未及韓勑碑陰義亦如此與唐宋題名不同故題名不必求古刻攷其紀年兩宋爲多即唐賢亦不過百一蘇文忠笠屐所至最好留題以黨禁多鑱毀南宋光堯後士大夫渡江而南臨安爲六飛所止江皖不啻左右輔即閩蜀楚粵之區或請祠歸隱或出守左遷林壑徜徉自題歲月其詞皆典雅可誦其書皆飄飄有淩雲之氣每一展對心開目明如接前賢謦欬

題名同而所題之石不同一爲舊碑之陰後來者陰不足則題於兩側再不足題於額或額之陰或正面提行空處如華陰曲陽嶽廟曲阜孔廟諸碑是矣秦中唐碑煊赫者如昭陵

醴泉聖教圭峰其陰側亦莫不有題字（顧亭林金石文字記云唐人紀游題名皆就舊碑之陰及兩旁書之前人已題後人即於空處插入大小高下皆無定準宋初亦然自大中祥符以後題名者乃別求一石刻之字體始得舒縱亦不與舊文相亂然石小易於搬運故題名愈多而存者愈少）一爲摩厓負郭諸山若蘇之虎邱杭之三竺荒厓絕巘人跡不到之區若夔巫諸峽莓苔封蝕樵牧摧殘不知凡幾且地愈僻則沈埋愈久其出也往往蟬聯不絕鋒穎如新如鴉接翼如魚銜尾一人所題或不止一刻後人所得或轉過前人少者十餘通多且至百十如蜀中新出之石魚題名閬中新出之鼓山題名藝風在皖中新訪得浮山齊山及潛山之石牛洞自來金石家無見者陸蔚庭前輩嘗諷余曰子錄經幢何不依劉燕庭蒼玉洞之例取諸山題名圖而釋之刺促風塵媿負良友

之忠告其一則斲石爲幢以備後來之劖刻西嶽北嶽各有一幢宋人陸續題名至數十段襄陽峴山有一柱又若平泉清供艮嶽奇姿藐茲一卷之形鬱然千仞之勢太華峰頂洗餘玉女之頭九曜坊前削出仙人之掌他如聽松咒水試劍排衙溯厥巑岏不過塊然頑質自經名賢之染翰遂登歐趙之堂而與摩厓並錄雖非泱泱大風亦題名之附庸已

題名皆在名山洞府世有宗少文趙明誠山川之勝翰墨之緣可以兼得余嘗謂徐霞客好游而不知網羅古刻近時陳簠齋好古而深居里門不出此古今一大憾事塊然空谷悍獨無聊五嶽起於靈臺九州羅於斗室壺中歲月果成縮地之圖壁上煙雲如見摩厓之字嗒然若南郭之隱几浛然若

列禦寇之御風壯哉此游瞬息間耳戲作臥游訪碑記一篇亟起書之以爲寓言也可以爲訪碑之實錄也亦可余吳人也自吳發軔渡江而北登狼山觀音巖訪蔣之奇趙師睪等題名共十通皆江陰繆筱珊前輩所訪得前此未著於錄以海州僻在東海之濱迂道先游之訪海清寺讀鬱林觀東巖壁記登釣臺石壁以次游鷹游白虎諸山秉炬達龍洞隋王謨（開皇三年）唐盧紹（大中十二年）諸題名在焉州北與山左接壤即由郯城驅車登泰山日觀峰絕頂有宋馬熙（熙甯八年）劉袞（元祐二年祈雪）記諸人題字其餘則小蓬萊王母池桃源峪振衣岡避風臺白龍池巢鶴巖皆前賢題壁處惟積薪居上後來者往往剷舊題而漫刻之摩挲太息既下宿於岱嶽觀觀唐鴛鴦碑自

顯慶六年郭行眞始皆羽流設醮題名也翌日循鄒嶧之閒至曲阜謁闕里廟堂漢唐諸碑鵠立堂廡碑之陰側唐宋人題字林立元題名世絶少惟孔林有百餘通平津著錄尚不盡於此齊宣王之游也曰吾欲觀於轉附朝儛遵海而南放於琅邪卽今青齊閒海上諸山也萊州雲峰山鄭道昭所題靑煙寺白雲堂朱明臺以逮駕月栖玄之屬雖託之寓言實爲題名之濫觴登峰周覽飄飄然有凌雲之想益都之雲門山臨朐之仰天山亦皆有宋人題字與刻經造象雜然並列視向所未有者補拓之遂返歷下先游負郭之龍洞自郡城過長淸靈巖寺得蘇子瞻蔡元度諸刻李北海碑孫淵如云已佚問老僧尚無恙輦下多遼金遺跡展輪而北不過十日

程耳遼金雖與中土同文風流文采瞠乎在後故畿輔題名最少惟曲陽北嶽廟唐自天寶以下宋自宣和以前舊碑之陰纍纍者姓氏具在趙州之北五里大石橋亦有宋金元題字十九通命厰估裹糧往盡拓之由都門道定州觀雪浪石遂度井陘入平定州其地爲唐承天軍城有裴晉公韓昌黎題字高山仰止景行行止雖僅兩刻平與球圖並重矣由此而渡河敂潼關鳳臺則有硤石山青蓮寺永濟則有栖巖寺皆不當官道關中爲漢唐故都其地有樓觀鴈塔溫泉玉華宮草堂寺而華陰嶽廟尤爲題名之所萃趙德甫金石錄所收即有五卷王氏萃編自大中祥符三年訖建炎初共八十六段今雖不無刓損然往往新得有爲前人所未見者若由

此出函谷經轘轅中州金石皆萃於鞏洛之交然嵩則塔銘爲多洛則造象爲多惟石淙兩厓間略有宋人題識亦如晨星之落落不如由褒斜入蜀天梯石棧閣道雲連石門析里之閒宋時士大夫入蜀者莫不濡毫於此惟古時棧道在高處今遙望層巒疊嶂閒字跡皆可望不可卽今世所得見者惟晏袤山河堰諸刻及玉盆題名十二段耳皆崇甯閒刻蜀中惟成都數百里平坦四面皆山自劉燕庭入蜀搜訪三巴古跡始大顯簡州有周文王廟資州有東北兩巖巴州有南北兩龕巴州之佛龕記楠木歌西龕石壁詩皆乾元中嚴武所刻余新得杜甫書嚴武詩浣花遺跡海內祇此一通可以傲燕庭矣其餘舊所錄者若榮縣之榮梨山蓬溪之龍多山綿州

之富樂山劍州之鶴鳴山彭山之象耳山廣元之千佛崖大雲寺樂山之程公洞萬縣之岑公洞夔巫江中新出石魚題刻姚彥侍方伯搜得之藝風生長錦城嘗云舟行三峽中遥望臨江石壁參差掩映皆古刻也三巴耆古志所收皆人跡易到者耳泝江而下漢水之北則施南有三游洞舊未著於錄吾友王勝之學使按部過此始披榛得之湘水以南則有祁陽之浯溪元次山三吾銘皆在於此零陵之澹山巖衡陽之石鼓山江華之朝陽陽華華巖獅子諸巖及寒亭暖谷皆古五溪之地也綜而計之二百餘則唐宋題名之淵藪以桂林爲甲其次卽五溪矣由湘返鄂汎舟過赤壁越匡廬登當塗之蛾眉亭觀宋元人采石磯詩皖南石刻舊惟有歙之三

天洞亦僅唐蘇道淙一刻此外則盱眙之第一山米南宮與張大亨題名處有南宮所書第一山三大字今藝風又訪得貴池之齊山桐城之浮玉山潛山之石牛洞先後所得踰百通於是齊雲黃海閒不爲寂寞矣由蕪湖東下卽入吾吳之江甯境其附郭有鍾山三宿巖祈澤寺鍾山乾道乙酉陸劍南一刻亦藝風新得爲前人所未錄棲霞山在郭外徐鼎臣篆題在焉天開千佛諸巖迆邐相接皆有宋賢留題又東則句曲之茅山京口之焦山皆爲歸路所經稍折而至陽羨山中訪善權張公兩洞繼至惠山憩聽松石距里門不百里北征歸矣而後乃今將圖南出郭卽先登虎邱尋覽厓石宋人題字可數十通與茅山焦山埒惜賀方回一石爲妄人鑿損

林屋一洞在包山靈祐宮側非渡太湖不能拓即挂帆入浙自弁山顧渚以達武林於是湖上諸山若靈隱之飛來峰煙霞佛手諸巖慈雲大麥諸嶺青林石屋水樂諸洞所有古刻皆入行篋渡錢唐江而東山陰之臥龍青田之石門以及天台雁宕諸勝莫不為笠屐所經氈椎所及由浙赴粵有兩路一自章貢之間度嶺一由漳泉泛海章南惟贛州通天巖有宋題名三十三通不如道閩閩之鼓山烏石山舊時著錄不過三四通而已今所得且過百通王旭莊同年之所貽也長汀之蒼玉洞以劉燕庭輯刻本校之無異同遂由汀航海至潮州先訪金山書院峭壁如屏俯臨韓江之畔但皆明以後題字而宋元蓋尠由是至五羊城觀九曜石英德之碧落洞

樂昌之泐溪巖高要之七星巖陽春巖陽山之巾山大雲洞燕喜亭德慶之三洲巖瓊州之東潭石巖皆海南題名處瓊島孤懸海外蘇子瞻題字皆明以後重摹或可不到而自蒼梧達桂林謝氏粵西金石略桂林諸山居十之九大歷平蠻碑最古在鎮南峰其餘有虞山隱山雉山辰山穿山獨秀山疊綵山屏風山清秀山寶華山七星山元巖龍隱巖讀書巖伏波巖穿雲巖彈子巖琴潭巖劉仙巖曾公巖亦名冷水巖龍隱巖深處有迴穴又有風洞潛珍洞白龍洞華景洞水月洞元風洞棲霞洞以上諸山無一處無摩厓唐宋石刻莫多於此此外如融縣之眞仙巖富川之碧雲洞馬平之立魚石室不啻郲莒之視齊晉然余所得眞仙拓本常德易召皆同

年所贈多有在謝略之外者過此以往炎荒瘴厲謫宦流人亦所罕至可以倦游而返矣海內名山前賢遺迹所見所聞約略在是其所不知或有新出世有振奇嗜古之君子如吾友藝風者雖爲之執鞭所欣慕焉壬寅奉使度隴五載馳征在邠州拓得大佛寺全分在涇州拓得回山宮全分此皆秦隴之閒名迹也平涼之崆同山秦州之麥積巖成縣之天井關亦皆有宋人題名但寥寥無幾耳補記於此

諸山題名眞行爲多分篆爲少而篆書較分書尤少唐惟瞿令問宋惟吳中復其摩厓喜用篆字祁陽諸刻三吾銘皆篆字此外惟大和五年王軒一刻淡山巖惟李昭輔崇甯甲申董令升二刻紹興乙卯桂林全山至三百通而篆書不過六刻大中祥符五年俞獻可天禧二年燕肅元豐二年曾布紹興五年李

瀰大湻熙九年熊飛嘉定六年管定夫若華景洞李師中詩卦德亭陳孔碩銘年月題詩或參以眞書不盡爲篆體也吾鄉宜興善權洞有大中四年篆題一則鍾離權在同游之末因相傳爲雲房先生筆棲霞有徐鼎臣兄弟小篆此可寶矣然二徐所題但曰徐鉉徐鍇姓名之外不著一字大都題名書法不一或書名或書字以桂林石刻證之如盧約題名三則皆在紹聖兩書盧約其一爲盧潛禮潛禮卽約之字程建題名二則崇甯壬午甲申一書子立子立卽建之字也推之詹儀之之爲體仁方信孺之爲孚若莫不皆然再以武林諸山證之南屏石屋皆有曾元翰題名而佛手巖作魯有開靑林玉乳皆有晁美叔題名而天竺山作晁端彥亦書名書字之不同再以

石牛洞證之東里王弗柯山徐烈則書地尙書右司郎中李師中朝議大夫知軍州事楊希元則書官安陽韓正彥延陵吳國佐則書郡望河南陳紘公度龍舒謝庾夢符則書地書姓名并書字南陽子淸靑社學古則又書字而不書名并不書姓靑林洞殿前承旨胡觀察判官劉二三通則又書官書姓而不書名尤爲他題所僅見再以諸刻通證之吾吳鍾山之叔渙伯玉一段乾道丁亥棲霞之述夫文倪一段政和丁酉無咎熙與一段重和二年高要七星巖之晉卿公佐一段慶歷五年則之伯通伯源一段無年月攷在治平間廣州九曜石之南容少連夷吾一段紹興壬宏子高一段丙午仲春攷在治平間蒲州栖巖寺之伯逵子應一段大觀戊子元伯無外一段甲申寒食皆不書姓名而書字則後人頗難於

攷證矣又有兄弟同游如華嶽廟之劉士深劉士清李迪李遜李遙李遠廣德元年同一石皆書姓而棲霞之彥淵彥樞宣和二年潛山之晞尹晞說晞顏熙甯己酉道濟思濟熙甯丁巳亦不書姓以其排行知爲名而非字又有書別號如棲霞之曲轅子蒼玉洞之九仙居士陽山大雲洞之鳳岡漫叟如此之類未可枚舉其年月又間有但書甲子不詳紀元故惟題名有資於攷史而鉤稽亦頗不易其紀游也多以幕僚公宴或餞別或句當公事如勸農祈雪行水之類登高作賦臨流歌詩或如炎山之三銘或如柳州之八記刻之厓壁亦大夫九能之一又有作擘窠大字如靈棗浮玉之類皆所以紀一時鴻雪附之題名之列不亦可乎

桂林諸山重游續題者至再至三不一而足若范文穆管定夫方孚若且不止四五刻矣茅山之曾審言藥洲之許彦先浯溪之柳應辰陽山大雲洞之杜扦亦各有數刻不等然皆不必在一處惟屏風山乾道丁亥李似之題名後續題云後三日再至又題云明年秋七月甲子師仲復來師仲即丁亥同游之侶又伏波巖劉方明第二題云翌日改轅而北再勒於前題之左以上諸刻蟬聯而下前度劉郎今又來游蹤如見兄弟子姪同游者亦例得並書或書某某等隨侍或即命其子書之如資州北巖李善持題名乾道戊子子延譽書高要七星巖張肅題名慶歷六年子才卿書襄陽峴山石柱有黃堯允等題名元豐庚申胡宗回謹令男義修題龍隱巖章峴登環翠

閣詩作於治平丙午至熙甯戊申男凝書而刻之又有侍親以游者潛山石牛洞毗陵柴愿等題名末題嘉定癸未侍親庭觀耕後一日閩鼓山有開禧改元閩尉吳渙奉父來游題名榜緣在鄂訪得木杪仙人洞題名有親年八十步履如飛之語令人想見天倫之樂又有祖父所題子孫過此摩挲手澤再題其後如寶元二年濟源陳述古題名其子知素於治平丙午續題其側湖州墨妙亭陳師錫玉筍題名下有嘉定己巳曾孫陳正大敬觀題字臨桂中隱山端平丙申鍾春伯范旂叟題名其末題云後十六年敬爲先清敏拂塵男德輿鼓山乾道丁亥王瞻叔題名後有淳祐癸卯曾孫亞夫來此拂石十二字衡州石鼓山劉莘老題名熙甯五年右方小字題云後

百八十三年六世孫震孫蒙恩來持廣節拂拭舊題不任感愴寶祐二年秋九月旦凡三十三字華嶽廟咸平三年高紳題名右側題字一段有先大口咸平字最後有環慶二字泐存其半亦是其後人宦於環慶過此重題孝子慈孫油然杯棬之思可敬可愛惸獨餘生楹書無託每一披玩潸然流涕

或問北朝造象有文字斷裂僅存象主姓氏此可謂之題名乎曰不可仍當歸之造象石刻中惟有兩種不得謂之非題名而與紀游之跡迥然不同一則官吏之題名也一則科舉之題名也漢碑陰側書佐椽史姓氏實爲官吏之濫觴然私立而非官立且其意主於頌府主或出奉錢而已唐西安御史臺精舍及郎官石柱官吏題名之最古者淮之山陽有楚州刺史題名石柱自大和訖會昌按吳興志有郡守題名記

雁塔題名即說見前

康定元年張方平撰又有烏程慶歷四年德清自太平興國三年至康定元年縣令兩碑又有章衡倅廳題名記皆佚竊謂唐宋諸州皆當如此非沈埋未出即斷缺不完耳其存者京師有金党懷英禮部令史題名記浙江甯海有縣題名宋紹定二年吳子艮撰記海甯有州題名元至正二十二年徐中紀撰記皖之甯國有元建康道廉訪司題名記吾吳嘉定州有教授題名記自元貞二年始至正十年八月止浙之歸安有教諭題名記至正十五年宇文公諒撰唐縣智果寺有咸通八年同班題名碑未見墨拓不知其爲何官當是行在所內值班耳此皆其僅存者也進士題名始於唐之雁塔觀王定保孫光憲所紀想見曲江釋褐爲一時盛事不知何以遂無片石京師國學

元明至今進士題名碑倘存又有國學貢試（一作公試）題名皆至正閒刻紹興府學孫錄收湻熙十六年一刻趙錄收慶元二年一刻紹定五年一刻皖中有兩刻一在滁州歐梅亭（紹興十八年）一在當塗學舍（寶祐甲寅牟子才記）長安碑林一石始僞齊阜昌元年訖金興定二年中山有元初一石（憲宗七年）李謙撰文稱爲前進士題名記湖南黔陽縣有登科題名碑立於寶祐甲寅余從建霞得一本諸家所未著錄也鄉舉題名吾吳郡學有一刻起紹興庚申訖寶祐戊午山東有兩刻皆在至正中一毛元慶撰許彧書一孫翥撰趙恒書又若袁說友同年酬唱詩（在吳學）范文穆鹿鳴燕詩（在桂林）融縣之貢士庫記亦皆攷科名掌故者所宜知也

六朝唐時造象其字迹奇拙刻畫淺細者大都出自石工唐宋碑年月之後亦多有都料句當姓名唯題名則否余於諸山摩厓得匠石自題者五通一爲龍門天聖四年丁裕題名其自署爲三班借職監西京伊河口木務則亦都料之類也一爲唐大和八年嘉祥石龍庵匠者施口題名一爲大中十年華陰嶽廟當工匠人張口祜題名施下張下皆有闕文一爲元符三年泰山白龍池石匠呂仝等題名一爲金承安二年嘉祥洪山故縣村石匠題字登高染翰刊記歲月蓋彬彬有士大夫之風矣

唐宋題名不皆親爲命筆余所見臨桂諸山摩厓或曰奉台旨書或曰奉命書非其屬吏卽其子姪行也其親筆者往往

劉郎豈是疎文墨幾點
胭脂涴綠苔探意當書
出處應據以補之
嚴州烏石寺有岳武穆
張循王俊劉太尉光世題
名劉不能書令侍兒意
真代書劉郎二語係姜堯
章作即詠此事

有捧硯之人余嘗見畫師寫石上題詩埽綠苔詩意旁立一童子捧硯其命意正合宋華陰高紳題名末云咸平下缺廿一日躬翰夷直捧硯慶歴二年朱顯之七星巖題名後云男諷捧研詢詠侍立王鄄陳彪王淵啟母廟題記後題政和戊戌彪謹題捧硯劉天錫中和五年李克用題名有易定節度使檢校司空王處存看題王惕甫云看題猶漢之察書也

右題名八則

一曰摩厓今人見題名或稱之曰摩厓不知摩厓不皆題名也即如桂林諸山詩賦贊頌姑勿論唐宋平蠻諸碑韓雲卿舜廟碑非巍然巨製乎經略趙郎中德政碑曾三聘神道碑方公祠之迎送神曲豈得謂之題名乎晉豫齊魯閒佛經造象亦往往刻於厓壁張子韶書論語問政章司馬温公書家

地券以河平三年王義銘券為西漢物諸家所藏莫古於此

人卦吾儒亦援其例蓋摩厓猶碑也爲通稱爲虛位亦爲刻石之綱其文字則條目也孫錄晉陽山摩厓趙錄奇石山摩厓若推求其文字亦必有著錄之名而不當即以摩厓標目也且碑之有文字始於秦漢而周之吉日癸巳即摩厓刻矣推而上之海東之錦山古字黔南之紅厓古字遠在商周以前亦皆摩厓也則碑爲後起矣山顛水涯人跡不到且壁立千仞非如斷碑之可礱爲柱礎斲爲階甃故其傳較碑碣爲壽惟妄人或不免鑿損之此則同爲一劫耳　右摩厓一則

一曰買地莂釋名莂別也大書中央破別之也古人造冢設爲買地之詞刻石爲券納之壙中漢時或刻於甎太倉陸蔚庭前輩藏古甎甚富有建甯元年馬氏兄弟買山莂即冢中

九江男子浩宗買地券黃武元年刻道光年出土應補入

甎也或大字摩厓越中有漢大吉山地記建初元年造洛中出晉楊紹買地莂太康五年造若三巴楊量一刻則僞託也唐時幽竁之文先後出土不絶而墓券不多見惟大和九年徐府君劉夫人合祔銘其後載墓地步界用錢數目及地主保人姓名此與東平眞清觀牒下列買地文契同金大安元年轉爲眞券與漢之地莂非一例南漢劉氏有馬二十四娘墓券渭南趙乾生家藏有朱近墓券作於僞齊阜昌閒至紹興元年遷葬其文雖不雅馴錄之頗可資談屑馬券略云用錢玖萬玖仟玖伯玖拾玖貫玖伯玖拾玖文玖分玖毫玖厘於地主武夷王邊買得坤向地一面上至青天下極黃泉東至甲乙騏驎南至丙丁鳳凰西至庚辛章光北至壬癸玉堂又云

買地主神仙武夷王賣地主神仙張堅固知見神仙李定度證見領錢神仙東方朔領錢神仙赤松子量地神仙白鶴仙書券積是東海鯉魚仙讀券元是天上鶴鶴上青天魚入深泉末云太上老君勑口詔書急急如律令上有合同之券一道六字破爲半如剖符形右側有符籙一道朱券亦云用錢上泐　九千九百九十文東至青龍西至白虎南至朱雀北至元武上至蒼天下至黃泉保人張陸李定度知見人東王公西王母書契人石功曹讀契人金主簿書契人飛上天讀契人入黃泉急急如律令大致略同但文字刻畫觕率殊甚秦越相去萬里而風俗相同如此漢時又有潁陽井券其石久佚平津所收據仁和趙晉齋藏本

附錄錢氏養新錄一則

周密癸辛雜識云今人造墓必用買地券以梓木爲之朱書云用錢九萬九千九百九十九文買到某地云云此村巫風俗如此殊爲可笑及觀元遺山續夷堅志載曲陽燕川靑陽壩有人起墓得鐵券刻金字云敕葬忠臣王處存賜錢九萬九千九百九十九貫九百九十九文此唐哀宗之時然則此事由來久矣頃歲山陰童二如游洛陽得石刻一方其文云大男楊紹從土公買冢地一丘東極闞澤西極黃滕南極山背北極於湖直錢四百萬卽日交畢日月爲證四時爲任太康五年九月廿九日對共破莂民有私約如律卽律字令蓋晉時所刻乃知人家營葬向土公買

地其說相承已久不始於唐世惜乎遺山草窗兩公未得

此異聞也

庚子初冬昌平避地同京在廠肆得大中劉氏墓券其文云

劉元簡於百姓喬元口邊口口口口五貫文買地壹段壹拾

畝充永業墓地東自至西至吳侍御墓南自至北自至又云

口口口口當是東至蒼龍四字西至白口南至朱雀北至元武上至青

天口口口泉未又有並舊劉氏先有居者遠口萬里石券分

明等語據前四至皆實界與今墓宅券同後四至已涉堪輿

家說然猶簡質近古丙午秋自隴旋里又得喬進臣買地牒

其文云元和九年九月廿七日喬進臣買德得俗字地一段東

至東海西至山南至釰各北至長城用錢九十九千九百九

此說恐未確

文其錢交付訖其地更不得忏恡如有忏恡打你九千使你作奴婢上至天下至皇泉保人張堅故保人管公明保人東方朔見人李定度釰各當爲劒閣之駁文山海劒閣長城極言其寥廓無界純爲虛搆之詞忏字當是十千二字合體下一字未詳末云喬進臣牒亦不作劵莂字元和尙在大中前其文已荒誕不經如此觀兩刻始知墓劵之制雖濫觴於晉莂其盛行當在唐中葉以後　右買地莂二則

一曰投龍紀張燕昌金石契載吳越王龍簡範銀爲之余曾見拓本一通密行細字制作甚精四圍皆鏤蟠螭紋蛟鼉之窟漩淵不測非沒人安從得之其刻石之文但有道流姓氏及設醮年月非投之深淵者也隋以前未聞唐乾封閒仰天

洞王知愼投龍紀爲最古至天授開復有金臺觀主馬元貞一刻在濟源按其文云大周革命奉敕往五嶽四瀆投龍則當時所刻不止一石矣今存唐刻尙有蓋靈寶兩石一見趙錄開元廿一年在肅甯一見孫錄開元廿三年在泰安新出者尙有大房山投龍璧記開元廿七年張湛文其石先爲藝風所得今歸貴池劉聚卿又有趙居貞投龍璧記出山左無年月按孫錄雲門山投龍詩天寶七載趙居貞撰當爲一人一時事自乾元訖天水之末僅有大中祥符九年華陰張懷彬一刻元時嵩高有兩刻一大德十年王德淵記一皇慶二年吳全節書濟源有六刻中統五年李□國至元七年李惟深十二年袁志達大德六年李思誠延祐元年周應極泰定元年周天大並見中州金石記周應極一刻趙文敏書最精大抵皆道流之所作其石皆在名山廣瀆

吳越寶正三年投龍玉簡
以下投陸繼趙居貞兩刻題
曰投龍璧

觀濟瀆諸碑皆曰投龍簡記而張湛趙居貞兩刻則曰龍璧知古時祭告嶽瀆循用沈璧之儀其刻簡有文字自唐以後始

右投龍紀一則

一曰神位題字趙德父金石錄有四皓神位神胙几共四石在漢惠帝陵旁東園之園作圖趙氏舉以證圖稱陳留風俗傳自序今其石已佚而搨叔補訪碑錄猶據松陵楊氏孤本著錄之曲阜有祝其卿上谷府卿兩墳壇皆居攝二年造牛空山金石圖云二石龕龕椁四圍而鑿其中刻之於内祝其龕崇一尺廣二尺厚一尺五分其龕崇二以爲鑿崇以其三爲兩椁之崇十分其龕三而殺之以爲鑿廣鑿廣五寸五分餘以爲椁廣三分其椁廣一在左二在右以置其鑿弦鑿於

余所得拓本上庸長三下尚隱隱可見一司字此殆是石闕之類非神位刻石也（印）

龕上下中也以其厚之弱爲之鑿深其制度雖不與神位同刻石以祀之一也按說文祏字下云周禮有郊宗石室一曰大夫以石爲主許君五經異義云春秋左氏傳衛孔悝反祏於西圃祏石主也今山陽民俗祭皆以石爲主則神位刻石其所自來遠矣按濟甯州有漢朱君長三字石刻蜀有上庸長三字竊謂古人質朴期思之愛但書其官職姓名以祀之亦石主之類也端午橋制府藏一元石其中爲大社神位四大字其左小字一行云大德五年八月初口日此漢以後僅見者　右神位題字一則

一曰食堂題字卽饗堂也古時祠墓建堂以爲享神之所乾嘉以前金石家無著錄近始有永元八年一刻永建五年一

壽貴里文叔陽食堂石爲端午橋制府所得今在京師琉璃廠估處觀（跋）

端午橋所藏漢陽三老食堂小[illegible]三四分而精妙絶倫石一尺高尺許廣七寸許字刻於石之左方三行廣不及二寸（張）

刻建康元年壽貴里文叔陽一刻皆山左新出土永建濟甯餘兩刻在魚臺永建及文叔陽兩石有畫象其年月題記皆小分書界以直格秀逸可愛略似漢畫象題字其筆法與延平元年陽三老刻石亦同　右食堂題字一則

一曰醫方昔賢好集方書不徒筆諸記載兼有刻石以傳者余讀焦氏筆乘有一方云豬牙皁角及生薑西國升麻蜀地黄木律旱蓮槐角子細辛荷葉要相當青鹽等分同燒煅研細將來使最長揩齒固牙鬚髭黑誰知世上有仙方云此出江少虞類苑西嶽蓮花峰斷碑齒藥方也今不傳粤西有三刻按李元綱厚德錄陳文忠公堯叟嘗爲廣西轉運使以其俗有疾不服藥惟禱神遂以集驗方刻石桂州驛舍是後始

有服藥者又按謝氏待訪錄引名勝志云宋范質子旻知邕州嘗刊療病方書於宣化廳壁此兩刻亦不傳今所存者惟宣和四年晉江呂譜所刊養氣方尚在劉仙巖厓壁耳然其事不自宋始莫古於龍門師道興造象方尚是齊武平六年刻列龕之四圍殆徧其中有徐長生一味本草所不載王述庵以爲劉寄奴之流亦藥名也唐耀州亦有一刻無年月標題與師道興方大同據明馬理千金方序蓋刻於孫眞君祠華表者即其門弟子所錄也夫藥劑等分毫釐千里輕重之舛生死繫焉板本易訛壽之貞珉古人具有深意名山石室尚當不盡於此 右醫方一則

一日書目余好碑版之學又好目錄之學魚與熊掌二者兼

四川某縣磨崖佛龕上刻經目及卷數曾乃藏目略對有異同此真宋藏經目以紙幅太大尚未寫出各金石未載

得惟有西湖書院重整書目記此碑在杭州府學元泰定元年山長陳袤記所列書目若經部之春秋高氏解陸氏禮象史部之元輔表集部之張西巖集世已無傳本總集有宋文鑑而無元文類今元文類西湖書院本與翠巖精舍本並重藏書家尚有之則此目所列猶未全耳諸城有至正十年密州重脩廟學碑秦裕伯文黃翔書碑陰列書目一百一十部此外隆平有程珪書樓記大德八年瓊山有乾甯儒學置書記至正十一年羅益中文意此兩石或亦有書目列於碑陰如密州之例但無拓本未敢臆說姑求其次宋劉敞先秦古器記嘉祐八年吉金之目也遼雲居寺續祕藏石經記後列首楞嚴經等四十餘帙每帙十卷大部兼數帙小部一帙三四經不等皆以千字

文編號與大藏同是亦藏經之目錄也已　右書目一則

一曰吉語金文之子孫寶用瓦當之延年益壽宜子孫有萬憙吉祥文字於斯濫觴孫趙所錄皆古甎文蜀中有壽山福海鐵器二皆宋時造惟石刻不多見然如前漢趙廿二年羣臣上壽亦祝延之詞也唐有李北海書景福二字在高要七星巖龍門有福德長壽四字又有陳摶書福壽字趙夷夫篆書壽祿二大字寶慶三年在中江縣摩厓泰山鼓山蒼玉洞均有大壽字余四十初度孫得之孝廉以唐上元本無量壽佛經爲祝余卽以祝一朝士而益以磁州之無量壽經論中山之無量壽觀經而題其外曰三壽作朋人頗稱其善頌善禱而不知破簏中尚有如許吉祥文字也　右吉語一則

一曰詛盟莫古於秦詛楚文趙德甫所錄有三本其一祀巫咸御府所藏其一祀大沈久湫藏於南京蔡氏其一祀亞駝藏於洛陽劉氏元祐閒張芸叟侍郎黃魯直學士以今文訓釋之嘗從古文苑得其文而原刻皆不傳自漢以下金文爲多石文爲少大抵皆與蠻夷君長申明約束之詞馬援銅柱銘云銅柱折交阯滅其語似謠似讖不全爲誓體晉天福五年溪州刺史彭士愁納土求盟楚王馬希範奉朝命與之盟亦立銅柱後鐫士愁盟狀既云飲血求誓又云若違誓約甘請差發大軍誅伐上對三十三天明神下將宣祇爲證旦旦之詞可矢皦日宣祇未知何義當是溪蠻土俗語耳石刻祇有兩碑一爲吐蕃會盟碑在前藏大招門外一面爲唐古忒

文一爲大理石城碑在南甯縣城北三里段素順明政三年當宋開寶五年遣兵破楊干貞與三十七部落盟立此碑其末二語云上對衆聖之鑒知下揆一德而歃血是亦誓詞也唐時蜀碑誓詞輒云犯百牛大病見上蓋蠻夷之俗如此

黃河如帶泰山若礪漢封策之文也唐乾甯五年賜錢鏐鐵券云是用錫其金版申以誓詞長河有似帶之期泰華有如拳之石蓋卽從漢策濫觴以周禮證之兩國輸平槃敦之詞也此則騂旄之命藏於盟府者也錢氏子孫猶世守之右誓盟二則

一曰符籙道家言也衡山岣嶁碑昔人謂是五嶽眞形此符篆之最古者余來隴坻按試至鞏昌府聞郡廨有五嶽眞形

圖石刻搨而釋之明洪武中所刻其下方有跋已漫漶云漢武帝得之西王母佩而藏之魑魅不若莫能逢旃每一圖下有嶽神名號及神所職掌之事所經驛館亦往往用以補壁

敕勒之文唐人所刻皆納之幽窾中大小與墓石略同余所藏有四本一爲順天皇后考酆王墓中物一出金仙公主墓皆無年月順天皇后者韋庶人也符文在上截共十一行行六字下截爲五炁天文但諸刻前有題字一行此刻直起無題字卽以諸刻證知之其石出關中今爲渭南趙乾生所藏此外二刻并無題名中一刻亦藏趙氏符文居中八行行皆八字首行題靈寶黑帝練度五仙安靈鎮神五炁天文其文四面環刻於邊際小字眞書略似古鏡但變圓爲方耳一石

湏陽制帥藏其制略同惟首行帝字上靈寶黑三字已蝕不知有無異同其文首云東方五炁元天承元始符命告示北方无極世界土府神鄉諸靈諸靈二字泐以鄷王刻互證得之官今有大洞弟子云云其末則云如元始明眞舊典女青文鄷王一刻皆同惟改東方五炁元天爲西方七炁素天下北方亦作西方此外惟大洞弟子改順天皇后先考云云金仙公主同餘略無小異南漢馬二十四娘墓劵其前亦有符籙一行首太上治三字及下煞鬼二字尚可識蓋唐時風俗如此又按孫氏訪碑錄有祖天敕據嘉定錢氏本著錄注云政和六年九月刻符篆不可識其下復錄濟瀆廟靈符碑徽宗御製亦政和六年刻攷陸劭聞金石續編有濟瀆廟祖天符告上刻祖天祀子

治水靜穢丹命之告篆額十二字中刻御書符籙下刻告文末有急急如律令五字正書在河南濟源縣年月皆同卽此刻也然則祖天敕卽在濟瀆廟非爲二刻孫氏誤重陸氏於政和七年又收耀州五臺山仙樂雲篆記亦徽宗御書當亦符篆之類博山縣鳳皇山又有咒水符石刻孫氏亦錄之宋末拓本未見莫能詳也右符籙一則

一曰璽押秦王告少林寺敎世民二字爲太宗親押此石刻有押之始柳應辰題名浯溪者四熙甯六年十月一刻後有押字摩厓徑丈奇偉鬱蟠華山元豐五年趙諒題名其末趙諒記下亦有押字資州東巖有草堂詩一首無年月姓名後有草押似桂字博山玉皇宮有宋四帝御押宣和七年刻石

附以釋文錢唐石屋洞造象一龕磨刻胡字於上下有押似出元人筆余所知押字石刻祗此唐宋祕閣法帖經進諸臣往往皆有押字如樂毅論之權异褚遂良是矣宋金寺院敕牒三省列銜之下各繫以姓姓下書押卽古所謂畫諾也然列銜不過三四人惟唐元宗御書石臺孝經後列晉國公林甫等姓名各有行押多至四十五人押字之多無過此刻較今人收元押不信而可徵乎但押字多一筆書游絲屈鐵又多石裂紋若摹之不易得其起訖耳 右璽押一則

一曰題榜其極大者曰擘窠書魏韋仲將懸橙題淩雲臺榜比訖鬚眉皆白至垂以爲戒然漢魏刻石絕少晉靈宗二字世稱葛洪書亦相傳云爾雲峰山鄭道昭所題字如白雲堂

不言聽松具微特識陳蘭甫先生集中辯之甚詳題榜字以閣中金石記所載為多

青煙寺之類庶幾其濫觴歟唐顏平原李少溫皆以此擅場苕溪之浮玉字青原之禮關字臨桂之逍遙樓三字皆魯公書也吾吳虎邱生公講臺四篆字及括蒼之倪翁洞黃帝祠宇兩石不題書人姓氏相傳以爲陽冰筆此體摩厓者多勒碑者少唐宋以下厓壁題名之處一亭一石往往錫以嘉名而大書深刻於石吾鄉棲霞尤多題壁大字如白乳泉試茶亭周應合建康志已著錄則其迹古矣此外惟霞城二字署休陽范㮤書又如碧鮮亭迎賢石之類皆無題識又有大字在上卽記游蹤其下如蜀之頤神洞三大字下爲趙彥橚題名臨桂之平亭工大字下爲李訦詩諸山題名類此者到處有之宋時武溪深碑陰有子瞻書九成臺額瓊州有浮粟泉

洞酌亭亦蘇書嵩山有蔡元度書達摩面壁之庵額米元章書有盱眙第一山三字無爲州有寶藏墨池兩石京口鶴林山有城市山林四字皆名跡然經後人重摹者多未必廬山眞面金史王競傳競工大字所書兩都宮殿題榜推爲第一未嘗見其眞跡元溥光和尚俗姓李號雪庵今嵩山萬安寺茶榜卽其所書錢竹汀宮詹跋云趙魏公書爲朝野推重一日中官傳太后懿旨命魏公書興聖宮額魏公曰禁扁皆李雪庵書公宜奏聞遂有旨命李亦見雪庵大字之可貴矣茶榜拓本余有之學魯公而無生氣蓋優孟衣冠也余所見永嘉容之先太玉洞天額逼眞松雪若雪庵者尚不逮康里子山輩況魏公乎　右題榜一則

閩中金石志載石刻楹聯尚多
近人集石門銘十字閩張天岸島奇逸人中龍爲陳搢書聯參目者每以爲真最爲可惜

一曰楹聯家家罕覯海內石刻可以按籍而稽寰宇訪碑錄有寇忠愍分書但知行好事不用問前程十字據天一閣范氏孤本著錄臨桂彈子巖有晉安李滋爲鄉人林元之書安分身无辱知幾心自閒一聯篆書其款則分書也福州鼓山有一聯云爵比郭令公歷中書二十四考壽如廣成子住崆峒千三百年杭州孤山歲寒巖亦刻之吉祥善禱其書法奇偉可喜趙撝叔嘗以此聯祝潘文勤師封翁紱庭先生壽此外惟鼓浪嶼浪擊龍宮鼓風敲梵刹鐘一聯也泰山石經峪佛經碑估逐字朱拓集以爲聯又嘗謁畿輔先哲祠見南皮張相國以李寶臣紀功碑字集爲長聯此皆可法以之補壁雖非石刻眞聯亦聊以解嘲耳 右楹聯一則

石人頂乃一馬字予貢拓本

中嶽廟石人頂上刻一馬字塙

是漫新余得黃小松手拓本

舊拓本亦有菊窗既未之見

耶祊

一曰石人題字水經注載漢鄺食其廟石人胸前有銘云門亭長今曲阜魯恭王廟亦有兩石人一介而執殳高五尺胸前刻曰府門之卒一冕而拱手立頷下裂紋如滴淚痕高五尺五寸胸前刻漢故樂安太守麃君亭長十字孫氏訪碑錄中嶽廟前石人頂上亦有題字八分書無年月按授堂金石記嵩高太室闕後兩石人埋土中僅露其首視之漢製也疑下胸背間必有銘字屢告當事發出不果此一憾也按漢石人題字皆在胸前無在頂者此兩石人如頂上果有字授堂摩挲其首不容不見疑後人因授堂之言而增刻耳魏大基山石人題字曰甲申年造乙酉年成審其筆勢與大基山詩及銘告同當亦鄭道昭筆又嘉祥洪山石佛其腋有唐大和

七年題字廣德州祠山廟鐵象亦有宋紹聖閒陳迹古胡㢟題字此外未聞右石人題字一則

一曰石獅子題字南陽縣宗資墓前石獸髆上有刻字左曰天祿右曰辟邪相傳爲漢刻此其濫觴也東魏元象初有王全泰造獅子記余嘗從閩中得唐天祐四年王延翰鑄師子香爐題字其制度未詳當是琢石爲爐如獅子形蓋石香爐之類耳山東藩署土地祠内有兩狻猊甚古上刻元貞元年贊其書頗工余從澄雲閣得拓本又得元氏兩通一題神嵓鄉狗壁村鎭宅獅子泰定二年造一題仁德鄉口口村村上兩字泐年月亦缺隴上神廟門外鑄鐵獅子及鐵旛竿其座四面刻年月助緣姓氏視之皆百年内外物未見寰宇訪碑錄又收大德孟縣一石未見右石獅子題古刻

字一則

一曰石香爐題字宋時香爐承以石柱名曰香幢石燈臺之類也前於經幢詳論之余所收惟金貞元二年崔皋造當陽羅漢石香爐三面橫刻與香幢絶不同舊金石家於此不甚分析統謂之石香爐而已孫氏所收晉天福八年李賓彥一刻最古宋金元各有著錄未知其爲六面八面之柱歟抑無柱之爐也卽爐之制亦自不同南昌大安寺鐵香爐楊吳大和五年造據其款識重一萬二千斤高六尺共六層五層皆有字製作瑰麗非琢石可及吾吳圓妙觀亦有元時鐵香爐題字如竹簋方以視大安爐不啻小巫之見大巫矣　右石香爐題字一則

鐵爐在東岳殿近乃移去

覃溪謂原石俗人磨去註近乃一本摹以東坡筆意加原石尚在縣特製謂有重摹本以應四方之求語殆近之畫水之變銘所見本作畫水之變乾隆以前亦作盡則此本乃失拓也

一日石盆題字華山玉女洗頭盆無題刻蘇子瞻雪浪盆在定州學舍其銘云畫水之變蜀兩孫與不傳者歸九原異哉駮石雪浪翻石中乃有此理作玉井芙蓉丈八盆伏流飛空漱其根東坡作銘豈多言四月辛酉紹聖元集中有引云予於中山後圃得黑石白脈如蜀孫位孫知微所畫石間奔流盡水之變又得白石曲陽爲大盆以盛之激水其上名其室曰雪浪齋云其盆圍徑二丈一尺四寸其文五十六字周圍刻之聞定州有重摹本以應四方之求裒斜道中亦有玉盆宋人題名其上共十二段李彥粹云游石門登玉盆段雄飛一則云以禱雨艤舟玉盆側則此盆爲象形如石屏石牀之類與雪浪之琢石爲盆者不同綿州有宋嘉定中李塋一石盆

題字盆之形製亦未詳貴筑黃再同前輩齋中有白石盆四圍皆刻梵字云醮盆也遼金時刻福州有鄭德與室林三十一娘捨蓮盆題字宋元豐元年刻曹調與室陳口娘造磁盆題字紀元渺但七年二字可辨余所得兩拓本皆李木齋同年所贈孫伯淵所收元延祐二年甕甕亦其類 右石盆題字一則

海內石刻所見所聞約略在是至若漢遺土甓宋制寨雷山出靈文 若盧氏摩厓洛陽伊字之類 天留神讖琴亭靈第即誌墓之濫觴角壩摩厓亦鑿山之遺跡秦游海淄川圓研 墨妙亭斷碑研橋亭卜卦研統此 洪內相高州石屏 貞觀屏風英德南山石屏統此 山中雅集題字仙留并上遺文錫名神運又若落星誌異測景書祥孔廟參前顏祠

玉箭題字皆宋人以林希子中爲先初爲湖州葉氏物不然何時爲鄰人攜去向置不捐老友王勝之編修官湖北學政時以一本今年返里祭埽亦以一[illegible][illegible]甚[illegible]爲[illegible]

書後羣臣上壽六祖墜腰雙箭留題六榕證道虎邱有呂升卿劍石字又有胥山劍石道州有元刺史窪尊銘又有江上窪尊或以孔耳而題名或以佛牙而作贊捨宅文開堂疏皆釋氏之緒言歸山操還丹歌亦道流之祕籙眞君聖誥出自刻經善業法身等於造象諸如此類覼縷未遑或如枝指懸疣無可附麗或如零璣碎璧難於貫穿雖邾莒之附庸亦歐趙所甄録略舉一隅以俟三反若夫撰人之不同書人之不同行款題識之不同鐫勒摹拓之不同說其瑣事可資客座新聞記其精言亦爲藏家故實是又禮所云遽數之不能終其物悉數之乃留更僕未可終也右石刻雜體一則

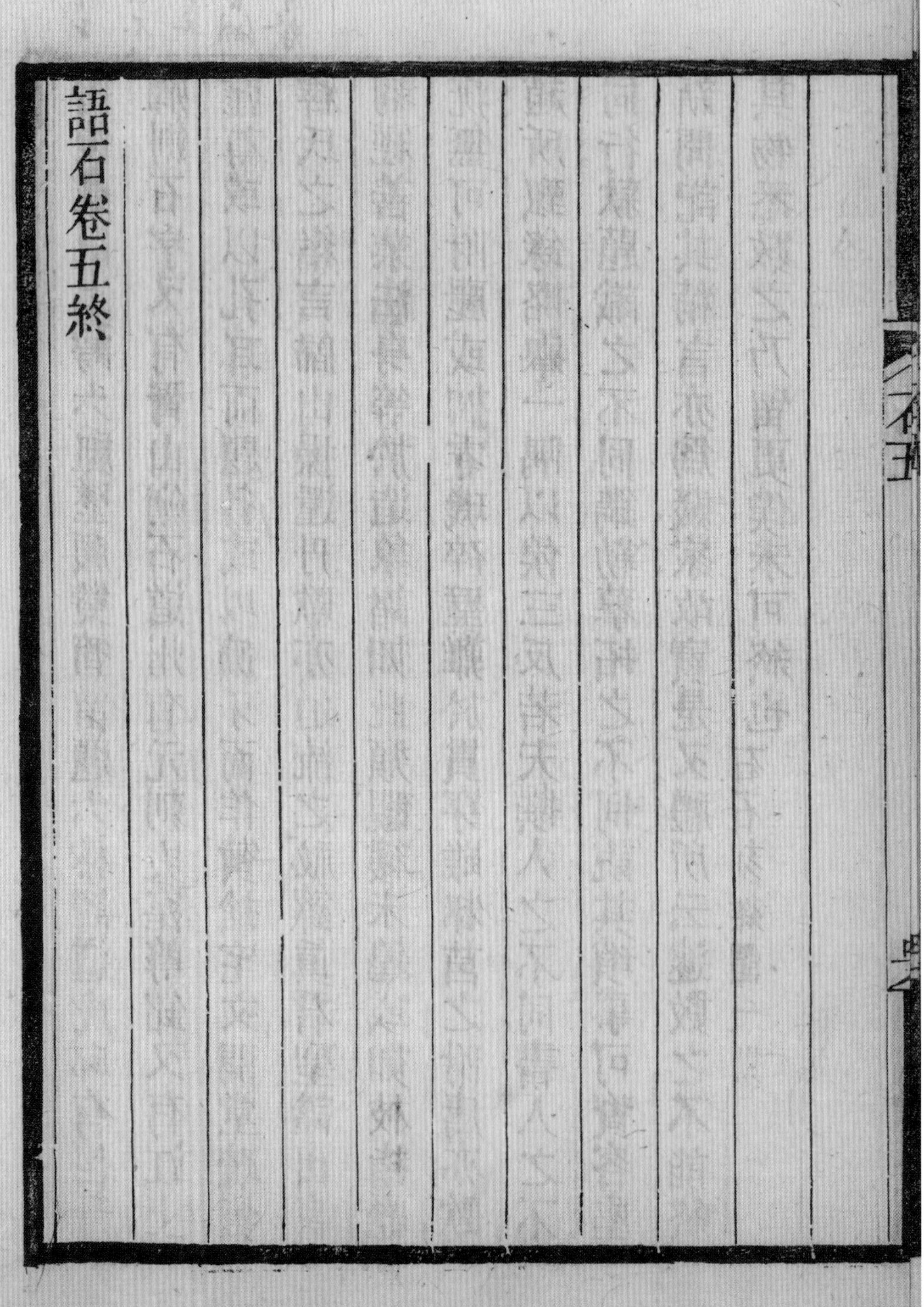
語石卷五終

語石卷六

長洲葉昌熾

古碑不題撰書人。或曰造此碑而已。蔡中郎自云平生作文惟郭有道碑無媿辭。今林宗碑摹本尚在，未嘗署邕名也。惟鴻都石經確爲邕跡，然禮記、公羊諸經後皆有堂谿典、馬匹磾諸臣名，則亦非一人手筆。西嶽華山碑，都元敬據徐季海古跡記定爲蔡中郎書，夏承碑末有眞書一行云建甯三年蔡邕伯喈書，此後人據汝帖所增，諸家聚訟，但云非中郎不能作耳，亦無確證也。小歐陽集古目又以華山碑爲郭香察所書，蓋以碑末有都水掾杜遷市石、書佐廣豐郭香察書刻者潁川邯鄲公脩云云。明王弇洲、屠赤水皆沿其說，洪文惠隸釋云東漢循王莽之禁人無二名郭香察書者察涖他人之書爾趙子函云市石察書爲二事洪公言可據按漢碑之有書人者惟敦煌長史武班碑小歐陽以爲嚴祺字伯魯書按嚴祺一行在末下無書字隸釋本有紀伯允書此碑六字卽在嚴祺一行前翁氏兩漢金石記所據本紀伯允三字尙未泐則洪氏此本亦可據李翕西狹頌後天井題名有從史位下辨仇靖字漢德書文隸釋所載析里橋郙閣頌較今本復溢出五行第三行從史位口口口口字漢德爲此頌位下缺四字第四行故吏下辨口口口子長書此頌辨下缺三字以天井題名證之從史位下所缺者爲下辨仇靖四字前碑其所書此碑其所撰也顧南原云故吏下辨下三字天下碑

錄以爲仇子長名紼按集古錄目郙閣頌漢仇紼隸書以此證之下辨之下當是仇紼字子長耳撰書並列漢隸祇此一碑此外石勛撰費鳳碑邊韶撰老子銘亦皆具書於石若孔廟百石卒史碑張稚圭據圖記以爲鍾太尉書又以黃初碑爲陳思王辭梁鵠書皆得自傳聞之說南北朝之際署姓名者尙無幾焦山瘞鶴銘託於華陽眞逸上皇山樵究未詳撰書姓氏惟蕭憺碑題徐勉撰貝義淵書齊之隴東王感孝頌申嗣邕文梁恭之八分書周之華嶽頌万紐于瑾文趙文淵書隨之趙芬陳茂賀若誼皆豐碑而撰書人亦闕如龍藏寺碑至精妙但知爲張公禮撰而書人亦未詳也或云古人撰碑皆自書之凡無書人名者撰書卽出一人之手如陶長史

寇謙之唐初顏師古之於等慈寺朱子奢之於昭仁寺皆其類也北朝造象惟太和孫秋生一刻孟廣達文蕭顯慶書墓誌惟齊朱岱林一刻其子敬脩撰序其姪敬範撰銘此外署姓名者絕少唐時墓誌亦往往不署名其有署者撰人多書人少篆蓋刻字愈少會昌三年張氏誌沈櫓文安子書宣郎篆閆郎刻趙撝叔以爲異特著之咸通四年榮王府長史程修已墓誌溫憲文子進思書再思篆蓋如此類在唐石中誠不多見宋元以後撰書篆蓋始皆大書特書於首且繫結銜殤誌或不如此至今以爲通例云 右總論撰書一則

金石刻詞昭示無斁秦漢諸碑炳焉與雅頌同文古文苑一書大都皆采自金石文字卽隋唐以下鴻文鉅製亦往往而

有試以任昉劉勰諸書攷其流別翰藻斐然莫不具體然有紀功碑而無露布有敘德碑而無符命有受禪尊號而無九錫文有歌詩辭賦而無連珠體卒更九歌僅屈宋之一枝鷗波七觀亦枚乘之嫡裔嵩華諸山設醮記青詞之濫觴也唐宋兩朝封祀壇（宋大中二年亦有封祀壇頌王旦撰裴瑀書封禪朝覲壇頌陳堯叟撰尹熙古書）文園之遺稿也隧道之碑墓門之碣著錄之富可謂裒然而哀誄之文絕少魏孝文帝弔比干文其誄詞之屬乎顏平原祭姪文倘是後人追刻臨桂有范文穆祭新冢文當塗有何瑋祭張飛卿文（元至正十四年）此皆祭文之見於石刻者若廣禪侯祠祭告文會稽祭南鎮文（至和二年）如此之類乃皆所以享神如今祝版元時竟謂之祝辭若淮濟諸刻是也神絃曲有四刻羅

池廟碑，昌黎文，子瞻書，人皆寶之。此外吾鄉居其二，一在泰伯廟，宋龔頤正文；一在天妃宮，元黃向文。其一臨桂方公祠堂迎送神曲，嘉定八年柯夢得之文也。上梁文祇有吾吳三清殿一石，嘉定十八年龔頤正撰書。他如牋啟之屬頗少，說前見序跋之屬較多。凡碑文有後人題辭附刻於後者皆是。設難問答，若解嘲、賓戲諸篇，則石刻中希得見之。

石刻詩文有不經見之體，如實錄爲左右史之辭，非可通用。而唐之八都壇神君實錄，楊吳天祚二年洪州雲蓋山龍壽院光化大師實錄碑，宋之重修仙鶴觀實錄，元之存眞訾仙翁實錄碑，皆僣用此二字。行狀爲上史館之辭，唐宋以後神道傳誌之屬無不有，惟行狀則若專歸於釋家，所見於著錄者唐永昌元年沙門釋法如禪師行狀宋咸平二年傳應大法師行狀碑青浦王氏藏本方山昭化禪院政法師行狀金承安五年蓋公和尚行狀銘趙秉文撰并書在東昌府余所見僧塔有所謂行跡記狀跡記金正隆三年僧善公狀跡記或改而爲勤跡碑此皆行狀之變文而名賢家狀未見有一石傳世此不可解者也釋家之文有三種多見於石刻一爲成道記唐王勃釋迦如來成道記宋湖州飛英院有一本在浴室記之陰然拓本不易得不如明董文敏所書之膾炙大悲成道傳唐聖歷中僧義常文宋元符三年刻石崇甯三年天竺寺僧道育重立金有凝眞大師成道記大定十六年王鎬文季輔書在陝西臨潼縣一爲開堂疏唐以前無有也宋黃涪翁黃龍晦庵和尚一刻著錄

最先蔡元度有請確公主淨因院疏兩碑皆名筆惜未見金長清靈巖寺寶公開堂疏皇統九年其發端云濟南府今請靈巖禪寺寶公長老開堂演法爲國焚修祝延聖壽者下接竊以云云鄠縣草堂寺印公開堂疏元光二年其發端云京兆府謹請印公堂頭作本寺山主住持爲國開堂祝延聖壽者下接伏以云云凡宋金開堂碑其文體皆如此在石刻中自爲一例余又悟諸家著錄有祝聖壽疏其實卽開堂疏因無題額節碑中祝延聖壽爲題耳一爲遺屬亦宗門之語錄但出自涅槃時末命如後周玉兔寺禪師遺屬元之龍川大師遺屬記是也以上諸體皆所希見惟石刻時時有之此文體之異也

右碑版文體二則

古人詩集無以五言七言爲標題者，石刻則不然。鄭道昭雲峰山詩首行題詩一首三字，下題五言兩字，余所見六朝詩刻皆如此。齊蘭陵王碑額之陰經墓興感詩，亦於題下注五言二字。唐以後詩雖不盡然，然如鬱林觀之三言詩，慶歷三年祖無擇。西湖石之四言詩，開慶元年林光世。宋游師雄過九成宮舊址效唐體，金劉仲游之六言詩，開首標題尙沿其例。如唐之美原神泉詩、睿宗賜白雲先生詩、宋之淡山巖郭三聘詩，亦無不如此。其餘尙未可悉數，此詩體之異也。右詩體一則

一石兩文，唐石亭記、千秋亭記，開元十九年在四川中江縣。宋育齋銘、履齋說，武岡州新出土，淳祐九年。又如天授三年大雲寺彌勒重閣碑後有聖德芝草頌，或一時之事，或一人之文，連類而書，未爲不可。

若井陘之鐵元始讚與承天軍城記同刻一石則如風馬牛之不相及至兩人合撰之體宋元豐元年八會寺大佛石像記題東關劉瑋中山李獲撰（曲陽）紹聖二年重修堯廟碑李勃吳愿合撰（河內）未知其如何命筆或如鄭之辭命有草創者即有修飾潤色者歟古人此體甚多然其標題皆有別齊朱岱林誌其子敬脩撰序其姪敬範撰銘唐張元弼誌子柬之述李行廉銘此墓石分撰之例也唐宗聖觀記歐陽詢撰序陳叔達撰銘（武德九年）許公蘇瓌神道碑張說撰銘盧藏用撰序（景雲元年）蜀國公尉遲迥廟碑閻伯璵撰序顏眞卿撰銘（開元二十六年）玄元靈應頌戴璇撰序劉同昇撰頌（天寶元年）述聖頌達奚珣撰序呂向撰頌（無年月開元中立）此碑文分撰之例也吏部南曹石幢左

光肖撰序尹匡祚撰頌天寶元年江陰陳氏心經幢前題僧道恆撰後題張旻撰開元廿八年當亦是一人撰序一人撰銘此經幢分撰之例也體元先生潘尊師碣題雍州司功王適撰序而無作頌之人按序末云尊師有弟子十人潁川韓法昭等永惟靈跡申頌元德則其頌當爲法昭等所撰但不著標題耳宋碑如此者如法門寺圓相觀音瑞象頌首題楊傑次公秘本熙州慧日院僧彥泯頌按楊傑熙豐閒人此碑立於政和八年當是彥泯取傑舊作刻之而復爲之頌又永濟有曇延法師傳贊舊題宣和二年王千撰今攷拓本贊後有千跋云蜀郡王時雍求傳於大寶藏高僧又屬予刊正重複書之於石因系之贊則傳爲寶藏僧文王千特爲之贊耳此二碑者

亦謂之兩人分撰可也又攷唐百門陂碑旣題辛怡諫文又題張元琮記而碑又有銘而無記或是前爲記後爲銘碑題以銘爲主故怡諫列銜在前耳此當在闕疑之列右兩人合撰一碑一則　附一石兩文

造象墓誌陳陳相因之辭若四恩三有同登覺岸千秋萬歲永閟泉臺不啻有相傳衣鉢隋舍利塔銘岐山大荔諸刻其文幾不易一字或有敕定頒行之體式未可譏爲蹈襲惟唐龍朔元年雷大岑造象前半節鈔聖教序審其筆勢又非贋託惟古於辭必已出降而不能迺剽賊則知唐時文士已有此陋習宜昌黎慨乎其言之

荆門州玉泉寺有兩鐘皆元時物陽文環列有序有銘一爲

大代華嶽廟碑与中岳嵩高靈廟碑皆為道士寇謙之所撰文同惟地名不同耳蓋其時寇道士實主此兩廟也華嶽廟碑多於嵩高廟碑所見之蓋常有之本矣（張）

住山霞壁瑄公募題江西大仰山禪寺住持口陵撰一爲鍾山廣鑄募題徑山興聖萬壽禪寺住持虛谷撰撰人不同而序銘幾一字不易兩文皆不題年月但云聖元更化計其時相距當不甚遠不知誰爲向秀誰爲郭象　右碑文襲舊二則

碑文有通用之詞亦有標新之詣如魏穆子容太公呂望表隋曹子建碑其詞曰皆作其詞粵以粵爲曰齊天統三年丈八大象訟碑題及後訟曰皆不作頌此字體之求新也凡碑誌之文葬於某鄉某原禮也此通例也惟垂拱三年司馬寔墓誌永窆於邙山之河陰鄉瀍陽里制也以制代禮字義尙近代國長公主碑云陪葬橋陵孝也竇從直撰盧公夫人崔氏墓誌歲十月六日啟府君東北九里合防以虞陵谷順也

七

曰孝曰順雖各從文便要爲他碑所未有而大中四年翟府君夫人墓銘又變其文曰孝之終也咸通四年崔碣撰李夫人誌歸葬河南縣伊汭鄉尹樊里端公之塋柱史後也自周道焉所謂周道者言乎其合祔也敬節法師塔銘窆於神和原律也則彼法之詞也兵曹鄭準墓誌銘以其年八月廿五日權葬於義興縣洞庭鄉震澤里下朱村原從宜也王仲堪誌銘旣曰殯於薊東之別墅從權也又曰遷神於薊縣燕夏鄉甘棠原禮也趙郡李氏殤女墓石記窆於萬年縣高平鄉西焦村之南原從權禮也西門珍墓誌銘遷窆於長安縣承平鄉先修之塋從其治命也曰從宜曰從權皆權厝之詞也曰從其治命又遷窆之詞也王守琦墓誌變其文曰大中四

年正月廿二日禮葬鄉曰崇義村號南姚撰文者例有謙詞如云不敏無文之類惟陳集原龍龕道場銘自謙云不斌之筆銘文之末非云式刊貞石即云爰樹豐碑貞石或作貞珉或云琬琰或云翠琰亦通例也惟磚塔銘云不刊介石孰播徽猷用易介如石義李孝同碑作載刊石籀巳不經見至蘭陵公主碑云式刊貞筭王蘭泉曰貞筭疑同石筍然亦擬不於倫矣此句法之求新也開元六年移置唐興寺碑載勒堅金永傳沙界以刻石而曰堅金失其義矣右碑文求新一則

以碑版攷史傳往往牴牾年月官職輿地尤多異同朱竹垞錢竹汀皆爲專門之學然不徒證史也即以文字論一朝總集莫不取材於此歸安陸存齋觀察輯全唐文補遺余見其

寶山主林禪師碑極典實
石完好不殘一字亦長源撰

目亦取諸石刻爲多近時畿輔遼金碑先後出土余欲輯金文以補張金吾之闕又欲輯遼文藝風以爲先得我心請割愛余曰文章天下之公器也遂輟業唐韓集之五箴伯夷頌柳集之永州八記羅池廟碑宋之永叔子瞻劉貢父蔡君謨元之姚燧黃溍柳貫干文傳朱德潤諸家皆有碑版傳世以校集本亦莫不有異同山川橋梁孔子之宮二氏之居其興造古刻或爲圖經所不載宋鄭虎臣吳都文粹以地爲斷其所采不皆吳人之作余欲取鄉先賢之無集傳世者或有集而散佚者都其文爲一編若陸長源之景昭法師碑會善寺戒壇記顧少連之少林寺廚庫記孫翌顧方肅所撰墓誌皆先哲遺文之僅存者也錢竹汀舉雲居寺兩詩爲全唐詩所

未收不知東南摩厓唐人詩刻可采者尚不少宋元名家如石湖劍南遺山諸詩零璣碎璧亦可補全集之遺金石文字有裨攷古如此豈得爲玩物喪志哉然吾人搜訪著錄究以書爲主文爲賓文以攷異訂訛抱殘守闕爲主不必苛繩其字句若明之弇山尚書輩每得一碑惟評隲其文之美惡則嫌於買櫝還珠矣右輯錄碑文一則

撰書題額結銜可以攷官爵碑陰姓氏亦往往書官於上斗筲之祿史或不言則更可以之補闕郡邑省并陵谷遷改參互攷求瞭於目驗關中碑誌凡書生卒必云終於某縣某坊某里之私第或云葬於某縣某鄉某里之原以證雍錄長安志無不脗合推之他處其有資於邑乘者多矣至於訂史唐

天璽紀功即天發神讖不知鞠翁何以分爲二種想係筆誤

碑之族望及子孫名位可補宗室宰相世系表建碑之年月可補朔閏表生卒之年月可補疑年錄北朝造象寺記可補魏書釋老志天璽紀功天發神讖之類可補符瑞志投龍齋醮五嶽登封可補郊祀志漢之孔廟諸碑魏之受禪尊號宋之道君五禮可補禮志唐之令長新誡宋之愼刑箴戒石銘可補刑法志古人詩集凡有登覽紀游之作注家皆可以題名攷之郡邑流寓亦可據爲實錄舉一反三餉遺靡盡右碑版有資攷訂一則

碑版有資攷證非獨補史闕也蓋於風教亦有裨焉如褚河南隨淸娛誌自言得之夢感其石其事皆難徵信固不足論至如鄭遇夫人崔氏合祔誌大中十二年攝衞州司法參軍

秦貫撰顧亭林金石文字記云此卽今世所傳崔鶯鶯也年七十六有子六人與鄭合葬此銘得之魏縣土中足辨會眞記之誣而誌墓之功於是爲不細矣又攷中州金石記此石有二刻一碑諱恒恒字作遇恐後人得鄭遇碑改爲鄭恒以衒世者二碑俱在濬縣又言此銘康熙初年崔氏見夢於臨清州守往學宫自瓌土中出之尤屬傳譌不足信也蓋以濬縣魏縣已非一地而臨清又遠在山左夫俗語不實流爲丹青附會之詞誠所不免然以元微之會眞記憑虛結撰汚人閨閫得此以雪其誣君子成人之美良有取焉又如韓昶自爲墓誌昶爲昌黎之子韓集有符讀書城南詩符卽昶之小名也誌云張籍授詩年十餘歲日通一卷能以所聞曲問其

義籍往往不能答授堂金石跋援文公贈張籍詩云試將詩義授如以肉貫串又云召令吐所記解摘了瑟僩謂與隱合舊說謂公子不慧如李綽尚書故實及韋詢所錄劉賓客佳話則多忌者之談也此猶不足爲視重至 國朝雍正四年查取文公後裔請襲五經博士乾隆元年裔孫韓法祖以家藏誌石申報遂得奏蒙

聖恩俞允尊儒崇道千古一時區區片石其有功於正學者夫豈淺哉 右碑版有資風教一則

唐人應制碑文書撰皆稱臣稱奉敕如永興廟堂顏師古等慈寺朱子奢昭仁寺之類是也褚河南書聖教序稱臣以太宗御製也張燕公撰鄎國碑稱臣以元宗御書也唐時人主

高麗碑有稱奉宣者見劉喜海海東金石苑

右文燕許皆稱大手筆燕公撰裴光庭碑明皇賜敕以褒之即刻於碑之上方詞臣榮遇千載一時已高麗碑皆稱奉教南詔碑皆稱奉命所以別於中國示不敢僭古時東宮官屬皆稱應教然隋仁壽中所立首山舍利塔碑題司法書佐會稽賀德仁奉教撰則教敕二字亦可通用若書奉命者更不一而足余所知如唐碧落碑題鄭承規奉命書梁重修北嶽廟碑題劉端奉命撰宋篆書千字文序題皇甫儼奉命書已有三刻若宋大觀聖作碑孫氏所錄有九種與平一刻題通直郎書學博士臣李時雍奉敕摹寫則以碑爲道君御書時雍惟摹勒上石耳又如唐葛陽觀聖德感應頌李林甫撰文題臣林甫上不書姓此如三省牒文宰相以官尊不書名李

寶臣紀功碑題支度判官朝散大夫行監察御史王佑上郎書姓矣周大足元年大雲寺碑武盡禮下書勒上唐天寶二年玉眞公主靈壇祥應記道士蔡瑋下書撰上此亦應制之詞又如西門珍墓誌題從姪元佐上則對尊者而言之唐宋奉敕撰書題銜皆通行直下敕字上空格余所見惟元武當山大五龍靈應萬壽宮碑揭傒斯奉敕撰并書許有壬奉敕篆皆提行高十餘格與碑文平列古人無此式

碑文書撰有出自一人者舊例皆曰某某撰并書或曰并書篆則兼題額而言也亦可云并書題額又有自書自刻者如唐福田寺三門記題南嶽李少鴻書并篆兼鐫此常例也若變文言兼如唐齊州神寶寺碑題李寰篹兼書裴道安墓誌題族叔禮部員外郎朏撰兼書魏邈墓誌題孤子匡贊自撰

兼書澤州處士王斌建經幢題處士趙洞微述文兼書若變文言及如景龍元年口部將軍功德記題郭謙光文及書又如懷惲奉敕賙隆闡大法師碑次行題懷惲及書此及字蒙上奉敕而言蓋文亦爲懷惲所撰及書者猶言并書云爾此變例也右總論撰書題款二則

碑版書法不同撰書之人有即於文中敘述者漢柳敏碑云建甯元年縣長同歲犍爲屬國趙臺公憤然念素帛之義爲君立碑傳於萬基因勒歎之據隸釋若萃編所錄者後人重刻本也齊隴東王感孝頌云於時開府中兵參軍梁恭之盛工篆隸騎兵參軍申嗣邕微學摛藻並應命旨俱營頌畢曰盛工曰微學屬筆者應爾唐黃石公碑陰記云殿中侍御史高陽齊萬聆而嘉

之故紀云舉此三碑爲例所見尚不盡於此又如唐吳達墓誌次行題鄉貢進士寇同姓名之下不著一字此舊例之最善者然書撰合一人則可否則宜有以別之何別乎爾請先論撰者古碑通稱曰某人文或曰撰亦曰撰文紀信碑盧藏用撰文信法寺彌陀象碑鄭萬英撰文或曰製亦曰製文邕禪師銘李百藥製文皇甫君碑于志寧製文或曰述亦曰述文唐開成四年王斌建經幢趙洞微述文金貞元二年趙海澄經幢路伯達述文龍門王師德造象題涫于敬一制文製字省衣作制僅此一碑而已若唐鄭邁夫人崔氏合祔墓誌題秦貫譔宋敎興頌題虛儀先生譔鳳翔萬壽禪院記題梁鼎譔則撰譔二字本可通用唐宋碑不止於此或从古文作籑如開業寺碑題李向一籑盧公淸德頌題劉穆之籑景賢大師塔題羊愉籑亦不止此

三碑也此皆標題之通例又如孟法師碑題中書侍郎江陵縣開國子岑文本作文蓋文達碑題尚書上柱國燕國公于志甯字處謐作此文崔敦禮碑題于志甯字仲謐作文此皆書作字之例崔蓋兩碑撰人書名書字又一例處謐仲謐亦不同宋爨龍顏碑其末題曰文建甯爨道慶作同一書作文而倒敘之又略變其例又如唐杳冥君銘次行題鳳閣舍人河東薛稷爲文又見一唐墓誌其子所撰題曰孤子某自爲文元內供奉董公墓碑題曰肅齋公爲姪書此皆書爲字之例至文之孳乳則爲詞唐宋碑甚多以其最著者楊搉之如奉仙觀老君象碑題曰李審幾詞貞一先生廟碣題曰韋憑詞宴濟瀆序題曰達奚珣詞嶭剛墓誌題曰冉元一詞至齊

天統五年棲閑寺碑象頌年月之後題曰司州汲郡尙孝舉之詞也書法又略不同又如澠池鴻慶寺碑唐聖歷中宮若驚書撰人一行衹泐存千綴二字陸紹聞以爲綴是綴文撰碑之署款也余按唐醴泉寺誌公碑題綴文沙門元傘可證陸言之不誣又如宋富川烈女蔣氏冢碑題元符三年王端禮編金姜氏云亭房題名碑明昌四年在泰安題姜孝儀編唐天寶二年崔府君獨孤夫人墓誌題長子季梁修并書而顯慶四年王氏龕銘題第二息友方修文益可證季梁下修字爲修文之義貞觀六年寶山靈裕大法師行記題弟子海雲集曰編曰修曰集所見不過一二刻葢未可據爲通例矣

宋湻化二年徐休復拜文宣王廟記行陳州長史彭扆書其

前一行祗有給事中撰四字、但書官、不書姓名、惟其文發端大書曰、給事中徐休復承聖君之命、禱神嶽之靈云云、與標題互見、王蘭泉以爲創見、按唐咸通二年河内藥師象贊、但題維鄜撰兼書、而於文中始自述其姓名曰奉釋教演化維鄜郭崧、其書法正同、則不自宋人始矣、又按唐周遠志造彌陁象、在龍門、末題上元二年十二月八日功訖詞、訖字陸劭聞誤釋作記、詞上不著姓名、疑卽爲周遠志文、在金石中皆爲變例、右撰人題款二則、

書碑之例、通稱曰某人書、或曰書丹、金碑稱書丹者過半、惟唐文宣王廟新門記、裴平所書、題曰下丹、宋李恂書湖州飛英寺浴院記、題曰書朱、頗疑裴李二君其祖父必有名書名

書生者蓋以其筆劣而稱之似非書碑之人今之北方人猶呼筆劣者曰書生似即此意

丹者避家諱故云爾（宋復唯識院記琅琊口口元書朱）唐崔鐶書北嶽禮廟碑其書字書作畫與禮字皆用古文或變例以書字冠首如魏李仲琁修孔廟碑（興和三年）題曰任城王長儒書碑唐周村十八家造象碑（麟德元年）題曰書人劉仙經叱干公三教道場文題曰書人樂安郡任惟謙馮善廓浮圖銘題曰書銘人佛弟子姚璟楊岐山甄叔大師塔題曰書碑人僧元幽其書法大同小異嘗見隋以前古刻有曰某人書此碑蓋有所濫觴矣惟周天和元年祁平國等造象其題名之末有書生呂稚卿未見有第二碑也其餘有曰筆者彭州堋口鎮新修塔記碑陰耿符撰文（治平元年）資聖院主惠雅筆唐開元五年王慶墓幢題沙門邈文幷書事題牓事即古筆字題榜者題額也此亦為

筆字之證有曰寫者北齊儁修羅碑下截題名其末一人曰儁美生寫唐温國寺進法師塔銘題沙門智詳敬寫宋天禧四年鳳臺鄭杲建經幢題衞文進書寫李時雍立大觀聖作碑題曰奉敕摹寫此皆爲寫字之證至開福寺幢淳化元年既題董護書又題李思明發心鐫寫此鐫寫猶云鐫勒非書人也有曰錄者開元六年柏梯寺碑徐彥伯文胡輔之錄大歷四年趙濬沖碑陰題曰王璃錄垂拱二年王徵君臨終口授銘題曰季弟紹宗甄錄蓋其文即徵君所自撰紹宗特受而錄之故曰甄錄寶歷元年硤石寺大隋遠法師遺跡記薛唐夫書又題曰河東薛重元刊錄此當是刊正其文字非書人亦非撰人也又如金重刻枋口白樂天詩前題大和五年九月

余嘗見棲霞寺碑乃京兆韋霈書非車霈也韋字草書作韦今此石已佚只存二小截矣 張仁
甯府志自知（達）

二十六日後題大金元光元年賈獻臣重錄湯陰嵇公廟記前題熙甯三年韓琦記并書後題安陽任倫重錄此廼舊碑巳佚後人書而重刻之玉泉寺唐人詩宋慶歷八年僧悟空錄雖無重字義亦如此又如敎興頌盧儀先生所撰後題攝太常寺太祝李夢徵傳本夫曰傳本則亦取前人本有之文傳錄之耳又如攝山棲霞寺碑聖宋沙門懷則重書兩其前仍題曰京兆車霈書宋重刻唐旌儒廟碑前題都官郎中徐珽書後有張綽重書記其末題大中祥符三年張綽記并重書篆額不沒前人之跡凡碑之重書重刻者此例最善元壽陽北山龍王廟記至正甲午前題李道口書丹後題儒士閆庸重書亦晚出碑之可據者也張田龍隱巖詩治平四年六月題

後四十七年政和甲午孫光祖重書或舊題未刻或刻而剝泐故重書之又如開化寶嚴閣記舊爲開運二年蘇曉書後題大元至正八年內召監察御史郭彥亨謄書謄書卽重書之變文二字頗新今人謂錄本爲謄蓋有所本矣又若宋重書龍池石塊記開寶六年第二行但有重書二字並無人姓名亦不詳原撰原書爲何人其文中所稱大漢通容二年兩漢無通容年號此直鄉里妄庸子所爲無足置辨又有自書自寫之例如河東州刺史王仁求碑聖曆元年長子王寶善自書凡爲祖父書碑者視此金華太平寺咸通六年經幢女子和娘自寫則以別於經生之筆又有追書之例所見惟御史臺精舍一碑其文爲崔湜撰題曰中書令崔湜任殿中侍御史日篹文開

元十一年梁昇卿追書昇卿書碑之日湜已由諫官登宰輔且貶死矣而不廢其文古時風俗之厚今亡矣夫唐人刻經多不署款惟咸通十五年所刻大般若波羅蜜經題書經楊元弘吳越天竺兩經幢一題書幢手殷承訓一題書幢記僧義月遼戒壇寺石幢題書幢文人三司書表康口此外書法略如碑文唐梵兩體者其例亦有二如唐開元寺幢題沙門海覺唐梵二體書金明昌三年板城里劉嵩幢題金山愚魯李伯眞唐梵書此一人書也大定八年留犢邨甯國寺幢堂姪天保書唐沙門瓊肅書梵此兩人書也按西夏感通塔碑張政思書篆之前一行題曰書番碑旌訛典集洽口渾嵬名遇此亦書番漢文之一例元時國書碑書蒙古文

者亦往往署名於碑陰右書人題款二則

撰書之後碑題皆次以篆額其書法亦不同通例曰題額曰書額曰篆額或省額字曰某人篆唐貞一先生廟碣題曰辟希昌書幷額額上無題篆字義終不可通頗疑上石時奪去金改建題名碑題涇渭盧元撰額撰字可施之於文不可施之書篆亦於義未協唐明徽君碑額題王知敬篆書元重修無錫州儒學記額題黃溍篆題亦皆非常例右篆額題款一則

潛研堂金石文跋尾曰唐宋碑刻多以撰人姓名列第一行書人次之題額者又次之嵩陽觀紀聖德感應頌天寶三載首題開府儀同三司行尚書左僕射兼右相吏部尚書崇元館大

學士集賢院學士朔方節度等副大使上柱國晉國公臣林甫上太中大夫守河南尹河南水陸運使上柱國賜紫金魚袋兼東京留守判留司尚書省事臣裴迥題額碑末始題朝散大夫檢校尚書金部員外郎上柱國臣徐浩書與他碑式異季海官卑不敢與林甫迴並列故也

又北漢天龍寺千佛樓碑推誠佐命保祚功臣特進行尚書左僕射兼中書侍郎平章事上柱國隴西郡開國公食邑三千戶臣李惲奉敕撰翰林書令史劉守清書翰林書令史王廷譽篆額惲以宰相奉敕撰文列名碑文之前守清廷譽則列名於碑末年月一行之下不稱臣亦不云奉敕微之也

又紹興十一年吳郡重修大成殿記右宣教郎翟耆年篆額

右朝散郎提舉浙西路茶鹽公事米友仁書左廸功郎新差充太平州州學教授鄭仲熊撰碑版之例撰人題銜在前書丹次之篆額又次之此碑正與相反葢他碑題銜在前以右爲上此題銜在末以左爲上也（右撰書位次三則）

今人書墓石用稱謂或病其非古不知唐宋石刻時有之舉同姓爲例至親無文父撰者直書曰父子撰者直書曰子或曰嗣子或曰孤子趙全泰撰其妻武氏墓記（寶歷元年）李郴撰其妻宇文氏墓誌（咸通八年）皆直書曰夫兄弟亦然亦有稍變其例者如李仍叔女德孫墓誌題曰李仍叔女而其後但曰仍叔文皋統於尊也顏平原家廟碑稱第七子韋端元堂誌（元和十四年）題第四子紓文以別之黃撝公妻劉氏龕銘（天寶十三載）題少

弟庭玲文此以長幼爲别也其屬之稍疏者如唐李氏殤女墓石記貞元十七年題曰從父湑書翟府君夫人墓誌大中四年撰文者稱堂叔闕其名宋韓愷墓誌熙甯四年題曰叔祖琦此施於幼者之例也大中十三年京兆韋夫人墓誌書人孫綠稱第廿叔則尊屬亦可序行矣李紳爲其兄繼撰墓誌題曰親弟而龍華寺尼義契有經幢一墓誌一幢爲從祖弟同元文誌爲從父弟同翊文兩石皆元和十三年大順元年李艤墓誌題曰再房兄德雍書則族屬又疏矣此施於同輩之例也爲諸父撰書者統稱曰姪開元五年崔公夫人鄭氏墓誌姪璆書又廿八年鄎城縣丞張孚誌姪繟述魯公書殷君夫人碣及干祿字碑皆稱第十三姪男元皇慶元年董文直神道碑第十八姪男士廉書本此邵才墓誌元和十四年題從姪試太常寺奉禮郎飛騎尉

鈔藏陳南牀舊本西門珍志係從姪鄉貢進士元佐上並無王字鞠老誤認士上角有劃紋或由於此

仲方文此施於尊者之例也惟西門珍墓誌元和十三年王元佐撰文異姓亦稱從姪其義不可曉西門珍宦者也唐時宦官皆養子或西門其所後之姓王其本姓又如開元二十八年李興造石塔記題曰從翁李季良文從翁李璲書從翁自是同姓之長未知其爲從父歟抑爲從祖父歟異姓之例如鄒敦愿爲董惟靖撰誌大中六稔自稱曰外兄鄭澣爲杜行方撰誌大和七年自稱曰姨弟李西華爲張銳塡諱自稱曰姊夫李邃撰盧約誌大中四年稱外甥歐陽溪書盧士瓊誌大和元年稱外孫清河郡張夫人誌書人署外孫子巽巽下存一劉字是其姓名闕如此之類未可枚舉又如唐魏國夫人劉氏誌侯濟川譔文而稱曰族生宋義國夫人虞氏誌趙時彌塡諱而稱曰眷末則知今時流俗之稱亦有所本未可以爲不

學而識之右撰書人稱謂一則

有一碑而父子撰書者唐之元氏石燈臺頌張尹撰文男希雅書又如宋之江陰壽聖院莊田記撰文者爲孫沂而其子第書之政和元年金之博州重修廟學記撰文者爲王去非而其子庭筠書之大定二十一年元之元氏重修廟學記撰文者李冶而其子玩復書之至元十九年諸碑皆撰人在前書人承其父下不署姓書曰男某例當如此然未可以概神道碑墓誌銘譬如唐崔敦禮碑出於于燕公父子其碑久斷裂明趙子函所藏本書人于立政姓名已泐未知其書法若何若依諸碑爲例亦書曰男某書則設使敦禮之子爲父書碑將何以示別可知其必不然矣唐宋摩崖題名詩刻亦往往命其子姪書之

右父子撰書一則

一石而兄弟撰書或兼篆刻如趙撝叔所記程修己墓誌子進思正書再思篆蓋會昌三年張氏墓誌安子正書宜郎篆額潤郎刻字皆昆弟也前於此者如李氏之三墳記栖先塋記皆嗣子季卿撰從子陽冰書閔鄉臨高寺碑宣義郎前行懷州獲嘉縣主簿常允之撰舍弟承奉郎前行商州參軍□□□軍下泐三字王蘭泉謂當是某人篆允之之弟也第三行□弟文林郎吏部常選演之書以前行例之弟上所泐當是舍字偃師昌黎馮王新廟碑十二代孫鄉貢進士元德述弟進士元度篆額弟進士元錫書宋保甯寺浴室院鐘樓碑冉曾撰并書弟商篆額王氏雙松堂記晁說之文晁詠之書

黃石山仙公觀大殿記范致虛文范致君書一門華鄂輝映貞珉亦謂之棠棣碑可也右兄弟撰書一則

唐光孝寺經幢僧欽造書自署其貫曰閬川人濟瀆廟北海壇祭器碑題朝散大夫行河南府濟源縣令張洗字濯纓撰保唐寺燈幢贊題徵事郎前試太子通事舍人飛騎尉郲澈字直方撰并書唐湞陽觀東嶺洞谷銘題河南元傑字長夫撰姓名下自署其字唐初于燕公撰文即如此

王氏萃編云金重修濟瀆廟記撰文者署其號曰種竹老人而不署姓名不見他碑余謂南渡後碑文書別號者多矣然當分別觀之題名詩刻如隆興元年浯溪中興頌之側秋隱里叟詩嘉定八年臨桂華景洞元在庵主人石堂歌淳祐二

年陽山鳳岡漫叟題名金華之非邱子鼓山之東治子其人登臨涉筆聊紀勝游本無義例則固無不可也若豐碑貞碣大書深刻將以垂示於後來似未可隱其姓氏金元以後此風尤盛然如靈巖寺觀音聖蹟碑皇統七年題濟濱老人陳壽愷文并書雲居寺都綱靈塔記貞元中題龍山逸老王章文眭村廣教口院記大定六年題玉峰野叟王靖文九嵕散人徐頤書書其號又書其名氏則後人猶不至無可攷索余見一宋經幢但題河內逸人而無姓氏元碑如憲宗元年三眞會仙圖銘爲太霞老人述至元六年太上道德眞經序爲太極左仙公撰南岷山道人書至元十年孟縣清眞觀碑爲甯極子正書若此諸碑不題姓名讀者如墮五里霧中莫能究其本末梁

瘞鶴銘首題華陽眞逸撰上皇山樵書其後又有丹楊仙尉江陰眞宰之號後人聚訟或以爲王逸少書或以爲陶貞白書或以爲顧逋翁書至程南耕又創論爲出於皮襲美若使當日署其姓名何至千載以下蓄疑不解邪 右撰書人稱字稱別號二則

古造象碑有畫人者少矣塑人更少惟唐百門陂碑陰有丹青𤯔巫尤勛劉廷玉𤯔武后所製人字丹青𤯔卽畫人也五代漢景福寺重建思道和尚塔衆邑人記有畫人張宏信宋慶歷五年法門寺重修九子母記畫人任文德之前有塑人王澤僅此數碑而已又咸平二年傳應法師行狀後有杜振塑眞象李楚裝按唐百塔寺有楊將軍新莊象銘莊卽裝字

龍按三巴孴古志唐化城縣造象記開元廿六年二月亦有張萬餘繪一行光啟四年正月唐重修化城龕記亦有繪士布衣張萬餘又文德元年十二月唐化城縣造像記亦有繪士布衣張萬餘

之省當爲裝飾之義大中藥師象讚裝畫崔元口亦其人也畫人始於唐以後蜀中有唐化城院（縣）造象記題張萬餘繪宋天禧四年鄭杲造經幢有畫口象劉從口象上闕文當爲佛字金長清靈巖寺大士梵相及觀音聖蹟碑皆題洛陽雍簡畫皇統六年七年嵩山達摩象題僧祖昭繪元光二年此釋家之畫象也唐溧水仙壇山銘道士周道賜書畫聖歷三年宋道家所刻經無不有畫象卽無不題畫人名氏袁正己書摩利支天經李奉珪畫象陰符經翟守素畫象皆乾德六年龐仁顯書常清靜等經白廷瓖續象太平興國五年續象者刻經在先畫象在後也宋溥書北方眞武經武宗孟畫象元符二年又有孫眞人祠記題畫象人杜穆此道家之畫象也可爲畫人傳補闕　右畫人一則

古人書碑重鐫字、此物勒工名之意也、通例皆書曰刻字、或曰某人刻、或以鐫字刊字易之、溯其由來、蓋與書撰人皆託始於漢、如西嶽華山碑、郭香察書之後有刻者潁川邯鄲公修、是其證也、唐宋諸碑、猶或沿其例、書刻者、或曰鐫者、漢中新修堰記、鐫者程彥思、或曰刊者、宋紹聖高陵重修縣學記、刊者安永年、崇甯三年、五臺山靜應廟記、刊者劉源、或曰鐫人、唐廣明二祀上谷郡隴西公幢、鐫人梁清閑、劉詹泰、或曰鐫文、唐甯思道書浮圖銘、題上柱國丁處約鐫文、或曰刊石人、金明月山大明禪院記、刊石人張鏞、或曰刻石人、王屋山劉若水碑銘、刻石人李崇絢、皆書法之稍變者、惟魏石門銘、題石師河南郡口陽縣武口仁鑿字、南詔淵公塔銘、題金襴杜隆義雕書、唐大歷二年重刻扶風夫子廟記、題張遵刻丹、宋嘉祐二年龍川白雲巖陳偁題名、題僧應璣開石刻丹、開石雖常語、在石刻已不多見鑿字雕書更未見有第二碑也宋爨龍顏碑後書近碑府主簿益州杜萇子近郎匠字此亦刻匠而倒其文曰近碑義未詳元大德甲辰嘉興路儒人免役碑後題嘉禾曹德新梓夫梓木工也棗梨可以稱梓刻石曰梓失其義矣又按古碑凡書模勒與鐫刻爲二事何以證之如唐懷仁聖教序既書諸葛神力勒石矣又曰武騎尉朱靜藏鐫字紀信碑既書勒碑人史舌勒矣又曰石工張敬鐫字青城山常道觀敕既書觀主甘遺榮勒字矣又曰晉原吳光口刻宋上清太平宮記既書副宮楊志振模矣又曰長安忠善居士黃德用刊此蓋勒字爲一人鐫字爲一人若鐫勒出於一手者如唐之張延賞碑將作官馬瞻刻字并模勒梁守謙功德銘天

水强瓊模勒并刻字澄城縣令鄭公碑姜濬模勒并刻字再建圓覺大師塔誌韓師復模勒并刻或先書刻後書勒或先書勒後書刻又如宋祭狄青文書任睍摹鐫鄭仲賢絳山詩書張温其模刻約以兩字郭忠恕書陰符經但書安祚勒字而無刻工名此卽爲祚所刻宋初刻字人皆安姓可證言勒可以賅刻也葢古人刻碑或書丹於石或別書丹而雙鉤其文以上石模勒卽鉤勒今人以勒字爲刻字失之矣又吏部南曹石幢後題彭城劉承恩專心句摹以摹爲模惟此碑又攷劉若水碑銘刻石人李崇絢之前有檢校覆鐫字劉元覺此葢刻石之後恐有脫誤古人之審慎不苟如此所見亦惟此一碑

唐宋以下石刻勒碑刻字往往列名不一人有三人者如鎮州龍興寺大悲象閣銘李思順李嶼李繼元鐫字是也有四人者如石保吉碑翟口鈞鄒從善王德用翟文負鐫字是也或並列或直書而下其例不一昇仙太子碑陰薛稷鍾紹京書而薛稷又爲敕檢校勒碑使鍾紹京又奉敕勒御書又有宣議郎直司禮寺丞李元口勒御書既有麟臺楷書令史丞口伯口刻字矣（在中截）下截左偏又有直營繕監直司韓神感刻御字洛州永昌縣丞朱羅門刻御字又有采石官洛州來庭縣尉丞口晙采石之人列名在前亦可證王惕甫古人重選石之說又潭州鐵幢眞言之後既有沙門道縂鐫經年月之下又有李昇鐫字先後分題不似他碑但言某某等刻字

無從識別。

北海書碑多自鐫，蒼潤軒帖跋云，凡黃仙鶴、伏靈芝、元省己之類，皆託名也。魯公書亦然，故顏碑皆無刻字人，惟千福寺多寶塔碑爲史華刻。按大智禪師碑史子華刻，玄元靈應頌題河南史榮刻，頗疑榮字子華，或以字行，去子字作史華。如宋安文晟刻碑，亦作安晟，正其例也。前人鐫碑必求能手，褚書多出萬文韶，信本於隨時書姚辯誌，已爲文韶刻，則擅名兩朝久矣。柳書皆邵建初刻，元趙文敏書惟茅紹之刻者能得其筆意，碑之工拙，繫於刻手，其重如此。萬文韶同時有萬寶哲，曾刻杜君綽碑，建初有弟曰建和，往往碑末同署名，蓋以篆刻世其家者。宋安民不肯刻黨人碑，士大夫稱之，今安民所刻碑存於世者尚有元祐五年渾忠武公祠堂記京兆府學新移石經記治平二年鄠縣利師塔記共三刻皆在關中余按北宋一朝碑版安氏刻者爲多其最先者爲安宏安仁祚自建隆訖徽欽之際蓋百餘年而其澤未艾也攷工皐㮚以官命氏安氏有焉今試節所知者舉證如右

西安重修文宣王廟記建隆三年安仁祚刻字

開元寺行廊功德碑建隆四年都料安宏姪仁祚刻字

郭忠恕三體陰符經乾德四年安祚勒字安祚當即仁祚

郭忠恕說文偏旁字源序武威郡安懷玉句當建立此石無刻字人疑即安懷玉所刻

皇甫儼篆書千字文乾德五年武威郡安仁裕刻字

袁正己書摩利支天經武威安仁衍刻字

陰符經同上

張仲荀抄高僧傳序安文璨鐫

夢英十八體篆前攝鎮國軍節度巡官安文璨刊

贈夢英詩武威安文璨弟文晟刊字按璨琛同字因璨字石刻多書作琛故著錄家又誤而爲琛

廣慈禪院修瑞象記雍熙二年武威郡安文璨并弟文璨鐫字

昭應院文宣王廟碑咸平二年武威安璨刻字

鳳翔府萬壽禪院記景德二年安璨鐫字

永興軍文宣王廟大門記大中祥符二年安文璨刻字

栖先塋記後有大中祥符三年題字云吳興姚宗萼率好古者同出刊刻之貲衘威安璨重開威上當脫

武字武威安氏郡望也王蘭泉以威字爲姓屬下安璨讀誤矣

沙門靜已書偈碑大中祥符三年安文晟刊

藍田縣文宣王廟記大中祥符四年安琛刊字

保甯寺鐘樓碑天禧二年刻字安文晟

教興頌天禧三年按粲卽璨之省文安粲刻字

逍遙棲禪寺水磨記天聖八年武威安晟刊石

文安公牡丹詩天聖九年安文晟刻字

中興軍中書劄子景祐二年安亮刊

保甯寺牒慶歷三年安文晟刻字安元吉立石

卧龍寺唵字贊熙甯十年安民師刊

海公壽塔記元豐元年安民師刊

游師雄墓誌京兆安民安敏姚文安延年模刻

高陵重修縣學記紹聖元年刊者安永年

凝眞大師成道記碑陰題名元符庚辰安延年刻

古人能書類能刻不盡出於匠氏緇黃亦多能奏刀如宋溫泉雙阜茇行元豐五年道士梁宗道刊涇陽重修孔子廟記元祐四年雲臺觀賜紫道士董宗卿刊釋子能刻者尤多略舉兩碑爲例如唐之憫忠寺重藏舍利記景福元年爲僧守因鐫宋之李太尉祠堂記皇祐元年爲僧普臻刊刻工又多策名仕版如邵建和刻符璘碑署銜爲中書省口口口官昭武校尉守京兆周城府折衝上柱國官上當闕鐫玉冊三字裴耀卿碑姜濬模刻署將仕郎守恆王府參軍王璬造浮圖銘上柱國丁處約鐫文懷仁集聖教序武騎尉朱靜藏鐫字少林寺同光塔銘延

待從翰林中多雜流不甚
文學侍從之臣也宋制
似待考

州金明府別將屈集臣鐫南漢新開宴石山記鐫者李道員署銜爲製置務客司軍將宋福州重修忠懿王廟碑開寶九年鐫字人闕其署銜爲討擊使然柱國爲勳級武騎尉等皆武職至蕪湖縣新學記翰林張士亨模刋則文學侍從之臣亦爲之又有官私之別唐時中書省置玉冊官宋有御書院皆專司鐫勒之事卲建初所刻圭峰碑及杜順和尚行記劉遵禮墓誌其署銜皆爲鐫玉冊官或無鐫字牛頭寺經幢亦題中書省鐫玉冊自官字以下皆闕姓氏未詳重修法門寺塔廟記題玉冊官孫福鐫字兩刻一乾符一天祐皆在卲建初後矣宋北嶽醮告文題御書院祗候臣王守清鐫而增修中嶽廟碑乾興元年刻字沈政等署銜又作祗應中嶽醮告文題中書

省玉冊官御書院祗候臣沈慶臣晉文寶鐫中嶽中天崇聖帝廟碑（大中祥符七年）題中書省玉冊官文林郎守高州司馬御書院祗候臣王欽刻字據此則中書省御書院兩署可以兼官王欽以玉冊官出爲高州司馬仍帶御書院祗候故猶奉敕刋碑安文璨嘗攝鎭國軍節度巡官見所刻夢英十八體篆然則宋時刻工亦有出身且玉冊祗候兩官皆有升途可轉非必以篆刻終其官也又如梁守謙功德銘强瓊鐫勒而瓊邪王夫人墓幢云夫人爲玉冊官內供奉强瓊之妻是內侍亦得爲玉冊官矣韓國華神道碑（嘉祐八年）題中書省玉冊官王克明蹇億刋而億刋晝錦堂記但曰潯陽蹇億刋字不署銜蓋一則奉敕一則私家所刻耳謝天書述功德銘（大中祥符元年）但

朱子貴中美碑後有建安翁鎮弟男進文博文刊行外用方匡 柳如齋

書御書院奉敕摹勒刻石無人姓名此官刋之又一例又攷唐時官刋之碑亦有付將作監者如興福寺殘碑即世所稱半截碑題文林郎直將作監徐思忠等刻是也遼陽臺山清水院藏經記題通天門外供御石匠曹辯鐫亦工之在官者私家之碑或稱都料或稱石工石作蓋石匠亦間能刋字宋遼金石幢及里社神廟之碑皆出此輩有雅鄭之別矣金重刻鄭康成碑題濰陽劉元紀仙本店手全刋刻字之有店始此

古今人不相及豈獨書法爲然哉卽刻工亦不同唐初名家遺墨使今之良工上石雖歐虞精詣確爲眞跡視廟堂化度諸碑亦必相徑庭則時爲之也余嘗見趙文敏仇公墓誌及膽巴禪師碑眞跡淋漓奮張筆墨皆有生氣石印本不得其

用墨猶得其用筆至摹本則每下愈況矣書畫跋跋述宦秦者言唐碑石皆如玉其字皆直刻入深一二寸如今刻牙小印不似今碑但斜掠也多寶塔等碑所以經久不模糊 右刻字五則

書碑篆額鐫字出於一手者惟咸通壬午雩都縣福田寺三門記楊知新述李少鴻書并篆兼鐫此外未見他刻海甯安國寺有咸通六年經幢周瑛刻字并書而並無篆額北海李元秀碑逸人太原郭卓然模勒并題額咸通十五年大般若波羅蜜經王居安鐫字并篆額而書經人爲楊元弘皆祇兼兩事唐碑自書自刻者多矣顏魯公李北海皆如此 元至正十六年曲陽禱雨靈應記王鑒書鐫

右一人兼書篆鐫一則

撰書鐫勒各題姓氏造碑之匠亦間得附名簡末通稱曰石匠曰石工亦稱都料匠惟唐叱干公三教道場文後有都料丈六爾勒佛匠雍慈敏其書法稍別有稱石師者如漢之白石神君碑石師王明魏石門銘石師武□仁是也淡山巖熙甯七年楊巨卿題名末有梓作石永淇唐戒珠寺經幢有郢人應成與鍊客程曇並列鍊客猶言方士郢人用莊子運斤成風事吳天發神讖碑有巧工九江朱□同爲石匠之嘉稱遼憫忠寺舍利石函後有閣殿砌匠作頭蔡惟亨又有故蓋閣都作頭康日永其姪敏爲蓋殿寶塔都作頭觀此知今人稱工師爲作頭遼時已然矣王惕甫碑版廣例曰漢碑不列書撰人姓名而市石募石石師石工必謹書之樊敏碑建安十年造金重修漢太史公墓記石工劉盛息慄書書人居石工之下

大定己亥石匠之外有甎匠按陝西通志墓在韓城縣芝川鎮邑令翟世祺築高砌以甎石層級而上此所以有甎匠非他碑所得例也少林寺唐同光禪師塔銘有造塔博士宋王後唐行鈞塔銘有造塔博士郝温此博士非官名亦當時稱匠石之詞　右石工一則

二氏之碑往往有施石姓氏圭峰禪師碑王元宥施碑石題名在年月之前經幢則有施幢人宋文安公牡丹詩後題香城院主賜紫某僧出石出石卽施石之變文五臺孫眞人祠記有施碑座人宋九齡　右施石一則

漢時上方銅器有監有省余所見石刻亦多有管句句當姓氏唐裴光庭碑末行有奉敕檢校樹碑使庾公德政碑第二

跋後有管句造碑佐史耿口口此不獨管書監刻爲然也金濟瀆靈應記有監刻碑人州吏趙源蓋古人樹碑必先選石華山碑杜遷市石與郭香察書並列固矣泰山都尉孔宙碑末云陟名山采嘉石洪氏隸釋載武梁祠堂碑云孝子仲章季章季立孝孫子僑竭家所有選擇名石南山之陽擢取妙好色無斑黃飭工庀材鄭重如此余奉命度隴道出西安詣郡學碑林見唐初刻石如廟堂聖教諸碑皆黝然作淡碧色光如點漆可鑑毫髮扣之清越作磬聲真良材也吳越閒古碑絕少唐以後碑雖有存者亦多淺蝕若無屋覆露處田野其久也剝至漫漶無一字燕趙閒遼金幢多黃沙石坳突不平搨出之後痕痏徧體石質尤脆者歷年稍久字面一層劃然蛻蛻拂而去之

同一石而堅脆不同微鑿之或作金聲或如腐木石理既殊刻之深入不深入亦因之而異為時既久椎搨既多上面一層不免剝蝕而字畫之肥瘦因之肥者必刻時深入為石之脆者瘦者必刻時不能深入適當石之堅者余嘗詳摩魏皇甫驎碑而知之

片片落如拉朽如此等石其壽不及百年不如不刻古人書碑遇石泐則避之然唐中葉以前無是也余所藏光啟二年封崇寺幢避泐紋繞刻至一二十字此皆選石不精之弊也不獨碑石卽摩厓亦有之同一題名或存或佚或波磔如新或瘢肘莫辨則以石質有美惡絕壁顯露雨淋日炙之處與深藏洞壑者亦不同 右選石一則

桂未谷曰 札樸卷六 古碑皆先立而後書李綽尚書故實東晉謝太傅墓碑樹貞石初無文字水經注沂水南有孔子舊廟漢魏以來列七碑二碑無字或疑碑立則下段逼地人不能書若陷地數尺人在陷中乃可書又疑自左書起然乙瑛曹全皆首行字大當自右起或又疑橫排按漢碑年命二字垂腳

長過二三字此非橫排所能預計也河南於土中得曹魏王基碑僅刻中段上下丹文隱隱此則未立先刻者授堂金石跋曰王基碑出土僅刻其半土人傳云下截朱字隱然惜無人辨識付之鐫工遽磨拭以沒今存者凡得三百七十字右古碑先立後書一則

漢武氏石闕銘使石工孟孚季弟卯造此闕即敘於碑文之中大約漢碑多書造字如孔宙碑書延熹七年□月戊□造西狹頌書建甯四年六月十三日壬申造此其證矣耿勳碑書西部通橋椽下辨李禋造造字上書官書地書姓名而唐高乾式造象書曰造碑人檀如洛此書姓名之又一例自魏以下或書建或書立于府君義橋石象碑書建嵩陽寺碑書立有重其文曰建造者如魏太公呂望表是也武定八年四月庚辰朔十二日辛卯建造曰建立者如

齊宋買造象是也天統三年歲次丁亥四月辛丑八日戊申建立或於造上增字如隋楊遵義造象開皇六年書曰洞元弟子王忻敬造唐淤泥寺心經書曰宮官張功謹敬德監造遼行滿寺尼惠照建幢記太康元年書曰石匠邵文景成造後人各隨文便並無義例唐人或變文言樹如歐陽公房彥謙碑書貞觀五年三月二日樹馮本紀孝碑書作尌崇聖寺丁思禮心經書作豎尌爲樹之省文豎又樹之俗字山陰有十哲讚唐元和十年十二月三日孟簡置書置字者惟此一碑碑末又有書訖例始於魏始平公造象題曰太和廿二年九月十四日訖然書法亦不盡同武定二年李洪演造象書曰造訖景明二年鄭長猷等造象書曰誠訖賈思伯碑雋修羅碑皆書曰訖功洛州鄉城老人

造象又倒其文曰功訖唐淮南公杜君墓誌儀鳳二年又於功訖上增雕瑩二字龍門周遠志造彌陁象上元二年又於功訖下增詞字此訖字續萃編誤釋作記已爲駢枝魏凝禪寺三級浮圖頌末題曰造刊俱訖耳愈不詞張猛龍碑末題義主某某造頌四年正光三年正月廿三日訖金石後錄曰造頌四年之後始立此碑此又立碑之變例興聖寺經幢又攺訖爲畢書曰天寶五載九月畢功龍門漁陽郡君王氏龕銘亦倒其文曰功畢唐孫文才造象銘書了畢其餘或書立石或書上石此通例也若幷著建碑之地如蘇唐卿篆書醉翁亭記嘉祐七年上石於費之縣齋晁迥愼刑箴天聖六年立於永興軍釋迦成道記元豐五年立石於湖州飛英寺浴院此順敘之法也米元章第一山字後題終南山古樓觀道祖說經臺立此倒敘之

法也又有同立石之例如唐沁河枋口記先書元和六年冬十月刻下有濟源令丞簿尉姓名如此者不止一碑惟五臺山孫眞人祠記宋元豐四年万俟禘立石四子完甯寔實同立石至金大定九年万俟善深幷弟衍重建善深男端幷彥同捨已財立石兩次建碑皆出於万俟氏又皆有同立石人其書法爲最詳矣古碑或仆而復立或燬而重鐫如唐之孫師範孔宣公廟碑魯公八關齋記李元靖先生碑皆有跋敘其建刻始末其餘但省文於年月下書再建王彥超刻虞永興碑重修唐賈竦謁華嶽廟詩姪男𤩽大和六年重修重立石李北海東林寺碑通微道訣碑皆書重立石等字惟陽羨周孝侯廟碑末題元和六年守義興縣令陳從諫重樹此碑書法爲稍變余所藏唐幢宋元明屢仆屢建往往大

書不一書皆題記於空處又有移建之例如魏嵩陽寺碑唐麟德元年從嵩陽觀移來會善寺立宋蔣之奇武溪深詩元祐癸酉自延祥禪院移立武溪亭此遷地而建之說也又有追建之例如唐有追樹琅邪十八代祖王公碑書韋縱宋廣平碑大歷七年孫儼追建此閱時而建之說也以上諸例皆起自唐以後漢人簡質但題年月或云某人造而已 右建造樹立一則

碑版書歲時月日或繫以甲子月必謹朔此通例也甲子上例有歲在字言太歲所在也然齊姜纂造象天統元年太歲乙酉唐潘尊師碣聖歷二年太歲己亥皆書太歲而沙門軌禪師造象太歲在甲午書太歲矣仍書在字其書法不同如

此其他先後詳略參差百出余所見紀年異文如韓勑碑惟永壽二年青龍在涒歎霜月之靈皇極之日按釋天歲在申曰涒灘養新錄曰霜月者相月也釋天七月爲相此以釋天歲陰紀年以月名紀月也隋澧水石橋前碑以開皇十一年龍集於淵獻月躔於降婁紀年同而紀月則以十二次後碑歲次鶉口王蘭泉曰南方朱鳥七宿曰鶉首鶉火鶉尾此當是鶉火禮月令疏午爲鶉火齊郭顯邕造經頌天統元年歲次大梁隋李慧熾造象開皇十一年陬訾之次此以歲星之十二次紀年也唐寶室寺鐘銘貞觀三年攝提在歲蕤賓御律大忍寺門樓碑陰困敦歲太簇月此以十二律紀月也梁昇卿伯夷叔齊碑開元十三年惟一月既望麗履温碑陰上

獲寶符建元之十有四歲冬孟月哉生魄此以月之弦望紀日也而芮城龍泉記元和戊子歲月在高蔡十八日其義未詳史惟最經幢長慶甲辰歲十月蓂落十二葉蔚州石佛寺經幢大安七年五月蓂生七葉此以蓂莢紀日也玄元靈應頌天寶元年七月中元慶唐觀金籙齋頌天寶二載十月下元此釋家三元之說唐以後始有之宋人題名多以二十四氣紀時如驚蟄清明夏冬二至之類寒食端午重陽亦屢見於石刻蜀中楊百藥題名書禁煙日即寒食也又有節字之例如鳳岡漫叟題名書湻祐寅八攷湻祐二年爲壬寅寅八者當是壬寅八月也周孝侯廟趙孟頫書雲龍風虎四大字題湻祐甲龍甲龍當是甲辰或辰字避家諱而易之也華嶽

廟杜錫杜梅題名建四三月廿三日以杜錫尙有大歷一通知建四爲建中四年祁陽浯溪張知復詩題湻亥嘉平六日湻熙六年爲己亥湻祐十一年爲辛亥後入惡從而知之昇仙太子碑陰大唐神龍二年歲次景午水捌月壬申金朔弌拾桼日戊戌木景龍觀鐘銘景雲二年太歲辛亥金九月癸酉金朔一十五日丁亥土鑄成王蘭泉曰納音辛亥釵釧金癸酉劍鋒金丁亥屋上土以納音入石蓋用術家之說唐施燈功德經幢乾元二年歲次豕亥月建兔卯又繫以十二生肖至元碑遂書鼠兒年牛兒年以代甲子諸如此類更僕難詳余別爲碑版歲時月日例一書以釋之爲發其凡於此右

歲時月日例一則

打本姓名刋石者漢倉頡碑宋人題字之後有萬年朱吉打碑記唐重刋八關齋記後有曹州口口縣主簿口師口傳打石本十四字宋敎興頌後有攝太常寺太祝李夢徵傳本十一字余所見僅此三通而已至元和八年那羅延經幢後云弟子那羅延建尊勝碑打本散施打本之人即爲建幢之人又一例

又按金薤琳瑯載永興廟堂碑唐拓本後有朝議郎行左豹衞長史直鳳閣鍾紹京奉相王教搨碑額盧舟題跋引此搨下有勒字當是模搨上石故下郎云雍州萬年縣光宅鐫字非打本也又按唐元宗石臺孝經後李齊古表云臣謹打本分爲上下卷於光順門奉獻以聞木澗魏夫人祠碑後宋人題太平興國八年三月奉敕打造碑文此皆石刻打本之證

右打本一則

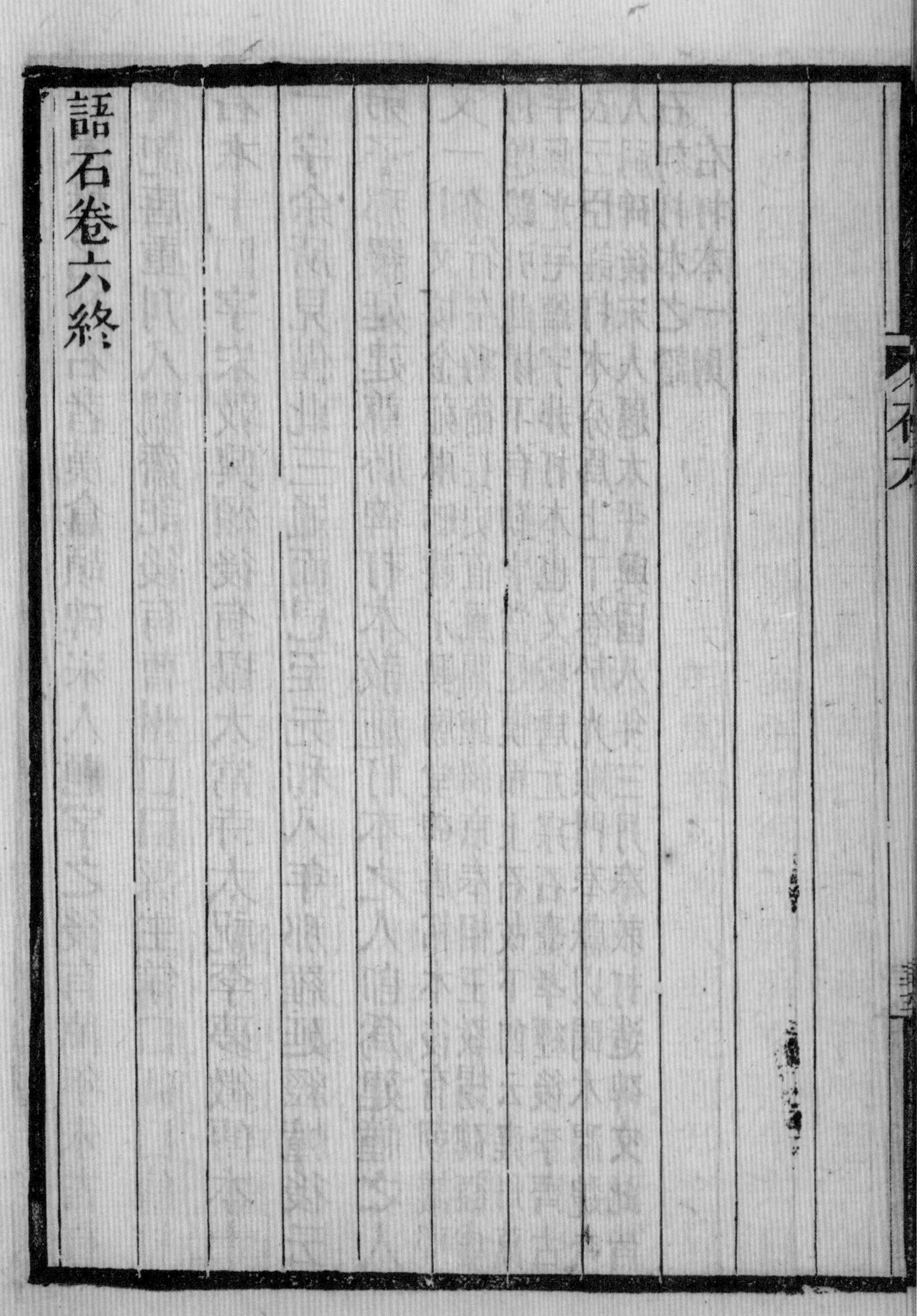

語石卷六終

語石卷七

長洲葉昌熾

隋以前碑版有書人名可攷者南朝以陶貞白爲第一貝義淵次之北朝以鄭道昭爲第一趙文淵次之其餘南之徐勉北之蕭顯慶王長儒穆洛梁恭之皆入能品鄭道昭雲峯山上下碑及論經詩諸刻上承分篆化北方之喬野如篳路藍縷進於文明其筆力之健可以剸犀兕搏龍蛇而游刃於虛全以神運唐初歐虞褚薛諸家皆在籠罩之內不獨北朝書第一自有眞書以來一人而已舉世噉名稱右軍爲書聖其實右軍書碑無可見僅執蘭亭之一波一磔盱衡贊歎非眞知書者也余謂鄭道昭書中之聖也陶貞白書中之仙也焦

山瘞鶴銘如天際眞人蟬蜕氛滓句曲館壇碑如仙童樂靜不見可欲皆不食人間煙火者貝義淵學仙而未能翀舉者也然亦沖和有道氣矣其所書祇存蕭憺一碑趙文淵有華嶽廟一碑北史稱其有鍾王之則竇臮述書賦云文淵孝逸獨慕前蹤至師子敬如欲登龍有宋齊之面貌無孔薄之心胸今觀其書雖險勁未脱北書猵惡之習視鄭道昭父子譬之聖門尚不在游夏之列右總論南北朝書人一則

唐初之歐虞褚薛各擅勝場難可軒輊王知敬雖未能方駕然其所書衞景武公碑及金剛經皆爲世所膾炙開天以後李北海顏平原徐季海父子柳誠懸昆季宋之蘇黄米蔡元之趙文敏皆書林中百世師也古之論書者見知見仁各明

一義今之學書者是則是傚各專一家豐于饒舌徒爲駢拇指而已不知有唐一代書學如日中天宋時士大夫亦多能染翰入龍宮而求寶藏驪龍頷下之珠固爲至寶不得謂珊瑚木難卽匪我思存也翁覃溪先生嘗選唐碑得三十四種又續選得十六種共合五十種覃溪宗門老宿自是正法眼藏惟不喜北書又惑於王侍書之説以山陰爲海若所選諸碑一歸之二王法乳是其蔽也余頗有志書學欲仿其例先爲南北朝碑選晉宋眞書惟兩爨齊陳無一刻取拓跋宇文高三朝及蕭梁碑之精者爲第一選隋碑上承六代下啟三唐唐初諸家精詣皆所自出都元敬謂隋碑難得嗜好垂三十年僅得四碑而其中皇甫君一碑尚是唐刻郭子函得常

醜奴誌陳叔毅孔子廟碑自喜後來居上今先後出土余所藏卽不下數十通皆前人所未見擬簡其上駟爲第二選以次及唐碑卽以覃溪爲藍本而略增損之爲第三選宋碑則博觀而愼擇之百取其一爲第四選遼金並起朔垂而遼碑最少其書苦無士氣金則党懷英王庭筠之流南方之學者未能或之先也次其碑爲第五選以殿焉元碑雖有佳者不能出文敏之範圍等之自檜以下人海浮沈未遑卒業綱舉大凡以當嚆矢 右總論唐書人一則

褚河南書負盛名其學出於史陵見竇臮述書賦而世鮮知之矣顏魯公之父名惟貞嘗從舅氏殷仲容授筆法以草隸擅名今所傳蕭思亮墓誌惟貞文而無書人名楷法秀逸疑

即惟貞所書此魯公書學所由來也右褚顏書所自出一則

薛純陁天挺偉表如太華三峰壁立千仞又如神龍攫拏東見一鱗西見一爪砥柱銘有三門之險久没驚濤駭浪中不可拓辨法師碑亦不傳世所見者惟分書祭比干文又爲元人重刻神氣全失客曰然則子何從知之余曰董逌歐趙諸家議論具在取而繹之思之思之鬼神通之純陁之書不啻憲憲然在吾目中也董氏廣川書跋曰砥柱銘因山鑱鑿就其窪平不成行序唐刻石之文此其最大者也又曰其字磊落如山石自開隱鱗而出可以見方丈之勢柳誠懸愛其書恐失其次第別書於石後世得純陁書皆碎雜叢疊必按此序之歐陽公跋辨法師碑曰其遒勁精悍不減吾家蘭臺世無知者余家集錄可謂博矣所得純陁書祗此而已唐初書家無不從分隸出泰岱鄒嶧摩厓純陁之所自出也宜其橫絕一時當時如虞伯施褚登善皆避席讓之

右薛純陁一則

趙模虞之宗子也殷令名歐之雁行也魏栖梧褚之虎賁也趙之視虞結構氣韻升堂窺奧而醕古之氣則稍漓矣此所以未達一間也殷令名爲仲容之父瓊琚玉佩和鸞中節但有規矩而無翕闢操縱之妙魏栖梧用筆過縱英華盡洩視聖教序或庶幾去三龕遠矣去孟法師更遠矣三家書碑今存者趙模有高士廉塋兆記殷令名有益州刺史裴鏡民碑魏栖梧善才寺碑已佚臨川李氏有拓本 右趙模殷令名魏栖梧一則

于立政高正臣亦皆褚之流亞也立政燕公于志甯之子燕公陪葬乾陵神道碑卽其所書也小楷遒媚其結體似虞其

運筆似褚合觀亦頗似王知敬衛景武公碑其所書尙有崔敦禮令狐德棻兩碑崔碑久佚惟滂喜齋潘氏藏舊拓孤本令狐德棻碑亦剝泐僅存數百字而已高正臣風骨凝重精光內含是善學褚者其書品在張琮樊興兩碑之上今所存昭陵有杜君綽碑吾鄉棲霞山有明徵君碑王蘭泉云唐書宰相世系表正臣官襄州刺史張懷瓘書斷云正臣廣平人官至衛尉少卿習右軍法元宗甚愛其書自任潤州湖州筋骨漸備任申邵等州體法又變 右于立政高正臣一則

竇懷哲蘭陵公主碑筆法在歐虞之間亦唐碑之至佳者其結體綿密而氣則疏其運筆嚴重而神不滯歐公化度寺銘天然妍秀不假修飾此碑則稍露矜持之態耳然視徐嶠之父子已有仙凡之別況竇泉以下乎惜所傳僅此一碑趙明

誠金石錄有竇德元碑子懷節書當是其兄弟行今亦佚矣

右竇懷哲一則

暢整書名不甚著今所存亦祇清河公主一碑然其書勁拔如張千鈞之弩彀滿而後發上之雖未能抗薛純陁下之可平視薛曜據趙明誠所錄尚有滁州刺史劉公碑今不傳矣鄭惠王石塔記在咸亨四年長子縣但云釋洪滿建無書人名按昭陵乙速孤神慶碑即釋洪滿書是亦緇流之能書者然乙速碑娟秀似于立政石塔記昂藏露骨捫之字外有棱與清河碑錙銖不爽可決知其爲暢整書也

右暢整一則

李孝同碑今書人名已泐尋德甫所記則諸葛思楨書也仙風道骨不食人間煙火思楨所書尚有瑤臺寺碑亦見金石

隸字乃穎字之誤臨穎縣唐屬河南道許州

初唐四家從未見書墓志者小歐則近出泉男生一石完整數千字較道因碑鋒穎尤彰令人眼福實過前人矣

房彥謙宗聖觀二碑歐書皆不可信（隱）

錄按昭陵張阿難碑瑤臺寺主僧普昌書酷似虞永興爲唐僧工書者第一建寺之碑不自下筆而以屬思楨則其工書可知矣惜唐書無傳據李孝同碑題銜但知爲許州臨隸縣令 右諸葛思楨一則

來蘐兒兒把筆虞世南男帶刀言永興之不能有其子也蘭臺之於率更可謂能世其家學矣然道因法師碑戈戟森森鋒穎四出六朝醞古之氣澆漓盡矣蓋能得皇甫碑之險峻而無化度之渟蓄非善學率更者也余謂小歐但傳其父分隸法試取房彥謙宗聖觀兩碑證之道因之一波一磔脊乎惟肖惜無分書碑以證之 右歐陽通一則

褚薛並稱薛稷非薛曜也稷書惟存昇仙太子碑陰數十字

尙有北涼沮渠安周造佛象碑（誤）說見前

信行禪師碑惟道州何氏有孤本即王孟津所題者也吳荷屋稱其用筆之妙雖青瑣瑶臺合意之作亦不是過若香山洞涅槃經雖相傳爲稷書要無確證薛曜書尚有封祀壇銘及石淙夏秋兩序其書尙不逮暢整媿難兄矣觀石淙序其轉折之處運筆太重如黛幹霜皮磥砢多節又如側出之水竹箭奔騰至千里一曲之處忽搏而過頽不免捉衿肘見矣余謂必欲學曜書尚不如封祀壇銘不失河南三龕矩矱　右薛稷薛曜一則

沮渠智烈西涼蒙遜之裔也趙德甫所收登封有少姨啟母二廟碑濟源有奉仙觀老君石象碑今惟存奉仙一刻淸和條昶比之琴德愔愔昭陵尉遲阿史那兩碑偉麗極矣亦如

七寶莊嚴光華奪目而風格稍靡矣白鶴觀碑有其遒嶧無其神韻歐虞諸碑漸歸澌滅褚登善王知敬亦非得精拓不可學惟此碑完好不損規矩方員之至臨池種子舍此其誰

右沮渠智烈一則

王徵君臨終口授銘季弟紹宗甄録寶泉述書賦云王祕監濩落風規雄壯氣力播清譽而祖述屢見賞於有德如曲圃鴻飛芳園桂植注云王紹宗瑯邪人官至祕書少監張懷瓘書斷云紹宗字承烈父修禮越王友道雲孫也清鑒遠識才高書古徵君者紹宗之兄元宗也錢竹汀先生云唐書儒學傳元宗隱嵩山號太和先生傳黃老術紹宗長於書當時以虞伯施比之今觀此碑楷法圓勁而鋒穎不露洵得永興三

王先生碑近西羅雪堂用西法玻璃板印行 己未

味余謂不獨紹宗能書卽元宗所書華陽觀王先生碑軒軒霞舉軼氛壒而上征亦書中逸品也海内祗一本舊爲孫退谷曹倦圃所藏遞歸吾吳南有堂繆氏藝海樓顧氏最後歸槃溪管洵美丈又自李香巖廉訪歸費屺懷垂拱以後開元以前書家沮渠二王鼎足而三矣 右王元宗紹宗一則

裴漼宋儋皆開元時能書者裴書遜於竇懷哲宋書優於徐季海裴有少林寺碑尚完好宋有道安禪師碑亦在少林寺前明萬歷間雷轟爲兩截下截巳漫漶無字貴陽陳松珊前輩從廠肆得一本尚是未裂以前拓多至數百字精采弈弈如霜隼秋高搏扶摇而下擊金石錄補儋字藏諸廣平人高尚不仕呂總稱其書如暮春花發夏柳枝低蓋倣鍾繇而側

戾放縱者開元末舉場中多師之黃伯思亦病其側戾失天趣余謂僧書純用側筆誠非正宗然筆法的眞從根法師碑出徐季海書肉餘於骨僧書骨餘於肉二者不可得兼甯舍彼而取此也趙明誠所收尙有珪禪師碑開元二十三年裴漼書尙有上黨宮述聖頌開元十一年今皆不傳矣漼炎之子封正平縣子新舊史皆有傳王山史稱漼書得褚河南之勁俊而無甯暎春林之致不知河南書筆筆淩空所謂導之則泉流頓之則山立漼書轉折處雖着力譬如解牛刃稍頓矣非褚公之苗裔也右裴漼宋僧一則

鍾紹京與薛少保齊名開元初書家第一宋時尙存靜法師方墳碑長安元年襄州徧學寺碑開元二年碭歷碑開元十九年愛州刺史

徐元貴碑阿彌陁佛讚皆開元二十年見趙德甫金石錄今澌滅盡矣前明收藏家即未聞著錄則亡來已久自來書家之不幸未有如紹京者也蓋南渡後講學家高自標置以書爲游藝必以人重故顏魯公書傳世最多柳誠懸亦以心正則筆正一語爲世所稱道而咸知愛護之殆以紹京附麗椒房父事閹豎而鄙之歟惟昇仙太子碑陰尙與薛少保各存遺跡數十字不啻虬鱗片甲丹鳳一毛　右鍾紹京一則

唐太宗喜右軍書然懷仁大雅皆集字隆闡法師碑亦祇具優孟衣冠而已蓋此體不宜於碑版惟開元中蕭誠書碑純用鐵門限家法東武趙氏所錄尙有六碑開元二十年南嶽眞君碑二十七年李適之淸德頌二十九年裴大智碑天寶三載襄陽令庫狄履溫頌又襄州牧獨孤冊遺愛頌亦天寶中立今惟

存玉眞公主靈壇祥應記在濟源縣天寶二載石本亦不易得蔚若前輩贈余一舊拓望之神光離合如傾城獨立胡然而天胡然而帝其風格遒上雖彈丸脫手絕無譁囂氣書品超出懷惲之上開元以後學王書者當推誠爲第一嵩室僧勤行次之勤行所書靈運禪師功德銘得王之骨誠得其神固宜佝之誠官至司勳員外郎見新書宰相世系表玉眞碑中州金石記著錄誤爲道士元丹邱書不知丹邱乃建碑人非書碑人也孫氏訪碑錄沿其誤吳荷屋又分爲兩碑皆舛　右蕭誠一則

呂向文選注五臣之一也唐書有傳昔人稱其草隸峻巧又能一筆環寫百字號連綿書見石墨鐫華　趙氏錄述聖頌及法現

知章龍瑞宮記而書近出戴令言志作隸書日本有孝經草帖作草書終不似書名如古賢深藏若虛不可及也

郭思訓志無撰書人郭思訓漢志例題吳郡孫翌文

王會所藏本尚在人間有西泠印行本

禪師碑天寶元年今惟述聖頌存耳其書從褚河南出而神味不足尚未能到樊興碑段青雲賫居士神道庶幾伯仲之間按唐書趙冬曦傳冬曦與祕書少監賀知章校書郎孫季良大理評事咸廙業入集賢院修撰是時翰林供奉呂向爲校理踰年並爲直學士趙明誠金石錄收趙冬曦碑最多與鍾紹京蕭誠埒可知爲當時書手今賀知章書尚存龍瑞宮記孫季良卽孫翌以字行所撰有高延福郭思訓兩誌無書人蓋撰書一手也咸廙碑無業字與史異撰華嶽精享昭應碑劉升分書亦尚存惟冬曦所書無片石亦可謂不幸矣右呂向一則

張長史以草書稱聖而眞書特少所傳惟郎官石柱記眞本亦不可得見戲鴻堂本如見虎賁耳右張旭一則

巴州嚴武摩厓共五通九月南山詩杜甫書也筆法雖清雋而不免寒瘦有飯顆山頭氣象此刻或是宋時好事者依託救苦觀音讚韓濟文其書亦稍弱其餘三刻一爲佛龕記一爲龍日寺西龕石壁詩一爲廣福寺楠木歌皆不署書人雄偉俊邁非幕府所能代作也杜子美嘗戲武云嚴挺之迺有此兒其氣概下羣可想今觀其書眞氣鬱蟠如龍象蹴踏全以神運每一披覽如見曹孟德横槊臨江石季龍長嘯上東門時視鄭文公碑僅隔一間視王遠石門銘則幾幾並轡而馳矣有唐三百年書法空前絕後自成一家殆由天授非人力也石嚴武一則

張少悌書李光弼神道碑又書馬璘碑兩人皆靈武勳臣其

書爲時所重如此今璘碑已亡臨淮碑亦泐趙明誠又錄其王四娘塔銘一通亦未見傳本惟西安崇聖寺有少悌書尊勝幢八面一字不損行書流媚清勁有法可比褚河南枯樹賦哀冊文　右張少悌一則

竇泉述書賦有販書人田穎其書明以前無著錄乾隆中新山劉元尙張希古兩誌皆天寶中刻皆署曰雁門田穎書又有張元忠妻令狐氏墓誌無書人古誌石華云驗其筆跡與張希古誌絕似亦田穎書也元忠食邑雁門希古食邑馬邑皆在今山西大同府穎籍其地故爲書誌二張蓋族也按述書賦注云穎長安人二張令狐三誌皆出關中古人名氏之上皆署郡望如蘇子瞻爲眉山人而自署輒曰趙郡是也穎雖自

署曰雁門未必家於大同實泉頗不滿其書至詆之曰志凡識滯三誌拓本余先後收得之觀其使筆誠不能雅馴然尚高蘇靈芝一等譬如風檣直駛至波心激湍處尚能絕流徑渡又如策駿馬騁交衢磬控縱送如組如舞亦不至有銜橛之變市流得此足千古矣 右田穎一則

李北海碑版照四裔自云學我者死然陳懷志北嶽府君碑陸長源靈泉寺元林禪師碑李紳龍宮寺碑即皆得其一體靈泉龍宮兩碑無書人攷長源所撰景昭法師碑寶泉書也會善寺戒壇記陸郢書也惟靈泉寺書人獨缺殆即出於撰人矣華岳廟七星巖皆有李紳題名以筆迹參校與龍宮寺碑亦合陳碑遒健得其骨陸碑排奡得其貌李紳如香象渡

河金翅擘海兼得其神與氣其最優乎此三碑異流同源皆爲北海之津逮靈泉其門庭也北岳則登其堂若能探龍宮之寶藏則幾幾入其室靈巖麓山端溪諸碑一以貫之矣翁覃溪唐碑選但收陳懷志一刻猶非會通之學 右陳懷志陸長源李紳一則

顏魯公同時得筆法者有二家曰韋縱曰胡証金石錄縱書有二一爲鹽池靈慶公神祠碑一爲同州刺史崔淙遺愛碑胡証碑多至七通貞元二年夏縣令韋公遺愛頌十二年忠武公將佐略十七年石井欄後記元和七年烏承玼碑八年尚書省石幢記田宏正家廟碑長慶三年少府監胡珦碑皆八分書也今惟存鹽池碑其餘皆不傳於世而縱所書別有追樹晉司空王公碑証別有狄梁公祠記皆趙德甫所未收狄祠記正書尤難

得韋縱書用撥鐙法蛟螭欝律得魯公之筋骨証書則渾雄之中不露圭角幾幾靑出於藍矣証字啟中河東人兩唐書皆有傳縱雖無傳尋宰相世系表出鼓城房官至左金吾衛兵曹參軍鹽池碑署將仕郎前試大理評事其所歷官也前於証有胡霈然善分行書趙氏亦著錄數碑今皆佚攷石墨鐫華云開元天寶間與蘇靈芝齊名則其書可知矣　右韋縱胡証一則

竇臮作述書賦至七千餘言其於書學可謂三折肱矣惜唐書無傳但知其字曰靈長其所書景昭法師碑陸長源文舉其官曰浙江東西節度支度判官檢校尚書兵部郎中兼侍御史而始末則無攷矣書法謹嚴神觀蘊藉對之躁釋矜平

蒼潤軒帖跋稱其書在唐人中別有風韻比之瘞鶴銘余謂泉書誠於道門爲近然鶴銘如飛仙劍俠神妙不可思議若泉則趨向雖高未登絶頂蓋天資限之耳故静若處女猶未能動如脱兔　右竇泉一則

王縉書在唐賢中靡然降格矣然尚高吳通微蘇靈芝一等今以其所書王忠嗣碑證之同時石刻蓋在荀望侯晃之間荀望永泰寺碑雖華腴害骨而神韻不匱侯晃王履清碑則三分乳七分水矣宋初院體若孫崇望裴麗澤輩無不自縉出蓋其書豐贍華美可爲太平潤色然無可訾亦無可譽特書中之鄉愿耳又如石中之碱砆雖温潤無瑕終不能名之爲玉也　右王縉一則

常山有李寶臣二碑其一裂其半書人缺其一穹窿高峙字徑二寸王士則所書也士則爲武俊之子其先契丹奴皆部落人武俊出燕驕將安史遺孽而其子迺工於染翰不可謂非犁牛騂角然書筆縱橫跳盪使筆如劍劍氣出猶有健兒身手其魄力雄故媚而不失之纖其氣機橫故熟而不流於滑趙德甫又錄其尊勝石幢銘天寶八年今未見　右王士則一則

鄭雲逵兩唐書有傳歷官右金吾衛大將軍改京兆尹今攷李廣業碑其署銜爲行尚書刑部侍郎原武縣開國男則史所未詳也李碑撰書姓名巳闕以次行爲袁滋篆額題銜文中有雲逵云云故知撰書皆出雲逵手其所書尚有鄭叔敖德政碑參校書體亦胳合但鄭碑漫漶李碑上截尚完好沈

雄激宕趙子函稱是徐浩敵手余謂直在徐浩之上李邕之下　右鄭雲逵一則

覃溪極稱陳諫南海神廟碑列之唐碑選余得一舊拓本審之未能副其實覃溪非瞀於鑒別者此碑但有間架精氣索然頗疑爲後人摹刻覃溪所見或其眞本耳萃編著錄亦據一裝本嘉道時海舶未通此碑遠在南海之濱拓本不易得諫新唐書附王伾傳自河中少尹貶台州司馬終循州刺史南海廟碑即書於貶循州時也金石錄此碑之後即次以昭義節度使辛秘碑亦諫書今佚　右陳諫一則

大歷以後張從申書名藉甚每書碑李陽冰多爲篆額時人稱爲二絕趙明誠錄其碑不下十通今惟吳季子廟碑存耳

張從申字純以側鋒取勢去北海遠矣北海後一人未免過譽（張）

白下有福興寺碑見於復齋碑錄而趙未收余兼得兩碑拓本福興寺碑雖泐損而氣勢旁礴如渴驥奔泉怒猊抉石李北海後一人而已歐陽公顧獨不喜其書但收元靜先生一碑猶曰以名取之龍興寺愼律師碑但取李少温碑額而棄從申書不錄拒之可謂嚴矣竊所未喻豈宋中葉唐初精碑尙多存者觀於海者難爲水歟抑昌歜羊棗嗜好有不同歟

右張從申一則

竇易直相穆敬兩朝趙明誠所錄有烏重胤竇叔向兩碑今惟叔向碑尙在偃師學僅半截其字體本纖瘦加以剝損望之如遠樹籠煙名花隔霧綽約之態如見其題銜稱第十一姪尙書右司員外郎則書此碑尙未入相非以其名位爲重

也覃溪選晚唐碑極嚴此碑獨登上選又跋竇鞏殘刻謂鞏書兼有歐虞褚薛之長按鞏即叔向之少子羣之弟其所書有心經及幡竿石銘見竇刻類編羣有宿惠山寺詩蓋竇氏一門羣從皆工書同時鄭餘慶亦良相所書有武就賈耽孔述睿諸碑今無一存者可慨也　右竇易直一則　附竇鞏鄭餘慶

張誼不知何許人也姜嫄公劉新廟碑自署曰節度巡官試大理評事又書汾陽家廟碑樗里子墓碣見金石錄顏平原亦有郭氏家廟碑今尚存以汾陽之勳烈魯公之大節而誼鼎足其間其書爲世重可知余甫得姜嫄廟碑愛其婉麗摩挲不忍釋及對臨一本始知其佳處正在一覽中若咀嚼之

柳子厚書柳州龍城柳石刻共書去篆非刻精即僞造（張）

則無餘味矣唐初書家一波一磔各有典型殘膏賸馥研之愈出此其所以不可及也　右張諠一則

劉夢得柳子厚皆工書爲詩名所掩耳柳碑無一存萍鄉楊岐山有乘廣法師碑劉賓客書也頗不易得余初從廠肆得一舊拓本後文道希復貽一新拓氈蠟極精其書氣清而味腴態婉而體勁筆法頗似竇叔向碑而縝密過之金石錄所收有何文悊碑命狐公先廟碑丞相崔羣碑宣州觀察使王質碑共四刻至山南西道驛路記及崔陲碑皆劉文而柳誠懸書之並不傳矣　右柳宗元劉禹錫一則

沈傳師碑見於宋賢著錄者多矣羅池廟黃陵廟兩碑尤膾炙人口然皆不傳惟羅池碑尚有孤本自何公邁馮已蒼葉

何子貞藏沈傳師羅池碑孤本今歸上虞羅氏曾一展讀

柳書圓勁超逸處揮灑自然如馮宿如魏公先廟如劉沔如符璘皆柳書也豈如圭峰碑筆筆着迹寫且沾滯無活潑之氣哉裴休之書圭峰碑亦猶天可之書宗聖觀和上碑皆柳書之尤貴耳裴失之滯无可失之滑皆去柳不止三十里（張）

林宗遞傳至何道州余未得見僅以諸家跋語徵之王孟津稱其合永與率更柳誠懸爲一家覃溪亦云貞元末書派以歐合柳者有之以虞合柳者罕矣可以略得其梗概　右沈傳師一則

趙德甫錄裴休兩碑韋𣊟誌巳佚圭峰和尚碑尚存其書遒緊而無藴藉學之易滋流弊細參之其運筆之操縱結體之疏密與誠懸脗合無間大達法師裴撰文而柳書之此碑則柳題額而裴書之兩碑微言奧義非精於梵乘者不能作其文固宜出於一手竊訝裴之書又何以神似柳既而豁然悟曰此碑亦裴撰而柳書特書丹時幷題裴欵耳此言雖刱自謂不爲古人所欺　右裴休一則

范的剡越間隱士也書筆遒媚蕭誠以後學王書者第一其書見於寶刻類編者有天童寺碣長慶三年天童寺大白禪師塔碑元和乙未阿育王寺常住田碑皆在明州龍泉寺常住田碑右軍祠堂記贊功德記無年月皆在越州今惟阿育王寺碑存耳舊碑徐嶠之書冠盜隳壞明州刺史于季友邀的重書後有季友記述書碑事及與范的詩各一律世之耳食者輒以趙州原碑不傳爲憾余謂范之視徐非買王得羊直是積薪居上徐書姚懿碑尙存雖嫵媚有俗韻見此碑正當如尹邢之相避唐季諸碑沈傳師不敢知此外能與競妍者吾見亦罕

石范的一則

鄔彤奚虛己胡季良皆唐末經生也今吳越間經幢猶多奚

吴歷已書誠如君贊

胡兩生筆而形則無片石矣胡書如王謝少年衣冠沓拖奚書鶩鴻綽約如飛燕掌上隨風欲去唐賢中此體絶少惟陸先妃碑似之然陸碑閒靜有林下風奚不免婢學夫人矣此初晚唐之別也余所見吳越間唐幢美不勝收其至精者海虞破山寺兩刻一爲金貞書一爲陸展書禾之精嚴寺幢朱及書也泖之寶雲寺幢蕭宏書也金華之金錢寺幢于知仁書也無錫之惠山寺幢李端符書也其書皆脫胎山陰朱及于知仁尤跌宕可喜顧名字翳如爲表而出之 右鄒形奚虛己胡季良一則 附陸展金貞等

書學至唐極盛工書而湮没不稱者尚不知凡幾況烜赫到今其必無濫竽可知矣然有三人焉循名核實不無遺憾一

王行滿蘇靈芝二人之書皆似廝試家學之令人滿身皆俗氣矣反不如北魏石匠之字也（張）

爲王行滿一爲吳通微一爲蘇靈芝王書如病瘘痺麻木不仁吳書輕纖靡若無骨蘇書圓熟如脂如韋宣和書譜云靈芝嘗爲易州刺史郭明肅書侯臺記中州難得契丹以墨本詣榷場易絹十端方與一本蓋開寶間書名極盛故爲時所重如此余謂宋初孫崇望尹熙古之流競尚院體武功正其鼻祖所以風行若其時中原書學正盛如靈芝者何足數邪其爲俗書則一也潘文勤喜教人學蘇靈芝鐵象頌以矯寒瘦之病然往往成墨豬靈芝碑以夢眞容爲第一惟此尚可學 右王行滿吳通微蘇靈芝一則

唐承漢魏之後分書宏偉猶有古法國初歐虞褚薛諸家惟信本兼工此體今所傳有宗聖觀房彥謙兩碑殷仲容號專家垂拱以後賈膺福盧藏用郭謙光田義晊接踵而起田書乙速孤行儼碑平律誤作白義晊新出陝州孔子廟碑田義

唐人分隸多論其的在筆勢否耶極工整而其弊則病在膏肓方不可學收藏家以備參考可也（健）

餘所收大歷十三年肅國夫人志隸書署韓秀實書緣跋語韓秀弼不知何據本書卷四說墓石八分仍作秀實

鬱林觀東巖壁記作見湖似石門頌再視之則癡思出矣三視之味如嚼蠟余於亡未秋曾編其一通定在友人馥壁上見其筆劣乃肆覺何儀刻及編者細視年一案不謬也（健）

晊撰四字甚清朗始正其譌明皇酷嗜八分海內書家翕然化之尙書韓擇木騎曹蔡有鄰杜子美所稱也蔡書傳世尙多韓惟存華嶽文一刻然大歷貞元間韓秀實之薛嵩碑彝廟碑桂林平蠻頌鮮于氏里門記韓秀弼之李元諒楙功昭德頌皆豐碑無恙墓誌分書者尤難得肅國夫人李氏誌大歷十三年韓秀弼書出土如新韓氏一家之學尙未墜地此外如裴抗戴伋張廷珪梁昇卿史惟則皆開天時能品也王瑀歸登裴平大歷後嗣音也唐季漸成駑末歐趙所錄以蓋巨源爲最多而今無一刻豈書格遞降其精氣不足以常留邪有唐三百年分書之冠余得兩碑焉一爲成都王襲綱鐵幢八無書一爲崔逸鬱林觀東巖壁記格高氣古足以陵轢諸

李陽冰篆書自是從石鼓脫胎稱爲名筆惟嫌其不宗六書隨意杜撰亦所不免至美原神泉詩軒轅鑄鼎原銘皆字字精奇不宗古法諸碑尤爲甜俗不可學之無仍師陽冰可也（張）

家而其名顧不著此可為古人扼腕太息也右唐人分書名家一則

篆書世稱李陽冰無異詞不知唐時工大小篆者尚有三家一為尹元凱有美原神泉詩碑一為袁滋有軒轅鑄鼎原銘一為瞿令問道州元刺史摩厓多其所書也鄭承規絳州碧落碑錢竹汀極稱之不食馬肝未為不知味也右唐人篆書名家一則

余錄唐碑既畢喟然歎曰歐陽公集古錄至張師丘繆師愈輩輒歎其書極工而世不知其姓名者多矣歲月飄流又將千載張師丘繆師愈余以歐陽公言知之余之所見後人又豈能盡知邪自海道既通閱萬里如堂涂荒徼絕漠𧮌椎靡

所不到余搜訪二十年視歐趙三倍過之不爲不多然造象題名刻經多而豐碑少書名卓卓者尤少綜計有碑可證者僅得數十人人不過一二石而此幸存者又多蝕損或重開如廟堂祭比千文之類或孤本如王元宗沈傳師之類閱世既久有不銷磨殆盡者乎然則余輯錄之勤即欲竊比歐趙亦終等於杞宋之無徵而況其未必能也噫嘻 右唐人工書者多湮沒不傳一則

周道賜仙壇山銘亦興之化身也釋敬信金剛經率更之勁敵也梁師𠻳志摩褚登善之壘智城山碑登薛少保之堂宣州陶大舉碑潤州魏法師碑歐而兼虞者也開業寺碑平百濟碑褚而兼歐者也開業寺又有釋孝信舍利函銘開耀元年以爲虞亦似歐以爲歐又似褚奄有衆長不可思議此皆無上

上品徐李顏柳尙拜下風況餘子乎嗚呼觀止矣蔑以加巳自鄶以下無譏焉爾　右唐碑上品一則

歐陽公曰五代之際有楊少師建隆以後稱李西臺書名皆一時之絕然西臺無片石存楊少師世所傳韭花帖外僅有清泰二年華嶽廟題名亦未見余所收五季碑版惟江南李氏徐鼎臣楚金韓熙載嶺南劉氏直匡聖雨碑乳源雲門山匡尙有佳筆中原板蕩文物彫喪盡矣然巖穴之間巾褐之士亦容有身沈而名不顯者嘗得晉天福八年兜率上生經幢但知爲孟賓口賓下一字泐于知遠同造而書人名則巳闕矣仙風道骨夐出塵表陶長史舊館壇碑其祖禰也率更小字千文其伯仲也然館壇碑巳亡藝海樓重開本優孟衣冠索然無生氣惟此幢簡而

文溫而理淡而彌旨疏弦朱越一唱三歎有遺音矣如問道於信本千文再以此碑爲津逮其於通明也如行百里者得九十相去不遠矣余於五季得此一碑始知貞下起元之說爲不虛也又慨然於士之負異能而遭亂世者鴻飛冥冥其湮没尤可惜也　右總論五季書人一則

宋初承五季之後書學彫敝極矣袁正己趙安仁皆能書得信本之皮膚如欒欒棘人雖斯柴瘠又如赳赳武夫撫劍疾視今人學歐書以重開皇甫碑爲圭臬終必到此境界其餘若孫崇望張仁愿白崇矩司徒儼邢守元尹熙古上者可幾王縉其下皆蘇靈芝吳通微之流亞嵩恒醮告文兩刻已爲鐵中錚錚庸中佼佼按宋史禮志太祖命李昉盧多遜王祐

扈蒙分撰嶽瀆祠及歷代帝王碑遺翰林待詔孫崇望等書於石今陝豫間商周漢唐諸帝王廟豐碑尚無恙且未蝕損而其書則皆當時所謂院體也天之於美才摧折之沮抑之而庸庸者多得享其天年類如此矣 右總論宋初書人一則

宋湻化帖爲潭絳諸帖之祖出於王侍書其書法在當時自負重名然未見碑刻惟鄠縣草堂寺有題名一通在定慧禪師碑陰嵩山會善寺有開寶五年重修佛殿碑題翰林學士朝請大夫尚書兵部郎中知制誥柱國賜紫金魚袋王著撰錢竹汀云宋初有兩王著一爲單州單父人字成象官翰林學士一爲京兆渭南人字知微官翰林侍書此碑撰文之王著非太宗時模勒閣帖者也 右王著一則

宋四家蘇黃米蔡寔蔡京也後因其為誤國奸相故易以忠惠公然不及京遠矣（述）

書之有院體猶詩之有西崑體也宋初六十餘年自楊錢出而無詩自孫崇望輩出而無書至天聖間始有楊虛己雖未奏廓清之績亦漸歸於雅正矣虛己自言學右軍今觀其書清遒圓整視蕭誠范的雖不逮視張誼巳突過前賢其書皆在濟源縣余收得賀蘭栖眞勑延慶禪院新修舍利塔記皆入能品尚有陳省華善政碑未見 右楊虛己一則

元祐諸臣皆有石刻傳世並以人重惟歐陽公瀧岡阡表清圓秀勁不必依顏柳門庭而氣格未嘗不古公集書至千卷蓋寖饋於古碑者深矣所見多故發筆自不凡余於元祐諸賢獨取公一家而於紹述諸奸中取蔡元長兄弟皆以其書不論其人也 右歐陽文忠一則

藏有晉卿畫幅爲
上有祕之品跡詮書寶
宋求之

汲濤文勤舊藏本識於
斯云

石曼卿書臨桂有摩厓詩刻軒軒霞舉自是君身有仙骨但未見豐碑耳自題曰葆光子其別號也秦淮海有淄石研記顏文忠公新廟記筆法精熟頗似歐陽永叔尤以鄭羲碑後題字爲最佳今所傳秦郵帖皆後人轉展鉤摹不僅下眞跡一等矣王晉卿以畫稱坡公爲賦煙江疊嶂圖詩其書則世未知也余收得元祐八年辨證大師塔銘撰書皆出晉卿手腕力遒勁出入於徐季海張從申兩家亦爲能品此三人者皆蘇門之客也尹公之他取友必端觀此知與坡公游者必無俗士 右石曼卿秦少游王晉卿一則

宋人書學蘇者多學黃者少惟紹聖間呂升卿與山谷書如塡篪之相應吾鄉虎邱試劍石有升卿題三字巳爲妄人鑿

損矣曩在張生叔鵬處見舊拓本如天際眞人星冠羽衣佩長劍之陸離又如散花天女齴齒微笑逸宕極矣太原晉祠銘曲阜孔廟張廷珪碑側及越中臥龍山石壁皆有其題字試以涪翁七佛偈梨花詩諸刻證之當信余言之不誣　右呂升卿一則

薛紹彭字道祖號翠微居士與米南宮齊名米詩所謂世言米薛或薛米猶言弟兄與兄弟是也虞道園評書謂坡谷出而魏晉之法盡米元章薛紹彭方知古法今樓觀草堂寺華嶽廟皆有其遺跡淸遒可愛其書祧唐禰晉雖非碑版正宗自是逸品南宮與紹彭投贈詩最多皆論書之作有云老來詩興獨未忘頗得薛老同倘佯又一首云歐怪褚妍不自持

猶能半蹈古人規公權醜怪惡札祖從茲古法蕩無遺張顛與柳頗同罪鼓吹俗子起亂離懷素獦獠小解事僅趨平淡如盲醫可憐智永研空臼口本一步呈千嗤已矣此生爲此囷有口能談手不隨誰云心存乃筆到天公自是秘精微二王之外有高古有志欲購亡高貲殷勤分貽薛紹彭散金購取重跋題嗚呼知二王之外有書斯可與論書矣 右薛紹彭一則

劉次莊書仁壽縣君蘇氏誌王同老書仇公著墓誌皆學蘇者也但不逮參寥耳余曾見曹輔墓誌孤本也忘其書人遒逸豐美視蘇長公殆有出藍之譽估值未諧爲蒯禮卿前輩所得惝悵至今猶縈夢寐 右劉次莊王同老一則

世稱米蔡謂君謨也然君謨名位行輩均不當在米下其所書碑亦惟劉奕墓誌風格遒上尙有唐賢遺矩若洛陽橋晝錦堂諸記皆俗書也不如以蔡元長配之元長書之狷者也元度書之狂者也余所見元長書以口道士墓碑爲第一趙懿簡碑次之空山鼓琴沈思獨往劉彥和標舉隱秀二字爲文章宗旨以之品元長書適合亦卽劉子所謂客氣既盡妙氣來宅元度行草書皆稱能品楞嚴經偈源出於孫過庭而其流則爲范文穆重書孝女曹娥碑使筆如劒劒氣出支道林養馬曰貧道愛其神駿耳如卞書可謂神駿極矣潘文勤師人謂其學蘇靈芝之則怒謂其學二蔡則大喜余謂元長書可比唐魏法師碑元度書則在薛曜暢整之間此但論其神

氣骨脈不論其體蘇子瞻詩云前身相馬九方皋意足不求顏色似論書者不當如此邪先師之墓有宿草矣惜不能起九京而質之乾陵無字碑有宣和五年宋京詩一首弟卞從行是北宋末有二京卞也

蔡元度又有充龍圖閣待制新知洪州軍州事熊公神道碑建於紹聖三年孫趙兩家均未著錄惟滂喜齋有藏本熊公名本字伯通鄱陽人宋史有傳撰文者鄧潤甫也字大於錢結體在眞行之閒筆勢飛動妙極妍華而絕無姚佚之態與元長趙懿簡碑可謂難兄難弟但趙碑磨滅已過半此碑惟下截斷裂每行所損不及四五字其餘一波一磔芒刃不頓尙似新發於硎潘文勤師題其後云元度未老而死此其盛年書也故首尾精神完密如一筆書文勤自書馬貞女碑即

師其筆法而參以盱江孝女碣是眞能學蔡者非欺人語也計出土當不久而世之知者絕少雖以筱珊訪求之勤藏弆之富而藝風堂金石目亦竟闕如可知其難得矣　右蔡京蔡卞二則

薛昂李邦彥皆學道君書衰世君臣可謂魚水之契李特優孟衣冠耳昂所書辟雍詔後序直如矢勁如鐵望之如枯藤罥樹夭矯攫拏亦如游絲裊空絪縕直上蓋酷摹瘦金書筆法亦頗似隋常醜奴墓誌　右薛昂李邦彥一則

趙德甫輯錄金石多至二千卷倍於永叔矣顧其書未能異人今岱頂及臨朐之沂山皆有其題名余訪求二十年始得之其同游者一爲王貽公今岱宗拓本王貽公名已泐據訪碑錄一爲盧格之

豈非其所染翰邪其父挺之有韓宗道墓誌在許州惜未得易安居士書耳　右趙明誠一則

坡谷之後不聞善書惟米家父子能世其書學吾吳郡庠有小米所書大成殿記紹興十一年遒逸之氣稍遜矣而結構縝密丰神麗都尚有寶晉家風語曰大匠能與人規矩虎子之得於趨庭者其規矩也至於神明變化不言之妙則得之於心應之於手而非口之所能傳矣　右米友仁一則

南渡之後士大夫山水留題都無俗韻然不過藉以游藝皆非專門之學具區林屋洞天靈祐宮側石壁谽谺中開一線壁間鐫李彌大道隱園記欹崎頓挫筆力直破餘地中州暴方子官冉頭巡檢拓一本見貽裝池成冊與沂州普照寺碑

陸放翁君焦山題名刻石書法亦介蘇黃之間疏秀而勁不如樓雀銘錄子寶貴惜此石今已砌入山逕大道之下不可拓矣余於端甸齋制府處見舊拓本又見趙晉摩崖石刻詩書似山谷惜石已佚（述）

可稱南北雙絕 右李彌大一則

范至能陸務觀書名皆爲詩所掩放翁爲方孚若書詩境二字一刻於韶州再刻於臨桂之虞巖焦山鍾山皆有其摩厓惟金華智者廣福禪寺碑未見先隴在石湖之濱每春秋上冢放舟文穆祠畔見孝廟所賜石湖二大字尚在厓壁四時田園雜興在祠堂壁間草書龍蛇飛舞孫過庭蔡元度不得專美於前余由是知公善草書洎入都從廠肆得水月洞銘玉潤珠輝方流圓折凊而腴麗而雅由是知公善眞書且能爲擘窠大字後王荊卿農部以桂林諸山石刻見貽復得公所書碧虛銘壺天觀銘祭新冢文鹿鳴燕詩屏風山棲霞洞題名大小眞行皆臻能品余由是知公書爲南渡後第一摩

厓碑版大書深刻無踰公者松陵有三高祠記近在江鄉百里間而失之眉睫買山有日終當策杖垂虹卧索靖碑下耳

右范文穆陸劍南一則

余所見朱文公墨迹及叢帖本多矣大抵皆潑墨淋漓縱橫逸宕說者謂其學魏武帝狂草直似祝希哲此至可笑者也文公碑傳世尚多吾鄉至邇者虞山有丹陽公祠堂記又收得黃士美神道碑劉待制神道碑閩中尤多其遺跡鼓山題名有數刻皆清遒婉約曼麗寡儔曷嘗有劍拔弩張之態哉其行書頗似矛叔瀧岡阡表蓋師其人并私淑其書耳兩宋講學家如胡邦衡張子韶東南皆有其碑刻書法亦不惡楚之道州粤之連州皆有周茂叔題名余獨取朱子一家亦以

其書非以其爲大賢也 右朱文公一則

張即之書中之畸士也好用側筆望之如矮松偃蓋婆娑可愛其運筆以收爲縱又如長房縮地咫尺有千里之勢小字如金剛經在焦山大字如息心銘四明有賀祕監逸老堂記皆非惡書也 右張即之一則

李曾伯紀功碑在襄陽字大徑尺筆筆中鋒衡平豎直如背嵬軍之不可撼擘窠書第一宋人摩厓如趙公碩中興聖德頌康肅藏眞廟銘皆不在魯公中興頌下張本中石壁聖傳頌參以宕逸之筆兼有瘞鶴銘風韻更上一層矣世之學書者但知有洛陽橋記可爲一唱即論魯公書離堆記亦優於中興頌八關齋記而世不知 右李曾伯一則

宋人書之至精者余所收以山陰大悲成道傳爲第一惜書人巳缺嵩山有參寥所書三十六峰賦學蘇得其神髓融縣有易祓所書眞仙巖賦在虞褚之間吾邑有孫燭湖書主簿廳記錢竹汀極賞之皆一時之選也大悲傳湖州飛英寺亦有一本在浴院記之陰不如越中本遠甚　右宋人書精品一則

遼金並起朔方而遼碑絕無佳刻沂州普照寺碑金源第一其次莫如党懷英党碑分書第一篆書次之眞行又次之其遺迹多在山左京都有禮部令史題名記行書局促如轅下駒未爲上駟眞書有王琯任詢兩家王琯最爲傑出其所書奇石山摩厓蒼蒼莽莽一洗萬古凡馬空閬之令人神王任

詢有大天宮寺記又書壯義王完顏公碑奉國上將軍郭建碑在當時亦推爲大手筆完顏碑遠在甯古塔無從物色去年昌平避地歸在荒攤拾得天宮寺記突兀奇偉壁立千仞亦頗似柳誠懸然以視奇石山則未可言恥居王後矣余又收得定林通法師塔碑亦瑨書得此兩石金源一代琳瑯拔其尤矣行書有王庭筠楊廷秀兩家楊碑多在澤州青蓮寺視許安仁爲勝而不逮王庭筠庭筠爲王去非之子余初見博州重修廟學記父撰而子書之雖倩盼多姿亦不無鉛華修飾及見涿州蜀先主廟碑始知其爲國色也蓋亦北方之范的矣右總論遼金書人一則

元碑不出趙文敏範圍以鮮于伯璣負精鑒今蕭山學有大

成殿記趙書其前而伯璣記其陰世稱雙璧尚不免相形見絀況周馳劉賡張仲壽輩更非其敵矣無已至正中有兩人焉一爲王元恭所書岳林寺幻住經堂記格高氣古沈着雄駿筆力可上接隋唐一爲宋仲温克眞書得篆籀之妙人謂其學鍾太傅其實從皇象出也余得其急就章摹本及七姬權厝志歎爲得未曾有此二家自闢蹊徑不寄趙承旨籬下足推後勁　右總論元書人一則

此卷就碑刻論書實事求是漢學家法源流甚清門户甚大惜所見所藏寡陋已甚不能印證其言

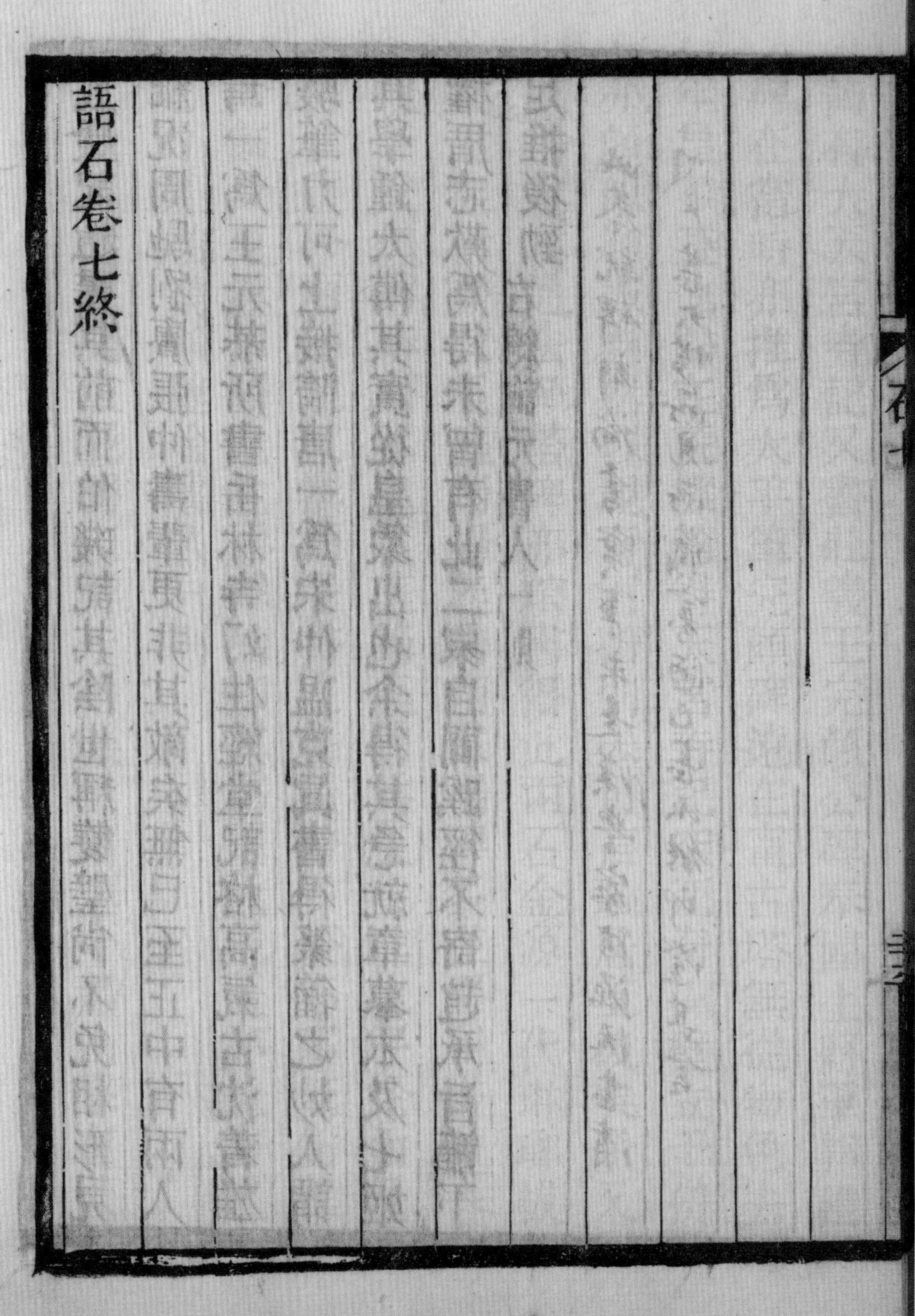

語石卷七終

宋無名氏寶刻類編分帝
王等八類此卷原本所出緣
潛排而廣之津逮學者不少

敦煌石室新出太宗書溫泉銘尚
是永徽前拓本一望知爲米書所託
始禊帖淵源可以想見

近年甘肅石窟新出土之唐太宗行
書溫泉銘卓神瑰宕不在此下石
印本行世（述）

盧勅古雅竟可與南北朝抗衡

景龍元年賜盧正道勅大字
徑五六寸遒勁蒼古真有漢魏
遺法唐刻之極軌也（述）

語石卷八

長洲葉昌熾

余之論書也但以其書而已未嘗以人爲區別顧自帝王將相名臣碩儒以逮方外閨秀不必以書名而其書足以傳者多矣潭絳諸帖所收歷代帝王書皆所謂麒麟楦耳隋以前宸翰無可見唐太宗好二王書至欲以禊帖爲殉其書晉祠銘屏風碑高宗之萬年宮銘紀聖頌叡德碑英公李勣碑皆行書婉妙家法相承宛然義獻中宗睿宗但有正書而不善行草中宗有乾陵述聖紀僅存半截又有賜盧正道勑睿宗在潛邸卽工書嘗爲永興廟堂碑題額昇仙太子碑陰與二薛鍾紹京並列周順陵殘碑亦其遺迹兩朝書皆鯨鏗春麗

尉遲敬德阿史那忠契苾明諸碑悉在籠罩之內明皇幾餘游藝專精八分泰華兩銘海涵地負開天朝臣若盧藏用梁昇卿史惟則皆遜其氣魄非天縱其孰能之此外分書有石臺孝經王同晈碑鄎國涼國兩公主碑行書有金仙公主碑裴耀卿撰忠獻公碑此兩碑余得一舊拓係國初大名成氏藏本精采奕奕視近拓殊勝而尤以青城山勅爲至精龍跳虎臥望之如有卿雲輪囷覆其上嵩山會善寺沙門乘如表後有代宗手勅云戒分律儀釋門宏範用申獎導俾廣勝因允在嚴持頗於申謝共二十四字無一筆蝕者元和以後唐德衰矣亦卽無奎章耀世豈天家弓治亦隨國祚爲消長邪

唐元宗御書裴光庭碑集古目著錄云唐中書令集賢院學

士張九齡奉勑撰侍中裴耀卿題御書字諫議大夫褚廷誨摹勒攷今拓本裴耀卿姓名已佚後有奉勑檢校摹勒使褚廷誨一行褚字亦泐又有奉勑檢校樹碑使銀青光祿大夫使持節解州諸軍事解州刺史一行下姓名泐王蘭泉云凡御書碑宜皆有此勑使二人又皆別有題御書字之人他碑皆不詳獨此碑有之余按所見唐碑惟武后昇仙太子碑有勑檢校勒碑使一行又有薛稷題御製及建辰字高宗書李勣碑孝敬皇帝叡德紀元宗書鄎國涼國二主碑皆無勑使題字則唐時御書碑並不以此爲通例也

宋藝祖起自行閒以馬上得天下未遑文事太宗繼體靈臺亦未偃伯至眞宗大中祥符初始登岱勒崇彬彬盛矣今岱

頂有謝天書述二聖功德頌青帝廣生帝君贊皆眞宗御書也曲阜有文宣文憲二聖贊洛陽有龍門銘鄭州有靈顯王廟贊滎陽有汾陰二聖配享碑皆未見惟從李子丹前輩處得先天太后贊在鹿邑縣端莊流麗如旭日初升六合清晏上之可比夢眞容亦頗似趙文敏許熙載張留孫兩碑仁宗好爲飛白書嘗以賜羣臣今杭州府學猶有其遺迹偃師有賜陳繹飛白書碑記道君雖青衣受辱藝事之精冠絕今古其書出於古銅甬書而參以褚登善薛少保瘦硬通神有如切玉世所稱瘦金書也其賜辟雍詔及大觀聖作碑政和五禮記八行八刑碑當時頒行天下徧立學宮今南北不過十餘碑毀於元明之際者殆不少矣五禮記尤精而罕余曾見

崇真宮石刻嘗訪拓之

大名一刻以其殘闕棄値嗇姑舍之後知其碑本斷裂悔已無及吾鄉崇眞宮有賜道士劉既濟項舉之手翰。兵燹後石尙存

南渡駐蹕臨安高孝理廟三朝御筆昭垂湖山輝映高宗禮部韻略舊在湖州墨妙亭孫氏據天一閣范氏藏本著錄耤田詔在金華御書七經及孔門七十二弟子贊理宗書聖賢十三贊皆在杭州府學今石已殘闕孝宗有徑山興聖禪寺額吾鄉有賜石湖二大字在楞伽山畔又靈巖山麓韓蘄王碑其額云中興佐命定國元勳之碑下題選德殿書四小字選德殿者孝宗建以爲射殿理宗有賜杜範勅崑山淸眞觀放生池勅又有重陽庵眞武象贊與高宗賜劉能眞詩並在

吳山道院中高宗當戎馬奔亡之暇留意六經理宗表章正學皆爲右文之主其書法雖工秀而無囊括八紘之氣象識者知南風之不競矣

唐太宗御書晉祠銘碑陰右方長孫無忌等七人題名於上皆當時奉勅列名者其餘皆宋人續刻又有洪武二年行省參知政事楊憲題一通而絕無唐人題字亭林金石文字記曰以御書之碑不敢擅刻也魏泰東軒筆錄曰呂升卿游泰山題名於眞宗御製封禪碑之陰搨本傳於四方後二年升卿判國子監會蔡承禧爲御史言其題名事以爲大不恭（宋人避敬字卽大不敬也）遂罷判監按紀功敘德諸碑陰亦無唐人題字皆以此此亦唐宋題碑之故實不可不知也　右唐宋宸翰五則

相王旦在潛邸即爲永興廟堂碑題額又嘗書武士彠夫婦碑見金石錄然唐時宗藩能書者絶少紀王慎無量壽佛經鄭惠王石塔記但爲造碑之人未必其所書也惟衢州有信安郡王禕石橋詩其外孫韋光輔刻之朱竹垞據新唐書表太宗第一子吴王恪恪第三子琨琨子禕由嗣江王改封信安郡王即其人也又興聖寺尼法澄塔銘宗正卿嗣彭王志暕撰并書光禄卿王訓墓誌嗣澤王溓文并書此外隴西一族以石刻證宗室世系表可攷者寥寥無幾宋初有趙安仁書金剛經及十道業善要略趙元考趙令畤趙德甫皆精於鑒别富於收藏齊魯之閒有令畤泰山德甫仰天山沂山摩厓題刻南渡雖衰椒聊繁衍宗子之秀者登科釋褐不異士流故類

皆工於操翰上溯熙甯下訖德祐撰書姓名之見於石刻者實繁有徒矣其名下一字多隱僻今依上一字行序類而録之先太祖子燕王德昭秦王德芳之後次太宗九子之後次魏王廷美八房之後共八十六人題名之牽連而及者猶不盡與焉

趙令緋 紹聖三年振衣岡題名 在泰安

趙子直 淳熙十年題名

趙子肅 端平丙申棲霞題名

趙伯起 熙甯五年李忠信墓表篆額

趙伯儞 紹興二十九年題名 在錢唐

趙伯津 淳熙三年蕭德藻重修英烈廟記趙伯津書 宜興

趙伯晟 湻熙庚子棲霞題名 又詩一首 上元

趙伯礽 湻熙十五年七星巖題名 高要

趙師俠 湻熙戊申陽華巖題名 寒亭題名 江華

趙師撫 慶元戊午臨桂江西諸公題名 師撫字聖從

趙師耕 湻祐丁未鼓山題名 閩縣

趙希寶 慶元乙卯包山陽谷洞題名 吳縣

趙希蓬

趙希橉 嘉定六年西湖山修威惠廟記趙希橉文 海陽

趙希瀶 嘉定十六年北巖題名 資州

趙希譙 嘉熙三年鼓山題名 閩縣

趙希衮 嘉熙三年惠山題名 無錫 又湻祐丁未鼓山題名 又端平改元石牛洞題名 又續金石萃

編錄嘉熙己亥歲題名一則攜家過此與譁侍行上五字泐其三僅辨泓字希字當是止泓趙希袞也止泓其號陸釋袞作袞譁作譁子與諫與譁

趙希塈 湻祐己酉鍾山題名 江甯

趙希圁 湻祐壬子雉山題名 臨桂

趙與懃 嘉定癸未建康府教授西廳記篆額 江甯

趙與篤 嘉熙四年祭楊慈湖先生記 吳縣

趙與諫 紹定癸巳浮山題名 貴池

趙與鑇 湻祐甲辰趙與鑇與鍩鼓山題名

趙與鍩

趙與滂 湻祐己酉鼓山題名 閩縣

趙與必 湻祐改元題名 陽山

趙與膺淳祐戊申青林洞題名 錢唐 字致道

趙與峕潘凱重修至德廟記 淳祐十二年與峕書 吳縣 淳祐戊申青林洞題名 錢唐 字仲甫

趙與譓重建巾山翠微閣記 寶祐元年與譓文 徐士褒書 天台

趙與憮景定壬戌浯溪詩 祁陽

趙與詘咸淳五年淡山巖題名 零陵

趙與櫕寶祐六年鼓山題名 閩縣

趙與華趙搗叔藏趙與華義國夫人虞氏墓誌 年月缺 會稽

趙孟濾周孝侯廟雲龍風虎四大字 淳祐甲龍 宜興 以上爲太祖之後

趙仲檝政和四年雲峰山題名 掖縣

趙仲承紹興乙亥鼓山題名 閩縣

趙仲湜建炎四年西禪寺題名

趙不已德字 大觀四年 齊山丁清巖題

趙仲義 嘉泰癸亥淡山巖題名男師曾師厲侍 零陵 按宋史宗室世系表太宗之後仲下一字爲士若師字乃是太祖之後在伯字下恐有誤釋

趙士騆 宣和乙亥棲霞天開巖題名 上元

趙不鈞 宣和元年敕賜神居洞崇道廟額碑記 臨汾

趙不朋 宣和三年宗室不朋母姜悟通瘞石

趙不沴 湻熙九年宗室不沴墓誌楊輿宗文并書

趙不惪 中興聖德頌 撰文

趙不揉 慶元乙卯澹山巖題名 字從朴

趙善期 湻熙六年和巖武古柟詩 又題名 巴州

趙善擇 湻熙十五年七星巖題名 高要

趙善恭 開禧改元彈子巖題名 又丙寅疊翠山題名 臨桂

趙善欽慶元戊午臨桂江西諸公題名 善欽字欽之

趙善謚嘉定四年浯溪題名 祁陽

趙善淇嘉定甲戌龍隱巖題名 臨桂

趙善郲嘉定十五年靈隱青林洞題名 錢唐 同游趙訥夫子美亦宗室也

趙善浥淳祐十二年岑公洞題名 萬縣

趙汝怳慶元乙卯淡山巖題名 字德恂

趙汝驊嘉定丁丑石牛洞題名 潛山

趙汝龔嘉定戊寅七星巖題名 弟汝附子崇熆侍 高要

趙汝詗端平丙申鼓山題名 次男崇璪侍 閩縣

趙汝陞無年月 禹陵窆石題名 會稽

趙汝口咸淳二年玲瓏山邑令趙汝口題名下一字泐 臨安

焦山有咸淳摩崕諸刻字學山谷極精不署姓名按焦山志考爲宋末趙溍手筆

趙崇憲題名 嘉定乙亥浯溪 祁陽

趙崇雋

趙崇修 嘉定十七年趙崇雋壙志 弟崇修文并書 吳縣

趙崇模題名 寶慶丙戌 祁陽

趙崇齊題名 紹定三年石門 褒城

趙崇檲 淳祐辛丑羅愚呂公巖題名

趙崇褩 咸淳二年林應炎嘉定縣學重修大成殿記 嘉定

趙崇垓 端平二年七星巖題名 字德暘子必鉾侍 高要

趙崇尹題名 無年月浯溪 祁陽

趙必愿 紹定元年浯溪題名 祁陽 嘉定十五年青林洞題名 錢唐

趙必漍 咸淳壬申寒亭題名 江華 以上爲太宗之後

趙公碩 乾道七年中興聖德頌 四川

趙公芃 慶元二年石門題名 褒城

趙彥价 隆興二年南劒州魯國諸圖記 南平

趙彥膚 乾道七年顯神洞題名 四川

趙彥權 紹熙五年包山陽谷洞題名 吳縣

趙彥綝 慶元戊午臨桂江西諸公題名 彥綝字仲止

趙彥橚 嘉泰甲子蒼玉洞題名 長汀

趙彥⿰衤肅 嘉泰甲子浯溪題名 祁陽 按兩人同時下一字一从衣一从木或是形近誤釋疑一人也

趙彥吶 寶慶丙戌石門題名 褒城

趙彥渭 湻祐乙巳鼓山題名 閩縣

趙彥侁 紹興丙子淡山巖附逢澤程巡題名 字安行

趙彥幡 端平乙未七星巖題名字源叔子澥夫侍

趙彥慽 端平三年魏了翁重建華亭縣學記 華亭

趙訷夫 見上趙善郊題名

趙時彌 義國夫人虞氏墓誌塡諱

趙時僑 紹興二年建康府嘉惠廟牒後有寶慶改元趙時僑記

趙時頌 湻祐辛丑羅愚呂公巖題名 以上爲魏王廷美之後

又案長汀蒼玉洞有紹興三年重摹泰山大壽字有文安趙□□浚儀趙□□二跋灊山石牛洞有慶元丙辰趙□道題名道上一字亦泐皆宗子也至趙文敏入元書法遂爲一代冠義國夫人虞氏志後題孤哀子趙孟寀泣血謹誌蓋與子昂同爲藝祖之後

七星巖趙善擇題名首云淳熙十五年上元前五日玉牒善擇智老伯祁景茂趙庚口口下尚有徐世亮等十人不悉著聯轡來游錢竹汀曰宋時宗室署名往往稱玉牒而不繫姓趙庚書姓者非宗室故殊之也按宋國姓亦或冠以宗室二字如不朋不沴是也 右宗子二則

唐宋名臣碑版撰人多而書人少唐之褚登善顏平原柳誠懸其書與大節同炳千古偉矣此外惟趙德甫金石錄收李文饒書頗多其石盡亡昇仙太子碑陰有狄梁公題名井陘承天軍城有裴晉公題名祇寥寥數十字宋元祐諸賢以韓魏公爲最富南渡中興名臣以張魏公爲最富韓有慶歷八年閱古堂記皇祐三年眾春園記嘉祐七年韓愷墓誌熙甯

三年嵇公廟碑又若畫鶻行觀魚軒詩休逸臺詩皆無年月其書規橅顔魯公而無其筋骨世以大賢之迹頗重之張有永州新學門銘陽山之列秀亭燕喜亭題名書法爲中興諸賢之冠其餘温公長於分隸今杭州南屏山融縣眞仙巖皆有其石經摩厓范雍兩謁華嶽皆有題記吾鄉范文正公義宅尚存伯夷頌道服贊兩刻爲公手筆其子純仁歴城龍洞石淙南厓皆有題名一通元豐四年余度龍王慶陽得郡廨屋梁題字文潞公有少林寺詩嘉祐五年富鄭公有龍潭寺詩皇祐五年蘇魏公錢唐有題名二段一在龍泓熙甯五年一在飛來峰熙甯九年呂正愍大防兄弟有倉頡廟題名即在漢碑額之陰嘉祐四年南渡以後李忠定趙忠定亦間有石刻著錄六和塔四十二章經

先大父官湖惠道時工人掘地得一石刻和平里三大字當是文山題也

虞允文書其一與湯思退葉義問蕭猶並處瓊之海門港蓮花峰三大字文山相國所書也詩曰雖無老成人尚有典型此其爲典型也遠矣豈僅論書云爾哉

高要七星巖有包孝肅題名潘文勤師嘗裝池懸之座右蓋以自況也其書清勁有法秀幹終成棟精綱不作鉤此二語公以自道公書亦不媿斯言近皖之齊山新出至和丙申題名一通惜文勤師之不及見也 右名臣二則

伊川以讀史爲玩物喪志矧夫游藝金石刻畫吾知其敬謝不敏矣横渠有石刻孝經亦未見惟周茂叔山水登眺雅好留題湘粵諸山皆有遺迹余先後尊藏得四通其書亦規模平原頗似文潞公韓魏公程門四先生孫氏訪碑録惟據天

韓建所作大體亦有晉範与宋代諸書家不同

一閣藏本收游定夫詩一首注云草書未有年月恐是後賢以墨迹上石非當時所刻也南渡有道學之禁然坡公墨刻以遭黨禁鑱毀過半而朱文公所書碑皆無恙則視元祐諸賢爲幸矣胡邦衡湘中有亦樂堂銘張子韶甬上有妙喜泉銘紹興廿七年南軒石刻多在臨桂論語問政章摩厓之外曾公巖及水月韶音兩洞皆有題名其書亦清矯拔俗與考亭異曲同工蓋魏公本長於碑版家學箕裘淵源有自胡敬軒程氏之學也有齊山題名楊慈湖陸氏之學也有泰伯廟詩余曾見王文成摩厓紀功碑筆力横絶駕宋諸儒而上之 右名儒一則

唐詩人兼工書法者以劉禹錫爲第一李杜並稱李有安期

會稽龍瑞宮記賀知章書
巴州佛龕記及龍日寺詩與東
巖一詩相對亦杜詩也 洪

生詩隱靜寺詩而子美無片刻今年夏從故家得巴州石拓有嚴武東巖詩杜拾遺所書也爲之一喜韓柳並稱趙德甫收柳碑頗多駸駸與夢得並鶩而昌黎無片刻世所傳白鸚鵡賦拳曲擁腫直是明人筆耳碑估李雲從往山西拓碑道出井陘訪得韓吏部題壁與裴晉公一刻同時同地又爲之一喜杜詩韓筆愁來讀似倩麻姑癢處搔此二刻亦正搔著癢處然初盛中晚如沈宋如王孟如韋白如溫李竟無從訪求隻字唐摭言紀大順中司空圖以一絕題裴晉公題名之後曰嶽前大象赴淮西從此中原息戰鼙石闕莫教苔蘚上分明認取晉公題蘭泉收殘石但存首二句赴淮西作討淮西表聖以詩名而書則罕見此十四字爲可寶也宋刻蘇子

美五言清雋如韋左司讀其詩可以想見其書陝之華嶽浙之南屏及泰安种放詩碑皆有其題字余搜訪古刻泰華及西湖拓本亦均得之而滄浪筆迹皆適在遺珠之列殆有天焉靖康以前詩以坡谷爲大家而其書亦爲大家建炎以後詩以范陸爲傑出而其書亦皆傑出試取南渡諸碑閱之放翁詩境二字八十以後所書也而筆力遒健尚如此舍文穆誰與競爽邪楊誠齋惟盱眙第一山有題名一段元詩人亦多工書遺山能古文篆籀虛靖眞人贊劉京叔等各體書卽有其大篆在內訪碑錄又有五峰山崔先生象贊亦元好問等各體書皆無年月疑一刻而重出其餘若虞道園眞定路宣聖廟碑至順三年八分書姚天福碑樂賓碑皆正書揭曼碩元統二年救賜孔廟田宅記後至元三年李氏先塋碑五年龍虎山長生庫記至正五年代祀北嶽記二十一年育王寺東嶼海和尚塔

僕斯有天一池記一碑書極淡雅名家皆未著錄鄭伯嶽以一扇本贈作一長跋題之

銘薩雁門錢唐紫陽勝境詩楊鐵厓陳所學壙志並有著錄右詩人一則

歐陽公集古錄收武人書惟高駢磻溪廟記平津著錄仰天洞有劉仁願題名龍門山有薛仁貴造象皆東征高麗時良將也曲陽北嶽廟有安祿山李克用兩刻雖一薰一蕕皆爲朔方驍帥桂林龍隱巖有宋平蠻三將題名三將者其實有四將第一將狄武襄也孫沔石全彬合爲第二將余靖爲第三將皇祐五年平儂智高而作也孫錄又有平儂智高將佐題名記一刻而重出語溪亦有武襄摩厓題字史稱其通左氏春秋亦祭遵羊祜之流矣靈隱有韓蘄王題名當是湖上騎驢時刻湯陰及西湖岳廟武穆諸碑皆後人重摹未必盡爲眞迹漢中有吳玠詩石刻亦晚出余收得明鄭芝龍書在七星巖又收得嘉慶間

懷仁集聖教序後亦有許敬宗題名

羅提督思舉題名書雖不工取之蓋以愧夫能挽五石弓而不識一丁者戰功高後數文章磨盾英風颯爽如見 右武人一則

孔雀有文章巨奸大慾遺迹偶留後人往往磨而去之竊謂所見之未廣也昭陵諸碑李義府撰者三 豆盧寬碑張允碑蘭陵長公主碑 許敬宗撰者四 高士廉塋兆記衛景武公碑尉遲敬德碑馬周碑 而皆非其書丹然高宗製萬年宮銘奉勅中書門下及見從文武三品以上并學士並聽自書官名於碑陰今攷碑陰有金紫光祿大夫行衛尉卿上柱國高陽縣開國男臣許敬宗中書舍人兼修國史宏文館學士臣李義府此兩行題字非其眞迹而何金輪時武三思 封祀壇銘 張易之 秋日石淙序 天寶中李林甫 嵩陽觀聖德感應頌 亦

皆撰而不書盧杞爲其父奕書墓銘青浦王氏舊有孤本此眞天下之怪物趙德甫收奇章書頗多惜盡佚宋初王欽若有高里山禪社首壇頌蓬萊觀陶眞人靈驗記皆無書人廣元千佛厓有咸平四年題名一通則不得謂非其手迹矣零陵華巖巖有丁晉公題名及詩一首前題癸酉仲夏乃明道二年自厓州貶所徙雷州又徙道州時作也其後郎次以邢和叔恕一首長清之靈巖寺上元之祈澤寺皆有荆公詩刻筆迹如斜風細雨古人評隲良不誣其子雱無隻字而蔡曾公之子絛有道士李勝之詩石刻在登封章子厚題名在草堂寺治平元年呂惠卿題詩在曲陽興安王廟元豐八年又有惠明寺舍利塔記其書視二蔡降一等宣和君臣雖亡國其文翰皆

可取劉豫有登蘇門山詩宣和四年高俅有題少林寺壁政和八年李邦彥有奉刻御書記三洞記又有陁羅尼石幢一運筆皆有法度非惡書也杭州府學光堯石經論語左傳之末皆有紹興癸亥歲九月甲子尚書左僕射同中書門下平章事兼樞密使魏國公秦檜題記後人磨去其姓名然書固未損也朱竹垞云秦檜記爲明吳訥椎碎碧溪文集辨之云今兩碑之跋儼然蓋訥所椎碎者乃宣聖及弟子贊之跋非石經也又李龍眠畫宣聖及七十二弟子象贊後有吳訥跋述檜之言曰今縉紳之習或未純乎儒術顧馳狙詐權譎之說以僥倖於功利其意蓋爲當時言恢復者發也朱子謂其倡邪說以誤國挾虜勢以要君其罪上通於天因命磨去其文庶使邪詖之說姦欺之名不得廁於聖賢圖象之後然論者又以南宋之積弱而背城借一不度德不量力恐厓山之禍無待於德祐也姑存其說以俟後人之論定

黃潛善汪伯彥之流均無片刻流傳惟六和塔四十二章經湯思退葉義問各寫一章均其眞迹後人

僅磨去思退名氏而不知義問亦其流也陳自强秦之門客也龍華寺題名林立慶元一通嘉泰一通開禧二通賈秋壑筆墨尤精妙家廟記景定三年刻於葛嶺摩厓分書龍泓洞石屋洞三生石各有題名一段隸楷皆臻絶妙想見半閒堂中湖山勝概或廖瑩中輩爲之耳龍泓洞三字王庭書亦其門客也赫赫師尹大冠如箕不免弄麞伏獵之誚視之得無顔甲

邢和叔張天覺曾子宣皆以熱中比匪雖蒙惡名要非檮杌窮奇無從湔洗況翰墨之妙不減蘇黄諸公平零陵之朝陽華嚴兩巖皆有邢恕題名朝陽巖一通與河東安惇處厚同游安惇宋史亦列奸臣傳張天覺有李長者庵記政和戊戌林慮

山聖燈記元祐五年草書精妙非許安仁可及曾子宣爲子固之弟文章名位輝映一時宦轍所至到處留題余收得其題名最多益都之雲門山太原之晉祠方山之李長者舊居廣南之九曜石廣西之臨桂諸山摩厓纍纍風流好事可見一斑宋史入之姦臣傳未敢以爲定論也故別論列之此非余一人之私言也竹汀先生之說也

危太朴世以長樂老比之然趙承旨宋之宗室猶忝顏北庭則亦何責乎爾其書酷摹率更而風骨殊乏但布置停勻琢磨光澤頗似潤德泉銘此亦見書道之關乎氣節也孫伯淵所錄有九老仙都宮碑至正三年孫孤雲先生碑八年浦陽五賢贊十二年蒲城王氏先塋碑十五年育王寺光公塔銘二十年靜江路

新城記二十一年崇國寺隆安選公傳戒碑二十四年右奸臣三則

趙高爰歷史游急就黃門之通字學漢巳然矣唐梁守謙功德銘神策軍副使右監門衛將軍楊承和文并書錢曉徵先生云承和一閹人耳安能工於書法殆當時文士游中官之門者爲之余謂不然錢東澗新集金剛經跋云唐宏農楊頴取金剛經六譯排纂刪綴奏宣上進大和四年八月刻石上都興唐寺八分書楊頴即承和以字行是承和不止此一碑安見其不能書邪梁守謙銘後題天水强瓊摹勒按瓊亦中官有爲其妻瑯邪王氏造墓銘幢尚存自署玉冊官則并能鐫刻矣南漢新出都嶠山造象亦有中官書者其字迹皆可觀竹汀特不及見耳

曩時流覽金石書憶高力士有摩厓題榜三字何年何月不能詳矣宋武林靑林洞有太平興國三年內供奉郝濬題名咸平弍禩內殿崇班瑯邪守俊題記華嶽題名王蘭泉所錄大中祥符中有內侍高班張懷則二通內侍省殿頭李懷口一通入內供奉張懷彬一通同游者入內高班孫可久入內高品李懷凝末有孫題二字孫可久之筆也又內侍殿頭鄧保一通則送眞宗御書碑石赴西嶽時所記又乾興元年宣差入內內侍省高品段徵明一通嘉祐四年張恭禮一通治平二年闕名一通中侍郝隨子一通無年月共九通泰山白龍池有治平四年內供奉官李舜舉一通曲陽北嶽廟有大中祥符二年內侍直班李口口一通李下泐二字是亦寺人

董授經得唐何府君志石妻隴西辛氏撰疑即其手書四邊刻鏤亦絕精有鳥身人首相對者殆有所庶意也

孟子之流也但年月不無泐失或是後人賤其爲刑餘而磨去之 右奄人二則

余從墨池堂帖見衛夫人飛白書西方之人分五字世謂之插花舞女此骨董羹耳女子書丹當以武曌昇仙太子碑爲首書體從草草出世莫能知矣其次女冠王貞淑銘撰書者朱瑤其女弟子也瞿木夫攷爲唐興元二年刻又其次歐陽公集古錄收房璘妻高氏兩碑一爲安公美政記已佚一爲石壁寺鐵彌勒象頌燬於火元至順閒重刻金華孝順鎮太平寺有女子和娘書幢失其姓鳳臺硤石山有天祐十一年楊夫人摩厓詩自題宏農郡君李嗣昭之妻也鳳臺縣志云楊氏善蓄財助嗣昭軍用子繼韜叛齎銀數十萬釋其罪後

與子繼忠家首陽餘貲猶巨萬晉高祖起義貸其殖以賂契丹復以繼忠爲刺史嗣昭三世賴之眞奇婦人也宋簡州藏眞厓銘政和三年康肅書麗適文女季循篆額孋下季女能爲擘窠書尤奇絶金穠芳亭三字在鉅野縣據縣志云穠芳二字妓女謝天香書王維翰續書亭字如出一手遂爲夫婦此亦玉臺之佳話已管仲姬書觀世音菩薩傳略在白門地藏庵大德十年客歲貽書藝風求拓本云庚申之劫盪爲灰煙爲之惆悵不已此與李淸照無月石同一恨事 右婦人一則

自智永傳山陰家法書苑一鐙亦如火傳之不絶懷仁大雅雖云集字實與懷惲隆闡法師碑同爲邯鄲之步耳嵩高三刻勤行之靈運禪師銘温古之景賢大師塔不失晉賢矩矱

雲麓刻石亦未之見字要一卷錢遵王本今有印行者展轉摹寫未免真相墨跡有山谷詩長卷前缺十數字何子貞補字覽一雄健一過劣相去甚遠錄裝似非蕭道甚山石書舊為過雲樓所藏

是其上也靈迅之同光大師塔銘亦無愧後勁此如祇園衣鉢一脈相傳若汶江縣侯張阿難碑曹昌所書也頗似虞永興右虞侯副率乙速孤神慶碑行滿所書也頗似薛少保此在碑版為正格所詣出懷仁諸僧之上契元之學顏无可建初之學柳皆晚出雖筆力嶄然而神韻則稍匱矣又若唐懷素之狂草宋夢英之古籀別為一派宋初惟曇潛學蘇長公能亂眞（即參寥十六峰賦）有三金之沙門洪道元之李雪庵皆有書名亦從顏柳出其書如先雙鉤而廓塡之索索無生氣使生大歷以後尚不中為契元无可輩作奴

今年春從廠肆得開元王慶墓幢沙門邈文并八分書古籀題榜後檢本願寺三門碑北崇福寺沙門邈文趙德甫金石

錄北嶽恆山碑開元二十一年釋邈詞長豐縣與城碑開元二十三年沙門邈文八分書則知此僧頗有書名其遺迹皆在西北金石錄長慶間收僧雲皋書碑三通今無一存而邈書猶留兩刻不可謂非幸矣 右緇流二則

道流之書以周道賜仙壇山銘爲第一自唐以下無與抗手岱嶽觀齋醮記自葉法善馬元貞麻慈力以下踰三十通同刻一面世所稱鴛鴦碑也書法皆工秀兼有褚薛之勝但未必盡爲道流筆按馬元貞題名有四通一在登封一在濟源一在曲阜史晨碑後余惟濟源一刻未得見其餘兩刻與岱嶽齋醮記筆法同是其能書爲可信潘尊師碣司馬承禎八分書亦唐之方士也排奡略得夏承碑筆法在唐隸中不多得篆額尤奇

偉元初樓觀諸碑強半出道流之手如李道謙朱象先皆不止一碑孫德彧書碑尤多筆法遒媚然不出趙文敏範圍金元閒若譚處端馬丹陽王重陽之流詩詞皆神仙丹訣本不必以書重然余所得馬丹陽詩碑草書龍吟虎嘯如緤馬登閬風之顚萬象皆在其下 右羽冠一則

世豈有神仙哉而顧傳其書括蒼有靈崇二字相傳以爲葛仙翁書也陽羨山中善權洞有雲房先生題名臨潼有雲房二字金承安中松霖茂之記邢臺有鍾離權詩宋皇祐四年刻元至正八年重刻其後洞賓宋紹聖五年回回翁會眞宮詩元後至元四年純陽帝君書跡希夷福壽二大字亦皆有傳刻推而上之漢卽有仙集留題余謂此亦鄭道昭駕月栖玄青煙白雲之類久之失其名氏遂相傳以爲仙蹟耳若元之

邱長春石刻著錄頗多在今時詫爲神仙在當時不過與王重陽馬丹陽之流同爲修眞之羽士耳無足奇也然歐陽公集古錄不棄謝仙火三字附之卷末且云何仙姑能識之又錄永泰縣無名篆云世俗多以爲仙篆如以手指畫泥而成文隨圓石之形環布之如車輪循環莫知其首尾今人有以道家言譯之者曰勤道守三一中有不死術亦莫知其是非也此雖近於齊諧支諸臯亦藏家所不廢未可以六合之外存而不論也　右仙蹟一則

異域碑文自日本朝鮮同洲之國以至歐非兩洲皆自其國中來若中國石刻而異域之人書之惟房山雷音洞石經有高麗僧達牧書長淸靈巖寺讓公禪師碑據寰宇訪碑錄但

云至正元年日本國僧印元撰行書余得一精拓詳釋之其首題日本國山陰道但州正法禪寺住持沙門邵元撰并書邵字左旁雖微泐尚可辨即以訪碑錄證之後至元五年有貢副寺長生供記比邱邵元撰正書又新撚玉佛殿記沙門邵元撰書者智昇也至正元年又有少林寺息庵禪師碑亦邵元撰疑皆即一人以島國比邱而金石文字流傳於中土者有四刻扶桑朝旭此其曈曨之兆已吾鄉胥門外有荒邱土人呼之曰王墳余童時偕馮小尹茂才訪之見臥碑在草萊中剔蘚讀之迺是日本國使臣歿而旅殯於此撰書皆其國人也當時惜未記其年月姓氏 右外國人書一則

余訪求鄉先哲遺書零編斷簡不惜重值購之金石文字流

董思翁書少林寺禪師碑銘後有長洲戚伯堅隸書數行

傳益懋唐之孫翌歸登陸長源皆吾吳人也宋之范文正父子忠宣公范文穆兄弟石湖之兄字至先包山有題名一通蘇舜卿程師孟九曜石題名爾通朱長文潛山石牛洞題名龔頤正元妙觀三清殿上梁文府學同年酬唱詩楊備七星巖題名黄由盱眙第一山題名吳學義廩規約周南貴池齊山題名元之錢良佑至順三年賢首寺田記干文傳至順四年新修平江路學記至正七年天寶山太平興龍禪寺碑皆有遺迹可攷余又收得唐楊君趙夫人墓誌吳郡顧方肅文龍隱下巖有長洲陳信伯題名泰伯廟迎享送神詞亦信伯所書使非自題郡邑且不知其爲吳士矣又如宋人題名中北嶽有侍其瓘元祐庚午褒城玉盆有閭邱資深慶元二年貴池齊山有閭邱彥和宣和壬寅侍其閭邱皆吾吳複姓在宋爲望族今尚有侍其巷閭邱坊此三人者無他事實可攷藉片石以傳耳若此者蓋不知凡幾

碑與帖兩事也然如搨之秦郵帖皖之姑孰帖裒其鄉先哲之遺迹以付貞珉維桑與梓必恭敬止其用心甚善吾吳文物清嘉自宋范文穆元宋仲温皆以書翰擅場明賢如王文恪吳文定以逮都元敬張靑父文祝諸公眞迹流傳故家世族猶有什襲而藏者若取而彙刻之亦可援姑孰秦郵爲例

右鄉先哲書二則

集字始於懷仁唐以前未聞也集右軍書者多矣惟聖教序鉤心闘角天衣無縫大雅以下瞠乎其弗及也趙德甫所收建福寺三門碑盧藏用集懷素律師碑僧行敦集梁思楚碑兩收一開元十年衛秀集一上元元年梁思楚集撰文者皆郭翥也夫豈有梁碑卽梁集之理後一碑殆重出耳此三碑

皆不傳六譯金剛經大和六年唐元度集其拓本錢牧齋尚見之蓋即楊顒刊定之本也禾中亦有集王一本書法頗隱秀似聖教題云懷仁則嫁名以取重耳洛陽之白馬寺僧懷義集王心經亦此類而筆法遠不如余所收大雅半截碑之外唐有田尊師碑大歷六年田名德集周孝侯碑元和六年宋有絳州修夫子廟碑咸平二年忻州建東嶽廟碑大中祥符九年王鼎文兼集解州鹽池新堰箴碑天聖十年此與絳州碑皆逸民趺趺望集龍泉普濟禪院碑大中祥符三年僧善傳習習與集不同或習其書非集字也玉兔寺淨居詩慈雲寺沙門靜萬集趙撝叔所收有明道二年慈雲寺碑拓本未見高麗爲唐太宗征服畏其神服其教文字亦罔不率俾太宗喜右軍書海東金石集王者亦有三刻一爲沙林寺宏覺國師碑沙門靈澈集一爲獜角寺

褚公殁尚未久何至重其書若此 此語不然宋时藉長安未死而朝士叙其書者[illegible]不舍人不在乎时之久暫也（[illegible]）

普賢國師碑其正面閔漬文其陰爲釋山立文皆集王書也尤奇者晉天福五年興法寺忠湛塔在朝鮮原州道崔光胤集唐太宗書此從右軍書而推類及之亦可謂慕尚之至矣

右集王一則

宋任諒于眞庵記集諸家書見關中金石記夫以虞合歐以歐合褚精神面目迥然各别安能合吳越爲一家若以顏柳配之則更如鑿枘之不相入然作僞不自諒始也攷趙明誠金石錄唐景龍二年太子中舍人楊承源碑王獻忠撰集王羲之歐陽詢褚遂良等眞行書既非一人又非一體則知鍥舟求劍古人不免且計其時褚公殁尚未久何至重其書若此意者亦五季後人所僞託邪

右集諸家書一則

集歐書者宋政和三年上清宮牒下方有蔡仍記集字者湯純仁也元至正十年長洲縣重修學宮記楊維楨文集字者危太朴也隋番州宏教寺舍利塔題歐陽詢書以拓本校之廼好事者取醴泉皇甫諸碑聯綴而成亦集本耳集顔書者宋有寶祐元年勝因院記元有至元四年默庵記集柳惟金沂州普照寺一碑遒健青出於藍爲集書第一褚書元以前無集本余收得峩眉山普賢金殿碑明萬歷癸卯九月吳士端集行書娟妙極似枯樹賦哀册文右集歐集褚集顔集柳一則

唐昇仙太子碑陰從臣各自題名其上遂開分書之體宋人分書佛經有三一爲觀世音普門品經熙甯間曾公亮等書

今尚在虎邱雲巖寺一爲四十二章經在杭州六和塔四十二人人書一章始於沈該終於洪邁其中有湯思退葉義問虞允文洪遵沈樞諸人字體眞行行書四章餘正書大小疏密不等人亦薰蕕雜處塔中又有金剛經僧智曇刻亦羣賢分書之元初贈默庵詩劉從政胡紹開魏初吳衍皆行書惟樂用之草書盧靖眞人象孫士元畫贊爲三體書元遺山之籀劉京叔之篆杜仁傑之分書也孫氏訪碑錄又有五峰山崔先生象贊注云元好問等各體書疑即此碑而重出

唐人唱和詩碑栖賢寺詩武后御製一首姚崇韋元旦各一首書者韓懷信也其餘美原神泉詩共六首尹元凱篆宋初朝賢贈夢英詩三十二人僧正蒙書之吾吳郡學同年酬唱詩袁說友以

下十二人龔頤正書之末有各自分書者惟寰宇訪碑錄載种明逸會眞宮詩跋共二石胡宗同以下二十餘人各體書余收得种明逸詩譚遂序爲一石其餘題跋一人一拓亦無二十餘人之多未見原石莫能明也 右各人分書二則

一碑而兩人書者或各書一面或別出一文唐代國公主碑自金石錄以下皆云鄭萬鈞行書余收得一舊拓精本詳閱之後有一行云口口以下弟消書口口以下男聰書萬鈞即代國之駙馬特撰文者耳於是德甫至今千年長夜豁然復旦爲之大快唐總章三年金剛經出家功德經石刻後有一行云自般若第二面第二行已下王德政於手寫則般若第二面第一行以上又一人書也朝鮮有寶林寺普照禪師碑

唐中和四年立金蓮書自七行以下金彥卿書此亦一碑而兩人書者恐海內更無第四刻矣右一碑兩人書一則

一碑而各體書者唐陽華巖銘永泰二年瞿令問大小篆八分三體宋初郭忠恕有三體陰符江淹擬休上人詩夢英十八體篆其注則分書也長安重書夫子廟堂碑唐程浩文夢英作後序正書之而其後有篆字一行云大宋太平興國五年歲次庚辰三月二十一日建余所見唐宋碑誌文字真書篆題年月者間有之非卽此一碑也唐景龍元年口部將軍功德記首行郭謙光文及書六字篆書而碑文則分書也天寶三載嵩陽觀紀聖德感應頌碑文八分書獨年月作小篆天寶三載王屋山劉若水碑銘行書惟碑末檢校覆鐫字姪劉元

覺九字分書永泰元年怡亭銘前序裴鶡卜而亭之李陽冰名而篆之巹虬美而銘之曰二十二字篆書下銘詞年月皆李莒分書長慶元年裴潁華嶽廟修中門題名年月正書而廟令張從本題六字籀文本願寺銅鐘碑陰眞書惟前二行八分書中和二年鄭惟幾幢啟請銘八分書咒眞書宋天聖二年張大沖幢陁羅尼分書心經篆書元劉仙翁冠劍虛室題字劉大彬篆書而左右題款二行皆眞書此各隨命筆之便無義例

余藏一石幢宋乾德五年丁卯李仁口建前尊勝陁羅尼後大悲心陁羅尼通體皆眞書而第七面大悲心咒之末南無阿喇耶五字喇耶忽篆書作喇耶甚清朗自來石刻無可舉

由篆變隸之非原來波磔元氏三公山碑乃隸之正宗非篆也其鋒淳研之有波磔姿態其時習書如分之与隸其辭在篆隸間耳

近年出淳篆一石有人考定為袁安子敞墓碑以殘文核之其說是也

例喇字後出不合六書好奇之過更難爲典要矣右各體書

二則

籀書唯存石鼓秦篆祇瑯邪片石泰山十字漢碑分書十之九篆書十之一所見唯居攝墳壇兩刻及元氏三公山碑嵩山開母廟兩闕爲篆文延光殘碑及裴岑劉平國雖隸書而兼有篆法三國惟孫吳之國山碑天發神讖碑然篆法奇詭或云華覈或云皇象要無確證南北朝無一篆刻唐有李陽冰瞿令問袁滋三家三浯瞿袁書其二浯溪爲季康書其名不甚著此外惟絳州之碧落碑美原神泉詩碑五代之季惟南唐徐鼎臣兄弟工小篆偃師有鄭仲賢詩一首亦南唐人也吳越王開慈雲嶺記在武林篆法頗精妙不減大小徐宋

竹鶴二篆在吾郡學見另一拓本雄健之為佳未必不行不也

初僧夢英郭忠恕皆以分篆稱然多不合六書竊謂宋篆當以王壽卿書穆氏先塋表爲第一莫大於蘇唐卿竹鶴二字莫小於汪藻太學上舍題名跋世謂之永州學記非也唐卿又有東海鬱林觀三言詩慶歷三年歐公醉翁亭記嘉祐七年其餘唐英有敎興頌天禧三年上官佖有涇州回山王母宮頌天聖三年黃載有首陽山二賢祠文慶歷四年李寂有韓愈五箴嘉祐八年陳孔碩有重刊昌黎孔子廟碑嘉定七年卦德亭銘嘉定甲戌屈指不及十碑金之党承旨元之趙文敏元遺山亦皆能分篆而文敏篆書不多見高詡之篆書道德經分書徂徠山光化寺碑五峰山崔先生傳碑筆法與夢英略同去斯冰遠矣

後人之作籀文者余惟見魏三體石經拓本一紙據云中州

卓識十年前予曾辨之　楷此說誤

三體石經近殘石屢出殆數千字其
籀文實与郭薛遺蹟相同則緣
裝之牋過矣又有趙佳麟檴石
三字其諸亦同甚矣後死者不能見
前人所見固多乃見前人所未及見
者亦不少也

新出土亦未能定其眞贋此外唐瞿令問陽華巖銘三體書
宋夢英十八體篆元元遺山五峰崔先生象贊各體篆皆有
籀書一體細如蠆尾鋭如懸鍼與石鼓不類與古金文亦不
類與郭忠恕呂大防薛尚功所摹彝器文則彷彿似之宋龍泓洞
潛說友題名亦作大篆較
遺山似勝　右篆籀二則
吾郡陸貫夫先生名紹曾布衣工分隸嘗輯飛白錄舉蕭子
雲以下書評帖跋稗史遺聞多所摻釆而於石刻尚闕如余
屢欲取篋中所藏補之大都此體但宜於題榜無專書一碑
者唐太宗父子宋仁宗皆擅場太宗晉祠銘以飛白題年月
於碑首汜水紀功頌登封昇仙太子碑及孝敬皇帝叡德紀
皆高宗御書飛白題額仁和縣學有宋仁宗御書天下昇平

四民淸飛白七字嘉祐八年有賜陳繹飛白書大帝字吳充作文以記之歐陽公亦有仁宗皇帝飛白御書記宋人題石亦閒有用此體者泰山种放詩刻王洙蔡襄皆以飛白跋其後君謨第一題仍行書僅後襄復觀三字耳長淸有元豐三年王臨書靈巖道境四字金華有冰壺洞三字嵊縣有玉虛洞三字華山題名余見有蔡挺二字無年月題識僅以飛白書姓名而已右飛白一則

漢之分書猶唐之眞書也不廢江河萬古流唐一代豐碑分書亦不少開元以後尙書韓擇木騎曹蔡有鄰尤推巨擘五季雲擾稍稍衰矣然宋初僧雲勝重譯聖教序沃州僧嗣端藍田文宣王廟記以方外擅場石門晏袤兩刻鄐君修道碑釋文山河堰

楊庸齋太守何賠息漢碑者不得以巴州石刻推之此非晚年所書微足作家氣耳（注）

落成記尤不失漢法此外朝士如司馬温公王源叔范文正神道碑以分書名家者雖少而蜀碑著錄頗富張晦李洵直夫婦眞贊王克貞雙筍石銘皆小品紹興福昌院勸農記淯熙綿州集古堂記夾江縣酒官碑乾道簡州也足軒記彭縣大晟樂記皆無書人題名如資州淸涼泉趙季友北巖張能應彭山石申光廣元雷峰寺李叔才之類詩刻如鄧椿閬中大佛寺詩鄧樫大足石門洞詩之類見三巴孴古志余所見以巴州楊百藥摩厓爲最精題名三通游仙觀玉皇殿碑一通曩見歸安楊庸齋太守書喜其秀逸及見巴州石刻而目精神畢肖始知君家果自有種也其源出於韓勑碑大小二篆生八分分書生隸今之所謂楷書古人謂之隸書也兩晉六朝由分變隸之時北之郛休南之谷朗波磔道斂已駸駸入隸室北朝碑正書者無不兼帶分書筆法蓋變之未盡耳孫氏著錄往往誤隸爲分如泰山石經峪徂徠山水

牛山諸摩厓佛經鄒縣韋子深李巨敎諸題字隴東王感孝
頌高潤平等寺碑孫氏皆注云八分書其實皆當時之正書
也磁州晉昌公唐邕寫經記武平三年筆勢與水牛山正同趙撝
叔續訪碑錄注云正書得之矣孫氏卽有唐邕分書題名一
通雖未見可灼知其誤所不可解者高齊宇文周不少分書
碑拓跋一代惟天平二年中嶽嵩陽寺碑確爲八分孫氏所錄魏碑
八分書者如弔比干文亦正書也周惠達碑未見肥城孝堂山諸無年月題名未必爲魏刻其餘未見有
他刻齊碑以鄭述祖雲峰山諸刻及乾明孔子廟碑爲正軌
其次西門豹祠碑青州刺史臨淮王象碑周之趙文淵華嶽
頌皆稱名筆然字體踳駮不合六書隋碑如孟弼青州舍利塔下銘
仲思那造橋碑寇文約完縣文宣王廟碑行唐邑龕普門品經崇因寺

鄭簠錢泳輩外尚有一羅云升皆惡札也（張）

造彌勒大象步伐整齊容止都雅變北朝喬野之習開唐人偉麗之風分書變態至是極矣勢之所趨有莫知其然者吾吳郡學有昌黎符讀書城南詩碑共四石華亭縣學有中庸格言皆朱協極八分書也與向子廓書濂溪拙賦筆勢正同輪郭肉好大骨開張蓋出於石臺孝經雖寖失古法猶有垂紳正笏氣象若宋之吳中復華嶽廟慈恩寺有分書題名西安有燕佳亭詩元之虞集蕭㪺學漢隸而刻鵠不成反類鶩者不如此二家猶不失唐人矩度也此體稍宜于題榜司馬温公有公生明思無邪分書六大字在吾吳郡學體勢亦如此然其末流爲鄭谷口又降而爲錢履園則墮惡趣矣　右分隸三則

江左六朝多行草然但見於法帖唐以下碑行書者甚多草

魏張猛龍碑陰題己先年月及碑陰題名半作草書北齊朱曇思造塔記亦間草書陶齋藏漢延熹土圭刻字羅氏藏太元磚全是草隸也

書者絶少（永興汝南公主墓誌魯公坐位稾祭姪文皆帖類）惟金輪昇仙太子廟一碑耳高宗英公李勣碑大雲寺彌勒重閣碑亦行書而兼草者也此外宋有蔣暉無上宮主詩張天覺林慮山聖燈記金有許安仁鳳臺青蓮寺諸刻千餘年來寥寥可數蓋此體本不宜於碑版也章草莫先於急就篇而後無繼者亦惟昇仙太子碑稍近之

草書不宜於碑版故懷素竟無片刻（藏眞自敘記當入法帖類）張長史以草書稱聖其書郎官石柱記不能不以眞書宋范文穆田園雜興詩瀏離頓挫極馳驟之能事而壺天水月諸銘束帶矜莊絶不作渾脱舞可知遷地勿良已惟張天覺許安仁始好以草書書碑然究非正軌題榜有王臨摹郭忠恕神在二字

此條宜多摹數字方能識別凡有此類者各先生補之

居城元豐三年樊世卿題紫微山三字海甯治平元年刻經蔡卞楞嚴經偈及諸山題名亦間有之右行草二則

歷代國書有契丹西夏女眞蒙古又有畏吾兒唐古忒番禺凌譽釗鑫勺編述寄傲軒三筆之言曰遼太祖用漢人增損隸書之半凡三千餘言爲契丹字夏蕃書元昊自製命野利仁榮演釋分十二卷形勢方整類八分女眞有小字大字二種大字古紳製小字未詳誰作元蒙古新字僅千餘世祖命西僧八思巴製大要以諧聲爲宗按俞理初佉路琵叱書論契丹亦有大小字與凌說不同又云元昊本佉路而造畏吾字蒙古初用畏吾字謂之衞兀據此則西夏書與畏兀爲一種未知孰是今以歷代國書碑證之契丹書最少潘文勤師曾

得一雙鉤本筆畫繁重如以漢文兩三字合成一字余亦嚮搨得一通置篋中無能讀者西夏書惟武威有感通塔碑天祐民安五年立碑陰釋文則張政思書也張掖有乾祐六年黑河建橋祭神敕女眞書有皇弟都統經略郎君行記天會十二年刻於乾陵無字碑祥符有宴臺國書碑元時聖旨碑大都上層刻蒙古文下層漢字其書蟠屈如繆篆因方爲圭鋒棱峭勁至元三十一年崇奉孔子詔大德十一年加封孔子制頒行天下通立碑於學宮今雖彈丸小邑尚有元時聖旨碑一二通官吏題銜有蒙古字教授學錄等官皆漢人爲之余收得新樂縣一通蒙古文後題教諭周之綱譯可見當時漢人多能通國書唐古忒當卽今之託忒書亦曰託特與

居庸關佛經壬申秋間有人醵資精拓爲至正五年九月西蜀成都寶積寺僧徒成刻淨體仿松雪

梵書同流異源俞理初曰梵爲剎利佛書佉羅瑟吒爲婆羅門佛書本不相同久之遂合爲一佉路派別爲託特乾隆四十六年設託特學其字由託忒譯蒙古由蒙古譯清書則當與蒙古文爲近今惟有吐蕃會盟碑一石畏吾兒省文亦曰畏兀亦曰衛兀卽回鶻之轉音也其字無單行之碑惟祥符大相國寺有至元三年聖旨碑以蒙古畏兀漢字三體書之居庸關佛經蒙古畏兀女眞梵漢五體今尚在關滿一字未損顧亭林昌平山水記詳載之　右契丹西夏女眞蒙古畏吾兒唐古忒文一則

戊子冬入都館黃再同編修邸見白石醮盆四圍皆刻梵字無釋文不能讀宋熙甯十年咸甯金正大元年登封皆有梵文唵

字武林湖上諸山元人摩厓刻梵字最多孫淵如惟錄至元二十五年飛來峰僧錄液沙里一通余訪得靈隱一通唵麻祢巴㖿名吽七字龍泓洞二通一橫刊一切如來頂髻中出大白傘蓋佛母十四字一下有雙鉤正書金口勇識四字是否釋文未詳皆無年月此外惟遼金幢有之唐幢梵字尚少惟長安開元寺有一石唐梵二體皆沙門海覺書筆法精整非遼金人所及兩宋惟宣和間涿范陽縣口祿鄉口石里易二州大興寺各有一幢正在收復燕雲之日蓋猶沿遼餘俗耳

遼金梵字幢大都題字年月眞書而咒梵書亦有梵文一行眞書釋文一行書唐一人書梵一人金泰和元年謙公法師靈塔記一面有佛母準提咒圍刻如鏡銘秦佩鶴閣學得一

準提鏡四圍刻梵咒其文正同蔚州臨湖寺有一幢共四面每面上列大圓圍一中藏小圓圍七各有梵文一字元梵字幢亦不多所見惟至元二十五年觀公禪師塔有梵咒 右唐梵咒二則

昔人論書大則徑丈一字小則方寸千言余所見擘窠書以鼓山朱文公壽字爲最鉅其次則淡山柳應辰押朱蕘窪尊兩大字皆摩厓也若勒於碑者吾鄉有釋子英所書釋迦文佛四大字在虎邱普門品經之陰一石一字郡學有蘇唐卿竹鶴兩篆字亦奇偉可喜小字以臥龍寺經幢女弟子陳氏造爲冠蠅頭清朗布置停勻如棘刺之猴神乎技矣此外小字麻姑仙壇記疑爲縮臨之本吳越王銀簡範金而非刻石李寶臣

王審知諸碑視小則有餘視大則不足 右大小字一則

梁開平二年崇福侯廟記吳越王錢鏐撰字大徑寸中列敕文六行字大徑二寸許晉天福八年吳越文穆王神道碑首行大晉故天下兵馬都元帥守尚書十三字字大徑三寸餘較於正文幾大三倍此式惟吳越兩碑有之錢竹汀說按吳越經幢凡天下兵馬都元帥吳越王題銜其字皆較經文特大 右一碑字體大小不同一則

顧亭林金石文字記曰後魏孝文帝弔比干文字多別搆如蔑爲蘉薇爲蕣菊爲蘜不可勝紀顏氏家訓言晉宋以來多能書者楷正可觀不無俗字非爲大損至梁大同之末訛替滋生北朝喪亂之餘書迹鄙陋加以專輒造字猥拙甚於江南乃以百念爲憂言反爲變不用爲罷追來爲歸如此非一

偏滿經傳今觀此碑則知別體之興自是當時風氣而孝文之世即已如此不待喪亂之餘也江式書表云皇魏承百王之季世易風移文字改變篆形錯謬隸體失眞俗學鄙習復加虛巧談辯之士又以意說炫惑於時難以釐改後周書趙文深傳太祖以隸書紕繆命文深與黎景熙沈遐等依說文及字林刊定六體成一萬餘言行於世蓋文字之不同而人心之好異莫甚於魏齊周隋之世別體之字莫多於此碑雜體之書莫甚於李仲璇又攷魏書道武帝天興四年十二月集博士儒生比衆經文字義類相從凡四萬餘字號曰衆文經太武帝始光二年三月初造新字千餘頒之遠近以爲楷式天興之所集者經傳之所有也始光之所造者時俗之所

行而衆文經之所不及收者也說文所無後人續添之字大都出此

碑文别體北朝作俑亭林之論詳矣階州邢佺山太守宰長興時曾輯金石文字辨異十二卷剌取碑文異字上溯漢魏下迄唐宋統以平水韻乾嘉以前出土石刻采摭無遺顧世尠傳本聞趙撝叔亦欲取家藏碑版撰爲此編其稿未出吾友王敍卿同年亦擬舉條例後見邢氏書而止地不愛寶古碑日出邢氏所未見者又不下數百通竊擬正其脱誤補其缺遺精力銷亡歲不我與則亦徒託諸空言而已

碑版别字六朝爲甚豈惟是哉自唐以下一代之碑皆有一代風行之别體大抵書碑者不能不取勢左之右之惟變所

適積久遂成風尚唐碑之别字不盡同於宋宋碑之别字亦不盡同於遼金元余在北方見門帖延禧迎祥等字延皆寫作延迎皆寫作迊後觀唐宋碑率如此迺知里巷相承之字亦有自來流俗所謂帖體是矣右别體三則

金石文字記又曰唐岱嶽觀題名凡數字作壹貳叁肆捌玖等字皆武后所改其聖歷年一通有云設金籙寶齋河圖大醮桼㊁桼古七字太元經元攡曰運諸桼政元棿曰棿擬之二桼方言曰吳有桼娥之臺王莽侯鉦銘侯鉦重五十桼斤是也後人不知妄於左旁添鬆三點舊唐書睿宗紀先天二年三月癸巳詔制敕表狀書奏牋牒年月等作一十二十三十四十字是知前此皆借壹貳等字矣又引程大昌演繁露

曰古書一爲弌二爲弍三爲弎蓋以弋爲母而一二三隨數附合以成其字特不知單書一畫爲一二畫三畫爲二爲三起自何時今官府文書記數皆取同聲而點畫多者改用之於是壹貳叁肆之類本皆非數字貴點畫多不可改換爲姦爾本無義理若十之用拾八之用捌九之用玖尤爲不倫亦有似可相通者易之參天兩地左傳自參以上則往稱地來稱會是嘗以參爲三矣攷工記鍭矢參分茀矢參分莊子參月而後能外天下史記滑稽傳飲可八斗而醉二參並以參爲三顏子不貳過士有貳宗國不堪貳則二之爲貳尚或可以傳會矣在顏師古時江充傳固已訛大臺爲大壹又薛宣傳本曰壹笑爲樂而俗本改壹笑爲壺矢此時一已爲壹矣若元本不用壹字則一字本止一畫何緣轉易爲

東魏國勝禰經碑凡用一字之處皆以壹代（張）

壹也又今漢書凡一字皆以壹代詩壹醉日富壹者之來大學壹是皆以脩身爲本周禮典命其士壹命公羊襄二十九年傳許夷狄者不壹而足則一變爲壹已在師古之前又引洪容齋隨筆曰古書及漢人用字如一之與壹二之與貳三之與參其義皆同鳲鳩序刺不壹也又云用心之不一也而正文其儀一也表記節以壹惠注言聲譽雖有眾多者節以其行一大善者爲謚耳漢華山碑五載壹巡狩祠孔廟碑恢崇壹變視睦碑非禮壹不得犯而後碑云非禮之常一不得當則一與壹通用也孟子市價不貳趙岐注云無二價者也本文用大貳字注用小二字則二與貳通用也易繫辭參天兩地釋文云參七南反又如字音三周禮設其參注謂卿三

人則三與參通用也

潛研堂金石文跋尾曰巖山紀功碑文桼月己酉朔北史齊上黨王渙傳初術士言亡高者黑衣文宣問左右曰何物最黑對曰莫過漆帝以渙第七爲當之此碑亦借桼爲七攷工記史記貨殖傳桼字皆無水旁惟漆沮之漆乃从水然經典多通用張參五經文字計字數皆用壹貳叁肆等字而七作漆今世俗通用柒卽漆之草書又龍藏寺碑文稱勸奬州内士庶壹萬人等又稱九重壹柱之殿皆以壹代一字按禮記節以壹惠鄭注壹讀爲一正義云經文爲大壹之字鄭讀爲小一取一箇善名爲謚耳讀此碑知壹之代一隋時已然故唐初撰正義者有大壹小一之語耳又章仇氏造象碑左旁

北周強獨樂碑作負郭文見之
仇伍作仵然漢書伍被作五被（張）

有章仇昕娘名字瞿中溶謂昕卽五字敬史君碑尤圓鸞施田作拾畝借仵拾爲五十昕仵同音亦可借用

據程洪兩家之言壹貳叁肆等字不始於武后時卽武后時石刻所見惟王仁求碑聖歷元年壬匡拾柒日葬其垂拾匡拾(乙)立莫高窟李氏舊龕碑聖歷元年歲次戊口伍匡庚申朔拾肆(乙)口酉敬造昇仙太子碑神龍貳年歲次景午水捌月壬申金朔貳拾柒日戊戌木相王旦奉制刊碑刻石爲記其餘不盡用大寫字後乎此者有甯國寺經幢咸通拾壹年拾月貳拾捌日立商河縣有清河郡張氏建上生兜率經幢後題顯德貳年歲次乙卯拾月乙丑朔捌日壬申皆用大寫字馮善廓浮圖銘大周萬歲通天二年肆月拾肆日青城山

常道觀敕開元十二年閏拾貳月十壹日惟月日用大寫沈
興宗開元寺貞和上塔銘開元貳拾陸年七月十五日高忠
和經幢元和拾壹年五月十七日又惟紀年用大寫宋慶唐宮延生
觀勅碑首追敘大唐貞觀拾柒年正月十五日開元寺禪迦
院經幢淳化肆年歲次癸巳八月丙辰朔十八日淡山巖持
正題名治平貳年華嶽王宥題名上元元年冬十有弍月十
九月十四日並同
壹日惟壹貳用大寫而十字則否靑城山十壹之十亦不作
拾蓋古人於此並無義例 右數目大寫字三則

語石卷八終

語石卷九

長洲葉昌熾

長興雕造經典始用黑字以便模印若唐以前石刻惟碑額兼用陽文北朝造象有二通一爲魏始平公造象朱義章書一爲齊武平九年馬天祥造象皆陽文也趙撝叔藏咸通十一年廿八人造象甎慈恩寺所出善業埿亦均陽文棊子方格與始平公同臨朐仰天山造象新出陽文四通皆金正隆二年刻孫趙所未收也浙江六和塔蔣舒行捨財修塔記亦正書陽文金文有成都開元鐵幢鐘銘則陽文多而陰文少矣碑額又有中閒陽文四圍界以一線深陷如溝拓之內黑而外白蓋石質脆勁陽文凸起易於駮裂所以護之也 右陽

文一則

反文惟蕭梁吳平忠侯神道闕近又新出一殘闕僅存故散二字銀鉤鐵畫望之如以鐙攝影墨彩騰奮若以薄紙濃墨拓之幾不能辨其正背吾友會稽陶心箕同年摹之極肖此外尚有宋熙甯八年君山鐵鍋及唐開元心經銅範蜀刻韓文書範亦皆用反文金華非邱子雙龍洞三字中閒龍字反書此在古人必自爲一體而今失其傳矣 右反文一則

余又藏同文兩石一爲馬廿四娘墓券一爲朱近墓券其文一行順下一行逆上循環相閒非顛倒讀之不能得其文義尤奇者馬券爲南漢劉氏刻朱券爲劉豫時刻同出僞朝一在關中一在嶺表不謀而合歐陽公集古錄收謝仙火三字

唐檢校太子詹事陳士棟志班

墓志左行者有大和八年李琮一種又思道塔銘之前

摩厓倒書世閒亦無別刻倒文反文同文碑中三體可爲好奇者助談柄　右同文一則

余曩以憫忠寺寶塔頌付潢匠裝池工既藏披閱之首尾倒置不復成文蓋其碑左行而裱工不知也由此凡以拓本付裝必先自檢點諸山摩厓題名詩刻往往自左而右蜀碑尤甚一部三巴孴古志如千佛厓化城院諸刻左行者居半經幢亦有劉恭一刻蓋其風氣然也蕭梁諸闕如太祖文皇帝建陵神道及蕭宏蕭績蕭正蕭映凡兩闕東西相對者皆一闕右行一闕左行墓誌左行者有後漢乾祐二年思道和尚塔銘經幢左行者尙有寶歷二年廣州光孝寺一刻猶憶爲鄭盦師校勘沈小宛范石湖詩注原稿書於集之上方因左

余所藏東坡書洋州園池詩一面刻中山松醪賦下截刻楚頌帖在古潘宮詞皆宋刻之可貴者亦横列也 錄

邊紙窄即移而向右書之一書生傳錄仍從右起遂致字字顛倒然則於褾工又何責焉錢竹汀云褚遂良書聖教序自右而左記自左而右古人不拘恆式如此故筆法能極其工也右左行一則

今人刻法帖皆用横石廣倍于脩約半謂之詩條石若碑版之文則皆直書而下惟漢魏碑陰及北朝諸造象題名皆横列自二三層逾十餘層不等宋黨人碑本題名之類唐岱嶽觀齋醮題名及宋賀蘭栖眞詩曇潛三十六峰賦范石湖田園雜興詩元李道宗書樓觀說經臺記皆横列然以一石爲起訖惟峴山羊公祠詩幢長沙開福寺經幢皆合各面統爲起訖峴山幢第一面係慶歷牒文下七面每面分六列自第

李北海娑羅樹碑端州石室記皆擁腫不靈豪無生氣皆翻刻失真也（張）

二面第一列横行至第八面第一列又從第二面第二列起如此循環遞轉迄於第八面第五列止旁行斜上略如史表之例開福寺幢亦略同但止有四面耳此外峴山尙有題名一幢華陰曲陽嶽廟亦各有一幢亦多横列但書刻非一人非一時大小疏密先後參差不等潛研堂金石文跋尾曰北海娑羅樹碑久亡明隆慶壬申沔陽陳文燭得舊搨裝界本用横石刻之故行款皆失其舊唐人碑惟國子學九經横刻取其便於諷誦此外無横刻也

唐縣稽古寺經幢趙州南關經幢拓本皆二十四紙此蓋八面三層一層别爲一石與横列者不同

元時詔旨碑亦往往三層横列一層蒙文一層漢字一層刻碑時題記寺院賜田地牒亦然牒在上記在中界畝四至在

下　右横列三則

古鏡銘團欒如月金石文字亦有三通一爲東坡雪浪石銘一爲大定十七年三清觀鼓銘拓本皆空其中裝池家以景龍觀鐘或寶室寺鐘安其内方珪圓璧位置天然東坡訪象老題名與雪浪盆同在定州約方徑尺餘亦可共裝一幀一爲宋宣和三年宗室不朋母姜悟通瘞石亦圜刻外圍唵摩尼嗟哩吽嚩吒八字　右團欒環刻一則

碑誌譌字脱文亦有塗乙　萃編橋亭記文中人獲壹錢脱人字旁注又鄉老重書老字古人書碑不拘又按高湛墓銘末四句崑山墜玉桂樹摧枝悲哉永慕痛哭離長離長當作長離與上枝字韻刻石時未改正號國公楊花臺銘布衣脱粟有丞相之風落栢字旁注李光進碑旬有八日八日上衍者字旁用點抹去之此亦古人不拘

處遇石泐文每空格以避之曾見一經幢空至十餘字錢竹

惠雲法師銘末行書於石之右側前人有失拓者遂指為缺敚　鈕藏陳簠園舊藏本末行十二字俱存是此前文脫漏

張遷碑末有表字之下半蓋以前書未工補此半字意若補前碑之歧易文

汀跋齊州神寶寺碑云古人書丹於石遇石缺陷處則空而不書此碑及景龍道德經皆然墓石或限於邊幅銘詞之尾往往擠寫或改而爲雙行甚有奪去一二句者此亦操觚之率爾未可以古人而恕之也又有行中闕字卽補於當行之下如廖州智城山碑第九行下補棄代二字初未詳其義尋繹碑文始知此行懸瓢荷篠之士離羣棄代棄代二字適當石泐綽繣不明此二字爲補闕也第十一行氤氳吐元氣之精及堅之又堅吐字下堅字皆微泐亦於行下補刊吐堅二字尚有四五行補一字類此其筆法與全碑一律決非後添此亦他碑所未見也碑銘誌銘分章其一其二等字或雙行或旁寫碑首并序字旁寫者多亦有空格直下者梵咒反切

蜀石經尚存論語左傳殘拓本江甯陳氏有傳刻本

元代牒文多此式前清官文書結銜猶仍其制也擬之於訃聞似未愜

合音及分句字皆直行夾注華編杜順和尚行記書擲於急流中而復見見字旁注胡匍反又孔紓墓誌銘出將旁注去聲宋王公儀碑臣字俱小字旁注𢾛見於此唐開成石經無注蜀石經卽兼刻注惜其石已亡唐元宗注道德經易州邢臺兩石幢注皆小字約四字當正文一字顏元孫干祿字書郭忠恕說文偏旁字源唐郎官石柱楚州刺史石柱題名之下到官年月其小字略同此可爲石刻注書之式釋氏塔銘寺記或附宗派圖第一代字特大以次人遞增字遞密亦遞小此可爲譜系挂線之式若告身勑牒勑字固特大第一行亦大字密排形闊而扁有如今之訃聞三省題銜至末一字姓必平列其上以字之多寡爲大小疏密令史及郡邑官屬題名皆姓大而名小此又古人公牘之體式也右碑文脫譌塗乙旁

三國魏志記有上平云云書
即擡頭之始見於史者

注一則　附夾注挂線擠寫

唐碑遇擡頭之處或提行或空格空格以一二字爲率間亦增至六七字大約眞書空少行書空多畫界者空少直行者空多顧亭林金石文字記唐碑遇帝號必空三字裴漼少林寺碑所紀宇文周事明皇帝皇上空三字隋高祖祖上空三字而前有周武帝卻不空蓋緇流不通古今之所爲也吳山史金石存日華嶽精享昭應碑如皇帝天子等字或空四字五字或空六字十字不一惟我皇及帝字平格前如我天子字空六字銘文明明天子句又平格皆不知其義如我朝我皇我公我君之類輒以我字提行奉爲考妣之類輒以爲字提行蓋當時風尚相沿如此藩鎭頌德之碑國號朝廷詔旨等字或僅僅空格而於某公某官則巍然提寫憫忠寺重藏舍利記於大唐文宗武皇宣宗及上皆空二格其云旌麾清河公者張仲武也亦空二格書之獨於隴西令公跳行

以履加冠蓋外重內輕椽屬皆其私人但知有節度使而不知有天子固已久矣

刻經造象遇佛字及世尊字提行惟謹而語涉朝廷者或不然此亦佞佛之心過於尊君矣又佛經中凡爾時字多空格此與我字提行同一不可解也王氏萃編云隋鄧州舍利塔下銘皇帝字空一格而舍利字亦空一格與皇帝並尊蓋敬禮之至矣

隋東阿王碑父操魏太祖武皇帝昆丕魏高祖文皇帝又稱齊孝昭皇帝皇上皆空一字前代帝王本不必空格迺不於魏齊下空格而施於皇字之上至皇建元年係年號更不應空格皇上亦空一字宋嵩山會善寺重修佛殿碑開寶五年中有隋開皇紀年亦誤於皇上空二格蓋書碑者不通文義但知

余曾見鄭蘭石所藏宋拓醴泉銘尚有愛可方罫具〻旁字猶見有牽絲者此本尚是孝禹所得（張）

皇字之尊而不知所以尊之也關中新出龍朔二年張周醜等造象記上爲皇帝陛下以皇字接上爲字寫而以帝字提行擡寫亦所僅見　右擡頭三則

唐以前碑至精者無不畫方罫端正條直有如棋枰然亦有磨損者有駁裂者裂處雖裂完處仍完若磨損之極不惟平漫甚至無一絲痕迹醴泉聖教諸碑其初何嘗無方格今則字畫之外但有空地此無他椎拓過多匪朝伊夕泰山之霤穿石單極之綆斷榦漸靡使之然也行書大小疏密各隨筆勢固不宜於畫格亦閒有用通行直格者但長而細則易裂且不無撓曲亦其勢然也碑陰及經幢造象題名分列者或以橫線隔之經幢上下多以橫線爲界或單線或雙線有疊

至數重者亦有用闌干紋者稽古寺經幢供養姓名以字之大小多寡各畫一方郛如九宮然極精謹碑額亦多用方格但陽文凸起者多碑文之線如絲額線如繩或如筋惟摩厓用界線者絕少伊闕佛龕及益都臨朐諸山造象間於龕下方寸之地礲石光瑩使如鏡面而後界畫之但亦小字多而大字少蓋山石犖确本不易於奏刀耳 右棋子方格一則

六朝唐人造象墓誌有空格待塡之例如武定六年僊師縣石象碑文首題邑主之下敬造之上文中故佛弟子邑主之下皆空八格中州金石記曰此非殘缺當時待塡姓氏耳又兗州府武平三年一百人造靈塔記今邑義主下亦空三格此造象空格之例也隋太僕卿元公誌君諱　字　智其夫

人姬氏墓誌夫人姓姬諱下字下空一格姬下空兩格兩誌葬於大興縣　鄉　里地名皆空二格唐儀鳳二年淮南公杜君墓誌君諱下空一格即接字字下又空十二格光宅元年宋夫人王氏墓誌夫人諱某字某諱字下皆空一格大中元年馮光清墓誌曾門皇諱某字某祖門皇諱某字某諱字下亦空格留名字待補貞元十六年清河郡張氏夫人墓誌貞元十六年葬於之下空格留地名待補又張頊墓誌貞元十　年　月　日奉靈櫬祔於年月日下祔於下皆空格留卜葬之時地待補此墓誌空格之例也右空格待填一則

王氏萃編曰古者臨文不諱漢法邦字曰國盈字曰滿恆字

曰常啟字曰開徹字曰通皆臣下所避以相代也說文遇諱字直書上諱而本字不書今漢碑中有開母廟石闕銘因避景帝諱改啟爲開漢諱之見於碑文者祇此魏晉而下至於北朝所錄諸碑字多别體不能勘定其何者爲避諱字隋曹子建碑書黃中爲黃內避隋諱如戊戌字缺筆作戊戌其體至唐宋間用之遼涿州石幢戊尚作戊當由别體流傳後人好奇相沿用之故避諱至唐宋碑文始確有可核唐列祖諱在諸碑中惟開成石經爲最備凡經中虎字皆缺末筆作虎唬號虩饕滮篪褫皆同避太祖諱淵字皆缺筆作淵婣字亦作婣避高祖諱世字皆缺筆作廿泄作洩紲作絏棄作弃勩作勚葉作菜渫揲韘諜堞偞皆改從云民字缺筆作民氓作甿岷作岷湣昏緡

李北海書麓山寺碑景雲二字均从二開元年書是睿宗諱旦不缺筆之說不確法華寺碑基作其亦開元年書是生則不諱之說亦不確緣裝逸失恨未能縱鄰飛辯耳

痻碈睯愍鬙皆改從氏避太宗諱亨字皆作亯避肅宗諱豫字皆缺筆作豫避代宗諱适字皆缺筆作曰避德宗諱誦字皆缺筆作誦避順宗諱純字皆缺筆作純肫作肫避憲宗諱恆字皆缺筆作恒避穆宗諱湛字皆缺筆作湛甚作甚椹作椹避敬宗諱乃若高宗諱治中宗諱顯睿宗諱旦元宗諱隆基文宗諱涵皆不缺筆者天子事七廟自肅至敬七宗而高祖太宗剏業之君不祧元宗以上則祧廟也故不諱文宗今上也生則不諱成城皆缺末筆作成城穀梁襄昭定哀四公卷及士昏禮皆然此爲朱梁補刻避諱

又曰宋避諱之見於史禮志者建隆元年改天下郡縣犯御名廟諱者紹興二年禮官言今定淵聖御名若姓氏之類去

木爲亘其見經傳以威武爲義者讀曰威以回旋爲義者讀曰旋以植立爲義者讀曰植本字卽不改易紹興末祧翼祖禮官請依禮不諱詔臣庶命名仍避祧廟正諱此避諱之見於史者祇此攷宋一代帝諱太祖諱匡胤上四世僖祖諱朓順祖諱珽翼祖諱敬宣祖諱宏殷太宗初名匡義改賜光義卽位二年改諱炅眞宗諱恆仁宗諱禎英宗諱曙神宗諱頊哲宗諱煦徽宗諱佶欽宗諱桓高宗諱構孝宗諱昚甯宗諱擴理宗諱昀度宗諱禥諸諱之見於宋人墨迹宋刻書籍碑文法帖者唯匡胤敬宏殷恒禎曙桓構昚等字最爲顯著近世有宋蹟宋槧流傳往往以此數字有無缺筆定其眞贋當時避諱之法不一本字缺筆或改用他字固無論已至於偏

圭峯禪師碑世字第一見缺筆以後屢見皆不缺未知何例

旁嫌名無不缺畫如因敬字連及竟境鏡等字或改用恭字宏之作宏弘般之作般般或改用商字又如因禎字連及貞楨徵因曙字連及署樹豎因構字連及句購搆因昚字連及愼眞或改用謹字經籍所見不一而足碑文卻無多字

案碑文避諱以余所見若唐碑改丙爲景改虎爲武或缺筆作虎改淵爲泉或缺筆作淵改世爲代或缺筆作世或作云改民爲人或缺筆作民治缺筆作治旦缺筆作旦基缺筆作基亭作亭如此之類指不勝屈王氏所舉挂漏孔多實亦舉之不勝舉也其有拈出而爲他碑所僅見者如等慈寺碑稱王世充爲王充永徽四年紀功碑凡書王世充俱作王充與福寺殘碑文內神龍三年下有唐元年應是唐隆元年避元

顯慶爲明慶亦見歐書郭勸神碑

宗諱去隆字此以省字爲諱也李英公碑虎嘯龍騰改虎爲贙顧亭林曰贙廣韻獸名出西海今倒一虎而又缺一筆以避太祖諱令人不識矣蘇文舉開業寺碑亦用此體梁昇卿御史臺精舍碑作贙一武一虎更奇晉周孝侯碑唐人所書文內虎字兩見一改作獸此猶之嵩高靈勝詩稱白虎通爲白武通吳達墓誌白虎作白武皆避太祖諱乙速孤行儼碑稱顯慶爲明慶避中宗諱此以改字爲諱也宋碑避諱字王氏僅舉慶歷二年襃城縣文宣王廟記誌諸溫珉云卽貞珉避仁宗嫌名按溫珉二字義亦相屬不必爲嫌諱而改且宋碑之缺筆多矣改字亦多矣僅以此一碑附會不其疏歟

萃編曰梁開平二年鎮東軍牆隍廟記書城作牆戊作武金

唐上元三年明僧紹碑戊戌
之戊作戊不缺因仍缺筆

石文字記云按舊唐書哀帝紀天祐二年七月勑全忠鑄河中晉絳諸縣印縣名內有城字並落下如密鄭絳蒲例單名爲文九月勑武成王廟宜改爲武明王十月勑改成德軍曰武順管內稾城縣曰稾平信都曰堯都欒城曰欒氏阜城曰漢阜臨城曰房子避全忠祖父名也蓋全忠祖信父誠又按五代史滑州唐故曰義成軍以避梁王父諱改曰武順又冊府元龜開平五年五月甲午改城門郎爲門局郎曾子固跋韓公井記襄州南楚故城有昭王井故城今謂之故牆即鄢也由梁太祖父名誠避之然則城者誠之嫌名也冊府元龜言帝曾祖諱茂琳開平元年六月癸卯司天監請改戊字爲武然則戊者茂之嫌名也容齋續筆謂戊類成字改之非

又曰遼慈悲庵大德幢記壽隆五年碑書壽隆作壽昌避道宗諱靈巖寺記稱琛公之傳爲臨際裔臨際卽臨濟齊乘載濟陽大定六年避金主允濟諱改曰清陽允濟遇弒復舊此碑刻於明昌七年宜遵大定制爲衞紹王諱也　右避諱五則

錢氏養新錄曰彭王傅徐浩碑浩次子峴所書碑末有表姪河南府參軍張平叔題諱十二字題諱卽今人所云塡諱也元刻麻衣子神字銘孛朮魯翀撰其子孛朮魯遠書南陽貢士李珩塡諱正用徐峴之例余謂唐碑尚有大歷九年張鋭墓誌錢庭篠文父張幍書姊夫李西華題諱父爲子諱其義未聞宋石有黄州判官從政魏玠壙誌嘉定癸未明年之三月男汝礪文後亦有塡諱姓名寶祐元年帶御器械張塤壙

刻後題子兼孫等識劉仰祖塡諱義國夫人虞氏誌德祐乙亥孤哀子趙孟寀泣血謹誌眷末趙時彌塡諱張塡一刻孫氏著錄魏誌出吳中今歸貴池劉聚卿虞誌近出會稽皆竹汀所未見　右塡諱一則

碑版述世系上行者曰高祖曰曾祖或不稱祖而稱皇父下行者曰元孫曰曾孫此通例也漢尹宙碑云君東平相之元會稽太守之曾稱元稱曾而去孫字顏魯公錢唐縣丞殷君夫人碑本其例曰君北齊黃門侍郎之推府君之元皇朝秦王記室思魯府君之曾夫人係魯公之姑婦人而稱君又開成四年大遍覺法師元奘塔銘稱曾祖爲曾父皆爲刱例潘昂霄王止仲所未言也　王氏萃編云裴光庭碑稱曾王父爲大王父惠源和上神空誌稱曾祖爲

曾門大父段行琛碑稱高祖曰高門曾祖曰曾門馮光清墓誌稱曾祖曰曾門祖曰祖門並罕見　右高曾書法一則

項子京得名畫自書價值於幀尾遍加藏印余有句云十斛明珠聘麗人爲防弃月眘文身古刻之遭黥者其剝膚愈酷新出隋蘇孝慈誌一達官跋其上惡札也黄子壽師在關中磨而去之今尚有斧鑿痕碑估以此定拓本之先後魏高植墓誌左空處後人題龍飛鳳舞四字南山一唐幢爲明人李得淵題字其上極鄙拙又見一金剛經幢經文之末鐫一陽字又一殘幢有泰山石敢當五字此皆所謂毁瓦畫墁也棲霞明徵君碑尚未損而滿石皆有小圓圈縱橫歷落如以筆管印成者又見一魏造象原刻本淺細後人又從而劖刖之望之如叢蘭修竹枝葉紛披而所存殘字益在有無間矣石

妄人題字一則

唐張嘉貞北嶽恆山祠碑年月之後有一行云年號尚書名位太中大夫行定州別駕上騎都尉盧國公李克嗣題王蘭泉曰此書碑之變例也余謂此即塡諱之濫觴碑末題字變例唐石多矣如李北海麓山寺碑末一行云英英披霧其德允爍卓立雋才標舉明略此與曹娥碑黃絹幼婦正同但非庾語耳華嶽精享昭應碑左方有盧做八分書題蓮華巍巍竹箭喧豗浩浩古今憧憧往來十六字杲昭法師碑銘詞之後另一行云太平觀道士徐元沼道士許長久徐則內行克修外通儒學許則宿推公幹虔奉眞宗共三十三字元傑湞陽果業寺開東嶺洞谷銘年月之後有一行首僅存一寺字

下存石鼓在焉四字中間泐失興福寺殘碑後題菩提象一鋪居士張愛造此皆與碑文不屬王履清碑末有太原二字別爲一行自是郡望以示別於瑯邪然他碑未嘗有書郡望於後者亦變例也至楊大眼造象末刊名記功示之云爾之下空一格單書一武字都邑師道興造象末句同昇彼岸之下空五格正書一文字筆勢皆與全碑同確爲當時所刻義不可曉又白石神君碑後有燕元璽三年正月十日主簿程疵家門傳白石將軍敎吾祠今日爲火所燒共二十九字妖妄不經刊諸貞石何以示訓魏于府君義橋石象碑首有北魏武定七年古碑八字銘末年月前有民望王進防口都督王續爲亡父開佛光明主十八字皆後人所刻非原文　右碑末題字變例一則

前人名跡固以摹搨過多致損然受病亦有不同歐褚諸碑

曩在京聞之吾鄉光稷甫侍御云東方象贊碑唐刻原石凡贊字皆作賛至宋翻刻始作贊此說不知確否唐石原拓將同絕無此物矣（注）

瘦硬通神愈拓愈細今醴泉碑僅存一綫若斷若續再久之則無字矣此一病也顏柳諸碑拓工先礲之使平又從而刀挖之愈挖愈肥亦愈清朗久之浮面一層盡揭而字遂漸移向下遂至惡俗之態不可嚮邇圭峰禪師碑前三十年拓本尚清勁有力今則精神面目迥非本來此又一病也魯公東方朔畫贊余曾見一南宋拓虬筋盤結波磔飛動與今顏書絶異以明拓本校之字固未損也而蒼秀之氣不逮矣以新拓本校之字仍未損也而癡肥之狀難堪矣同此一碑并未重刻先後工拙霄壤懸絶使三本並陳于几謂即從一碑出其誰信之家廟元祕諸碑皆可類推友人自關中來者爲言碑林中搨石聲當當晝夜不絶碑安得不亡貞石雖堅其如

此拓者何也 右碑石拓損受病不同一則

拓本雖以先後爲别然後拓之精本竟有勝於舊拓者嵩山太室石闕王虚舟所見新拓本校程孟陽舊拓本轉多字余所得昭陵諸碑皆道光閒拓也陸先妣淸河公主兩碑視萃編所收約多數十字張允杜君綽兩碑則溢出二三百字蓋西北高原積土成阜碑之下半截或淪陷入土拓工第就顯露者拓之輒云下截無字而不知其文固無恙也百年後復出矣或藤葛糾纏或苔蘚斑駁又或塵堁叢積拓工未經洗濯草草摹搨安有佳本若爲之刮垢磨光則精神頓出矣國學石鼓文近時洗拓本視國初拓轉多字此其明驗也碑之蝕損如人之受病其所因各不同若斷裂者如人手足殘廢

又有專擊姓名者此如子所避忌使然又如金海陵時凡古碑中王字皆擊去之（張）

一肢雖缺全體不害殘圭斷璧彌可寶貴若野燒熏炙風雨摧剝字形雖具光鋩挫損望之如迷三里霧然匡廬佳處或轉在微茫煙樹之中宋拓化度寺銘剝落極矣而殊耐人尋味不如今之翻刻雖清朗而一覽無餘也其餘有漸搨而損者其初僅字口平漫鋒穎刓敝朝漸夕摩馴至無字甚至其形已蛻而映日視之遺魄猶若輕煙一縷蕩漾可見若今之醴泉銘及房梁公碑殘字是已有猛擊而損者字之四圍空地皆不損惟每字陷一坎窞模餬不辨望之如一行白鷺又如成團白胡蝶此則雖凝神審諦無一筆可見一字能釋雖有碑如無碑矣非於石刻有深讎怨毒何至於此若今昭陵之牛秀德陽公諸碑是已　右近拓勝舊拓一則

藏書有五厄古碑之厄有七而兵燹不與焉韓退之詩云雨淋日炙野火燎又云牧童敲火牛礪角亦不與焉高岸爲谷深谷爲陵地震崩摧河流漂溺漢華山碑唐順陵碑皆爲地震崩裂熹平石經周大象中自洛竊載還鄴船壞沒溺祇園片石誤稚化度之碑范諤化度寺銘跋高王父諱雍使關右歷南山佛寺見斷石砌下視之迺此碑稱歎以爲至寶寺僧誤以爲石中有寶破石求之不得棄之寺後砥柱洪濤久沒純陁之碣謂薛純陁砥柱銘此一厄也匠石磨礱耕犁發掘或斷爲柱礎北海李秀碑爲一敎官斷爲柱礎六四礎爲王損仲攜至汴兩礎猶在都中漢石經隋開皇六年載入長安置於祕書內省營造司亦用爲柱礎或支作竈陘郃陽魏十三字殘碑康强政云是夏陽人家支竈物或爲耕場之䃰碡齊魯間經幢農民皆斷爲䃰碡或爲廢寺之甂甎元許有王興元閣記見圭塘小稿今殘碑百餘字尚在和林寺僧毀爲香案通衢如砥塡江左之貞珉相傳六朝刻石明太祖時皆用以甃治街道今金陵聚寶門內石道坦平如砥云背面皆有字也架水爲

方田題名與試劍石三字銘
均乃舊本為濟嘉高遠物
松鄰所贈也苔上傖父為
平湖王成瑞鑄者舊刻自
題自刻而以朱緑填嵌郡中
名以古寺物有之曾經官卒
出示嚴禁並聲言遠治乃
到處以泥土塗之以滅其迹此
光緒中葉事

梁支漢經之殘字廣川書跋熹平石經周大象後破爲橋基荒墳蔓草徧臥蟠螭廢壘長楊聊資列雉吾鄉王廢基防營牆基纍纍皆舊碑也此二厄也唐宋題名摩厓漫刻後來居上有如積薪唐賢名迹宋人從而磨刻之宋賢名迹明人迺更加甚焉賀方回之題字惆悵武邱虎邱賀方回題名庚申前尚完好今爲苕上一傖父鑿損史延福之刻經模餬伊闕龍門如意元年史延福刻陁羅尼經明提學趙岩刻伊闕兩大字於上邠原攬古空譚大佛因緣邠州大佛寺吳寱齋中丞爲學使時列炬訪之觀壁間題名纍纍有唐刻一通爲宋人纍刻其上岱頂勒崇莫問從臣姓氏唐元宗泰山銘後附刻從臣姓氏皆爲後游者刻損莫不屋中架屋牀上安牀此三厄也武人俗吏目不識丁勾工選材艱於伐石或去前賢之姓字而改竄已名余所藏宋元幢其字跡有絕類唐人者蓋皆屬吏媚其府主作功德俗僧爲取舊幢磨去年月姓名而改刻之或磨背面之文章而更刊他作唐華嶽精享昭

石九

廿五

應碑即刊於天和碑之陰。授堂金石跋曰水經注樊城西南有曹仁記水碑杜元凱重刻其後書伐吳之事古人簡便不重煩如此又渭水乃載漢文帝廟一碑建安中立漢鎮遠將軍段煨文給事黃門侍郎張昶書魏文帝又刻其碑陰二十餘字又在杜征南之前然碑陰本無字則可若如顏魯公廟碑有碑陰記或有故吏題名亦從而磨刻之則前賢名迹已失其半矣甚或盡鏟舊文別鐫新製改爲改作澌滅無遺如唐書姜行本傳高昌之役磨去漢班超紀功碑更刊頌陳國威靈即貞觀十四年姜行本碑是也陸務觀老學庵筆記云北都有魏博節度使田緒遺愛碑張宏靖書何進滔德政碑柳公權書皆石刻之傑也政和中梁左丞子美爲尹皆毀之以其石刻新頌五禮新儀趙德甫政何進滔碑亦云政和中人名尹建言磨去舊文別刻新制好古者爲之歎惜孫淵如述何夢華之言云金承安三年牛頭祖書唐相魏文貞廟記亦磨去唐碑重刻碑首猶存唐字唐深州刺史墓誌蓋明人刻作金牛禪師塔碑趺元時學宮所刻至元大德
聖旨碑大半磨治舊石而更刻之 此四厄也裴李爭功熙豐鈎黨李義山云長繩百尺拽碑倒麤沙大石相磨治蘇子由云北客若來休問訊西湖雖好莫題詩韓蘇之文毀於謠

詠又若閏朝僭號諱於納土之餘吳越錢氏諸碑有建元者宋初納土後皆毀去所毀經幢尤多叛鎮紀年削自收京以後憫忠寺寶塔頌史思明紀年皆磨去重刊唐號或碎裂全文或削除違字後賢攷訂聚訟轉滋此五厄也津要訪求友朋持贈輅車往返以代苞苴官符視若催科匠役疲於奔命一紙之費可以傾家千里之遙不殊轉餫里有名迹重為闤闠之累拔本塞原除之務盡今昭陵諸碑無一瓦全關隴輦洛之交往往談虎色變此六厄也夫石刻者所以留一方之掌故非鎮庫之奇珍海內藏家敝帚自享宦游所至不吝兼金或裝廉吏之舟亦入估人之橐奪人所好遷地弗良轉展貿遷必至失所此關中毛茂才所以有勿徙石刻之記而言者諄諄聽者充耳化度寺碑宋范氏書樓本已先作俑

四唐石爲高福造象古造象記
孫志廉於嘉慶六年造像殊
未以百餘口之見殊未詳記在
明已產平蕭與齋刻石後
高福造象古二石後歸吳
鄉蔣氏復唐碑館作造祈
志不可蹤跡餘三志記皆有拓
本

上虞羅貞松振玉昭陵碑錄附錄
據宋楊文公談苑云鑿損王字乃
依王溥倉行拱摹打石本成蹊
害稼之句此則救實在金正隆前
緣特失引

畢秋颿中丞自關中攜四唐石歸置之靈巖山館庚申之劫與平泉花石同付劫灰此七厄也有此七厄其幸存天壤者皆碩果矣可不寶諸

漢唐以來石刻有王字者其碑幸存亦多鑱毀此金海陵之虐政也顧亭林金石文字記云裴漼少林寺碑內王字俱鐫去按金史海陵正隆二年二月改定親王以下封爵等第追取存亡告身公私文書但有王爵字者皆立限毀抹碑誌並發而毀之此碑王宮王言夏王有王等字亦從而鐫去完顏之不通文義而肆爲無道可勝歎哉此又碑之一小厄也貞石之壽遇偷父而不永猶可言也惟有明一代如前所紀提學趙岩者儼然學者師蘇許公朝覲壇頌梁昇卿八分書在

元宗紀泰山銘之側朱竹垞云明有俗吏以忠孝廉節四大字鑱其上頌文毀去者半以弇州尙書之言證之所謂俗吏迺閩人林焯也又北海麓山寺碑陰刻官屬銜名每列姓名下各繫以贊武虛谷云爲亥庸人題字交午横貫以致損蝕不可次第其大書横勒者則前明提學郭登庸也宋眞宗登泰山謝天書述功德銘明鄞人俗吏汪坦大書題名於上每行毀三四十字不等古刻遭此厄者非一操刃者大抵皆科目中人空腹高心以衞道自命遇二氏之碑輒毀之此又碑之一小厄也新唐書武宗本紀會昌五年八月壬午大毀佛寺復僧尼爲民王圻續通攷上惡僧尼耗蠹敕上都東都各留二寺天下節鎭各留一寺凡天下所毀寺四千六百餘區

其時官吏奉行至於碑幢銘贊之類無不鑿毀或坎地而瘗之其見於石刻者如魯公八關齋報德記後有宋州刺史崔倬書石幢事云會昌中詔大除佛寺凡鎔塑象刻堂閣室宇焚滅銷破一無遺餘分遣御史覆視之此州開元寺有顏魯公八關齋會鐫記大幢刺史邑宰以不可折遂塹鑿缺口以仆之又大中八年牟瑠方山證明功德記會昌五年毀去額寺五千餘所蘭若三萬餘所麗名僧尼廿六萬七百餘人所奉甄除略無孑遺又大雲寺殘幢後有題記云此幢五年口月奉勑毀寺其幢隨口口口至大中四年庚午溧水尉劉臯等同再建立蓋驅除未幾至大中初而尋復矣然元魏以後造象所毀當已不少經幢尤多殃及余所藏唐幢往往有大

中重建題字五代宋初尚有發地得之而再立者皆因會昌之刦也此又碑之一小厄也 右碑厄二則

唐人刻經及誌墓之文不盡有撰書人蕭勝墓誌題爲褚遂良書邢臺無量壽佛經記上元元年王造題爲歐陽詢書皆後添蛇足藉歐褚兩公名爲重耳龍門奉先寺盧舍那象龕記後有進士都仲容記六字筆法凡近當是明人添刻平津訪碑錄誤爲撰人都字不甚晰或是郝字又臆釋爲殷仲容則誤之誤矣殷仲容唐初人此則開元十年造遠不相及 右添刻撰書人一則

語石卷九終

語石卷十

長洲葉昌熾

古碑一刻再刻如唐之聖教序有五本據古石墩所記一爲王行滿正書褚登善書有三刻一序記一分刻二碑龕置慈恩寺塔下世所稱雁塔本也一序記并爲一碑即刻於同州倅廳者蒼潤軒帖跋有褚公行書聖教序刻於咸亨三年儲藏家罕著於錄宋端拱元年沙門雲勝分書新譯聖教序尚不在內也竹雲題跋云褚聖教序行書一楷書二行書爲宋道君瘦金書之祖今已亡又按觀妙齋金石略云余於同州雁塔二刻之外又得一本年月同雁塔本而字法不同碑已有斷蝕處不知在何所諸評論者皆不之及焉然則褚公聖教序實有四本夢眞容碑一在易州龍興寺一在終南樓觀觀妙齋金石略夢眞容碑又得白鶴觀一碑先是党光所書漢宋之黨人碑乾祐三年楊致柔奉命重書此本從未見著錄五嶺以西郎有兩刻元之張留孫碑京師一刻貴溪一刻此金石家所共知也吾吳郡學有淳祐元年張安國書疏廣傳

蘇唐卿篆醉翁亭記在山東萊縣紀已乃拓本

及唐盧坦對杜黃裳語藝風拓寄當塗石刻亦有此兩本後五年陳塏刻蔡襄書韓魏公祠堂記安陽一本元豐七年刻於晝錦堂記之陰堂塗亦有一本年月皆同惟缺撰書人名耳天聖二年涇州回山王母宮頌凡兩本一爲南嶽宣義大師夢英行書一爲上官佖篆書其文無一字異也元祐元年惠因院賢首教藏記在西湖集慶寺紹興府學亦有一本撰書年月皆同惟額一篆書一眞書此外表忠觀碑東坡有大小二本醉翁亭記東坡有眞草二本蘇唐卿有篆書一本坡翁草書本世不經見篆本則更難得矣韓昌黎伯夷頌范文正公書之金皇統九年楊漢卿又書之題曰重書伯夷頌長安有安宜之重書阿房宮賦元祐八年曰重書亦必有原書一石

余曾見米南宮行書一本安米同時宜之當別有所承此與舊碑已燬而後人重書者如蔡元度重書曹娥碑略異也又如陽冰城隍廟記原刻在縉雲程浩夫子廟碑原刻在三原他郡邑廟及學宮亦間有借刻者大都明人不學者爲之耳

李藥師上西嶽文不知其所自來當是好事者爲之耳然摹本頗多世所通行者惟長安一本明人摹刻余所見有潞城一本宋崇甯三年楊大中刊藤縣有一本宋紹興丙寅知軍州事施某重刊明人叢帖中亦往往摹刻之此眞以康瓠爲寶也

宋眞宗登泰山謝天書述二聖功德銘今所傳拓本其碑在泰安府城南門外五石合成高九尺額高二尺八寸聶劍光

言此碑有二一勒山下即城南之碑也一勒山上在唐摩厓碑之東字徑二寸明嘉靖間俗吏鄞人汪坦又汝南人翟濤題名鑱蓋於上每行毀三四十字不等額十三字尚完好後人第知有城南之石不復知岱頂之尚有摩厓一刻也　右古碑一刻再刻三則

醴泉皇甫諸碑摹本充斥家刻坊刻無一足觀然前人名跡已損後人得初拓精摹不見中郎猶見虎賁未爲無益虞伯施夫子廟堂碑唐時已泐黃魯直所謂孔廟虞碑貞觀刻千兩黃金那易得宋時即有兩翻本肥本在長安瘦本在城武互有得失臨川李氏有唐拓殘本以肥瘦兩本較之天壤懸絕始知原本不可及詳見翁學士廟堂碑跋歐書化度醴泉皆有宋翻

諸寧長安本為更廟堂碑城武為東坡書

孔廟虞碑臨川李氏曾精摹一本鑱石既真聞鑱人爲同業姚君能事雖孔之吴市曾有一本為老友趙君潤所得

覃溪一生所見化度皆翻本范氏書樓原石刻並未見也山西劉振卿所藏有化度研圖考極詳探持使翁氏見之直呼匡置辯論山右唐生祭匠以此覃溪書法悉常皆為翻板化度所誤不為妄見（注）

陝西尚有傳刻本較衆刻為優一本存一石本不存藏之祠中木本此應影出（辰）

宋拓本覃溪見化度最多范氏書樓本皆祇四百餘字其多至八百餘字者皆非原刻温虞公碑亦祇存四百餘字宋拓八百餘字多不過千字覃溪嘗自至昭陵碑下精拓得一本云可辨者有二千餘字其實筆畫皆損不過匡廓尚存約略以文義聯屬之耳今陝西有裴刻本多至二千餘字蓋卽以新拓精本仿其結搆用筆非眞有多字祖本其面目雖是其精神則非譬之優孟衣冠耳醴泉惟錫山秦氏本能亂眞今亦僅存殘石人重之與舊拓原刻等余曾見南宋榷場本雖宋翻遠不逮秦刻皇甫碑有三監二字者尚可觀若得線斷本則更爲至寶矣然三監本拓之先後亦不同拓最早者僅降線斷本一等碑估之作僞者往往以摹本三監二字裝入

無逸本鑒別稍疏卽爲所罔褚書惟孟法師碑有翻本枯樹賦哀冊文皆帖類所見以嶺南葉氏本爲最勝今宋拓孤本亦在臨川李氏翻本大都皆從茲出聖教未見重摹本而懷仁聖敎化身最多亦最不易辨孟津王覺斯及西安荀氏兩摹本皆能亂眞北海之秦望山法華寺碑娑羅樹碑皆石亡補刻顏書八關齋記亦宋時燬而重刻、中興頌蜀中有三本干祿字書有一本皆宋時摹刻宋廣平碑在沙河宋氏家祠後裔恐其剝損不輕椎拓碑估以拓之難也別刻一本以應四方之求然視原本遠遜磚塔銘摹本最多王蘭泉云長洲鄭廷暘嵎谷吳縣錢湘思贊兩本最善鄭娟秀錢瘦勁原刻破裂則此二本皆可寶也宋蘇文忠書因黨禁磨損重刻者過半此外

江寧府志云天發神讖碑在江寧縣學尊經閣下而諸本多作府学，不知孰誤（述）

天發神讖所謂也跋者兩江時曾摹一石置督署煦園料理帝石察書事者桐城姚佚先大令祖翼也

當有蔣靖雲耿定向一跋應摹出世俗以三跋全者爲非少貴也劉聚卿藏本皆具

羅雪堂亦有之裝成大幅可見真面目矣

端午橋之督兩江也命古桐姚臣謀大令摹刻一本惟妙惟肖制府以其較碑置之座客爲研估拓以售之乃寫手於督署煦園梁園廊護之其者[illegible]拓手迺携之北行（述）

如漢之桐柏廟碑郭有道碑魏之弔比干文唐之曲江張氏兩碑皆經後人重刻孫吳天發神讖碑舊斷爲三在江甯府學尊經閣下庚申之刼燬於兵燹吾吳帖估張某精於摹勒以木柹餬紙爲質仿刻一本鑒古家皆爲所衒然碑文可以亂眞其後元祐胡宗師崇甯石豫兩跋行書神氣全非並多誤舛不難一覽了然人自不察耳此碑篆體奇古郭肯伯詆爲牛鬼蛇神雖非知言然亦可見畫鬼神易畫狗馬難也六朝唐誌之佳者其石或亡佚碑估得舊拓往往摹刻以充孤本如崔敬邕張黑女之類皆有贋鼎好古而鑒別不精者其愼旃右摹本一則

舊碑摹本已如犁靬之善眩更有憑空結撰者如世傳涼州

刺史郭雲誌女子蘇玉華墓誌黃葉和尚墓誌皆題爲歐陽詢書無其人無其事謬種流傳稍有識者能辨之李邕之戒壇銘雖有所本亦是重起爐竈與原碑渺不相涉因焦山有瘞鶴銘遂有瘞馬銘瘞琴銘琴銘小楷妍媚世頗好之余知爲吾吳顧南雅先生作馬銘字亦不惡其石出於關中安陽有漢殘碑五種齊魯之閒斷碑一角時時出土文多者不過數十字無人名地名年號可證益復不可究詰人言熹平殘碑卽不可信若朱博頌確知爲諸城尹祝年明經所造李昭養奮破張郃銘亦皆後人所僞託造象北朝多南朝少今蜀中新出梁造象數十通似刻於甎多天監大同年號皆贋造也大抵贋造者墓誌造象居多不能爲豐碑其文或有所本

其字雖有工拙古今氣息總可摩挲得之趙撝叔以甯贙碑爲依託王可莊太守疑蘇孝慈誌爲李仲約侍郎書則皆賢者之過矣　右贗本一則

柳公綽諸葛祠堂記陳諫南海神廟碑皆唐人名跡覃溪列入碑選余先後得舊拓本再三審諦雖非重刻然風度端凝矣而間有齊氣骨格遒美矣而不無弱筆蓄疑久之後得武侯碑陰明蜀府承奉滕嵩題字有補還其舊庶毀壁復完而覽者無闕云云武虛谷跋云碑在前明補刻今所見者已非舊觀始恍然悟兩碑之字不盡爲原刻覃溪所見當是明以前本故服膺如此諸葛碑銘詞乃詔相國詔下重一詔字志願未果誤書日日未果旁注志願二字王蘭泉謂是前明補

刻時滋譌此外張嘉貞北嶽恆山祠碑後有宋入內供奉官王潭題字云宣和庚子賫御香來謁因讀唐丞相張公所述碑數字剝落迺將完本以碑閒所有字補足之此亦補刻之一證但祇數字且唐宋刻手不甚相遠故尚不覺其懸絕耳魯公八關齋記中州金石記以爲重刻世無異議然攷記後大中五年宋州刺史崔倬書顏魯公石幢事有云三面僅存委埋於土又云惜其堙沒遂命攻治雖眞贋懸越貂狗相續且復瞻仰魯公遺文昭示於後玩其詞意是原刻尚存三面倬所補刻者五面耳寶刻類編先題顏眞卿撰幷書後題大中五年崔倬補書良得其實蓋舊碑再立重刻者多補刻者少余所見唐碑經後人補刻惟此四石而已 右補刻一則

高盛字盈生云兩碑誤

半截本在上元宗氏唐藝樓

世有古碑已佚忽然復出碑估挾以居奇無足奇也北海靈巖寺碑平津訪碑錄注云已佚光緒初元市上忽有新拓本頗得善價不知此碑仍在長清本寺但久不拓耳魏之高翻碑唐之焦𦬹碑趙明誠皆著錄自元以後無見者據金石錄焦𦬹碑貞元十八年從弟郁文朱獻貞行書近數年高翻碑與高盈生高盛兩碑同出於磁州焦𦬹碑出於中州此蓋淪入土中高岸爲谷耕犂發掘得之高長恭碑趙撝叔所收僅有半截今全碑俱出碑兩面皆有字額之陰又有安德王經墓興感詩此蓋下半截舊陷於土今始舁而出之初未嘗泐損也昭陵之張允杜君綽諸碑舊拓字少新拓字多其事正同栖巖寺韋晨六絕文并韓愫信詩皆在首山舍利塔碑之陰趙明誠亦著錄從來拓

玉筍一石在湖北某縣某氏王勝之編修同年視學鄂學時訪乞取未果搨得一紙録寄見之

甲子二月歸里祭掃從集寶齋得之計三紙勝之所得未全

舍利碑者不拓陰世遂以爲佚矣其實一字未損并未沈埋土中裹氈而往者自熟視無覩耳湖州墨妙亭有宋人書王筍兩篆字並題名數通同刻一石亡友陸存齋丈輯吳興金石記列之佚目余從厰肆得拓本紙墨尚不甚古決非舊拓此當是湖之舊守攜以壓廉石歸裝耳以此推之歐趙洪所録諸碑今雖淪沒安知吾生不再見之吾生卽河淸難俟安知後人之不復見之其可以爲已佚而不復訪求邪　右古碑已佚復出一則

碑以舊拓爲重歐虞褚顔一字增損價踰千百碑估相傳衣鉢如聖教雁塔同州兩本皆以治字避高宗諱開口者爲舊拓懷仁聖教舊拓以高陽縣開國男一行未泐者爲別又以

線斷本不必宋拓也

廟以班劍卅人卅字不壞者爲最前拓本

醴泉銘又以雲霞蔽虧四字不損

衞景武公又以龕龘四字不損爲舊拓本

漢碑中孔宙廟二字月字不損者宋拓也

佛道崇虛崇字山頭中閒一直斷續爲摹本之證皇甫碑以無逸本爲稍舊三監本爲更舊然同一三監本相去先後亦在百年上下至線斷本則非宋拓不可矣醴泉銘以有雲霞蔽虧字爲勝衞景武公碑以有龕龘字爲勝北海李思訓碑張叔未云有并序二字及竇氏夫人四字者爲宋本余得一本碑末楚厚追刻四字尚未泐則更在前矣此皆言唐碑耳漢碑如韓勑史晨亦皆有泐字據爲先後之別其實紙色墨色精神氣韻所見既多自可望而知之尋行數墨猶非神於鑒別者今世拓本元明已難能可貴若得宋拓歎觀止矣唐拓則天壤閒惟有臨川李氏廟堂一本其中亦羼入宋刻非完本也余在京師見李子嘉太守（太守寓米市胡同當從丁叔衡前輩登其堂觀所藏）

房公碑談雨樓有藏本不知是何代所搨

李秀碑原刻宋拓藏順德李氏
後由孫本如安所得之又有一本為人所得
或又為唐仁齋鑿邨之彼矣吾叔
徐芷生所見之得一本自謂得意印
唐所好也張黃樓刀之救甚工較
陳方璋本高多倍（印）

名蹟聞曾爲中州一郡守忤上官投劾所藏褚書房梁公碑歸童顏鶴髮健步如飛今之畸人也

踰一千字的眞唐搨可與廟堂競爽海內恐無第三本余去年自隴上歸得北海李秀碑世所稱北雲麾也此碑在前明已斷爲六柱礎朱椒堂侍郎得一本以爲宋拓重開一石置之都門法源寺以校余所得全拓不差一字泐紋亦處處脗合始知重摹本刻手頗不惡然祇能得其結搆其神韻終不能到余謂此石舊在艮鄉當宋之日燕雲十六州先入於遼後歸於金此拓如在北宋則爲遼拓卽在南宋亦爲金拓藏書家有金刻尚書正義證類本草金石家未嘗聞有金拓有之自余此碑始世有眞賞當不以爲敝帚自珍耳

收藏家重舊拓惟在烜赫巨碑而不知小唐墓誌尤可貴蓋

五漢碑於光宣之交歸端
午帥匋齋殁後寶之不啟信

醴泉聖教諸碑原石具在卽非宋拓歐褚面目略可髣髴至墓誌宋元出土者十七八九卽乾嘉以前出土者亦十僅存二三幸而僅存者日見其少唐以前崔敬邕常醜奴諸石存於世者殆無幾卽唐以後如元之開趙張伯顏藝風所藏一本之外不聞更有第二本范氏書樓化度原石傳留至今千金不易卽其龜鑑幸得舊拓可不寶諸　右碑重舊拓二則

原石已亡海內又無第二本是謂孤本較之歐虞宋拓尤可矜貴漢碑如婁壽夏承兩刻舊爲何義門所藏婁壽今歸虞山相國夏承藏藝海樓顧氏潘文勤師奉諱歸里以千金得之文勤藏漢石最富小蓬萊閣五碑亦歸插架一爲成陽靈臺碑元丕二朱龜三小黃門譙敏四圉令趙君五又得梁永

陽昭王蕭敷及其妻敬太妃墓誌皆人間絕無之本靑浦王蘭泉侍郎藏四楊碑楊統楊著楊震楊□烏程嚴鐵橋曾見三費碑舊在墨妙亭皆僅存頭果今不知尚在天壤否四楊碑余曾得上海徐紫珊雙鉤本天津樊文卿所藏也酸棗令劉熊碑與唐茅山王先生碑皆歸毗陵費屺懷同年王碑自何公邁馮已蒼葉林宗轉歸於鮮溪管氏屺懷又得之中江李氏漢石經殘字有兩本皆有覃溪跋先後歸沈韻初孝廉今以重値售於楚北萬觀察航魏崔敬邕墓誌聞在陽羨任筱沅中丞處宋開趙埋銘元張伯顏壙誌亦自韻初沒後轉歸繆筱珊隋丁道護啟法寺碑唐魏棲梧善才寺碑皆在臨川李氏薛舍人信行禪師碑沈傳師羅池廟碑皆在道州何氏此皆海內烜

赫名跡藏弆源流昭然在人耳目此外若泰山秦碑華山漢碑隋之常醜奴墓誌唐之魯公大字麻姑仙壇記所見尚不止一本麻姑仙壇記亡友姚鳳生明經藏殘拓三四葉精采煜然吾邑彭氏道州何氏所藏兩足本拓手皆在其後鳳生墓有宿草兩子皆不能肯構今不知所歸矣張長史郎官石柱記明王元美所藏董思翁據以刻入鴻堂帖者亦為六丁收去其餘見於諸家序跋者尚不少以非所見聞不備錄右孤本一則

模勒古碑古有響搨之法今人輒喜用雙鉤歸安吴氏化度溫虞恭公皆有雙鉤本潋素飛清閣雙鉤舊帖多至數十種吾友費屺懷同年嘗謂余云重刻石本滯於迹象不如雙鉤

宜都楊氏之貞石圖以縮影之法縮攀碑于咫尺而全形中剝蝕之處一一不爽且字字清楚可見自西人東來此法最爲有益于好古家[illegible]

本之傳神徇爲知言然亦視其工拙何如耳小玲瓏館馬氏重刻五經文字九經字樣氣動墨中精光四射視西安原本幾幾青出於藍劉燕庭金石苑縮豐碑於尺幅大小眞行各極其態皆黑文也試以初印精本隸釋黑文與新刊隸篇雙鉤白文校之黑文何嘗不勝白文惟作僞者以雙鉤本墨塡四圍空處中留白文以充古拓此則惡俗不可耐爾 右雙鉤本一則

附木本廓塡本

賈秋壑玉枕蘭亭爲縮臨之濫觴牛空山金石圖每一石皆摹其形製縮臨數十字以留原碑面目金匱錢梅溪有漢碑縮臨本頗爲世重字小如豆鬚眉畢現然梅溪隸法從唐碑出豐贍有餘遒古不足與石門夏承諸碑尤鑿枘仍是我行

有刻本緣督排許樾書

我法耳吾鄉顧耕石學士傳停雲書派工於小楷余曾見其縮臨虞廟堂碑精謹絕倫無一筆不神似然古人所謂方寸千言亦非無施不可篆籀之繁重隸草之飛動地小郎不足以回旋若魏之趙文淵唐之薛純陁宋之蔡元度黃魯直奇峰突起大波翕淪累黍之地安能全神湧現惟近時歐洲電光攝影之法可大可小雖剝泐皴染筆墨所不到之處亦無不傳神阿堵此爲古人續命第一妙方垂燼之鐙火傳不絕眞翰墨林中無量功德也 右縮臨本一則 附攝影本石印本

殘縑零璧徑寸皆珍舊拓翦裱之本漿性脫落最易散佚即整拓本或煙熏或霉溼或爲蠹蝕皆能損字故舊拓有殘本

有足本磚塔銘出土時卽斷裂其後石愈損字亦遞少然與其得摹刻足本不如得原石殘本化度醴泉諸舊拓往往以數殘本合爲一本紙色墨色皆不同此亦如書之有百衲本也又有以贋本攙入原本者不可不辨

古碑出土或斷裂失去一角其後復訪得之又或陰側之字以洗剔而始顯故有先拓本字轉少後拓本字轉多甫出土時碑估或故留陰側不拓迨售之旣罄足本再出則收藏家不能不又購之以此牟利聞喜縣令蘇君德政碑下截中閒行短左右數行溢出數十字爲碑趺所掩余得第二本始見之高長恭碑其初僅半截其後全碑出而文字仍不完久之碑陰出其文與正面相接始知此碑兩面刻年月皆在碑陰

又有車聘賢人与褚千峯齋名不知与永昭是一是二兄恃財未能遊訪仍募美條

最後額之陰又出始見安德王經墓興感詩而購者已至再至三每出一次必居奇此黎邱之常技也右缕本足本二則有同一碑同時拓本而精粗迴别此拓手不同也陝豫閒廟碑墓碣皆在曠野之中苔蘚斑駁風高日熏又以粗紙煙煤拓聲當當日可數十通安有佳本若先洗剔瑩潔用上料硾宣紙再以綿包熨貼使平輕椎緩敲苟有字畫可辨雖極淺細處亦必隨其凹凸而輕取之自然鉤魂攝魄全神都見苟非此碑先經磨治挖損傳之百餘年後其聲價必高於舊拓但非粗工所能知耳余嘗得無極漢碑精拓本以國初拓較之竟無以遠過以此知拓手之不可不慎擇嘉慶閒畢秋帆中丞在陝時有碑估車姓最擅場牛空山金石圖有車永昭當卽此至今車

拓本世猶重之竹雲題跋同州聖教云余得萬歷間舊本模餬不可耐及在京師汪退谷以新搨一本遺余氈蠟既佳字尤清楚勝舊搨十倍問之退谷云曾至同州親爲洗刷亭以覆之乃知唐碑苟得好事者精意氈蠟皆可十倍舊拓惟恨陝人以惡煙麤紙率略搨賣以爲衣食資則全汩本來耳汪郎亭師作貳成均精拓石鼓亦爲世重恩施樊山方伯詩云東吳太史長國學周宣十鼓生廉角平中得門缺者完坐令阮薛輸汪拓郎詠此事

麤紙煙煤拓本最不耐觀每一翻帋十指盡黑煤氣上熏鼻觀令人噦惡大抵佳拓本有二一爲烏金拓用白宣紙醮濃墨拓之再砑使光其黑如漆光可鑑人一爲蟬衣拓用至薄之紙以淡墨輕拓望之如淡雲籠月精神氣韻皆在有無之間凡古碑之剝泐過甚者此拓最宜如用螺紋箋則更上一

等（矣）濰縣陳簠齋前輩拓法爲古今第一家藏石刻皆以拓尊彝之法拓之定造宣紙堅薄無比不用椎拓但以綿包輕按曲折坳垤無微不到墨淡而有神非惟不失古人筆意并不損石齊魯之間皆傳其法余一見卽能辨之 右精拓二則

吾吳老書估侯念椿已作古矣見書籍裝訂卽知其從何地來拓本亦然收之既久見之既多何省拓本不難一望而知陝中尋常拓本皆用麁紙色黃而厚精者香墨連史紙郭宗昌金石史稱所見懷仁聖教序是武關構皮紙堅柔相得虛和受墨簾紋如織喻麋如漆歲久入理此陝拓之至精者 汴紙最惡質性鬆脆易爛又攙以石灰經十餘年卽月月作胡蝶飛卽用紙託亦不耐重揭故龍門嵩高諸拓本舊拓流傳者頗少北方燕趙之間工亦不良精者用連史紙麁者用毛

頭紙即餬窗紙石質麄惡遼金碑紋理尤駮往往滿紙如釵股如屋漏痕齊魯之閒今多用陳簠齋法拓手爲海內之冠然燕秦碑估往往拓或攜紙墨自隨亦不盡如土著之精吳越兩楚以逮五嶺以西皆不用黃紙惟墨之濃淡拓之輕重微不同石質受墨亦有深淺之別惟望氣可以知之不可以言傳也閩廣舊用白宣紙堅厚瑩潔黝然純黑而無光墨包當是用粗布故時有木理紋蜀石多摩厓造象或髹以丹漆故拓本往往有斑點或皴作淡黃色字口時有齧缺痕山左之千佛厓及益都諸山造象亦如此滇碑用白紙大理拓本亦閒用東洋皮紙極堅韌但拓手不精耳兩爨碑精本尤不易得朝鮮碑皆用其本國繭紙滑如鏡面柔韌而有絲紋惟惜墨如

以雞蛋白和硃绿等搨碑其弊甚大一易霉二易粘連一片三易為虫傷最難收拾不如以水和之為色拓惟水和光彩少遜耳[illegible]

金淡拓多濃拓少或僅於字之四圍著墨無字處即如白地光明錦石質既堅紙又受椎或墨所不到之處其筆畫窠臼深陷可辨朱拓皆以土硃佳者用銀硃和雞子白調拓最易生蠹不可與墨拓共置一處必致滋蔓難圖閒有藍色綠色拓者其弊與朱拓同 右觀紙墨知何省拓本一則

張彥遠言裝池書畫之法甚詳法書要錄圖畫見聞誌惜不言裱帖今人藏帖皆用剪裱疊碑直行分條合縫聯綴無痕世謂之蓑衣裱四圍鑲邊多用白紙或黑或紫或藍亦閒用虎皮箋或用五色檳榔箋或用古藏經箋背後襯紙最上用東洋皮紙其次用粉連史劣者用麄黃紙然漿性濇則易脫且生蟲蟻不能經久或僅墊薄紙一層每一葉接縫處以紙黏合循環

舒卷謂之巾摺裱書條横幅或古碑之逐層横列者卽可整裱不分條不割字接縫處亦不用鑲邊此較能耐久且不損字小造象及彝器拓本宜用挖嵌裱大者一葉一通小者多至三四通空地可寫釋文或隨意題識字之極大者用推篷式或一葉一字或一葉二字擘窠書及石刻圖畫不能翦裱者可用方勝摺疊之法諸山題名及唐墓誌或以數十通合裝一冊亦可隨其大小長短而摺疊之又有用裝訂書籍之法線穿成冊工值既省且便臨池然中間補字之處必隆然凸起亦需用挖嵌法背後再墊紙一層庶幾妥帖平不頗古人得佳碑喜整裝既免脫落且不失原碑尺寸誠爲善法然非鋪案挂壁無從展閱余謂收藏碑版須有兩本以正本整

裝留原石制度以副本翦裱明窗靜几取便摩挲整裝之法亦有二金題玉躞所費不貲或僅用皮紙一層託之不加桿軸搨疊平勻外貼藏經紙籤寫碑目及年月書撰人姓氏以一二十通爲一集或加夾板或靑布函凡收藏稍富者此法最宜拓手之精者固不易裝池更不易凡碑文左行者粗工不省往往仍從右起行字顚倒不復成文醴泉皇甫諸碑尙有舊本可爲依據稀見之碑分條割字偶失原序前後卽致舛午剝泐之處或僅存半字或微露殘筆輒割棄如儆屣分書行草波磔飛動或致跳行或越方格之外亦多割損如伐遠揚故余每裝一碑雖豐碑僅存數十字其無字處亦諄諄戒其留空提行空格必依原式凡字口陷內皺痕不可過求

熨貼若舒之使太平臾之使太直古人筆意必盡失如墨豬矣此皆非俗工所能知也

嵩高三闕及天發神讖碑殘本廣尋而修尺收藏家皆裝爲手卷既便展閱又可跋尾竊謂如蔡元度之楞嚴經偈石湖之田園雜興亦可仿此法蘭亭得數十本亦可合裝一長卷

經幢或六面或八面可裝屏幅然面面分拓不如以巨紙圍而拓之蓋分條易於散失陁羅尼經咒同爲一本又或脩短廣狹相等眞行同體以數本共置一處必致斷鶴續鳧將冠配屨卽果爲一本先後次序亦易倒舛余藏幢付裝第一幅首必籤題幢目年月書撰姓氏以下標識一二三四字如此庶一目瞭然或更製香木爲篋分上下兩層每層四軸以抽

近有一種洋紙首厚薄皆備彼乃用機器壓製非如中國之用鞔糊漿成如[illegible]其妙於此紙有[illegible]洋布[illegible]

指濤文勤鈔見文勤舊藏或冊或軸皆洋印花布也聞以彩筆題記亦可重裝尤為可惜

屜陽之鐫字於門以銅爲鍵余所藏六百通裝價倍蓰於拓價手無斧柯龜山奈何

帖面用香枏木可以辟蠹南方頗宜若北方風日高燥即易龜坼或竟裂爲兩片紫檀太重銀杏宜選薄而潔者磨治光瑩亦可用因陋就簡或用紙面然摩擦易損亦易沾寒具之油古錦雅而豔爲裝池第一其次用緙絲面又其次新錦仿古之佳者亦頗不惡近人用印花洋布則不如青布之樸素渾堅矣又有用木板四圍起線中微陷實以錦此亦徒取飾觀耳題籤以藏經紙爲第一白綾次之泥金牋雖華爛久之金屑脫落字畫亦損轉致黯淡無色

樊問青彬析津藏家也鮑子年趙撝叔皆與之投贈身後碑

版散落人閒余收得二十餘通皆用廢紙自補廛肆冊籍官府文牘無不有之其補法極粗惡或以數小紙裝成一巨幅橫斜交午厚薄不勻如三家邨課蒙塾本碑紙有蝕損處卽以字紙補之鴉蚓模餬膠飴黏結皺紋如縠裂紋如筋凡經其手裝者無可重揭字有斷泐尤喜以筆描畫爲蛇添足墨瀋旁流淋漓滿紙直是古碑一刦聞樊君耄而好學頗能鑒古析及秋毫其弊至於如此

張彥遠論裝背畫軸煑餬必去筋稀緩得所攪之不停自然調熟入少細研薰陸香末永去蟲而牢固又云勿以熟紙背必皺起宜用白滑漫薄大幅生紙紙縱相當則强急卷舒有損要令參差其縱氣力均平又云宜造一大平案漆板朱界

石柱頌拓本僅有一次乃潘文勤
藏何号王廣堂諸公所函請合
肥節相派兵二百圍而護之拓工
乃得施氊蠟焉結廠肆售價
極昂自此乃由夫人築墻圍之
不得拓矣（注）

制其曲直今裴池家即如此此法可推之禊帖余曩見明初文淵閣書籍外裝錦函皆卍字挖嵌式五百餘年毫無損脫亦無蠹蝕此其裝潢必有奇祕之法惜不得其傳耳　右裴池五則

讀碑鋪几平視不如懸之壁間能得其氣脈神理於是臨池家製爲帖架對面傳神如鐙取影然影摹不如對臨又不如先閱其結構用筆掩卷而後書之所謂背臨也　右帖架一則

甚矣陰陽鬼神之說之中於人心也定興標義鄉石柱頌自唐以來無著錄者前十餘年碑估李雲從始訪得之一字不損新出於硎土人以此石爲一方之鎮風水攸關封禁甚嚴其後潘文勤師兼管順天府尹始檄下邑宰拓之至今傳本稀如星鳳長安暉福寺碑土人云碑有神能爲祟非昏夜不

能潛拓碑估恐其聲之聞也不敢用椎咄嗟氈蠟安有精本余官京師十年屢欲拓戒壇寺兩遼幢碑估述寺僧之言云拓此幢寺中必有僧示寂竟失之眉睫趙撝叔云海甯扶風馬夫人墓誌唐咸通四年李直文并書其墓在安國寺址出土時鬼爲厲懼而埋之此眞所謂妖由人興也而古刻遂因此不傳矣右封禁碑文一則

酈道元水經注錄漢碑所以博異聞證古跡非著錄也著錄之書傳於世者自宋人始洪婁以隸爲經以碑爲注腳當入小學類歐趙有錄有目皆爲私家之籍陳思則網羅無外所錄不必其所藏約而言之厥例有六一曰存目王象之輿地碑目詳於南略於北于奕正天下碑目更非善本然篳簬藍

縷禮重先河近人如陽湖孫氏會稽趙氏之訪碑錄搜輯最廣然亦不無誤舛私家之目余所見惟天一閣范氏刻於書目之後竹崦盦趙氏江陰繆藝風前輩雲自在盦碑目分省分郡分縣網羅宏富冠絕古今其次則太倉八瓊室陸氏星農先生父子兩世訪求亦多前賢所未見一曰錄文如陶南村古刻叢鈔都南濠金薤琳琅是也涇縣趙紹祖但錄皖中古刻意在桑梓文獻別爲一體至仁和魏稼孫績語堂碑錄闕文泐字空格跳行皆以原碑爲準鈎心鬭角毫髮無遺付梓時手自繕校易簀之辰尚未卒業禮堂定本付之後賢余先後得百餘通歎爲精絕得未曾有一生愛好自天然遂有河淸之歎一曰跋尾如朱樂圃之墨池編盛時泰之元牘記是也然

皆評騭書品第其高下拓本先後析及毫芒猶爲賞鑒家而非攷據家　國朝亭林顧氏金石文字記始以碑文證明經史之學竹垞竹汀博聞宏覽窮源溯流上自經史下逮說部文集輿地姓氏莫不釐訂異同釋疑匡謬孫淵如嚴鐵橋繼起益精世始不敢薄金石爲小道翁覃溪劉燕庭張叔未皆以書學名家故其緒論詳於古今書派而亦不廢攷訂言皆有本不爲鑿空之談一曰分代求之曩昔此體未聞始於翁氏兩漢金石記嘉應吳氏南漢金石志近諸城尹祝年明經輯漢石存亡友福山王文敏公嘗欲輯六朝金石記尚未草刱隋碑上承六代下啟三唐爲古今書學之樞紐余嘗欲輯隋石記專論書派吳越南唐亦可仿吳氏之例補霸朝掌故

甯鄉屬長沙府二字誤倒

悠焉忽焉老將至而耄及悔何追矣一曰分人惟有宋寶刻類編一書然其所分名臣處士攷之史傳不盡可徵體例踳駁難可依據故後賢編輯無依爲程式者一曰分地以一省爲斷者畢氏則有關中金石中州金石阮氏則有山左金石兩浙金石粤東有翁阮兩家粤西有謝氏一略劉燕庭長安獲古編三巴孴古志亦依此例而有圖有釋摹印極精朱排山雍州金石記已等祧墠阮小芸滇南金石故限於荒裔陽湖孫氏京畿金石攷歸安姚氏中州金石目皆有目無錄山右楊氏湖北皆新出附麗省志可分可合皖中但有金石詩一碑一絶如新出齊山浮山石牛洞諸刻皆尚未收此外諸省作者闕如以俟來哲以一府爲斷者江甯嚴氏會稽杜氏

搜錄在先常山至精［沈西雍］濟南斯下浙之天台永嘉括蒼吳興皆有定本吾吳瞿萇生有編目韓履卿有錄文皆未付梓收藏家尚有傳錄之本以一邑爲斷者秦之武功［段嘉謨］齊之益都［段赤苓］汴之安陽［武億］最爲膾炙山左諸邑不乏操觚燕［王侶樵茂才有滄州金石志］秦之閒閒有好事茫茫天壤如斯而已此外有專攷一隅者如林同人之昭陵葉井叔之嵩室張秋水之墨妙亭劉燕庭之蒼玉洞［余欲爲伊闕石刻攷以附諸君之後有志未逮］有專攷一碑者如翁覃溪之瘞鶴銘吳兔牀之國山碑皆巋門之絕學著錄之附庸海外金石則朝鮮某氏有羅麗琳琅劉燕庭本之爲海東金石苑近傳楙元觀察輯日本金石志李仲約侍郎又有和林金石詩王蘭泉金石萃編以大理諸碑附於

卷末雖篇帙寥寥亦可與之並駕歐陽公集古錄其子叔弼始別爲目十卷趙明誠金石錄其目二十卷亦別行譬之春秋三傳雖附經而行要之經自經傳自傳王萃編之例以時代爲次先錄碑文次附諸家跋尾次列已說譬之唐人義疏經與傳合注與疏合雖異古本實便學者在金石著錄家可謂集其大成矣又若元潘昂霄輯金石例王止仲繼之墓銘舉例黃梨洲又繼之金石例補其後劉楚楨郭頻伽等後先趾美共有九家雅雨堂盧氏刻金石三例近滬上書肆又彙刻爲九例然其宗旨惟在義例書法不關著錄茲姑從略右著錄一則

前人彝器著錄必圖其形製如宣和博古圖是也以此例求之石刻惟牛空山金石圖每一碑節臨數十字摹其款式詳

莫妙于宜都楊氏之貞石圖用西洋縮影之法而石印之學者不惑（陳）

其尺寸皆褚千峰爲之奏刀此外惟劉燕庭三巴孴古志長安獲古編亦先畫圖而後釋文閒加攷跋鳳舞螭蟠惟妙惟肖然其界畫之工刻鏤之細摹印之精斷非俗工所能從事必如歐陽公所云好而有力又需之以歲月始可聿觀厥成燕庭惟三巴一集及身付梓長安獲古編雖梓而未及印行故傳本絶少其在浙藩卒以風雅獲譴此亦好古之鑒已 右金石圖一則

校書如几塵落葉愈埽愈紛釋碑之難又視校書爲倍蓰墨本模餬裂紋蝕字豐碑巨幅必卷舒而閲之非如書冊可以按葉摩挲老眼昏燈愈難諦審故前人所釋之本往往同一石刻彼此舛馳漢中部督郵郭侑題名卽世所謂竹葉碑也

牛空山翁覃溪海甯陳上舍以綱三家釋文卽不同竹汀又刋正焉試以新拓本校陶南邨都元敬及萃編所錄異同卽不可僂指碑額篆文或不合於六書之法或漫漶不可釋沁州刺史馮公碑明以前金石家多誤釋爲池州至竹汀始改正又碑題結銜大書特書多詳具官階封邑寺觀廨宇之碑或冠以郡邑或兼書修造姓氏篆額與第一行題字或不符著錄者各隨舉碑字以標目如邕禪師塔銘省文亦可稱化度寺碑虞恭公温公碑省文亦可稱温彥博碑苟非親見墨本轉展稗販最易歧出故孫淵如訪碑錄有一重再重者重刻之本既列於唐又列於宋甚至新拓本年月旣泐而舊拓本尚存者旣據舊拓按年月編入又據新拓本附之無年月

近日上虞羅氏校出孫氏訪碑錄之重出者二三百通（述）

前圖不如近日山西劉氏之圖詳而且確劉山西太平縣人名樹森字枝卿琉璃廠經賈寶古齋骨董肆夥如玉廣生盛伯希諸與之相友契（述）

類余校出重碑卽有百餘通趙撝叔書亦未免如搜輯墨本盡取舊金石書校之以碑文爲經而以各家釋文標目訛舛異同之處分注於下如校勘注疏之例嚴氏唐石經校文當不能專美於前　右校釋碑文一則

古碑中裂或碎爲三四片以大鐵緪束之或龕置壁中尚不至湮無收拾化度原石已亡覃溪以翦裱殘宋拓三四本鉤心鬭角繪爲范氏書樓殘石圖竟得宋時原第可謂良工心苦余曾得呂大防長安志圖殘石石蒼舒書僅存七片首尾殘缺潛心鉤索迄未得其原次乃知古人精詣爲不可及西安藩廨竈下出殘石十六片大者如研小者如拳紫鳳天吳顛倒裋褐皆分書有熙甯年號雖知爲宋刻無從屬讀余竭

十餘日心目之力尺接寸附亦竟得原碑位置始知爲宋吳中復重建燕佳亭詩前有熙甯七年字後有仲夏十五日男立禮字裝爲一幅首尾祗缺十餘字此可爲補緝殘碑之法

右殘石位置一則

孫莘老守湖州建墨妙亭以藏古刻如漢之三費碑皆在焉今其石泰半亡矣烏程張秋水輯墨妙亭碑攷分别存佚采摭甚詳關中有宋趙抃重置饒益寺石刻記文云自唐宋以來名臣賢士往還稅駕或題名於壁或留詩於碑寺遭兵火焚毁殆盡暇日命僮僕搜抉於荆榛瓦礫之閒皆斷折訛缺讀之令人悲惋卽其稍完者萃而置於藏春軒壁蜀綿州有宋淯熙十二年集古堂記其文云舉近郊石刻列植秦漢隋

唐其碑凡十壁立森拱然其所謂蔣公珍碑及孫德碣已淪於灌莽矣此兩公者皆師華老之用心護惜古人之意可師可敬西安府學碑林及洛陽之存古閣其裒集古刻之法並同或久埋於敲火礪角之餘或新出夫隧道重泉之底庋藏於此以蔽風日孑遺賴以不亡法至良也碑林刱始不知何年後人不加修葺蕪穢不治幾難廁足畢秋颿尚書撫陝始繕完堂廡周圍繚以欄楯又爲門以司啟閉壬寅四月余被命度隴道出西安駐節往游徘徊不忍去嘉祥紫雲山武梁祠堂漢刻亦賴孫伯淵之力得庇一廛好古之士宜知所取法焉右護惜古碑一則

東觀餘論載張燾龍圖家有漢石經十版其聟家有五六版

高延福志歸吳縣蘇氏
復廬研館

解春雨集言宋慶歷初范雍使關右歷南山佛寺見化度寺碑已斷爲三矣以數十縑易之置里第賜書閣下此爲藏石之濫觴畢秋颿在關中得四唐石見前置之靈巖山館孫淵如得北朝造象置之家祠一樹園近時藏石家余所知者隋太僕元公及夫人姬氏兩誌在陽湖陸氏庚申兵燹兩石皆裂失其半聞縣陳氏揚州張氏南海李氏皆有藏石陳李亦得之秦中張氏唐墓誌董惟靖諸石卽廣陵出土長安趙乾生濰縣陳壽卿所藏最富陳多造象趙多墓石曾從陸蔚庭前輩處見陳氏拓本全分共百餘通趙氏七十餘通余陸續得之去年又得兩全分以隋刻寶梁經及唐高延福墓誌爲最精

端氏藏石以郛休爲最自得歲多所增至辛亥都共約一千一百餘石少半在大鶴館市被寇半存琉璃廠仁感觀二公錄所得備以藏石者未成而亂作矣（跋）

潘文勤藏石有崔載志録有拓本標於崔文脩誌則未見也

六飛西幸朝貴扈蹕至秦者徵求拓本迫於催科趙君盡貨其石閶半歸倫貝子半歸端午橋制府午帥藏石本爲海內之冠豐碑如晉郛休魏蔡儁皆以牛車輦至都門數十人舁之道路動色其京邸几案廊廡皆古碑也余先得其拓本已百數十通閶入秦益肆搜訪繼長增高衙齋充牣廉石歸裝不患無壓舟之物矣潘文勤師及貴筑黃子壽師福山王廉生祭酒德化李木齋京卿同郡吳窓齋中丞皆有此癖余皆得見之木齋所藏多小品且多殘缺潘文勤師所藏以崔文修誌爲第一貴筑師所藏以隋吳嚴李則兩誌爲第一窓齋所藏以文安縣主墓誌爲第一貢文度次之廉生精於鑒別自蜀中攜歸梁造象尤爲希有之品亦多殘裂斷頭折足排

列牆隅乙亥丙戌間病不斟家人以其不祥且褻佛諷其棄之笑不應後病亦尋愈然敝帚自享不輕拓余僅得其造象數通及晉兩墓表一乾符經幢尚完好每見必索之竟未得此外如江陰繆藝風番禺梁杭叔南陵徐積餘抱殘守缺亦間得一二通積餘藏隋張通妻陶貴墓石及唐戚高誌甚秘之然陶貴非原石余惟得江陰唐經幢一通藝風見之以為桑梓文獻屢以為請慨然讓之今槖中僅存青城山唐刻經殘石數片而已　右藏石一則

野寺尋碑荒厓捫壁既睹名跡又踐勝遊此宗少文趙德甫所不能兼得也前人往往繪圖記事以留鴻爪余所見有兩家一為沈西雝河朔訪碑圖即編輯常山貞石志時所作也

共十二幅舊在江建霞處建霞弱冠好弄千金輒散早已流
落人間一爲黃小松嵩洛訪碑圖共二十四幅小松本工山
水親爲點染超入神品初見於厰西含英閣虞山翁叔平師
論值未諧適奉　命主順天試怱促入闈遂歸武進費屺懷
同年王寅度隴及門秦介侯大令爲余言嵩洛訪　此兩圖皆
碑圖尚在川沙沈氏屺懷所得其臨本也
至寶也每圖各有子目惜未能記之　右訪碑圖一則
書估如宋睦親坊陳氏金平水劉氏皆千古矣即石工安民
亦與黨人碑不朽惟碑估傳者絶少畢秋帆撫陝時有郃陽
車某以精拓擅場至今關中猶重車拓本趙撝叔補寰宇訪
碑録搜訪石本皆得之江陰拓工方可中撝叔之識可中也
因山陰布衣沈霞西猶生空山之於褚千峰也千峰與聶劒

光緒三十二年余在京李雲從來屬余作墓志為身後計並屬余敘述其平生遭際及其搨碑不少補志成並為書之張大梁並約歙黃補庵為書洲亦一幅遂去也今已宿草矣不知此志果銘志其墓否

光雖文士亦以氈椎鐫刻餬口四方余在京十年識冀州李雲從其人少不覊喜聲色所得打碑錢皆以付夜合資黃子壽師輯畿輔通志繆筱珊前輩脩順天府志所得打本皆出其手荒巖斷澗古剎幽宮裹糧遐訪無所不至夜無投宿處拾土塊爲枕饑寒風雪甘之如飴亦一奇人也郃陽碑估多黨姓前十年廠肆有老黨者亦陜產其肆中時有異本余及見時已老矣沈子培比部嘗稱之筱珊在南中得江甯聶某善搜訪耐勞苦不減李雲從余所得江上皖南諸碑皆其所拓戲呼爲南聶北李云 右碑估一則

文人題品士俗通稱古跡流傳等洞簫之有謚嘉名肇錫益儆帚之可珍有如碑之裂而存半截者多矣惟唐興福寺殘

上尊號受禪二碑今在河南許州繁城鎮漢獻帝廟廟原祀曹丕後明知所尊奉魏節文帝後改祀獻帝始易今二碑在獻帝廟也（遂）

碑世皆稱爲半截碑碑之環而刻四面者多矣惟顏魯公家廟碑世皆稱爲四面碑皇象天發神讖碑在晉時即折爲三段見丹陽記金陵續志新志世呼之爲三段碑或呼經幢爲八楞碑此類尚多摭而錄之可資談助

竹葉碑　漢殘碑陰也牛空山金石圖云曲阜顏樂清懋倫得之藏其家碑兩面隱隱有竹葉紋或謂之竹葉碑云金石萃編此碑陽今皆爲竹葉文所掩無一字可辨陳氏以綱定爲魯國長官德政碑其論最核

三絕碑　漢隸字源受禪表魏黃初元年立在潁昌府臨潁縣魏文帝廟劉禹錫嘉話王朗文梁鵠書鍾繇鐫字謂之三絕

栖巖道場舍利塔碑從
文呼麻子碑

潛研堂金石文跋尾金博州廟學記（大定二十一年）東昌人謂之三絕碑三絕者王去非文王庭筠書党懷英篆額也

魚子碑　隋栖巖道場舍利塔碑石質斑駁細點墳起打去如顆顆丹砂又如大珠小珠落玉盤雖精拓不能泯其迹世謂之魚子碑

鴛鴦碑　顧亭林金石文字記泰山之東南麓王母池有唐岱嶽觀土人稱為老君堂其前有碑二高八尺許上施石蓋合而東之其字每面作四五層每層文一首或二首皆唐時建醮造象之記

金石萃編云此碑今俗稱鴛鴦碑二石合為一兩面兩側共刻三十二段

碧落碑　汪由敦松泉文集董逌廣川書跋云段成式謂碑有碧落字故名李肇謂碑在碧落觀然攷之國史補則肇正謂碑有碧落字耳李漢又謂碑終於碧落字董逌駁其非今以篆文驗之僅有棲眞碧落一語既非全文結束亦非文中要語攷古人詩文字迹舉一行首標目者有之無以末字者歐陽公集古錄謂龍興宮有碧落尊象篆文刻其背宋潛溪亦云韓王元嘉子訓等爲其妣房氏造碧落天尊於龍興宮攷其記知爲碧落觀今以篆文驗之但云立大道天尊建侍眞象無所謂碧落天尊疑廣川所云碑在碧落觀而龍興舊爲碧落者爲得其實此碧落之所由名也

潛研堂金石跋尾云右李訓等造大道天尊象記世所稱碧落碑也篆書奇古有鄭承規釋文余按此碑當如潛研所題李訓等造大道天尊象記爲正而碧落碑其後起之名也

追魂碑　處州府志松陽葉法善以道術遭遇元宗時李邕爲處州刺史以詞翰名世法善求邕與其祖有道先生國重作碑文成請并書弗許一夕夢法善請曰向辱雄文光賁泉壤敢再求書邕喜而爲書未竟鐘鳴夢覺至丁字下數點而止法善刻畢持墨本往謝邕曰始以爲夢乃眞邪世傳此碑爲追魂碑

金石萃編書譜引法帖神品目云追魂碑李邕書在松陽

永甯觀

透影碑　中州金石記重修古定晉禪院千佛邑碑天成四年九月釋道清撰俗名透影碑

風動碑　隱緑軒題識鎭州察院前庭有風動古碑乃李寶臣功德頌永泰間立王士則書

雷合碑　寰宇訪碑錄茅山乾元觀碑陳[illegible]撰蔡仍行書政和五年俗呼爲雷合碑

無字碑　金石萃編乾陵唐高宗陵也在乾州東至太宗昭陵六十里有于闐國所進無字碑高三十餘尺螭首龜趺巋然表裏無一字今題名有十三段崇甯政和宣和年者九金正大元年一興定五年二丁亥清明日一

泰陰碑　潛研堂金石文跋尾登泰山謝天書述二聖功德銘宋大中祥符元年上石在泰安府城南門外北向明巡按吳從憲篆刻其陰曰泰陰碑俗謂之陰字碑王蘭泉曰北向屬泰山之陰故題泰陰碑三字以訛傳訛遂謂之陰字碑矣

囤碑　雲麓漫鈔吳禪國山碑土人目爲囤碑以其石圓八出如米廩云　吳騫國山碑攷云碑形微圓而橢又云碑首上銳而微窪石色紺碧

按右所錄碑名循名核實各以義起未爲虛附若夫流俗謠訛方言虛造郢書燕說非可理測訪碑者若非親見其文字僅憑耳食未有不徑庭者如關中大中二年經幢于

閱之吾族叔祖恪荃先生云西湖岳鄂王廟中有岳雲銅鎚之柄上且官銜姓名此物不知是真否（張）

雅則所造王鉉書土人通呼為顏石柱問以于惟則經幢不知也問以王鉉愈不知也余來隴坂關外僚吏皆言敦煌學宮有索靖碑及拓而釋之一面為索公碑一面為楊公碑皆唐中葉後刻索公特靖之後人耳貫王得羊固自可喜然問以楊索二公碑不知也李翕西狹頌在成縣此碑後為五瑞圖內有甘露黃龍字官斯土者書帕餽遺即題為黃龍碑若問以西狹頌五瑞圖亦不知也諸如此類非沿其土俗所呼之名以求之不可得公羊所謂名從主人也 右碑俗名二則

余所論皆石刻不錄金文然唐鐘銘如景龍觀寶室寺之類下逮五季宋遼金元余所收即有三十餘通其字皆隸楷無

篆籀與三代尊彝同有間矣唐大中之國清寺磬台州金大定之三清觀鼓長安五溪銅柱潭州鐵塔成都鐵幢吳越之銀簡鐵券金塗塔南漢之鐵塔南唐之鐵香爐蜀之壽山福海鐵器皆金文也其尤難得者荆門武當山玉泉寺有大業鐵鑊別有一元鑊湖南君山有熙甯八年鐵鍋湻祐五年有鐵梢又有咸湻六年崇勝寺雲版乾道三年南華寺方響亦冶鐵而成訪碑錄以非石刻皆不收然文體書法實與石刻無所區別譬之螟蛉有子式穀似之若置之古金文中雖雲礽百世轉歎音容之不屬矣

余奉使西征渡河登隴所見古鐘皆沈埋於野田蔓艸中殆未可僂指計諦視其文大約皆前明刻輶軒所經拓得三刻

其一最古在甘州山丹縣城內雷壇寺陽文在鐘腹無年月其文云沙州都督索允奉爲法界衆生及七代先亡敬造神鍾一口共二十三字筆勢雄偉唐初刻也一在鞏昌府城內中間鼓樓上周刻皇帝聖壽萬歲重臣千秋法輪常轉國泰民安十八大字下題大宋丙戌歲崇甯正月皆陽文題名陰陽文不等有六宅使權發遣通遠軍事劉戒朝散郎通判通遠軍事孫俣又有住持壽聖院僧體原等一在蘭州城內郎使廨之左普照寺俗名大佛寺金泰和二年歲次壬戌五月甲辰朔二十三日丙寅鑄中有敦武校尉商酒都監女奚列都兒進義副尉商酒同監薛庭秀及普濟院會首講經論沙門海珍等題名後有銘云剏之者誰海量珍公銘之者誰鶴

余於己亥九月游海州之雲臺山觀鬱居寺松柏傳爲三代時物即放翁詩所云東海有大松陶文毅督兩江時鑿碑尚鐫我文人其也松枝幹盤屈間有宋元人刻字數處雅甚不可辨但約略見鴻題飛白等字而已

髮崆峒皆陽文至訪得而未拓者平涼府城內關帝廟有宋天聖七年鐘四面刻天尊象制作奇古會甯縣城內亦有宋鐘一涇州之回山宮平涼崆峒山之寶乘寺皆有金大安鐘按平涼會甯四鐘第二次行部皆拓得又拓得慶陽鐘兩通以上除寶乘寺皆在使節所經官道旁窮鄉古刹若有好事者訪之震旦鐘聲隴上喧呟遠矣 右唐以下金文二則

木刻之文有二一爲王大王庵池記唐天祐中刻在閬縣龔榦霜皮歷千餘年未遭斧斤之劫一爲都門民舍有古藤一株夭矯拏空上有元大德間題字見戴萠塘藤陰雜記其餘滇南有吳道子大樹觀音象隴西慶陽郡廨有范純仁屋梁題字 右木刻一則

瓷刻之文有三一爲曹調造磁盆題字僅有七年二字紀年已泐一爲鄭德與室林三十一娘捨東嶽廟蓮盆題字元豐元年正月兩器皆在福建省垣一爲元延祐二年瓷甕題字在淄川縣高氏造象有銅有石其曰白玉造象者但石之似玉者耳惟善業埿造象出於埏埴唐時江以南墓誌有刻於甎者此類皆當作石刻觀 右瓷刻一則

語石卷十終　蘇城徐元圃子稺圃刻印

附録

顧廷龍批校並彙録四家舊藏《語石》批校文字

姚文昌校録

底本：上海圖書館藏顧廷龍批校民國間蘇州振新書社翻刻本（過録章鈺、鮑毓東、褚德彝、張祖翼四家藏本批校）

校本：中國國家圖書館藏章鈺舊藏批校清宣統元年葉氏刻本（章鈺本）、上海圖書館藏鮑毓東舊藏批校清宣統元年葉氏刻本（鮑毓東本）、上海圖書館藏張祖翼批校清宣統元年葉氏刻本（張祖翼本）

書衣

頁一　語石十卷

裝四册

癸酉正月二十六日，從章丈式之譚刻石，獲見巴蜀藏經目、吴中天慶觀造象，罕覯之拓也。又承以批校《語石》相示，眉注甚密，丈多見葉氏之未及見者，足資訂補。亟乞假讀，歸與頡剛共賞，即取其藏本過録一通。越兩日，副墨竣事，書此以志感幸。廷龍。【鈐『起潛』朱文方印】

扉頁

頁三　存古齋書友嚴瑞峰自江都收書回，攜來求售。聞經批校，不署名，鈐有『季方難爲弟』朱文方印，甚粗拙，不詳何人所爲也。比又見《語石》一種，亦鈐此印，而書衣題云：『葉緣裻太史著。太史爲吴下名宿，與繆蓺風齋名。是書凡四本，即蓺風見贈者。又有《藏書紀事詩》，則隨弁使君貽我，藏數年矣。辛亥重九端虛記。』印曰『鮑鬐』。又卷首所批署曰『毓東識』，印曰『鮑印毓東』，其人姓氏始獲識之。所批多寢饋有得之言。觀與繆、徐皆有往還，亦吾江蘇一學人也。摘度其校語，容考其履貫。三十年五月八日，廷龍記。

中華民國三十三年一月五日，録褚禮堂校語一過。禮堂歿後，拓本之精者先售於邊政平君，繼售於墨林，書則爲東方舊書店所收，余選數十種，多有禮堂手筆者。又其舊藏《樂石搜遺》一書，不著撰人，録文考跋皆極精善，石刻多北方之物，且出《八瓊補正》亦不少，正與議價，倘歸本館，必窮考其姓字以表章之乃已。廷龍借録畢並識。【鈐『匋誃題記』朱文方印】

以硃筆録張逖先祖翼簽校，各條下注『（張）』字以爲別。卅七年四月廿六日記。

敘目

頁三六〔一〕 閲緣裻日記，知仲午於此書尚預寄遞催算各役，一切均出自校，曾無涉及秦、張二人。初刻時，叔鵬請助校事，而有持所見請商酌者，緣裻不願，謂將易葉氏書爲張氏書，後遂不與聞問。今記云然，乃故作圓通之詞也。

緣裻身後有兩志，一吳蔚若郁生侍郎撰，一曹叔彥元弼編修撰，同時並刻，不知入窆者何石也。

鈺輓二聯：及身早定千秋，舉國皆狂，賸有井中心史在；歷劫尚留一面，似人而喜，曾容門外足音來。

〔一〕鮑毓東本1A有眉批一條，云：『按：「可憐無益費精神」一印與《語石》卷一第一葉下「有口能談手不隨」印，皆葉太史用以自記者也。』張祖翼本1A有簽批：『卷一、二合一册，考証二十一條。』3B有簽批：『卷三、四合一册，考証十六條。』4B有簽批：『卷五、六、七合一册，考証二十九條。』10有簽批：『卷八、九、十合一册，考証四十條。』章鈺本15A有眉批一條，云：『仲午，名祖年，潘文勤介弟。恩賞郎中，外放知府，即乞歸。』

兄事有年實師事，傳人難得況完人。『兄事』謂與緣督同受知黃貴筑師，即園課士時，曾擕靚〔二〕肩隨，以語涉倨未寫送。己未七月初一，晨起記。

卷一

頁三七〔三〕 石鼓覆本至多，以阮文達、盛伯羲兩種爲最易得。近又見道州何紹業嵩取原石文字之殘者另刻一本。〔四〕

頁三九〔五〕 有作『駧』者。【『申徒馴』眉批】

元申徒駧爲紹興推官，曾翻刻《會稽頌》，康熙間爲人磨去。此作『申徒馴』，兩者必有一悮。（張）

吴山夫玉搢乃康熙年間學者，此『咸豐癸丑』三句必有誤文，或非吴山夫事邪？

三年。【『癸丑』旁批】

龍按：《金石存》云：『申徒駧《會稽碑跋》云「行臺侍御史李處巽獲劉跂所摹本刻于建業郡庠」，《楊東里集》亦云「應天府學有此《譜》刻石」，余得之張士謙。應天府學即今江寧縣學。予嘗屢過其地，惟見吴《天發神讖碑》及處巽所摹《繹山碑》在尊經閣下，而《泰山譜》莫有知者，俟更訪得之。』

山谷撰書《伯夷叔齊廟碑》，文勛篆額，今尚無恙。

〔二〕章鈺本『擕靚』作『擕硯』。

〔三〕章鈺本上有眉批一條，云：『近又出微子墓碑，後列題名刻石，皆西漢人，不知誰爲之也，較比干墓刻尤不可信。』

〔四〕章鈺本下接書云：『後宣統辛亥，後歲在癸酉，石鼓忽有南遷怪事，今不知所在。將在，必作海外貞珉，可發浩歎。』

〔五〕章鈺本 IB 有眉批一條，云：『《嶧山》余得長安、紹興二翻本，似紹興本在長安本之上。』

頁四〇 『建元』紀元尚有齊高帝、晉康帝及梁新羅法興王，此所舉未盡。

頁四一 《侍中楊公闕》乃李蜀時物，本非漢石。（張）

頁四三 此碑待訪。【『侯君殘碑』眉批】

頁四四 近年北邙所出之塼志，如太康之《鄧元女》《劉休林》《張福》，元康元年之《烏丸歸義王段建》，皆足補碑文之未碑〔六〕。褚

晉《房宣碣》似是後人僞造，觀其字，無一筆古樸之氣，於『房』字下一彎不知作何安頓，此未工書者所爲。文即仿《劉韜》之體，顯然可見。此石〔七〕在端午橋制府處。（張）

近出《馮恭》《張朗》《荀岳》《石尠》《石定》各志，均述行誼，爲緣製所未見。丙寅十一月，又從雪堂所見一晉志，書蹟與《荀岳》等志相同。惟石之上半有〔八〕碑式，儼然一小碑。雪堂云：『墓志之初即從墓碑蜕化而成，必植立和前，此石可證。後之另石作蓋，臥置葬所，非最初制度。』此説極是，惜忽忽未記其姓名、職〔九〕及晉某年。

霜根所記碑式之志，當爲孝昌二年《介休縣令李謀墓誌》也。龍

頁四五 近年江寧城中出梁墓志一通，字蹟極似《鶴銘》，云已爲日本人購去。壬戌二月從雪堂處見之。

《劉懷民志》石余親見之，渾古樸茂，剥蝕處亦極自然，決非岑鼎。（張）

〔六〕『未碑』疑當作『未備』。

〔七〕張祖翼本『石』下有『亦』字。

〔八〕章鈺本『半有』作『半作』。

〔九〕章鈺本『職』下有『官』字。

廣州新出《劉猛進墓銘》，係長方式，兩面刻。劉爲陳官，刻石時已入隋代。

頁四六　《嵩高靈廟碑》雪堂新獲舊拓本，較世所謂舊本者存字極多，惜已殘下截。

頁四八　《廣武將軍》今復出土，與從前拓本無大别。惟壬戌年又被匪徒殘燬，聞殘至四十餘字。此碑估所説，未知信否。

頁五二　近年敦煌石室新出《温泉銘》亦太宗書。（張）

頁五五　《鬱林觀東壁記》首行篆題亦極似漢刻，不獨隸書勝也。昭通大關廳之豆沙關紅沙石巖有袁滋等奉使雲南册南詔題名。

頁六一　昭陵諸刻，羅叔言參事曾集各舊本寫成《碑考》一卷，既備且精，爲從來所未有，緣裻如見之，必大歎服。

頁六三　吾友羅叔言搜昭陵碑拓最備，撰《昭陵碑考》，補正蘭泉不少。法國沙畹博士新搜得，皆向來著録家所未見者。褚

頁七三〔一〇〕　王可莊殿撰守鎮江時，發見《魏法師碑》，精拓數百本，遍贈知交。余亦得其二通，字體肥而少骨，大有近年殿試卷氣息，豈即所謂院體耶？殿撰云此碑恐係以漢碑摩去而刻者，以其有穿也，未知是否。（張）

《韭花帖》墨蹟尚存，丙寅八月幸得見之於雪堂許，係滬上攜至津步也。

頁七四　劉□撰，正書，晉天福六年七月，山東泰安。【『奈何將軍廟碑』旁批】

正書，周廣順三年七月一日，直隸正定。【『判官堂塑象記』旁批】

頁七五　近又出聖武元年《長孫夫人志》，鈺藏有墨本。

〔一〇〕章鈺本15B有眉批一條，云：『《姜遐斷碑》，曾見端忠敏藏本，鈺題詩有「神跡鄉中神跡鄉」一語。近又見一本，上鈐「郃陽車聘賢監搨」朱文長方印。畢秋帆撫陝時，凡精拓關中碑碣。今稱畢搨者，皆車姓所爲。注稱今石佚云云，或佚在乾隆以後耳。』

頁七七　《韋志》爲溧陽端忠敏藏石，文書雙美，真虎無疑。

頁七七　互見卷二廣西第一則。

南漢有乾和十一年鐘，昔在粤東，後流轉浙西，鈺藏有六舟拓贈翁叔均本。雪堂又藏有鐵器兩事。

頁七八　蜀石經《毛詩》殘拓，吾吴黄蕘夫景摹，江寧陳氏合《左傳》殘字景刊行也〔一一〕。

壬戌，羅雪堂又從内閣大庫劫餘中搜得《穀梁傳》半葉。

頁八一〔一二〕　上虞羅氏藏《吴越國王投龍玉簡》，後鐫『寶正三年歲在戊子』，制作極精。

頁八二　《題名》殘損。近出淳化元年《温仁朗墓志》，爲鼎臣篆盖，如新出於硎。

頁八三　海岳尚有《章吉老墓志》，爲毛意香〔一三〕藏，未見著録，歸安陸氏《穰梨館帖》有翻本，未精。

頁八七〔一四〕　《田園雜興帖》源出蘇、米。此行狎書也，與素師、虔禮純用艸法者蹊徑不同，緣叕此説可商。

《田園雜興詩》，潘文勤癸未年始拓十紙，鈺近得一本。舊拓本僅見印印川所藏，比潘拓遜字多矣。

劉豫有題名，目題『進士』，在蘇門，未見搨本。又有《集》十卷，錢竹汀《補元史藝文志》録之，不知今有傳本否。

《孟邦雄墓誌》，石今藏端午橋制府家，余曾見之。（張）

頁八八〔一五〕　鈺得蔚州遼鑄大鐘拓本一通，具當時職官及善信姓名，間有梵文，爲各家所未著録者，極可喜。暇當仿丁儉卿金大定鐘作款識彰之。

〔一一〕章鈺本『行也』作『行世』。

〔一二〕章鈺本22A有眉批一條，云：『《靈德王廟記》，癸酉夏收得。』

〔一三〕章鈺本『藏』上有『舊』字。

〔一四〕章鈺本25A有眉批一條，云：『近收朱子書《黄中美碑》，可證明此語。』【『其書自圓機活潑，朱文公書碑版實師之』】

〔一五〕章鈺本上有眉批一條，云：『此券係順逆相間讀之，末記「紹興九年」，非全用「阜昌」也。』

頁八九 《沂州普照寺碑》，在沂州府南門外，矗立大道之中，凡入京由陸行者必經其下。聞此碑乃集柳書爲之，故大小不一，似非學柳書者。（張）

頁九七 所見松雪墨蹟，以屺懷所藏『曝書』二字、《膽巴碑》《酒德頌》三種合『真』『精』『新』三字，尤以先歸龐萊臣，繼歸端忠敏，今入蔣孟蘋篋中之《湖州妙嚴碑》爲最。此碑光緒二十四年陳伯玉刻過，勁挺無匹，是寫碑版正宗，與翰札截然不同。

頁一〇〇 近得思翁《少林寺碑》一通，雄厚開張，與尋常方幅迥乎不同。書人謂書札與碑版異體，思翁其知此旨矣。

周公瑕亦得大碑一紙，筆勢用顔清臣法，亦偉觀也。

頁一〇一 王世充僭號『開明』。（張）

《少林寺碑》後有戚伯堅隸書數行，乃鈺同邑明賢，亦極佳。

卷二

頁一〇四 甘泉山五鳳石刻，阮文達訪得，不應緣裻未見，殆忘之邪。

滇有漢刻，說見下。

光緒二十七年，雲南昭通府出土《孟廣宗殘碑》，以書勢定之，似是漢刻。（張）

頁一〇八 嘉定錢獻之知興平縣，以《常醜奴誌》石攜歸，庚申兵燹，石遂亡。（張）

本驥。【『虎癡』旁批】

沅。【『秋帆』旁批】

繼輅。【『祁孫』旁批】

大澂。【『客齋』旁批】

彭年。【『子壽』旁批】

國瑾。【『再同』旁批】

荃孫。【『筱珊』旁批】

《高福》與《張希古》同歸蔣氏，先友伯斧學部曾以拓本見贈。雙唐碑館，其藏石所也。

《孫志廉志》已佚，鈺得有舊搨，《張昕》則未見。〔一六〕

頁一一〇〔一七〕 互見卷二廣西第一則。

頁一一一 《壇山石刻》宋皇祐摹本今已不多見。

憫忠寺所存李秀二礎，聞係翁北平摹本。（張）

頁一一二 定興一刻，近得見之，首有『標異鄉義慈惠石柱頌』九字，文中大致言施濟事。似『標』與『表』義通，謂表異鄉義之慈惠也。『標義鄉』三字似不詞。

滄州尚有唐志三種，魏稼生寫録，見非見齋未完工刻本。

頁一一七〔一八〕 余曾見匋齋藏《郭巨石室題字》，乃黄小松手拓本，魏晉間題名俱全，余曾手録爲一册。褚

頁一一九 《朱博殘石》余一見即疑之，以其書法軟弱而鬆懈，且末行『頌』字起筆似恐刻出石外而縮短之，此

〔一六〕章鈺本下有眉批一條，云：『愙齋藏石計六種，余皆有之，其目已載入同治《蘇州府志》「雜記」之末。』

〔一七〕章鈺本4A有眉批一條，云：『以京師所在地望準之，則深、定兩州在南，此「北」字誤也。』

〔一八〕章鈺本6A有眉批一條，云：『晉代近出《辟雍碑》，足爲鉅觀，惜緣督未及見也。』7A有眉批一條，云：『《君車》一石，題榜固佳，所刻車馬、人物亦奕奕有神，曾作長歌張之，惜已爲海外物矣。』

無心之流露也。然京師人崇奉王廉生之説，不敢言其僞也。（張）

頁一二三　《陳茂》近拓漫漶，《萃編》録文因石中斷，遂行將〔一九〕數舛錯，致不可讀，曾校一過，亦未能〔二〇〕通也。

頁一二四　胡聘之撰《山右金石叢編》四十卷，光緒年刊本，搜羅較備，惜代撰者未得其人。即唐《白鶴觀碑》，鈺校補者已多一百餘字。

頁一二六　周《茂林都督府司馬張懷寂志》，宣統年出，吐魯番搨本，不〔二一〕多仍藏原穴。文書均美，鈺藏本爲前新疆布政使懷寧陳堯齋際唐方伯所贈。

『沙南』，地名；『侯獲』，人名，非『沙南侯』也。《劉平國刻石》聞係吴窓齋中丞所訪得。（張）

頁一二七　北涼永安五年《沮渠安周造佛象碑》，字大徑寸，楷書，襍分體。爲德國人所得，置之柏林博物院，端午橋制府出使時曾拓其一本歸，彼人甚珍惜也。（張）

頁一二九　《吴碑》徧訪不得，緣裻當時必有拓本，惜未乞得一紙。《韓碑》則吴人已醵資重搨，幅大無從裝裱，至今與《先天太后碑》置之篋中。〔二二〕

頁一三〇　寳山全搨以刻經壇銘爲多，中以北齊婁叡刻經及唐陸長源所撰《玄林禪師碑》爲雙絶。

頁一三三　宗老碩卿先生曾以蜀碑數十種見餉，中多《耆古志》所未著録者，尤以《大足佛龕刻經目》爲鉅。經目石刻未見他處，中著卷數校明《藏目》有出入。

〔一九〕章鈺本『行將』作『將行』。

〔二〇〕章鈺本『能』下有『盡』字。

〔二一〕章鈺本『不』作『石』。

〔二二〕章鈺本下有眉批一條，云：『挺爲吴璘子，非玠子也。近得繆荃孫舊藏拓本，當即緣督所贈。聞《甘肅通志》僅録碑目，而未録其文。曾屬同鄉顧起潛寫出，亦以拓本模糊，未克成篇。姑存篋中，備一目而已。丙子七月晦，患惡瘡，强坐記。』

太倉陸星農先生《八瓊室金石補正》〔二三〕全收入，成一卷。

頁一三四　《枳楊君神道》一石，姚彦侍方伯之孫桐孫、子木昆季以之貽端午橋制府。（張）

頁一三六　《諸葛廟碑》有五代李崧題字，分書，頗得晉碑矩矱。（張）

王鍇寫經曾見兩葉，紙質細緻，爲生平所未覯。

頁一三七　《景昭碑》貞元三年立，列於初唐，微誤。

《魏法師碑》竟未得見，時地近接，當可物色。辛酉，秀水王補安贈。

頁一三八　光緒中葉，余在京師，碑賈李雲從售余太平興國年重刻《東海廟碑》整幅，書體柔而無力，而額書『東海廟碑』四字極道勁，旁刻『太平興國□年』，下泐。詢其石在何處，不知也。滄桑後，兒子延厚游焦山，見一豐碑臥山麓榛莽中，撥而視之，即此碑。過客匆匆，不能使之顯于時，可惜也。（張）

《鬱林觀東巖壁記》隸勢誠如緣裻説，諸家碑目有誤列入廣西者。

頁一四七〔二四〕　兩塔銘爲執友夏閏枝所贈，惜氈墨不精。

頁一四八　嘉興馮登府《閩中金石志》十四卷，列目甚多，間有録文者。稿本今歸吴興劉翰怡，已付刊，惜寫本多誤。卷中唐刻不多，皆宋元文字，尤以題名爲夥。

頁一五四　《育齋銘　履齋説》已入《八瓊室金石補正》稿，緣裻謂星農先生所未見，誤也。

脱『公』字。【『盧則誌』之『盧』字下】

頁一五五　張氏志聞有《張澥》一石，爲人攜至他省，拓本不易得。《張澥志》爲廣西唐氏攜歸，即唐春卿尚書

〔二三〕章鈺本『正』下有『已』字。

〔二四〕章鈺本19B有眉批二條，云：『在伯絅處見湘人楊君藏「竹鶴」二大字，與郡學本偉挺相等，而行筆有氣，似郡學乃翻本，但不知何處刻石。』『小米碑乃郡學最佳，亦與《同年酬唱》一刻可稱雙璧。』

景崇家也。蓋尚在湖北，與《張元弼》等志同揭，市上尚有之。

頁一五七 丁丑殿試一甲一名爲閩縣王仁堪，尚爲館閣中矯矯人物，緣裻調侃得無太甚。

頁一六〇 互見卷一『南漢』條。說未確。【『想未必有第二本矣』眉批】

頁一六二 互見本卷『直隸』第二則。

頁一六三 楊翰息柯有《廣西得碑記》一卷，言其事極詳，鈺見鈔本，擬傳録之。今上虞羅氏已排印行世。丙寅八月記。

頁一六四 滇石以漢《孟琁碑》[二五]爲第一，此緣裻未及見者。《南詔蠻頌德碑》二大幅，方廣尋丈，余在京曾購得一通，滂喜齋遺物也。武昌張裕釗書法胎息于此最多。（張）

頁一六五 聞之福山王廉生之弟云，吹角壩石在四川學使署中。此云遵義鄭子尹徙至黔中，不知是何時事。廉生之弟名字皆不記。癸巳冬，在烟台劉薌林道署晤談一次，彼所云如此。（張）

此摩厓鈺藏有舊拓本，實作『六年』，鄭詩『建安七年明首行』固誤，下句『次行盧字又可辨』，『盧』字亦毫無蹤影也。趙之謙《補訪碑録》所言皆不誤，太倉陸星農先生增祥《八瓊室金石補正》稿言之尤詳。

頁一七〇 此碑至鉅，中牟倉澹菴永齡曾裝四大册見貽。《好大王碑》，宜都楊守敬有雙勾本行世，甚佳，前有釋文，每部六册，大洋五元。（張）

頁一七二 《闞特勤碑》，三六橋多都護曾以全揭見貽，碑首一字不可識，最奇特。

〔二五〕章鈺本『孟瓊碑』同，疑當作『孟琁碑』。

《唐書》『闕特勒』不誤也。按：『勒』字漢碑往往多一横，如《石門頌》『勒石頌德』，『勒』字即多一横，似『勤』字。而況番語夷音又多雙聲疊韻，此『闕特勒』三字疊韻與夷語適合。若讀『勒』爲『勤』則不似矣，此不可不辨也。《闕特勒碑》余在京師曾見一本，乃桂公府長史趙某所藏，唐隸之整齊者而已。（張）

頁一七三 據李從雲〔二六〕云，居庸關門洞上下兩壁皆刻有番字，伊曾贈余一通，不識其爲何物也。（張）

頁一七九 劉喜海燕〔二七〕庭稿八卷，後六卷爲楊又雲所得，題曰『殘稿』。烏程劉翰怡在上海得第一二卷，而又得楊氏所藏，此稿遂全，緣督云『燬於鬱攸』者，傳聞之誤也。翰怡以張德容曾刻前四卷，議重校原石，全刻之，原搨本亦從蔚老轉入劉氏矣。辛酉正月，原稿及原搨均在案頭，爲記其略如此。十九日。

翰怡託叔言代撰，已刻成《重校海東金石苑》八卷，《補》六卷，《附録》二卷。壬戌八月記。

頁一八二〔二八〕《金石年表》刻入《滂喜齋叢書》，倭人原寫本轉入敝篋。

頁一八七 光緒三十一年，浭陽端方奉詔赴各國考察憲政，過開雒，〔二九〕歸石刻至多，搨贈尤廣。又有棺一具，中鏤如人形，外殊書〔三〇〕埃及文。或云皆贋作，其真者彼國於出口禁例甚嚴也。〔三一〕

〔二六〕張祖翼本『從雲』作『雲從』。

〔二七〕章鈺本『喜』下無『海燕』二字。

〔二八〕章鈺本上有眉批一條，云：『日本石刻，宋趙明誠《金石録》始著録一種，以前似未之見。緣裻此條應補入此語。讀全書於宋歐、趙、洪、董所書均少涉及，於先河後海之義覺不甚見合，惜當時不爲先友諍之。』

〔二九〕章鈺本『歸』上有『攜』字。

〔三〇〕章鈺本『殊書』作『硃書』。

〔三一〕章鈺本下有眉批一條，云：『近邵伯絅得二紙，一與端忠敏攜歸之埃及石文同，一似英文而非英文，側有崇安彭某題贈潘大司空字，紀年爲光緒己丑，是刻石而非手寫，不知與緣裻己丑、庚寅日記所載者是一是二。』鮑毓東本上有眉批一條，云：『此不應闌入。』【『埃及古文』云云】

黄仲弢學士所得者，余歸自泰西所贈也。（張）〔三二〕

卷三

頁一九五　《汝南周君》額氣息、結構均不似漢，當是唐額也。（張）

頁一九八〔三三〕　北周《强獨樂碑》額五十六字，正書，凸文，每行四字，共十五行，非六十字。

頁一九九　《馬鳴寺根法師碑》額作二層，誤也。此碑之額扁方形，『魏故根法師之碑』七字，每行二字，正書，凸文，額之左方刻『馬鳴寺』三字一行，正書，凹文，非二層也。然此乃已斷之本，若未斷本，則並無『馬鳴寺』三字也。已斷、未斷本余皆有之。（張）

唐《闕特勤碑》額只一字，極奇，蓋突厥文也。

頁二〇〇　漢《尹宙碑》額『從』『銘』二大字並列，或曰額已斷，有闕文，此二文乃殘字，未知是否。（張）

頁二〇二　《濟瀆廟祖天符告》云：『祖天祀子，治水静穢，丹命之告。』《金石續編》十七—三十。

頁二〇三　《家廟碑》篆額之陰魯公自書寸楷八十餘字，絶精妙，而拓本從來不見。余藏一整張拓本，額字正背俱全，尚是宋元間物，可謂希世之珍矣。

頁二〇八〔三四〕　彝按：《任令則碑》僉刻宋《大觀聖作碑》。褚

《校官碑陰》宋人有釋文，今亦嵌入壁間，予至溧水親見之。

〔三二〕鮑毓東本 43B 有眉批一條，云：『此史蛇足。』【『英人斯賓塞爾』云云】

〔三三〕鮑毓東本 3A 有眉批一條，云：『疑當作「字」。』【『其至多者』之『至』字】

〔三四〕鮑毓東本 8A 有眉批一條，云：『一碑兩刻宜另爲一則。』

頁二一〇　宋元祐刻懷素《聖母帖》，係刻唐《雁塔題名》殘石空處，與《栖先塋記》同例。《雁塔》墨本孤存世間，今歸上虞羅氏。《聖母帖》後僅數行。

頁二一四〔三五〕　北齊《宋顯伯造象》，「伏波將軍防城司馬穆洛書」，此人即《義橋石象》書碑之人。王氏《萃編》亦作「穆洛」，且考據穆姓之原起累千百言。而余所藏《義橋石象碑》則明明「伏波將軍防城司馬程洛書」，「程」字並不模胡，以此知王氏所見拓本不佳耳，因此而遂以《宋顯伯造象》亦誤「程」爲「穆」矣。（張）

頁二一六　「之」當爲「而」之誤。【「此由碑陰之軼之也」上「之」字】

頁二一九〔三六〕　流俗之見誠然如此，可笑也。（張）

今更混碑帖而統稱之曰「字帖」，爲欲正名，令人茫然。

頁二二〇　魏《張猛龍》額題「清頌之碑」，亦「清德」「頌德」之變例也。

後魏《張猛龍碑》額曰「清頌之碑」，亦頌德政也。〔三七〕

「寳顯」，非「寳賢」。（張）【「關寳賢頌德碑」眉批】

頁二二三〔三八〕　漢石經一二年來出殘石甚多，皆數字，惟《奏請定石經表》合正反兩面得二百字光景，此必中郎書也，最可寳。

〔三五〕鮑毓東本 11A 有眉批一條，云：「此不足以立專條，宜仍附前條末作談助。若原是題額一面無字，而刻記在背，方爲特異也。」【「諸碑以有文之面」】

〔三六〕鮑毓東本 13B 有眉批一條，云：「此條當并入「碑穿」。」【「碑之有穿」】

〔三七〕此條見張祖翼本，顧氏似宜括注「張」字。

〔三八〕章鈺本上有眉批一條，云：「按：緣督所稱「中州新出一石，其古文似宋《宣和博古圖》所摹鐘鼎文」云云，近十年來三體石經發見甚多，與中州一石毫無差別，且經文有新舊相接處，可爲緣裻解惑。其實古文有此一種寫法，因漢後習此者不多，見於金石者亦少。惟唐貞元間《李廣業神道碑》之額尚作此體，至宋有《趙德麟題名》三字用筆亦相同耳。」

石經殘字原藏丹徒吴介臣侍御台壽處，侍御因言〔三九〕獲咎，無力南歸，遂以三百金售于沈均初。此侍御哲嗣芷舲親家爲余言者。厥後萬氏得價乃十倍之矣。（張）

正始石經一二年來出整塊三石，殘字尤多，皆兩面刻。緣裻謂古文似《宣和博古圖》，今以《汗簡》所取正始石經數字證之，而知當時古文實是如此，非宋人杜撰也。

余在端午橋制府齋中又見一石經殘本，係孫、黄二本之外者，爲阮文達公舊藏，制府以七百金購之。僅一頁有半而已，不但《盤庚》篇多『凶德綏績』四字，且拓工遠出孫、黄之上。此本清晰處孫、黄多模胡，損泐處亦此本小而孫、黄本大，是同出一石而氈蠟有先後也。文達公有跋，並言『赴滇督任時中途没于水，撈獲之，不敢重裝』云云，余所見猶有水漬痕也。惜無翁北平跋，世人遂不知耳。（張）

頁二二四　蜀石經殘本，皖人劉健之悉得諸家所藏，曾爲詳考。

嘉祐石經本山陽丁氏晏舊藏，今歸貴池劉聚卿，鈺曾犕閲數册，未識共存若干。

丁氏尚有當時剔出重分數十紙以貽其子，此册今藏羅叔言處，後坿丁氏手書家信數紙。

頁二二五　嘉祐石經今尚有兩整石，羅雪堂近命人精拓，

頁二二八　宋仲温本久未搨行，聞〔四〇〕石尚無恙。

《隸韻》於丙寅七月十五日在津上見之，惜未攬其全。

頁二三一〔四一〕　鮮于本墨跡極流離頓挫之致，丙寅七月十六日得觀，不知爲誰所藏也。八月十八日記。

此條誤記，乃《進學解》，非《千文》。翌日記。

〔三九〕張祖翼本『言』下有『事』字。

〔四〇〕章鈺本『聞』下有『原』字。

〔四一〕鮑毓東本19A有眉批一條，云：『此殊有卓見。』【『竊謂説文形書也』云云】

頁二三三　《紅崖古字》，吕佺有縮摹二本，均無釋文。

頁二三五　「善辯」十字曾見張之洞寫爲楹帖。

《先天太后贊》在鹿邑，係大中祥符七年建，御製御書並篆額。秦刻石皆王言，此説未諦。

頁二四〇　不答之妙勝于答也。（張）

頁二四三　「寫閣台」，《黑韃事略》作「兀窟解」，對音無定字也。

頁二五五　「提摭」應是「提舉」。【「提摭常平司公摭」眉批】〔四二〕

卷四

頁二七三　坡公有自書詞四大石則在北宋，吾宗歸父有《蝶戀花》詞在川中某縣，鈺皆有打本。〔四三〕近出太康三年《馮恭》一石。晉志又新出《荀岳》一種，四面刻，近千字，最爲可珍，聞摹刻已五石，鈺得羅叔言贈原石墨本。

頁二七四　惠。【「刁魏公」之「魏」字旁批】

高。【「張湛」之「張」字旁批】

《張湛志》各家無其目，疑「張」爲「高」之誤字，《高湛》亦固佳品也。

《黑女》翻本出湖南，若吾吴翻本，鈺未之見也。

〔四二〕章鈺本皆墨筆眉批，惟此條乃朱筆簽批。鮑毓東本此處有眉批一條，云：「「提舉」，誤作「摭」。」

〔四三〕鮑毓東本下有眉批一條，云：「墓誌似可別爲一卷。」【「一曰墓志」云云】

《吴高黎志》首有佛龕，如造象，鈺藏陳粟園舊藏本。

『鄭』下脱『道』字。【『鄭忠』云云眉批】

《朱岱林》近拓淺細不可辨，余藏舊拓本，一字未損，圓健似穆子容《吕望表》。

《趙芬碑》工整清峻，似非《鄭子尚》《時珍》之倫。褚

頁二七五

《惠雲法師碑》與《常醜奴》相似。褚

《元公》《姬夫人》二志與《蘇慈志》似同出一手。（張）

《張貴男》一石在端午橋家。（張）

《張通妻陶》《張通妻李》二石文同，至年月皆同，余皆有之，二志皆僞品。（張）

《蘇志》刻跋者，縣令張榮叔。褚

『朝貴』爲汪柳門侍郎。丁酉歲，曾出仲約臨本見示，工力不可及。較諸原石，則似火氣未除。

頁二七七 此亦難以一律論。若《游師雄志》，文幾四千字。又近出唐宋志石有極大者。《游志》爲王氏《萃編》所收，何以前後不照至此？

頁二七八 魏志近出極多，文有極工整者，惜緣裻遺老不及見也。

又案：此則全録王蘭泉説，前説未諦。己未八月又記。

頁二八〇 近出之《泉男生志》乃歐昜〔四四〕書，《戴令言志》爲賀知章書，爲唐賢中最著名者。虞世南書《汝南公主志》似稿草，非入窾者，不得以志稱。

〔四四〕章鈺本『昜』下有『通』字。

頁二八一〔四五〕《曹黼志》余得之魏氏績語堂，楊龜山撰文，陳知嘿正書，書極似蔡忠惠。褚

《七姬誌》文字雖佳，其事則文人點綴也。（張）

頁二八二〔四六〕《游》《孟》兩志，鈺有拓本，皆陳粟園畯舊藏。

文待詔書《顧璘志》石不及二尺，文至六千餘言，精雅無匹，鈺有其搨本。

頁二八三 後魏《李謀墓志》雖亂頭粗眼，而氣息非後世能僞託也。石在端匋齋制府家。（張）

頁二八九 近出唐麟德四年《趙仁表志》，其蓋亦書姓名、年月，與《元洪儁志》略同。

『魏曹琮誌銘』誤矣，乃北齊《功曹李琮墓誌》也。妻鉅鹿魏氏，父安東將軍、瀛州驃騎府長史，子四人，女七人，皆《李琮志》中語。女七人，志中僅敘其六，其第三婿最貴顯，乃段韶之孫也。石在陝西西安府學碑林，不知各家何以無著録。（張）

頁二九〇 隋《惠雲法師志》與《元氏志》略同而在其前。

後魏《李憲志》敘其諸子諸孫及子孫之婦，並及婦之父，幾占全志之半。（張）

頁二九六 唐長慶二年《邢真賢志蓋》，四面真書『雞』『牛』『虎』『兔』十二字，以代子丑寅卯十二辰，尤爲罕見。

頁三〇一 『王』係『士』之誤，說詳六卷『撰書人稱謂』條。【『王元佐』之『王』字】

頁三〇二 宣統元年，端午橋遣人至洛陽購得東魏《七佛頌》大碑一通，已折爲三段。又購得洛陽萬人坑漢磚數百塊。塼二面皆有字，一面刻年月，一面刻斬犯一名某，或絞犯一名某，皆輂至兩江督署。塼文極遒勁，

〔四五〕章鈺本上有眉批一條，云：『《保母甎》、子瞻《乳母誌》外，近又出宋《江王乳母杏尚書》建隆四年，又宋《袁嘉祐乳母梁氏》乾道六年兩石，計傳世者有四石矣。古人於推燥之恩，何其厚也。』

〔四六〕章鈺本上有眉批一條，云：『「黼」疑「輔」之誤。』【『李黼光』之『黼』字】

似《馮煥闕》。制府以之贈人，人皆卻之，以其兩面刻字，既不能琢爲硯，而文又不祥。余亦卻之也。（張）

頁三三五〔四七〕 以上八則，非我緣綮不能道。

西川大足有佛龕三，上下四旁皆刻佛經目録，旁注卷數，此爲歷來譚金石、譚藏目者所未涉。曾校現行釋藏目，頗有異同〔四八〕，『經』寫作『囙』，亦他處所未見也。幅甚鉅，小室幾不能展讀。碩卿宗老見貽拓本，自題爲《三巴孴古志》及諸家均未收。

頁三三六 北齊唐邕寫經碑及所寫各經，皆在河南武安縣鼓山石窟寺。余初閱趙撝叔《補訪碑録》注云『安徽青陽吴氏拓本』，不言石之所在。光緒三十四年冬，于役揚州，有阮氏子以唐邕所寫各經求售，乃文達公官河南時所拓者，共寫經七部，溢出于碑所云者三部，字大者四五寸，小亦寸許，皆豐碑巨製。端午橋制府見之，欲巧取豪奪。余曰：『若肯割《華山碑》一部，當奉讓。』端大笑而罷。石皆重疊不易拓，非大有力者不能也。《語石》云『磁州』，誤。（張）

頁三四四 自《維摩詰經》起，至《十二部經名》止，共七種，皆唐邕所書，今在河南武安縣鼓山石窟寺，非磁州鼓山也。《十二部經名》，又名《十六佛名經》。（張）

頁三四九 高翻篆書本，予無意得之，惜闕首數葉，而拓本頗舊。

此本多僞古文，非正宗。

頁三五一 予有残本。

〔四七〕章鈺本21A有眉批一條，云：『閏。原石。』【『司馬霜』之『霜』字】

〔四八〕章鈺本『異同』作『同異』。

卷五

頁三五八　元明銅象至多，『鎔金少』三字須酌。

頁三五九　《馮翊王高潤平等寺碑》。隸書，武平二年，河南偃師。

迺賢，字易之，元南陽人。《河朔訪古記》有粵《聚珍版書》本、《粵雅堂叢書》本。

頁三六一　《不高佛象》在端午橋家，余得其拓本。（張）

頁三六六〔四九〕　『世石主』即施石主。北人『世』『施』同音，匠氏别字，不可以理喻。〔五〇〕

北齊天保元年《張龍伯造象》有『施石失主程盟』，施石而稱『失主』〔五一〕。（張）

頁三七五　魏齊銅造象亦甚多，余齋所有亦十餘區。南朝銅造，則所見僅十餘區耳。

王正孺藏梁《劉敬造象》亦甚精。褚

頁三七七　此本愚凡所爲，以此薄古，轉爲淺陋。

頁三七七（又）《張壽》。按：鮑之拓册於辛丑歲收入余之意真賡，《司馬治中象》係天和五年，非天保。

又按：拓册題爲『第五册』，《司馬治中》拓片下鮑注云：『以下五紙亦伯寅贈。』下爲王注云：『此下至「姜長年」名各象皆李寶臺僞刻以售葉氏者。榮記。』此則共六刻，多《姜永錫》一刻，不知何據。【以上二條，浮簽批，章鈺本無】

頁三八〇　《紂醉踞妲己象》即春册之權輿。（張）

頁三八一　《君車象》已得拓本，《亭長象》惜未之見。

〔四九〕鮑毓東本4B有眉批一條，云：『「托活洛氏」即端午橋也。』

〔五〇〕此條見張祖翼本，顧氏似宜括注『張』字。

〔五一〕張祖翼本『主』下有『僅此』二字。

《君車》一石尚有『鈴下』『門下小史』『書佐』『主簿』等四題，《亭長畫象》别爲一石。褚

端午橋制府又藏一永初畫象，人物、車馬、禽獸皆似武梁祠，而有一弄丸人，飛丸至五六，甚奇詭，字題於兩旁廓外，甚精。（張）

頁三八四 唐景龍觀鍾，環刻畫象，共有六幅，精妙宏麗。褚

《華藏世界圖》屢覓而不可得。

『天慶觀』即吾郡城心玄妙觀也。此畫像刻石欄，下層游人便溺及焉，予丱角即見之。近〔五二〕得其搨本廿六紙，比邵伯絅藏滂喜舊拓爲多。中一幅有建武年號，以建元考核之，均不可信。雖多殘泐，而人物、鳥獸皆栩栩如生，疑爲宋元間制作。吴退樓曾拓贈陳簠齋，亦不能定爲何代也。壬申十一月十八日記。〔五三〕

頁三八六〔五四〕 李木齋得宋誌石有《宋故郡府君夫人王氏之象》，夫人坐倚上，侍妾捧盂立其前，一婢持鏡在倚後，刻畫絶精。〔五五〕

頁三八九（又） 《龍□□率一百人等造象》。【浮簽批，章鈺本無】〔五六〕

頁三九一〔五七〕 張叔未曾有九橋十柱拓本一册，皆嘉興、秀水兩縣中橋梁題字，手自題識，極可喜。

頁三九二 《潘宗伯造橋格題字》，今爲洪水衝失，石不可得矣，拓本遂日昂其價，且有摹本。（張）

〔五二〕章鈺本『近』下有『始』字。

〔五三〕章鈺本下有眉批一條，云：『此石搨本題字，搨碑人自承爲僞刻。癸酉十月末又記。』

〔五四〕章鈺本 15A 有眉批一條，云：『顧愷之畫《列女傳》卷爲内府物，高宗後附蘭花一枝，於庚子之亂流入英倫博物院。壬申年友人管復初設法照得二分，以一贈我。其詳近人所印《文學雜志》載之，與阮仿宋刻《列女傳》所摹顧圖截然不同。』

〔五五〕章鈺本下有眉批一條，云：『元妙觀石今存。』

〔五六〕章鈺本下有眉批一條，云：『和卿廣文四子，長藥階鳳池，次芝房鳳藻，三荃臺鳳瀛，四蘭楣鳳梁，名皆有「鳳」，亦所以志也。』

〔五七〕章鈺本 17B 有眉批一條，云：『吴興石柱，鄭芷畦有《考證》一卷。』

頁三九四　梁天監井闌爲端午橋制府取去，宣統元年輦至京，今存琉璃廠仁威觀。（張）〔五八〕

頁三九五　龍按：復泉今在余家，先君拓而長跋，並乞知名之士題詠甚偏。〔五九〕

頁三九六　丁未寓秣陵，曾見搨本一册，皆寧垣井闌題字，惜未記出。〔六〇〕

頁三九七　《孫真人方》塙刻于石柱。褚

頁四〇一〔六一〕《孝堂山畫象》，匋齋藏黄小松手拓本，最精，題名共四十二種，余曾彙録爲一編。刻畫極細淺，近拓本皆爲積墨所掩耳。褚

余曾見端忠敏所藏黄小松手自拓本，多出六朝唐宋題名至五十餘通之多，大半皆細如絲髪，或有似錐畫者，其肥者亦僅如釘鑿耳，拓手極精。摩挲浹旬，悉不忍釋，乃爲跋之。（張）

頁四二〇　《雁塔題名》，鄙説見前。

頁四二三　『劉郎豈是疏文墨，幾點胭脂涴緑苔』，偶忘原書出處，應檢出補之。

嚴州烏石寺有岳武穆、張循、王俊、劉太尉光世題名。劉不能書，令侍兒意真代書。『劉郎』二語係姜堯章作，即詠此事。

頁四二四　地券以河平三年《王義鉛券》爲西漢物，諸家所藏莫古於此。

頁四二五　《九江男子浩宗買地券》，黄武元年刻，道光年出土，應補入。褚

頁四二九　此説恐未確。【『𠦃字當是十千二字合體』眉批】

〔五八〕章鈺本19A有眉批一條，云：『井闌十餘通，已得搨本。』

〔五九〕章鈺本下有眉批二條，云：『復泉已爲顧竹厂所得，汝名其齋，余爲署榜。』『一面又有砌銜一段，紀元寶祐，人名已漫漶，疑緣裂所見非全拓也。』

〔六〇〕章鈺本下有眉批一條，云：『吾鄉玄妙觀三清殿石柱皆有天尊號及捨石人姓名，曾見拓本。』

〔六一〕章鈺本21B有眉批一條，云：『寶林寺外玄妙觀三清殿及舊貢院東雙塔寺柱礎皆有刻文。』

余見端午橋制府所藏錢武肅王《玉龍簡》，其製僅銀簡十之四，其文大同小異，其字迹不如銀簡之精，恐係僞造。余於庚子之秋在上海購得銀簡拓本，有張叔未跋云『曾見《輟耕續録》有玉龍簡』云云。《輟耕續録》一書未知有無，詢之京師老書賈，皆云未見。叔未此語，恐係英雄欺人之語，而後之人因其有此説，遂仿造玉簡以售欺，未可知也。（張）

頁四三一　〔六二〕吴越寶正三年投龍玉簡，似可援《張湛》《趙居貞》兩刻，題曰『投龍璧』。

頁四三二　余所得拓本『上庯長』之下尚隱隱有一『司』字，此恐是石闕之類，非神位刻石也。（張）

頁四三三　壽貴里文叔陽食堂一石爲端午橋制府所得，今在京師琉璃仁威觀。（張）

端午橋所藏漢陽三老食堂，小〔六三〕僅三四分而精妙絶倫。石一片高尺許，廣七寸許，字刻於石之左方，三行，廣不及二寸。（張）

頁四三四　石刻作『卿』。【『徐長生』之『生』字】

頁四三五　四川某縣磨崖佛龕上刻經目及卷數，曾與藏目略對，有異同。此真宋藏經目，以紙幅太大，尚未寫出。

各金石〔六四〕未載。

頁四四三〔六五〕不言聽松，具徵特識，陳蘭甫先生集中辯之甚詳。

〔六二〕章鈺本 37B 有眉批一條，云：『開元戊寅《投龍記》，太倉陸星農先生長跋，而不見於所撰《八瓊室金石補正》，又檢《攈古録》亦不録其目，現爲星翁族弟彤士所收，擬借歸照録一本。甲戌六月初三日。』38A 上有眉批一條云：『新收崇寧四年《投金龍水府》拓本，字多漫滅，當係玉石質，前稱「大宋嗣皇帝佶」，直題御名，或出徽宗御書，未見著録。癸酉十二月十八日記。是日先母棄養日也。』

〔六三〕張祖翼本『小』上有『字』字。

〔六四〕章鈺本『石』下有『目』字。

〔六五〕章鈺本 42A 有眉批一條，云：『《靈寶黑帝》一石已收得打本，尚有尺寸相同，字體、行格相同，而無四匡，正書一石，爲吴縣潘景鄭所藏。』

題榜字以《閩中金石記》所載爲多。

頁四四五　《閩中金石志》載石刻楹聯尚多。

近人集《石門銘》十字開張天岸馬，奇逸人中龍。爲陳摶書聯，無目者每以爲真，最爲可怪。

頁四四六　石人頂乃一『馬』字，予有拓本。

中嶽廟石人頂上刻一『馬』字，確是漢刻，余得黄小松手拓本，新拓本亦多，菊翁既未之見邪？褚

頁四四八　鐵爐在東岳殿，近得拓本。

頁四四九　覃溪謂原石俗人磨去。鈺近得一本，極得東坡筆意，似原石尚在。緣裂謂『有重摹本，以應四方之求』，語較近之。『畫水之變』，鈺所見本作『盡水之變』。乾隆以前亦作『盡』，則此本乃失校也。

頁四五一　玉笥題字皆宋人，以林希子中爲先。初爲湖州某氏物，不知何時爲鄂人攜去，向置不搨。老友王勝之編修官湖北學政得一本。今年返里祭掃，亦得一分，甚以爲幸。

卷六

頁四六五　《大代華嶽廟碑》與《中岳嵩高靈廟碑》皆爲道士寇謙立。兩碑文同，惟地名不同耳，蓋其時寇道士實主此兩廟也。《華嶽廟碑》余於端匋齋制府〔六六〕見之，蓋希有之本矣。（張）

頁四六八　寶山《玄林禪師碑》極典實，石完好，不殘一字，亦長源撰。

頁四七〇　《天璽紀功》即《天發神讖》，不知鞠翁何以分爲二種，想係筆誤。（張）

〔六六〕張祖翼本『府』下有『處』字。

頁四七二　新出土之南朝陳《到仲舉墓志》不但無裨風教，且瀆倫甚矣。《志》稱仲舉之官職、妻子，以史考之，皆其子之官職、妻子也，可謂荒謬絶倫，其爲僞造無疑。石在端匋齋處。匋翁以南朝碑禁嚴，志石難得，珎若球圖，經余説破，遂棄此石爲敝屣矣。（張）

頁四七三　高麗碑有稱『奉宣』者，見劉喜海《海東金石苑》。

頁四八〇　『書生』者，或以其年幼而稱之，似非書碑之人。今之北方人往往呼年幼童子曰『學生』，似即此類。（張）

頁四八二　余曾見《棲霞寺碑》，乃『京兆韋霈書』，非『車霈』也。『韋』字草書作『韦』。今此石已佚，只存二小凷矣。考《江寧府志》自知。（張）

頁四八九　鈺藏陳南叔舊本《西門珎志》〔六七〕，係『從姪鄉貢進士元佐』，上無『王』字，鞠老誤認，『士』上角有泐紋，或由於此。

頁四九五　龍按：《三巴孴古志》，唐《化城縣造象記》，開元廿八年二月，末有『張萬餘繪』一行，光啓四年正月唐《重修化城龕記》末有『繪士布衣張萬餘』，又文德元年十二月唐《化城縣造像記》亦有『繪士布衣張萬餘』。

縣。【『化城院』之『院』字旁批】

頁五〇五　待詔翰林中多雜流，不盡文學侍從之臣也。宋制若何待考。

頁五〇七　朱子《黄中美碑》後有『建安翁鎮并男進文、博文刊』行〔六八〕，外用方匡，極整齊。

〔六七〕章鈺本『舊本』二字旁有小字批注：『道光三年所得。』

〔六八〕章鈺本『行』上有『一』字。

頁五〇九　悰，盛之子也。子書之而父刻刻〔六九〕之，故人在下。（張）

頁五一二　同一石而堅脆不同，微擊之，或作金聲，或如腐木。石理既殊，刻之深入不深入亦因之而異。爲時既久，椎搨既多，上面一層不免剥蝕，而字畫之肥瘦因之。肥者必刻時深入，爲石之脆者；瘦者必刻時不能深入，適當石之堅者。余嘗詳摩魏《皇甫驎碑》而知之。

頁五一四　正光三年《張猛龍碑》末書造頌記。（張）

頁五二一　梁天監鄱陽王過軍題名，後有打碑人題字。褚

卷七

頁五二三　『穆洛』乃『程洛』之誤，説見前。（張）

頁五二六　新出土之《孟顯達碑》於隋刻中當首屈一指。（張）〔七〇〕

頁五三一〔七一〕『隸』字乃『頮』字之誤。臨頮縣，唐屬河南道許州。

初唐四家從未見書墓志者，小歐則近出《泉男生》一石，完整數千字，較《道因碑》鋒穎尤新，今人眼福突過前人矣。〔七二〕

《房彦謙》《宗聖觀》二碑歐書皆不可信。（張）

〔六九〕張祖翼本『刻』下無『刻』字。

〔七〇〕鮑毓東本下有眉批一條，云：『「草隸」即行書。』

〔七一〕章鈺本3A有眉批一條，云：『《辨法師碑》入《集古録》。』鮑毓東本4A有眉批一條，云：『王知敬殊弱。』

〔七二〕鮑毓東本下有眉批一條，云：『此一則似爲定論。然謂《道因》「能得《皇甫》之險峻」，尚爲隔靴搔癢之談，蓋《皇甫》之工，亦不止於險峻也。』

頁五三二　尚有北凉《沮渠安周造佛象碑》，説見前。（張）

頁五三四　《王先生碑》近由羅雪堂用西法玻璃板印行。己未。[七三]

頁五三八[七四]　知章《龍瑞宫記》正書，近出《戴令言志》作隸書，日本有《孝經》全帙作艸書，然不以書名知。古賢深藏若虚，不可及也。

《郭思訓志》無撰書人，《郭思謨志》則題『吴郡孙翌文』。

王弇州藏本尚在人間，有西法印行本。

頁五四七　張從申字純以側鋒取勢，去北海遠矣。『北海後一人』，未免過譽。（張）

頁五四九　柳子厚有柳州《龍城柳》石刻，其書無生氣，非刓敝即僞造。（張）

頁五五〇　何子貞藏沈傳師《羅池碑》孤本，今歸上虞羅氏，曾一展讀。

柳書圓勁，起訖處揮灑自然，如《馮宿》，如《魏公譔先廟》，如《劉沔》，如《符璘》，皆柳書也，豈如《圭峰碑》筆筆著迹象且沾滯無活潑氣哉？裴休之書《圭峰碑》亦猶无可之書《寂照和上碑》，皆柳書之虎賁耳。裴失之滯，无可失之滑，皆去柳不止三十里。（張）

頁五五二　奚虚己書誠如君贊。（張）

頁五五三　王行滿、蘇靈芝二人之書皆似殿試策，學之令人滿身皆俗氣矣，反不如北魏石匠之字也。（張）

唐人分隸無論其爲名筆與否，雖極工整，而其薄其俗病在膏肓，萬不可學，收藏家以備參考可也。（張）

頁五五四　鈺所收大曆十三年《肅國夫人志》，隸書，署韓秀實書。緣髹謂『韓秀弼』，不知何據。

〔七三〕鮑毓東本下有眉批一條，云：『此論太輕率矣。』【『裴書遜於實懷哲』云云】

〔七四〕鮑毓東本7A有眉批一條，云：『「凌空」字亦未妥。』7B有眉批一條，云：『鍾書如女郎，無能與顏、柳並議。此事不關人品，而骨格亦自相通。工劣之間，不容假借也。』

本書卷四説墓石八分仍作『秀實』。

《鬱林院東壁記》，乍見頗似《石門頌》，再視之則疵累出矣，三視之味如嚼蠟。余於乙未秋曾購其一通。先於友人廳壁上見其裝爲四屏，覺似漢刻，及購歸細視，無一筆不懈也。（張）

頁五五五〔七五〕 李陽冰篆書自是從《石鼓》脱胎，碻爲名筆。惟惜其不宗六書，隨意杜撰，在所不免。至《美原神泉詩》《軒轅鑄鼎原銘》，皆有意矜奇，不宗古法，《碧落碑》尤爲甜俗，皆不可學，學者仍師陽冰可也。（張）〔七六〕

頁五五六 《魏法師碑》肉勝於骨，結體亦庸，安得定爲唐碑上品。（張）

頁五六〇 宋四家蘇、黄、米、蔡，實蔡京也。後因其爲誤國奸相，故易以忠惠公，然不及京遠矣。（張）

頁五六一 藏有晉卿畫幅爲無上奇秘之品，《塔銘》當夢寐求之。得潘文勤舊藏本，誠哉斯言。

頁五六二 《天發神讖》宋元祐辛未胡宗師跋，亦學蘇長公者。（張）

頁五六八 陸放翁有《焦山題名刻石》，書法介乎蘇、黄之間，疏秀而勁不〔七七〕如《瘞鶴銘》，殊可寶貴。惜此石今已砌入山逕大道之下，不得拓矣，余於端匋齋制府處見舊拓本。又有《趙溍摩崖石刻詩》，書似山谷，惜石已佚。（張）〔七八〕

〔七五〕鮑毓東本上有眉批一條，云：『寒儉語。至此足知學無根柢不可輕易著書立説也。』【『然則余輯録之勤』云云】

〔七六〕鮑毓東本下有眉批一條，云：『據一石證一家之書，斷難立足。』

〔七七〕張祖翼本『不』作『又』。

〔七八〕章鈺本下有眉批一條，云：『宋孝宗御書下有成大刻記三十一行，雖漫漶，尚可讀。鈺曾細爲研尋，難辨者僅數十字，有『知建康軍州事』字樣，知爲鎮金陵時事，在淳熙八年，史傳及《續通鑑》所未詳也。』

頁五七三[七九] 此卷就碑刻論書，實事求是，漢學家法，源流甚清，門户甚大，惜所見所藏寡陋已甚，不能印證其言。

卷八

頁五八一 宋無名氏《寶刻類編》分帝王等八類，此卷原本所出，緣督推而廣之，津逮學者不少。敦煌石室新出太宗書《温泉銘》，尚是永徽前拓本，一望知爲米書所託始，《禊帖》淵源，可以想見。近年甘肅石室新出土之唐太宗行書《温泉銘》，丰神跌宕，不可一世，有石印本行世。（張）《盧勑》古雅竟可與南北朝抗衡。景龍元年《賜盧正道勑》大字徑五六寸，遒勁蒼古，真有漢魏遺法，唐刻之極軌也。（張）

頁五八五 崇真宫石刻當訪拓之。[八〇]

頁五九二 趙不已『德』字。大觀四年《齊山上清岩題名》。

頁五九四 焦山有咸淳摩崖詩刻，字學山谷，極精，不署姓名，據《焦山志》，考爲宋末趙溍手筆。（張）

頁五九九[八一] 先叔官潮惠道時，土人掘地得一石，刻『和平里』三大字，旁署『文文山題』。褚

〔七九〕章鈺本 24A 有眉批一條，云：『「中美」，非「士美」，鈺有舊本。』鮑毓東本 24B 有眉批一條，云：『「李曾伯《紀功碑》，趙公碩《中興聖德頌》，康肅《藏真巖銘》，張本中《石壁聖傳頌》，顔魯公《離堆記》。」』

〔八〇〕章鈺本下有眉批三條，云：『近有人往覓之，不可得。癸酉冬。』『「石湖」二字中間御璽中有「賜成大」三字，細認乃辨。』『孝宗有「通神庵」三字，在蘇州玄妙觀。』

〔八一〕章鈺本 9B 有眉批一條，云：『温公分隸以《布衾銘》爲最秀勁。』

頁六〇〇〔八二〕新建所作大艸亦有晉範，與明代諸書家不同。

頁六〇一 會稽《龍瑞宮記》，賀知章書。巴州《佛龕記》及《龍日寺詩》與《東巖》一詩相類，亦杜詩也。褚〔八三〕

頁六〇二 徯斯有《天一池記》一碑，書極淡雅，各家皆未著録。邵伯蘋得一舊本，曾作一長跋題之。

頁六〇四《懷仁集聖教序》後亦有許敬宗題名。褚

頁六一一〔八四〕董授經得唐《何府君志》石，妻隴西辛氏撰，疑即其手書。四邊刻鏤亦絶精，有鳥身人首相對者，殆有所寓意也。

頁六一三〔八五〕雪菴刻石予未之見，《字要》一卷，錢遵王本今有印行者，展轉摹寫，不見真相。墨跡有《山石詩》長卷，前缺十數字，何子貞補寫，覺一雄健，一尩劣，相去甚遠，緣裂似菲薄過甚。《山石》書舊爲過雲樓所藏。

頁六一八 董思翁書《少林寺禪師碑銘》後有長洲戚伯堅隸書數行。〔八六〕

頁六二一〔八七〕『褚公殁尚未久，何至重其書若此』，此語不然。宋時蘇長公未死而朝士效其書者頗不乏人，不

〔八二〕章鈺本下有眉批一條，云：『此碑僅得末一幅，有「嘉靖我邦國」及王文成全銜姓名字，當訪求其全。』

〔八三〕章鈺本下有眉批一條，云：『工部書《東巖詩》，亦嘗得一舊墨本，檢吴氏《攈古録》《藝風堂目》均未收，知搨本不多見也。』

〔八四〕章鈺本13A有眉批一條，云：『吕惠卿題詩已得搨本。』13B有眉批二條，云：『范文正書《伯夷頌》有檜題五言一首，今石刻在蘇城范義莊内，并有賈秋壑藏印。』『又高宗題黄庭堅書《戒石銘》下亦有秦檜跋，石在道州，極完好，已得搨本。』

〔八五〕章鈺本上有眉批一條，云：『《三十六峰賦》紀年爲建中靖國，已在元祐後，不得云「宋初」。』

〔八六〕章鈺本下有眉批一條，云：『成化年間，蘇范義莊重立《范文正神道碑》，書者爲邑人吴概，徧檢未知其人。』

〔八七〕章鈺本20A有眉批二條，云：『宋洪氏刻《姑孰帖》有坡公、舜欽、放翁等書，非僅「裒其鄉先哲遺迹」也。甲戌秋，見殘本，極精。偶得坡公二十餘行，匯入碎金。』『盧雍師邵有正德間書《顔公祠記》，亦極典則，吾鄉先哲書之一也。』20B有眉批一條，云：『收有景祐三年《濟源延慶禪院舍利墖記》，楊虚己集右軍書，極得《聖教》大概，比各集字石刻爲勝。』

在乎時之久暫也。（張）〔八八〕

頁六二七〔八九〕 由篆變隸之始，原無波磔。《元氏三公山碑》乃隸之正宗，非篆也。其餘漢碑之有波磔姿態者，皆分書也。分之與隸，其辨在豪釐間耳。（張）

近年出漢篆一石，有人考定爲袁安子敞墓碑，以殘文核之，其説是也。

頁六二八 『竹鶴』二字在吾郡學，見另一拓本，較之爲佳，未知石所在也。

頁六二九 卓識，十年前予曾辨之。松：此説誤。

三體石經近殘石屢出，殆數千字，其〔九〇〕籀文實與郭、薛遺蹟相同，則緣𧝐之疑過矣。又有趙德麟横石三字，其體亦同。甚矣，後死者不能見前人所見固多，得見前人所未及見者亦不少也。

頁六三一 楊庸齋太守仍胎息漢碑者，不得以巴州石刻擬之也，惟晚年所書微有作家氣耳。（張）

頁六三三 鄭簠、錢泳而外，尚有一翟云升，皆惡札也。（張）

頁六三四 魏《張猛龍碑》後題正光年月及碑尖題名半作草書，北齊《朱曇思造塔記》亦間草書，陶齋藏延熹土書刻字、吴氏藏太元塼全是艸隸。褚

頁六三五 此條宜各摹數字方能識别，夙有此願，當爲先生補之。

頁六三七 居庸關佛經，壬申秋間有人醵資往拓，爲至正五年九月西蜀成都寶積寺僧德成刻，漢體仿松雪。

頁六三九 投龍有玉簡，叔言藏品之冠，曾命元美拓數紙存之。

〔八八〕鮑毓東本此處有眉批一條，云：『此語殊笨伯。』

〔八九〕鮑毓東本上有眉批一條，云：『齊爲最多。此不過如北朝墓誌忽雜小篆，非隸之俗體耳，不足舉爲一例也。』

〔九〇〕章鈺本『其』下有一字。

頁六四五〔九一〕　東魏《關勝誦德碑》凡用『一』字之處皆以『壹』代。（張）〔九二〕

頁六四七　北周《强獨樂碑》『仵員報父兄之仇』，『伍』作『仵』，然《漢書》『伍』亦作『五』也。（張）

卷九

頁六五一　唐《檢校太子詹事陳士棟志》，班潯撰，亦左行。褚

墓志左行者有太和八年《李琮》一種，在《思道塔銘》之前。

頁六五二　余所藏東坡書《洋州園池詩》，一面刻《中山松膠賦》，下截刻《楚頌帖》及《上清宫詞》，皆宋刻之可貴者，亦横列也。褚

頁六五三　李北海《娑羅樹碑》《端州石室記》皆擁腫不靈，豪無生氣，皆翻刻失真也。（張）

頁六五五　漢《三老忌諱記》『念高祖』之『祖』亦旁注，《吴高黎志》亦有旁注。褚

《惠雲法師銘》末行書於石之右側，前人有失拓者，遂疑爲缺敓。鈺藏陳粟園舊藏本，末行十二字俱存，且比前文肥湛。

《張遷碑》末有『表』字之下半，蓋以前書未工，補此半字，意若待翦裝之改易也。

頁六五六　蜀石經尚存《詩經》《左傳》殘拓本，江寧陳氏有傳刻本。

元代牒文多此式，前清官文書結銜猶仍其制，必擬之於訃聞，似未愜。

〔九一〕鮑毓東本31A有眉批一條，云：『此又不然。』【『説文所無』云云】章鈺本32A有眉批一條，云：『十行本《詩·魚麗》篇正義「不得圍之使迾」，毛本作「匝」。「迾」俗字，「匝」正字，見《校勘記》。「迎」字作「迾」，其誤已甚，惜緣裻未舉以糾正。』

〔九二〕鮑毓東本33B有眉批一條，云：『此新而碻。』【『即漆之草書』云云】

頁六五七　《三國・魏志》記有『上平』云云，當即擡頭之始見於史者。

頁六五八　掾。【『掾』眉批】

『爾時』字空格乃另爲一節。

北齊《標異鄉石柱頌》『斛律荆山王』，『王』字上空一格；又『斛律令公』，『令』字上空一格，『公』字上空一格；『致敬王像』，『王』字、『像』字上均空一格；『因見標柱刊載大父名』，『父』字上空一格；『駙馬都尉世遷貴乘天資』，『天』字上空一格；『並有大祖咸陽王像』，『祖』字、『王』字、『像』字之上皆空一格。此等空格之式，皆一時風尚。（張）

頁六五九　余曾見郭蘭石所藏宋拓《醴泉銘》，尚有處可可〔九三〕方罫且『氵』旁字猶見有牽絲者。此本爲王孝禹所得。（張）

頁六六三　李北海書《麓山寺碑》，『景』『亶』二字均從『旦』，開元年書，是睿宗諱旦不缺筆之説不碻。《法華寺碑》『基』作『基』，亦開元年書，是生則不諱之説亦不碻。緣裻逝矣，恨未能縱難飛辯耳。

頁六六五　《圭峰禪師碑》『世』字第一見缺筆，以後屢見皆不缺，未知何例。

頁六六六　『顯慶』爲『明慶』，又見顔書《顔勤禮碑》。

頁六六七　唐上元三年《明僧紹碑》『戊戌』之『戊』作『弋』，不知因何缺筆。

頁六七三　曩在京聞之吾鄉光稷甫侍御云《東方象贊碑》唐刻原石凡『貴』字皆作『貴』，至宋翻刻始作『貴』，此説不知確否。唐石原拓，海内絶無此物矣。（張）

頁六七五　又有專擊姓名者，此必有所避忌使然。又如金海陵時，凡古碑中『王』字皆擊去之。（張）

〔九三〕張祖翼本『可可』作『可見』。

頁六七七　《方回題名》與『試劍石』三字鈺均得舊本，爲滂喜齋遺物，松鄰所贈也。『苕上傖父』爲平湖王成瑞鏟去舊刻，自題自刻而以朱緑填嵌，郡中名山古寺均有之。曾經官中出示嚴禁并聲言逮治，乃到處以泥工塗之以滅其迹。此光緒中葉事。

頁六八〇　四唐石爲《高福》《張希古》《張訢》《孫志廉》，於嘉慶六年，張叔未以百餅得之，見叔未手記，在明包彦平蕭爽齋刻石後。《高福》《張希古》二石後歸吾鄉蔣氏雙唐碑館。惟《張訢志》不可蹤跡，餘三志鈺皆有拓本。

上虞羅貞松振玉《昭陵碑録附録》據宋楊文公《談苑》云，鑿損『王』字，乃恨王溥令何拱摹打石本成蹊害稼之故。此段故實在金正隆前，緣督失引。

頁六八一　吾浙青田石門洞有謝靈運題詩二首，爲宋人苗振題名所盖，所存無幾矣，可不惜哉！褚

近見《景教流行碑》側亦有韓泰華等題名侵入原刻，是則通人之蔽矣。

卷十

頁六八六　蘇唐卿篆《醉翁亭記》在山東莱縣，鈺已得拓本。

頁六八八　俗呼長安本爲『西廟堂』，城武[九四]爲『東廟堂』。（張）

孔廟虞碑，臨川李氏曾精摹一本，幾可亂真，聞鐫人爲同業妒其能事，毁之。吴市曾有一本，爲老友趙君閎所得。

〔九四〕張祖翼本『武』下有『本』字。

頁六八九　覃溪一生所見《化度》皆翻本，范氏書樓原石刻並未見也。山西劉振卿布衣有《化度碑圖考》，極詳極博，使翁氏見之，直無從置辯。福山王廉生祭酒亦謂覃溪書法呆滯，皆爲翻板《化度》所誤，不爲無見。（張）

陝西尚有傅刻本，較裴刻爲優。一木本，一石本，石本藏之祠中，木本以應求者。（張）

頁六九一［九五］《江寧府志》云『《天發神讖碑》在江寧縣學尊經閣下』，而諸本多作『府學』，不知孰誤。（張）

《天發神讖碑》端忠敏督兩江時曾摹一石置督置［九六］煦園，料理市石篆書事者，桐城張逖先大令祖翼也。尚有嘉靖丙子耿定向一跋應舉出，世俗以三跋全者爲難得，貴池劉聚卿藏本皆具。羅雪堂亦有之，裝成大幅，可見真面目矣。

端午橋之督兩江也，命吾桐姚巨菉大令摹刻一本，惟妙惟肖。制府以其精也，恐置之原處爲碑估拓以售欺，乃舁至督署煦園，築圍［九七］廊護之。其去任也，拓千通攜之北行。（張）

頁六九五　高盛字盆生，云『兩碑』，誤。

半截本在上元宋氏唐藝樓。

頁六九六　『玉筍』一石在湖北某縣某氏，王勝之編脩同愈視鄂學時欲乞取未果，搨得一紙，鈺嘗見之。甲子二月歸里祭掃，從集寶齋得之，計三紙，勝之所得未全。

頁六九七　若據林同人《來齋金石略》所云，則線斷本不必宋拓也。（張）

應以『班劍卌人』『卌』字不壞者爲最前拓本。

［九五］章鈺本3B有眉批一條，云：『此二本近在吴中，從未之見，殊爲怪事。』

［九六］章鈺本『督置』作『督署』。

［九七］張祖翼本『圍』作『迴』。

《醴泉銘》又以「炎景流金」四字不損、《衛景武公》又以「金石」「斷鼇」四字不損爲舊拓本。[九八]漢碑中《禮器》「宅廟」二字「月」旁不損者宋拓也，《史晨》以「春秋行禮」「秋」字存者爲明拓本，「春」字存者宋拓也。碑之拓本先後碻有可據，若以精神氣韻辨之，頗有明拓勝于宋拓者，將奈何。（張）

頁六九八 《房公碑》話雨樓有藏本，不知是何代所搨。

《李秀碑》原刻宋拓藏順德辛氏，海内孤本也，安得又有一本爲人所得，或又爲唐仁齋犁邱之伎矣。吾友徐芷生以百元得一本，自鳴得意，即唐所欺也。然其奏刀之技甚工，較陳萬璋本高百倍。（張）

頁六九九 小蓬萊閣五碑乃大興董氏故物。董官隴州，没于任，其子在京，將歸其喪而無資，遂以八百金售於潘文勤。文勤殁，其族子號季儒者客端午橋制府所，以三千金售于端。其中《譙敏》《朱龜》皆翻本，不過是宋翻宋拓，故貴之，其實刻手不如唐仁齋也。（張）

五漢碑於光宣之交歸端午帥，予嘗塾復[九九]，實不敢信。

頁七〇〇 滂喜兩梁志向不出户。仲午殁後，其壻曾攜至海上，羅雪堂見之，云雖南朝物而有北碑氣息。此丙寅夏初事。

四楊有明翻明拓，余在京師曾見之，紙墨皆古色古香，此帖估自言是翻本，故知之。王氏所藏，安知非此。宣統二年，吾鄉馬季平檢討得一本，明刻明拓也，價甚昂。（張）

《王先生碑》已影印。

西蠡師所藏尚有魏正光年《仙人王子晉碑》，亦海内孤本。褚

《羅池廟碑》今歸羅叔言參事，己未冬讀過。

〔九八〕此條見張祖翼本，顧氏似宜括注「張」字。
〔九九〕章鈺本「塾復」作「熟復」。

頁七〇一　《常醜奴志》石，錢獻之知興平縣時，取而嵌之署壁間，聞其卸任時即挾之歸嘉定。咸豐庚申之亂，石不知在何處矣。（張）

《郎官記》於宣統元年歸浭陽端忠敏師，即王元美故物。

頁七〇二　宜都楊氏之《貞石圖》以縮影之法縮豐碑于咫尺，而全形中剥蝕之處一一不爽，且字字清楚可見，自西人東來，此法最有益于好古家。（張）

頁七〇三　有刻本，緣督推許極當。

頁七〇五　又有車聘賢一人，與褚千峰齊名，不知與永昭是一是二，見張叔未《感逝詩》「何夢華」條。

頁七〇九〔一〇〇〕以雞蛋白和硃綠等搨碑，其弊甚大，一易霉，二易粘連一片，三易爲蟲傷鼠咬，故不如以水和之爲得也，惟水和光彩少遜耳。（張）

頁七一三　近有一種洋紙骨，厚薄皆備，彼乃用機器壓製，非如中國之用麪糊褙成也。既堅而潔，又不生蟲，莫妙於此。此紙骨凡洋布店中皆有之。（張）

指潘文勤。鈺見文勤舊藏，或册或軸，皆洋印花布也，間以粉筆題記，無可重裝，尤爲可惜。

頁七一五〔一〇一〕《石柱頌》拓本僅得一次，乃潘文勤、盛伯兮、王廉生諸公公函致合肥節相，派兵二百圍而護之，拓工乃得施氈蠟焉，故廠肆售價極昂。自此以後，土人築墻圍之，不得拓矣。（張）〔一〇二〕

頁七一九　寧鄉屬汾州府，二字誤倒。【「鄉寧」眉批】

〔一〇〇〕鮑毓東本 11B 有眉批一條，云：「翁松禪拓本亦佳，有朱文木記。予曾見車拓同州《聖教》及翁拓《石鼓》，獨汪拓未之見耳。」

〔一〇一〕章鈺本上有眉批二條，云「近見敦煌石室所發見宋以前寫本經卷，紙皆長二尺餘，無論如何破碎而兩紙接縫處從不分裂。緣裘謂「煮糊必有秘法」，真篤論也。」「三字誤讀，説已舉正在前。」【「標義鄉」】

〔一〇二〕章鈺本下有眉批一條，云：「已得一本，知該地土人近亦不如從前之愚蠢矣。」

頁七二二〔一〇三〕 莫妙于宜都楊氏之《貞石圖》用西洋縮影之法而石印之豪釐不爽。（張）〔一〇四〕

頁七二四 近日上虞羅氏校出孫氏《訪碑録》之重出者二三百通。（張）

翁圖不如近日山西劉氏之圖詳而且碻。劉，山西太平縣人，名樹森，字振卿，琉璃廠德寶齋骨董肆夥也，王廉生、盛伯兮皆與之相友契。（張）

頁七二七〔一〇五〕 《高延福志》歸吴縣蔣氏雙唐碑館。

頁七二八 端氏藏石以《郛休》爲始。自後歲有所增，至辛亥春共得一千一百餘石，少半在大鵠鴿市故宅，泰半存琉璃廠仁威觀。觀亦端所購，備以藏石者，未成而亂作矣。（張）

潘文勤藏石有《崔載志》，鈺有拓本，極精，《崔文脩誌》則未見也。

頁七三一〔一〇六〕 光緒三十二年，余在京，李雲從央余作墓志爲身後計，並屬余敘述其平生之遭際，及其揮霍不少諱。志成，並爲書之。渠大樂，並約飲萬福居以爲酬。亦一曠達士也。今墓已宿艸矣，不知此志果能志其墓不？（張）

頁七三二 《上尊號》《受禪》二碑，今在河南許州繁城鎮漢獻帝廟。廟原祀曹丕者，明知州事無錫邵文莊公寶改祀獻帝，故至今二碑在獻帝廟也。（張）

頁七三三 《棲巖道場舍利塔碑》，俗又呼『麻子碑』。（張）

〔一〇三〕章鈺本18B有眉批一條，云：『韓履卿《江左石刻文編》收江蘇全省計二百餘篇，不録小文，有朱蘭坡珔序。鈺有抄本，惜未能全覓原石校正。』

〔一〇四〕章鈺本下有眉批二條，云：『《長安獲古編》無一字釋文，「而後」二字未碻。端忠敏刻《匋齋吉金録》自云用其例也。』『《長安獲古編》初印本，潘文勤所藏，爲鈺所收。』

〔一〇五〕章鈺本21B有眉批一條，云：『近又有新碑林一區，見其全拓，以《顔勤禮碑》爲第一，餘有極可笑者。』

〔一〇六〕章鈺本23B有眉批一條，云：『畢拓本上有「郘易車氏聘皈監搨」八字朱文長方印，一見於《姜遐斷碑》。甲戌五月十三日記。』

頁七三七　《禪國山碑》，俗又呼爲『米囤碑』。（張）

頁七三八　聞之吾族叔祖悟荃先生云，西湖岳鄂王廟中有岳雲銅鐎〔一〇七〕二柄，上且〔一〇八〕官銜姓名，此物不知是真否。（張）

頁七四一　余於己亥九月游海州之雲臺山，觀懸崖古松，相傳爲三代時物，即放翁詩所云『東海有大松』、陶文毅題碑爲『蟠龍丈人』者也。松枝幹盤屈，間有宋元人刻字數處，姓氏不可辨，但約略見『淳熙』『至正』等字而已。

〔一〇七〕張祖翼本『鐎』作『錐』。
〔一〇八〕張祖翼本『且』下有『有』字。